Lore Kugele

Redlich vor Gott

Eine Studie
zur ethischen und religiösen Identität
Dag Hammarskjölds

Lore Kugele

Redlich vor Gott

Eine Studie
zur ethischen und religiösen
Identität Dag Hammarskjölds

Umschlagsbild:
Dag Hammerskjöld als UN-Generalsekretär im Jahr 1959.

1. Auflage 2017

Deutsche Ausgabe:
© 2017 by EOS – Editions Sankt Ottilien
mail@eos-verlag.de
www.eos-books.com

ISBN 978-3-8306-7862-5

Bibliografische Information der Deutschen Bibliothek.
Die Deutsche Bibliothek verzeichnet diese Publikation
in der Deutschen Nationalbibliografie;
detaillierte bibliografische Angaben
sind im Internet unter http://dnb.ddb.de abrufbar.

Printed in Germany

Geleitwort

"Wie gelingt es, dass jeder Mensch auf der Erde in Würde und Gerechtigkeit leben kann, ohne dass wir den Planeten zerstören?" Das sei die zentralste Lebens- und Überlebensfrage der Gegenwart, meinte jüngst der ehemalige Bundespräsident Horst Köhler. Gelingt es, die verfügbaren begrenzten Ressourcen in zunehmender Gerechtigkeit wirklich so zu verteilen, dass die Schere zwischen Arm und Reich sich nicht weiter öffnet, sondern absehbar schließt – und das lokal wie global? Gelingt es, die eigenmächtig und eigensüchtig dahinfließenden Finanzströme so zu regulieren, dass Eigeninteressen nicht länger das Gemeinwohl gefährden und zerstören? Gelingt es, die weltweiten Menschenströme und Migrationsbewegungen einerseits aufzufangen und andererseits deren Ursachen vor Ort zu beheben? Die Brisanz solcher Fragen wird angesichts der drohenden Klimakatastrophe und der beängstigenden Bevölkerungsexplosion besonders konkret. Und immer steht damit die bedrängende Sorge um den Weltfrieden im Raum. Aus den fatal zahlreichen Stellvertreterkriegen kann allzu leicht ein weltweiter Flächenbrand entstehen, wie jüngst noch die globale Finanzkrise gezeigt hat.

Es braucht die Aktivierung aller humanen, sozialen, politischen und eben auch religiösen Ressourcen, um sich den hier nur angedeuteten Überlebensfragen wirklich zu stellen und in der Bewahrung der Schöpfung auch die Menschheit wenigstens zum Besseren hin zu lenken und vor Schlimmerem zu beschützen. Ein prophetischer Vorarbeiter zur Bewältigung dieser Welt- und Lebensprobleme war der UNO-Generalsekretär Dag Hammarskjöld, dessen vergangenes Werk in seiner heutigen Bedeutung schwerlich überschätzt werden kann. Deshalb ist Lore Kugeles kenntnisreiche Arbeit so wichtig.

Ersichtlich haben sich – nur deshalb diese wenigen Hinweise zu Beginn – die Lebens- und Überlebensfragen der Menschheit seit dem Tod von Dag Hammarskjöld 1961 dramatisch verschärft und förmlich apokalyptisch zugespitzt. Warum sich dann noch mit ihm beschäftigen, es sei denn aus nostalgischen Gründen oder in bloß rückwärtsgewandter Hochschätzung? Antwort darauf lässt sich im vorliegenden Werk von Lore Kugele finden: Nicht nur ein beispielhaft humanes Leben kommt hier zur Darstellung, sondern ein bisher kaum übertroffenes Werk globaler Friedensarbeit. Dass Hammarskjöld schließlich – dafür sprechen alle Indizien – als Opfer von geplanter Gewalt frühzeitig sterben musste, spiegelt in seinem tragischen Lebensende, wie sehr wir global vor der Frage stehen: Entweder weitere Gewaltsteigerung aufgrund nationaler, politischer und sozialer Eigeninteressen oder eine Zivilisation der Liebe aus dem Geist der Vergebung und der Gerechtigkeit. Das ist die Frage aller Fragen – durch die ökologische Dramatik vergleichsweise extrem verschärft. Vor 65 Jahren hatte Hammarskjöld notiert: „Mich durchschwebt die Vision von einem seelischen Kraftfeld, geschaffen in einem ständigen Jetzt von den vielen in Wort und Tat ständig Betenden, im heiligen Willen Lebenden." Was wäre aktueller als solch eine Vision! Es ist kein Zufall, dass Hammarskjöld bei dieser Notiz im selben Atemzug von der „Gemeinschaft der Heiligen" spricht und – „in dieser – ein ewiges Leben". Denn typisch ist für ihn die Verknüpfung traditionell religiöser Rede- und Denkweisen mit dem Ausgriff auf aktuelle Gestaltungsprobleme. Der entschiedene Bezug auf die Menschenrechte ist bei ihm nicht nur eine Sache der Worte. Wie sehr Hammarskjölds Leben und Werk durch diese zugleich spirituelle und soziale, mystische und politische Doppelperspektive geprägt ist, bringt Kugeles Arbeit eindrucksvoll zur Geltung. Hammarskjölds Tagebuch ist deshalb längst zu einem spirituellen Klassiker geworden. Je markanter sich die Verhältnisse im Vergleich zu damals geändert haben, desto mehr überrascht die Aktualität von Lebenszeugnis und Friedenswerk. Dazu einige wenige Beobachtungen, die sich wesentlich den Analysen des vorliegenden Werks verdanken.

Zuerst und vor allem: Das Tagebuch Hammarskjölds zeigt beispielhaft, wie innere und äußere Friedensarbeit zusammengehören. Persönliche Authentizität und fachliche Kompetenz, unbestechlicher Charakter und diplomatisches Geschick sind hier untrennbar. Zeitlebens war Hammarskjöld darum bemüht, sich selbst und seinem Auftrag auf den

Grund zu gehen und mit sich selbst ins Reine zu kommen. Man könnte fast von einer unaufhörlichen Selbstanalyse sprechen, würde dabei nicht seine religiöse Prägung zur Gewissenserforschung vergessen. Denn schließlich war seine ständige Seelenarbeit je länger je mehr, Realisierung seiner Verhandlungen nicht nur mit sich selbst, sondern mit Gott. War diese innere Friedensarbeit lange Zeit ein wirklicher Kampf mit dem eigenen Schatten, so verändert sich das signifikant seit der befreienden Wende 1952/53, durch die Hammarskjöld zu völliger Seelenruhe und selbstloser Hingabebereitschaft findet: der innere Krieg zwischen Selbstüberschätzung und Selbstabwertung, auch zwischen Geist und Trieb war endlich entschieden; das Lebensthema belastender Hochbegabung und isolierender Besonderheit führte zur demütigen Gewissheit wirklicher Erwählung. Fortan rücken Leitbegriffe wie Reinheit, Demut, Opfer in den Vordergrund der Tagebucheinträge; und ihre Bedeutung hat nichts mehr von selbstquälerischer Überanstrengung. Nicht zufällig nehmen die ausdrücklichen Gebetstexte zu. Zeitgleich aber mit diesem Prozess der immer tieferen Selbst- und Gottfindung vollzieht sich Hammarskjölds unermüdliche politische Friedensarbeit im Amte des UNO-Generalsekretärs. Unbestechlich und förmlich unerbittlich setzte er sich für Konfliktbewältigung durch Dialog ein, bis zuletzt alle Mittel und Vermittlungen diplomatischen Wirkens einsetzend. Immer dachte und wirkte der UNO-Generalsekretär von den marginalisierten Personen und Nationen her, die immer die ersten Opfer des Gesamtsystems sind, das die Großmächte beherrschen. Wo es dabei Erfolge gab – wie in der Befreiung amerikanischer Soldaten aus chinesischer Gefangenschaft oder in der Suezkrise – werden sie freilich nicht der eigenen Leistung zugeschrieben, sondern dem Wirken göttlicher Güte. Spirituelle und intellektuelle Redlichkeit sind ständige Begleitmusik des politischen Versöhnungsdienstes, ja Bedingung seiner Möglichkeit. Umgekehrt wird das selbstlose und unermüdliche Engagement zur Lösung von Problemen anderer entzifferbar als Frucht und Stimulanz spiritueller Selbsterfahrung. Man könnte von einer Mystik der Innerlichkeit und zugleich der Äußerlichkeit sprechen. Diese mystisch-politische Doppelstruktur von Hammarskjölds Lebenswerk darf gerade heute als maßstäblich gelten, wo Sehnsuchtsworte wie „Spiritualität" und „Mystik" allzu oft narzisstisch verkürzt werden und als ein Luxusphänomen mittelschichtig Privilegierter erscheinen können. Aber ohne entsprechendes Handeln und Verhalten bleibt alle Mystik letztlich unglaubwürdig und unfruchtbar. So setzt Hammarskjöld auch für den Raum des Politischen Maßstäbe: schon seine zweite Amtszeit versuchten damals die Großmächte zu verhindern, und angesichts heutiger Politikverdrossenheit empfiehlt sich erst recht und fast ikonenhaft das intellektuelle und spirituelle Profil Hammarskjölds – und das keineswegs nur für Partei- und Fachpolitiker, sondern für jede Art zivilgesellschaftlicher Verantwortung.

Auffällig sind – ein zweiter Punkt – in Hammarskjölds Tagebuch und Werk die vielen Zitate aus dem Strom menschheitlicher und abrahamischer Mystik. Ganz selbstverständlich wird immer wieder die Bibel zitiert, besonders die Psalmen, von Meister Eckhart und Johannes vom Kreuz ist des öfteren die Rede, der ganze Reichtum anderer Religionen wird selbstverständlich einbezogen, nicht zuletzt Zeugnisse hinduistischer und buddhistischer Tradition. Der Prägung durch den liberalen Protestantismus eines Nathan Söderblom entsprechend, ist Hammarskjölds Wirken auch lesbar als Weg in eine Global-Prayer-Gemeinschaft, die alle konfessionalistischen und nationalistischen Grenzen hinter sich lässt. Sie führt in die Weite einer wahrhaft katholischen, interreligiösen Ökumene, die Hammarskjölds „Vision eines seelischen Kraftfeldes" wahrmacht, die eingangs zitiert wurde.

Innerhalb dieser interreligiösen ökumenischen Vielfalt ist – drittens – die christliche Prägung signifikant. Biografisch vor allem wohl durch die Mutter und ihren entschieden liberalen Protestantismus geprägt, sind es die Begegnungen mit Nathan Söderblom, Albert Schweitzer und Martin Buber, die die Gestalt Jesu, den „Helden der Evangelien", zentral und normativ machen. Hammarskjöld orientiert sich derart entschieden und diskret gerade an Jesus, dass manche ihm eine überhebliche Identifizierung mit dem Nazarener vorgeworfen haben. Dabei sah er in Jesus vor allem den, „der dem Weg der inneren Zeichen folgte bis zum Ende. Und Geduld, Gerechtigkeit und Demut, Glaube und Mut, Stille."

Viertens sei im Sinne des Eingangszitates von Horst Köhler an die mystische Natur-Romantik im Tagebuch erinnert. Der begeisterte Wanderer Hammarskjöld findet in den Naturlandschaften Nordschwedens offenkundig etwas von jenem Frieden, für den er politisch mit allen Fasern seines Lebens einsteht. Steht zwar die ökologische Krise zu Lebzeiten Hammarskjölds noch nicht auf der Tagesordnung, fällt aus heutiger Sicht umso mehr auf, wie naturverbunden Hammarskjöld war. Immer wieder zog er sich in das geliebte Lappland zurück, und viele seiner Notate und Gedichte bezeugen eine tiefe Naturfrömmigkeit. Geschichte und Natur, soziale und naturale Verhältnisse nicht getrennt zu sehen oder gar in einem bloß ausbeuterischen Verhältnis zueinander, ist ebenfalls ein Gebot der Stunde. Es geht vielmehr lokal und global um Konvivenz und Mitgeschöpflichkeit.

Als Brückenthema zwischen damals und heute sei – fünftens – auf die „Mystik der dunklen Nacht" hingewiesen, die Hammarskjöld nicht zufällig mit dem Namen des großen Poeten und Mystikers Johannes vom Kreuz verbindet. Diese negative Theologie steter und treuer Gottverbundenheit, die im Tagebuch immer expliziter wird, lässt alle kirchlichen und theologischen Formen und Formeln hinter sich. Nicht zufällig ist immer wieder vom Geheimnis der Wirklichkeit die Rede; nur eines gilt, hier und jetzt ganz präsent zu sein und sich einfordern zu lassen von dem, was zu tun ist – und das in Demut, mit Vergebung und in Bereitschaft zum Opfer. Hier endlich findet auch Hammarskjölds lebenslange Auseinandersetzung mit dem Tod ihre befriedete Gestalt – in der freien Bereitschaft zum Selbsteinsatz bis zum Äußersten. Es ist, als hätte er sein gewaltsames Lebensende vorausgeahnt und bejaht, wenn es nur dem Frieden dient. Muss man als Ursache von Krieg und Gewalt immer wieder Egoismus und Gier brandmarken, so erscheint in Hammarskjölds Mystik selbstbewusster Selbstlosigkeit die einzig mögliche Alternative dazu. Das ist nicht gedachte und behauptete, sondern gelebte negative Theologie. Wie eine Lebenssumme liest sich deshalb Hammarskjölds Pfingsteintrag im Todesjahr: „Seither hat das Wort Mut seinen Sinn verloren, da ja nichts mehr mir genommen werden konnte." Nicht zufällig nimmt solche Mystik der Freiheit, die sich verschwendet, Bezug auf Jesus. Denn „der Weg zur Heil(ig)ung geht in unserer Zeit notwendig über das Handeln."

Gotthard Fuchs, Wiesbaden

Inhaltsverzeichnis

Geleitwort 5
Gotthard Fuchs

Einleitung 19

TEIL I
Biografische Annäherung an Dag Hammarskjöld 23

1. Familienbande 24
    1.1 Das Erbe des Vaters 24
    1.2 Die Brüder 27
    1.3 Geprägt von der Mutter 29
2. Kindheits- und Jugendjahre im Schloss zu Uppsala 32
3. Zwischenjahre – Karrierejahre 38
    3.1 Im Dienste des Staate 40
    3.2 Schwedens Mann für internationale Verhandlungen .. 43
    3.3 Der private Dag Hammarskjöld 45
        3.3.1 „Lerne dein Land kennen –
              lerne die Welt kennen" 46
        3.3.2 Literatur und Kunst als Lebenselixier 47
            3.3.2.1 Saint-John Perses „Chronique" –
                    eine schwierige Lektüre 48
            3.3.2.2 Die bizarre Welt der Djuna Barnes 49
            3.3.2.3 Barbara Hepworth
                    und ihre „Single Form" 51

4. Krisenjahre	54
4.1 „Gesellschaftshund" und „graue Maus" – zwei Seiten einer Karriere	56
4.2 Das Fehlen des weiblichen Elements	57
5. Grenzerfahrungen und „Aufbruch zu neuen Ufern?"	63
5.1 Zur Situation des Menschen in der Welt und der Zeit	64
5.2 An der Grenze ...	65
5.2.1 Einsamkeit als Vorbereitung	70
5.2.2 Grenzerfahrung Tod	72
5.3 Gebet	77
6. Das Ende	79
6.1 Der Kongokonflikt	80
6.2 Der Flugzeugabsturz – Unfall oder Attentat?	81
6.3 Hat Dag Hammarskjöld seinen Tod vorausgeahnt?	84
6.4 Abschied von Dag Hammarskjöld	87

TEIL II
Annäherung an Einstellungen und mystische Erfahrungsweisen des Menschen 89

1. Einstellungen als Grundpositionen des Denkens, Fühlens und Wollens in ihrer Ausrichtung auf religiöse und mystische Erfahrung nach Karl Jaspers	90
1.1 Die aktive Einstellung	91
1.2 Die kontemplativen Einstellungen (rational, ästhetisch, intuitiv)	93
1.3 Die mystische Einstellung	99
1.4 Die enthusiastische Einstellung	103
Zusammenfassung	108

2. Die Polarität der Mystik nach Karl Jaspers 110
   2.1 Mystische Erfahrungen in divergierender Subjekt-Objekt-Spaltung und der Prozess ihrer Bewusstwerdung 111
   2.2 Typologie der mystischen Erfahrungen 114
   2.3 Kant oder der Weg der Idee..................... 116
   2.4 Plotin oder der Weg der Mystik.................. 120
      2.4.1 Die Stufen des Aufstiegs der Seele zum „Einen" 122
   Zusammenfassung.................................. 124

3. Die religiöse Erfahrung als individuell-lebensgeschichtliches Ereignis nach William James.................... 128
   3.1 James' Prinzipien und Thesen bezüglich religiöser Erfahrung............................. 130
   3.2 Die besondere religiöse Bereitschaft der „Zweimal-Geborenen" 132
   3.3 Das In-Beziehung-Sein mit dem Göttlichen 136
      3.3.1 Das „subliminale Bewusstsein" und das „transmarginale Feld" als psychologische Aspekte einer religiösen Erfahrung............ 137
   3.4 James' Schlussfolgerungen bezüglich religiöser Erfahrung 142
   Zusammenfassung.................................. 143

TEIL III
Annäherung an Dag Hammarskjölds „Profil" I –
Der Weg des inneren Menschen........................ 147

1. Dag Hammarskjölds Credo: „This I Believe" 147
2. Das geistig-religiöse Erbe der Eltern und Vorfahren 153
   2.1 Pflichterfüllung und Dienst für das Vaterland als Vermächtnis des Vaters 154

2.1.1 Das nordische Luthertum unter dem Gebot
von Gefolgstreue und Pflichtbewusstsein....... 154
Exkurs: Gustaf II. Adolfs altlutherisches
Staatsverständnis 155
2.1.2 Die lutherische Berufskonzeption und Nathan
Söderbloms Auffassung von Beruf und
Berufstreue 159
2.2 Verpflichtung zu selbstlosem karitativem Einsatz
als Erbteil der Mutter........................... 163
2.3 Religionspsychologische Vermutungen zu Dag
Hammarskjölds Frömmigkeitstypus als Vater-,
Mutter- oder Selbstreligion 166
2.3.1 Mutter-Religion............................ 168
2.3.2 Vater-Religion 171
Exkurs: Martin Luthers Gottesbeziehung........... 173
2.3.3 Selbst-Religion............................. 177
Zusammenfassung................................. 179

3. Der Einfluss Nathan Söderbloms auf Dag Hammarskjölds
Denken und Handeln................................. 184

3.1 Kurzer Abriss zu Nathan Söderbloms Leben
und Werk....................................... 185
3.2 Familiäre Beziehungen und prägende Eindrücke..... 187
3.3 „Evangelische Katholizität" 193
3.4 Nathan Söderbloms Lutherstudien in Relevanz
zu Dag Hammarskjöld........................... 195
3.4.1 Das Verhältnis von Religion und Moral
und die „soziale Frage".................... 195
3.4.2 Humor und Melancholie als Ausdruck
von Glaubenszuversicht und Verzweiflung 198
3.5 Mystik und Offenbarungsreligion im Spiegel
der Religionsgeschichte.......................... 201
3.5.1 Natur- und Kulturreligionen im Verhältnis
zu den Offenbarungsreligionen.............. 202

Inhaltsverzeichnis

3.5.2 Die Artverschiedenheit zwischen Unendlichkeits- und Persönlichkeitsmystik	206
4. Dag Hammarskjöld auf der Suche nach sich selbst und dem Sinn des Lebens	209
4.1 „Opposing Predispositions" und intellektuelles Denken als Schwierigkeiten	210
4.2 Die „Generationenfrage" in der ersten Hälfte des 20. Jahrhunderts	213
4.3 Die Krise der Lebensmitte	217
4.3.1 Jesus Christus als Herausforderung für Dag Hammarskjöld in der Krise	218
4.3.2 Wüstenerfahrungen	222
4.4. Dag Hammarskjölds Jesus-Bild	224
4.4.1 Ein junger, strenger, einsamer Mann …	225
4.4.2 Leiden und sich opfern – wofür?	227
4.5 Kairos – der schicksalhafte Augenblick	232
Exkurs: Der „Augenblick" des Sören Kierkegaard und der „Sprung" in den Glauben	238
4.6 Glauben – Nachfolgen – Mensch sein	243
5. Wegbegleiter	250
5.1 Lebensgestaltung im Zeichen der Mystik	250
5.1.1 Welche Mystik?	252
5.1.2 Mit Johannes vom Kreuz durch die „dunkle Nacht"	261
5.1.3 Mit Meister Eckhart gelernt, wie zu leben sei	267
5.1.3.1 Von der „ewigen Geburt" und einem „gewöhnten Wollen" und anderen „Unterweisungen" für ein gelingendes Leben	269
5.1.3.2 Maria und Martha oder: Von der vita passiva und vita activa	277
5.1.4 Mit Thomas von Kempen in der Nachfolge Christi leben	283

> 5.1.5 Die Frage nach einer protestantischen Mystik oder: Wie mystisch kann ein evangelischer Glaube sein? 288
>
> 5.2 Albert Schweitzer und die „Ehrfurcht vor dem Leben" 292
>
> > 5.2.1 Die Weltanschauung der „Ehrfurcht vor dem Leben" 294
> >
> > 5.2.2 Schweitzers religiöse Ethik und ethische Mystik 295
> >
> > 5.2.3 Die Bedeutung Albert Schweitzers für Dag Hammarskjöld 298
>
> 5.3. Mit Martin Buber vom Ich zum Du 300
>
> > 5.3.1 „Ich und Du" – eine Wesensbeziehung 301
> >
> > 5.3.2 Aus der Einsamkeit zum „echten Gespräch" und zur Verantwortung finden 305
> >
> > 5.3.3 Das dialogische Prinzip im Gottesbezug 308
>
> 5.4 Anfrage zu Dag Hammarskjölds Einordnung als Mystiker 309

6. Reflexionen zur ethischen und religiösen Identität Dag Hammarskjölds 319

> 6.1 Ethik und Identität im Spannungsfeld von Individuum und Gesellschaft 321
>
> 6.2 Religiöse Identität oder Die Befähigung des Menschen zum aufrechten Stand 323
>
> 6.3 Christliche und interkonfessionelle Züge in Dag Hammarskjölds Religiosität 326

TEIL IV
Annäherung an Dag Hammarskjölds „Profil" II –
Der Politiker in Weltverantwortung 331

1. Über die Qualitäten eines Berufspolitikers nach Max Weber 331

> 1.1 Gesinnungs- und Verantwortungsethik als Grundhaltung des Politikers 334

2. Dag Hammarskjöld als „International Civil Servant"...... 336
   2.1 Erfolge und Misserfolge Dag Hammarskjölds –
      eine Bilanz 341
      2.1.1 Ist Dag Hammarskjöld mit seiner
          Friedensmission gescheitert?................ 346

SCHLUSSBETRACHTUNG
Dag Hammarskjöld – ein Politiker für das 21. Jahrhundert?... 349

Nachschlagewerke 355

Literaturverzeichnis 356

Einleitung

Dag Hammarskjöld war mir, vor meiner intensiven Beschäftigung mit ihm als Politiker und Generalsekretär in den frühen Jahren der UNO, durchaus ein Begriff. Mehr aber auch nicht, denn sein postum veröffentlichtes Tagebuch, das ihn als tief religiösen Menschen ausweist, war mir – trotz einer Erstveröffentlichung im Jahr 1965 – unbekannt geblieben.

Sozusagen auf die Spur gekommen bin ich Dag Hammarskjöld während einer Tagung im Jahr 2006. Ich war damals sehr erstaunt, ihn als Mystiker vorgestellt zu bekommen, denn als modernem und im säkularisierten Mitteleuropa beheimateten Menschen schien mir die Einordnung eines Politikers wie Dag Hammarskjöld als Mystiker doch ziemlich fragwürdig, ja absurd zu sein.

Trotzdem blieb eine von dieser Gestalt ausgehende Faszination in mir lebendig. Ich begann also mit Nachforschungen, um mehr über diesen bemerkenswerten Menschen zu erfahren, und diese Spurensuche erwies sich zunehmend als Begegnung mit einem enthusiastischen Sinnsucher, der nicht nur ein bedeutender Politiker war, sondern der gerade mit seinen Tagebuchaufzeichnungen, die er „Vägmärken", zu deutsch „Zeichen am Weg" nannte und als das einzig richtige Profil seiner selbst bezeichnete, ein Wegweiser für viele religiös Suchende in unserer Zeit sein kann.

Dag Hammarskjöld hatte sein Tagebuch ursprünglich nicht für eine Veröffentlichung vorgesehen. Und doch findet sich 1956 darin eine Notiz, die ein Umdenken andeutet: „Diese Aufzeichnungen –? Sie waren Wegzeichen, aufgerichtet, als du an einen Punkt kamst, wo du sie brauchtest, einen festen Punkt, der nicht verloren gehen durfte. Und das sind sie geblieben. Aber dein Leben hat sich verändert, und du rechnest nun mit möglichen Lesern. Vielleicht wünschst du sie dir sogar! Für manchen könnte es doch von Bedeutung sein, einen Schicksalsweg zu verfolgen, über den der Lebende nicht sprechen mochte. Ja, aber nur wenn deine Worte aufrichtig sind, jenseits von Eitelkeit und Selbstbespiegelung."

Hammarskjölds Wunsch nach möglichen Lesern seines Tagebuches ist also nicht einer gewissen narzisstischen Eitelkeit oder einem übersteigerten Selbstbewusstsein zuzuschreiben, sondern dem berechtigten Interesse, einen Lebensweg nachverfolgen zu können und beispielhaft miterleben zu lassen, durch welche Höhen und Tiefen auch die Großen dieser Welt gehen müssen, um den an sie gestellten Anforderungen standzuhalten und im positiven Sinne richtungsweisend zu wirken – und nicht zuletzt, um davon zu lernen.

Die „Zeichen am Weg" sind über die Jahre zu einem modernen religiösen Klassiker geworden. Doch Henry van Dusen bemerkte schon in den 60er Jahren des letzten Jahrhunderts zur englischen Ausgabe, dass sie wohl das am meisten gekaufte, aber wahrscheinlich am wenigsten gelesene Buch in den USA sei, ausgenommen die Bibel. Tatsächlich erschließen sich dem Leser die Texte dieses Tagebuches nicht leicht. Zumeist wurde die Ursache für die so schwierige Lesbarkeit der unklaren und undurchsichtigen Ausdrucksweise Dag Hammarskjölds zugeschrieben, doch Henry van Dusen sah darin nicht den entscheidenden Punkt und meinte vielmehr: „Jeder Leser mit einem Gespür für die Person und den Zweck, den das Buch verfolgt, und in Kenntnis der Umstände und der Zusammenstellung dieser persönlichen Eintragungen, sollte das meiste davon gut verständlich finden."

Was die Lesbarkeit und das Verständnis von „Zeichen am Weg" aber zudem schwierig macht ist das Faktum, dass es sich dabei nicht um eine erzählende Darstellung persönlicher Lebensziele und -ereignisse handelt, und dass diese Aufzeichnungen, die Hammarskjöld selbst als „eine Art Weißbuch meiner Verhandlungen mit mir selbst und mit Gott" bezeichnete, eben nicht als literarische Fiktion seines Lebens für eine mögliche Leserschaft aufbereitet wurden. Und doch sind einzelne datierte „Zeichen", wie etwa jenes vom 7. April 1953, dem Tag seiner Ernennung zum Generalsekretär der Vereinten Nationen, beredte Zeugnisse realer Begebenheiten und können Aufschluss darüber geben, wie Dag Hammarskjöld über die jeweiligen Ereignisse dachte und wie er sie empfand, und wie tief vor allem sein Verantwortungsbewusstsein in seinem Glauben gründete und er in dienender Hingabe daraus die Kraft für sein Wirken in der und für die Welt bezog.

Dennoch ist Hintergrundwissen notwendig, um die einzelnen Textstellen in einen Kontext einzuordnen und die Lebensgeschichte Dag Hammarskjölds so nachvollziehbar zu machen, dass man am Ende versteht, worum es ihm wirklich ging, und warum er so und nicht anders gehandelt hat, wenn es Konflikte mit weltweiten Auswirkungen zu lösen galt und Krisenmanagement angesagt war.

Unter dieser Perspektive wurde mithin versucht, Dag Hammarskjölds Schicksalsweg nachzuzeichnen, wie er vielleicht nur Ausnahmemenschen möglich ist, der aber für das eigene Streben in einer Welt, in der Werte und Grundsätze immer mehr verloren gehen und die Sinnfindung schwierig geworden ist, dennoch als Orientierungshilfe dienen kann gemäß Hammarskjölds eigenen Worten: „Das Leben hat Wert nur durch seinen Inhalt – für andere. Mein Leben ohne Wert für andere ist schlimmer als Tod."

Wenn es denn also stimmt, dass wir uns bilden lassen durch die Erfahrungen von anderen, und dass wir neue Anschauungen und Erkenntnisse gewinnen in einem geistigen Zusammenströmen mit Persönlichkeiten, denen wir nahekommen, dann mag die folgende Lektüre ein lohnendes Unterfangen sein. Und wie schwer manche Aussagen Dag Hammarskjölds auch heute noch wiegen, mögen die Schlusszeilen seiner Antrittsrede vor den Vereinten Nationen vom 10. April 1953 zeigen, als er aus einem schwedischen Gedicht zitierte: „Das tiefste Gebet des Menschen bittet nicht um den Sieg, sondern um den Frieden."

TEIL I
Biografische Annäherung an Dag Hammarskjöld

„An dem Tag, an dem du geboren wurdest,
waren alle froh – du alleine weintest.
Lebe so, dass in deiner letzten Stunde
alle andern weinen, und du der Einzige bist,
der keine Träne zu verlieren hat.
Dann wirst du ruhig dem Tod begegnen,
wann immer er auch kommt."[1]

Als Dag Hammarskjöld diese Zeilen schrieb, soll er elf Jahre alt gewesen sein. Geboren wurde er am 29. Juli 1905 im schwedischen Jönköping am Vätternsee. Die Villa Liljeholmen, Dag Hammarskjölds Geburtshaus im gleichnamigen Stadtteil, ist heute umtost von Verkehrslärm und dem Geräuschpegel einer Eisenbahnbrücke. Zu besichtigen ist das Haus nicht, und nur eine kleine Gedenktafel weist es als das Geburtshaus des berühmten Schweden aus. Ein Rundgang führt den Besucher zur ruhigeren Strandpromenade, die an der Rückseite des Hauses entlangführt und einen weiten Blick über den Vätternsee freigibt. Als Dag Hammarskjöld Anfang des 20. Jahrhunderts als jüngster der vier Söhne von Hjalmar Hammarskjöld und seiner Frau Agnes Almquist-Hammarskjöld geboren wurde, mag die Villa ein durchaus repräsentativer und idyllisch gelegener Wohnsitz für die Familie des damaligen Landgerichtspräsidenten von Göta gewesen sein.

---

[1] Zitiert nach S. Mögle-Stadel, ²2000, S. 57.

1. Familienbande

Dag Hammarskjöld wurde in eine traditionsreiche Familie hineingeboren, die sich seit 1610 zum Adel Schwedens zählen durfte und zu einer Beamtenaristokratie, die sich entwickelte, als das Land „in eine zivile und militärische Bürokratie umgewandelt wurde, deren einzige Aufgabe ‚der Dienst am Königreich' war".[2]

1.1 Das Erbe des Vaters

Als Dag geboren wurde, war sein Vater Hjalmar Hammarskjöld seit 1902 Präsident des in Jönköping seit 1634 angesiedelten schwedischen Göta-Hofgerichts, dem schwedischen Oberlandesgericht. Im Jahre 1905 wurde er auch Mitglied der schwedischen Regierung, und in dieser Position war der u. a. in Straßburg und Freiburg ausgebildete und am Haager Schiedsgerichtshof in internationalem Recht bereits erprobte Jurist zu Friedensverhandlungen zwischen Schweden und Norwegen nach Karlstad abgeordnet, um dort die Teilung der seit 1815 durch Personalunion verbundenen Länder vorzubereiten. Dass sich die beiden Länder nach der am 7. Juni 1905 durch Norwegen einseitig verkündeten Loslösung aus der Union in Frieden trennen konnten, war nicht zuletzt dem intensiven Einsatz Hjalmar Hammarskjölds und seiner Überzeugung von der universalen Bedeutung des Rechts sowie seiner profunden Kenntnis der internationalen Rechtsprechung zu danken, was dem parteilosen Juristen im Jahr 1914 dann auch die Berufung zum Ministerpräsidenten Schwedens einbringen sollte.

Durch diese beruflich bedingte Abwesenheit des Vaters konnte die Taufe des jüngsten Sohnes auf die Namen Dag Hjalmar Agne Carl Hammarskjöld erst am 29. September 1905 erfolgen. Von den drei weiteren Unterhändlern der Friedensverhandlungen in Karlstad erhielt der Sohn denn auch als Taufgeschenk einen Silberbecher mit der Inschrift: „Für den, der so lange ohne Namen blieb" und geschmückt mit dem Familienwappen der Hammarskjölds mit zwei gekreuzten Hämmern, umgeben von vier Kugeln auf einem Schild mit einer Krone darüber.

---

2   J. P. Lash, 1962, S. 26.

1. Familienbande

Außer dem Bezug der Namensgebung zu den Vornamen der Eltern und Großeltern kann der versöhnliche Ausgang der schwedisch-norwegischen Friedensverhandlungen auch noch symbolhaft für die Namensgebung des Sohnes stehen insofern, als der Vorname Dag im Schwedischen für das Wort Tag oder Tageshelligkeit steht und Dag Hammarskjölds späterer Freund Karl Ragnar Gierow in seinem Nachruf am 28. September 1961 interessanterweise darauf Bezug nimmt: „Er wurde Dag getauft, damit es mit ihm hell werden sollte. An seiner Wiege stand der Friede, der Wille zur Versöhnung, der Wunsch nach Eintracht, die Fähigkeit der Vermittlung."[3]

Die Familie Hammarskjöld stammte aus Småland in Südschweden, und auch Hjalmar Hammarskjöld wurde am 4. Februar 1862 dort auf dem Hof seiner Vorfahren geboren. Wie sein Ahn Lorenzo Hammarskjöld (1787–1827), der einzige Dichter in der langen Ahnenreihe bedeutender Staatsbeamter und Militärs, interessierte sich der junge Hjalmar Hammarskjöld sehr für Literatur und studierte zunächst Literaturwissenschaften und Philosophie. Sein bevorzugtes Interesse galt den klassischen Sprachen Latein und Griechisch, aber er eignete sich auch Deutsch so weit an, dass er Goethe und Schiller, und auch Lenau, Heine und Chamisso sowie Hofmannsthal, Rilke und Hesse im Original lesen konnte und mit Vorliebe Platen übersetzte. Im Auftrag des Nobelkomitees widmete er sich noch der portugiesischen und südamerikanischen Lyrik. Aus Pflichtbewusstsein gegenüber der verarmten Familie wandte er sich jedoch der Jurisprudenz zu und kam dadurch der Familientradition wieder näher. Aufgrund eines Stipendiums konnte er auch an deutschen Universitäten studieren und blieb seit dieser Zeit mit Deutschland verbunden, wenngleich er „eine gewisse ironische Distanz gegenüber dem wilhelminischen Deutschland" hegte und mit dem Nationalsozialismus „niemals auch nur einen Augenblick lang Kompromisse" schloss.[4]

Während seiner beruflichen Laufbahn wurde Hjalmar Hammarskjöld in mancherlei Staatsämter berufen. Nach der erfolgreichen Friedensmission zwischen Schweden und Norwegen wurde er für kurze Zeit schwedischer Gesandter in Kopenhagen. 1907 wurde er Regierungspräsident der Provinz Uppland, und die Familie zog nach Uppsa-

---
3   Zitiert nach S. Mögle-Stadel, ²2000, S. 60.
4   S. Stolpe, 1964, S. 9.

la, wo Dag dann seine Kinder- und Jugendjahre und seine Studentenzeit verbachte.

In den Jahren von 1914 bis 1917 ist Hjalmar Hammarskjöld schwedischer Ministerpräsident und muss in dieser Zeit infolge einer Missernte im Land und wegen Handelsbeschränkungen im Zuge des Ersten Weltkrieges Lebensmittelrationierungen anordnen, wodurch er sich den Hass der Sozialisten und Liberalisten einhandelte und den Unmut des Volkes auf sich zog, das ihn mit dem Schimpfnamen „Hungerskjöld" bedachte. Der Sohn erinnert sich in seinen Uppsala-Gedichten noch 1959 schmerzlich an diese Zeit, in der auch das Kind, quasi in Sippenhaft genommen, die Auswirkungen des Hasses auf den Vater zu spüren bekam: „Ohrfeigen lehrten den Knaben, dass seines Vaters Namen ihnen verhasst war". Und, ausgegrenzt von den Spielkameraden, registrierte der kleine Dag sehnsuchtsvoll-traurig: „Er war nicht erwünscht. Als er dennoch kam, durfte er zusehn beim Spiel."[5]

Bis zur Demissionierung Hjalmar Hammarskjölds aus dem Amt des Ministerpräsidenten im März 1917 wohnte die Familie in Stockholm, wo Dag auch ins Gymnasium eingeschult wurde. Danach nahm der Vater seine politische Tätigkeit als Regierungspräsident der Upplande, die er bis zu seiner Pensionierung im Jahr 1930 bekleidete, wieder auf, und die Familie zog zurück ins beschauliche Uppsala. Von dort aus war Hjalmar Hammarskjöld immer wieder als neutraler Vermittler bei internationalen Konflikten tätig und mit Aufgaben am Internationalen Gerichtshof in Den Haag betraut, dem er bis 1946 angehörte.

Hjalmar Hammarskjöld wird als eine patriarchalisch-strenge und unbeugsame Persönlichkeit beschrieben, seinen eigenen Wertvorstellungen und Überzeugungen verpflichtet, unnahbar, parteilos, von konservativer, ja reaktionärer Haltung, unbestechlich und ein Mann der einsamen Entschlüsse. Die schweren Jahre als Ministerpräsident hatten ihn verbittert zurückgelassen. Aber sein jüngster Sohn ist beeindruckt von dem Pflichtbewusstsein und der Berufstreue des Vaters, der ihm später einmal erklärte, er habe dieses Amt nicht übernommen, „um die persönliche Macht des Königs zu stützen, sondern weil er Verwaltungsbeamte als Hüter der nationalen Interessen betrachte, deren Pflichten und Verantwortungen über den Konflikten der Parteien stehen".[6]

---

5   ZW, 2005, S. 176.
6   J. P. Lash, 1962, S. 28.

Hjalmar Hammarskjöld „war ein Mann der Ideen, ein bedeutender, wenn auch verhasster Politiker mit großen Möglichkeiten und einer glänzenden Begabung, aber mit geringer Fähigkeit, direkt und intim mit seinen Mitmenschen Kontakt zu finden", so schildert ihn Dags Jugendfreund Sven Stolpe und fragte sich einmal anlässlich eines Besuches bei der Familie um 1930 angesichts der Verschlossenheit und Einsamkeit des Vaters: „Musste er jetzt nicht auch den Preis bezahlen für seine Selbstherrlichkeit, seinen Mangel an Einfühlungsvermögen, das Fehlen ... der Liebe zu seinen gewöhnlichen Mitmenschen?"[7]

Dag Hammarskjöld selbst beschreibt seinen Vater in seiner Antrittsrede vor der Schwedischen Akademie, nachdem er im Jahre 1954 zum ersten Mal in der zweihundertjährigen Geschichte dieser Institution als Sohn eines Mitglieds den Sitz des Vaters übernahm, wie folgt: „Ein reifer Mann ist sein eigener Richter. Am Ende ist seine einzige feste Stütze die Treue gegenüber der eigenen Überzeugung. Die Ratschläge anderer mögen ihm willkommen oder wertvoll sein, aber sie befreien ihn nicht von seiner Verantwortung. Daher kann er sehr einsam werden, daher muss er auch mit offenen Augen das Risiko auf sich nehmen, einer halsstarrigen Selbstgenügsamkeit beschuldigt zu werden."[8] Ob Dag Hammarskjöld hier aus der Sicht des Erwachsenen auf den Vater und in Kenntnis eines Teils der von ihm ererbten Eigenschaften nicht ebenso sein mögliches eigenes Schicksal im Sinn gehabt hat?

Hjalmar Hammarskjöld starb am 10. Oktober 1953 in Stockholm, kurz nachdem der Sohn das Amt des Generalsekretärs der Vereinten Nationen in New York angetreten hatte.

1.2 Die Brüder

Die vielen nationalen und internationalen Aufgaben und Verpflichtungen des Vaters waren für Dag und seine Brüder nicht nur Vorbild und Ansporn für die eigene berufliche Karriere, sondern setzten ebenso sehr Maßstäbe wie diese, „dass man erstens sich selbst treu und

---

7 S. Stolpe, 1964, S. 15/16.
8 S. Söderberg, 1962, S. 24, zitiert nach Dag Hammarskjölds Akademie-Rede auf den Vater.

zweitens andern dienen muss".⁹ Günter Barudio urteilt über den „Leistungsdruck als Legitimationszwang" für die Hammarskjöld-Söhne: „Nicht einmal der Schein von Mittelmaß war zugelassen. Jede begonnene Tätigkeit hatte zu einer Hochleistung zu führen, wenn sie ehrende Geltung beanspruchen wollte."¹⁰

Einem geflügelten Wort in der schwedischen Staatsverwaltung zufolge pflegte man bei schwierigen Aufgaben auch zu sagen: „Jetzt müssen wir uns eines der Hammarskjölds versichern."¹¹ Und da alle vier Söhne neben einer herausragenden intellektuellen Begabung auch die Eigenschaften der Familie wie Ernst, Pflichtbewusstsein und eine außergewöhnliche Energie geerbt hatten, und sie sich ihrer „hohen Geburt" und ihres Standes durchaus bewusst waren, war ihr Weg in hohe Staatsämter vorgezeichnet.

Bo Hammarskjöld, der Älteste und dem Vater nicht unähnlich, geboren am 3. Juni 1891, wurde als Regierungspräsident von Norrköping zu einem der tüchtigsten hohen Beamten Schwedens gezählt, da er auch bei schwierigsten Problemen rasch perfekte Lösungen zu präsentieren verstand. Er wurde 83 Jahre alt und starb am 4. August 1974.

Åke, der hochbegabte Zweitälteste, geboren am 10. April 1893, wurde wie der Vater schwedischer Gesandter am Internationalen Gerichtshof in Den Haag und war Mitglied in Schlichtungsausschüssen des 1919 gegründeten Völkerbundes in Genf. Seine Karriere wurde durch seinen Tod infolge eines rheumatischen Fiebers am 7. Juli 1937 allzu früh beendet.

Sten, sieben Jahre nach Åke und fünf Jahre vor Dag Hammarskjöld am 8. September 1900 geboren, war ein kränkliches Kind. Er wurde Journalist und Schriftsteller und hatte nur für kurze Zeit eine Beamtenstellung inne. Als einziger der Brüder erreichte er keine herausragende Stellung im öffentlichen Leben. Er starb am 23. Februar 1972.

Obwohl sich in der Literatur über Dag Hammarskjöld nur wenige Einlassungen über die Brüder oder seine Beziehung zu ihnen finden, wird das Stimmungsbarometer in der Familie, trotz der strengen und unnahbaren Gestalt des Vaters, von einem Schulfreund durchaus freundlich beschrieben: „Es herrschte eine nette Atmosphäre in der Fa-

---

9 J. Hoffmann-Herreros, 1991, S. 23.
10 G. Barudio, 1990, S. 101/102.
11 S. Stolpe, 1964, S. 7.

milie, in der alle sehr viel arbeiteten. ... Wir dachten oft, dass es manchmal schwierig [für die Mutter] sein müsse, mit fünf schwer arbeitenden Männern fertig zu werden, die sich nur für ihre wichtige Arbeit interessierten. Sie war eine intellektuelle Frau, aber sie vertrat in der Familie das Gefühl."[12]

1.3 Geprägt von der Mutter

Agnes Almquist-Hammarskjöld war der ausgleichende Faktor zwischen der geballten Dominanz der zumeist mit sich selbst beschäftigten Männer in der Familie. Sie wurde am 15. Januar 1866 geboren und wird allgemein beschrieben als eine warmherzige, überaus freundliche Frau, die anderen Menschen offen und mit Herzlichkeit begegnete.

Hjalmar Hammarskjöld hatte diese ihm so gegensätzliche Frau im Jahr 1890 geheiratet. Der Sohn Dag gibt in seiner Akademie-Rede auf den Vater auch folgende Beschreibung der Mutter: „In seiner Frau fand er ein entschiedenes Bewahren persönlicher Ideale, was seiner eigenen Wesensart entsprach. Andererseits war Agnes Almquist in vielerlei Hinsicht verschieden von ihm. Ihr Charakter, der für mich ihre familiäre Herkunft widerspiegelt, zeigte sich gelegentlich mit besonderer Klarheit und der etwas erschreckenden Heftigkeit eines Genies auch in dem Poeten Carl Jonas Love Almquist, einem Stiefbruder ihres Vaters: eine radikal demokratische Einstellung den Mitmenschen gegenüber, beinahe ›evangelisch‹, wenn Sie so wollen, eine kindliche Einstellung dem Leben gegenüber, und eine Art Antirationalismus mit einer warmen Unterströmung von Gefühl. Mit diesen Eigenschaften und der ihr eigenen Großzügigkeit Nahestehenden wie Freunden gegenüber brachte sie Elemente in Hjalmar Hammarskjölds Leben, die für seine spätere Entwicklung von großer Bedeutung waren."[13]
Diese gefühlsbetonte und sozial sehr engagierte Frau entstammte einer Theologen- und Gelehrtenfamilie und war auch selbst sehr an religiöser Literatur interessiert. Sie besuchte regelmäßig den Sonntags-

---

12 J. P. Lash, 1962, S. 29. Die weiteren Angaben zu den Hammarskjöld-Söhnen wurden entnommen aus: H. P. van Dusen, 1964; S. Söderberg, 1962; S. Stolpe, 1964. Die Geburts- und Todesdaten entstammen den Grabsteinen des Familiengrabes der Hammarskjölds auf dem Waldfriedhof in Uppsala.
13 W. Foote, 1963, S. 70.

gottesdienst im Dom von Uppsala, zu dem sie ihr jüngster Sohn Dag meist begleitete. Dort hörte sie die Predigten des Erzbischofs Nathan Söderblom, mit dem sie ein besonderes Ereignis verband: Beide waren am gleichen Tag und im gleichen Jahr geboren. Agnes Almquist-Hammarskjöld nannte den Erzbischof deshalb gelegentlich scherzhaft ihren „Zwilling", zumal die beiden Familien freundschaftlich verbunden waren und Nathan Söderblom häufig zu Gast im Hause Hammarskjöld war.

Mit seiner Mutter stand ihr jüngster Sohn Dag in einer engen und nicht ganz unproblematischen Beziehung. Nach drei Söhnen hatte sich Agnes Almquist-Hammarskjöld sehr eine Tochter gewünscht, und so kleidete sie den Kleinen mit seinen langen blonden Locken bis etwa zu seinem vierten Lebensjahr wie ein Mädchen. Dies war zu damaliger Zeit nicht ganz ungewöhnlich, wie auch andere Familienfotos aus dieser Zeit zeigen, aber mit Sven Stolpe darf doch vermutet werden: „Man kann vielleicht einen Zusammenhang ahnen zwischen Dags Einstellung zu seiner hingebungsvollen, geliebten und schwierigen Mutter und seinem strengen, verschlossenen und selbstbeherrschten Vater und der Tatsache, dass er sein ganzes Leben hindurch unverheiratet blieb."[14] Gleichzeitig betont der Freund aber auch, Dag Hammarskjöld sei „ein ausgesprochen männlicher Mensch" gewesen.[15] Und ebenso bemerkt Dag Hammarskjölds Biograf Sten Söderberg, dass der Sohn „in jeder Beziehung dem Wunschtraum einer Mutter entsprach" und ihre „Augenweide und ihres Alters Trost"[16] war, und dass doch „das Phantastische dabei ist, dass er gleichzeitig Junge unter Jungen blieb, seine Studien glänzend abschloss und eine große Karriere machte".[17]

Vom Vater und von den Brüdern wurden sicher sehr männliche Erwartungen an den kleinen Dag herangetragen, und doch hatte das empfindsame Kind ein Leben lang eine sehr enge Bindung an die Mutter. „Dag war der Kavalier seiner Mutter, ihr getreuer Trabant und fürsorglicher Helfer", schreibt Sven Stolpe.[18] Dag Hammarskjöld blieb bis zu seinem vierzigsten Lebensjahr die „Heimtochter", wie man in

---

14 S. Stolpe, 1964, S. 22/23.
15 S. Stolpe, 1964, S. 22.
16 S. Söderberg, 1962, S. 25/26 (schwedische Ausgabe).
17 S. Söderberg, 1962, S. 29 (deutsche Ausgabe).
18 S. Stolpe, 1964, S. 24.

Schweden jenes Mädchen nennt, „das zu Hause bei den Eltern blieb, wenn alle anderen Kinder ausgeflogen waren ... In seinem Leben gab es nur eine einzige Frau: die Mutter".[19]

Diese Mutter aber war auch zutiefst davon überzeugt, dass ihr Lieblingssohn Dag einmal „zu etwas Großem in der Welt berufen sei".[20] Dies bestätigt Alain Braconniers Beobachtung, dass starke Mütter, die ihren Söhnen liebevoll zugewandt sind, ihnen dadurch auch helfen, starke und sensible Männer zu werden. Dag Hammarskjöld hätte Braconniers nautische Metapher vielleicht gefallen, der bemerkt, „dass Mütter ihre Söhne immer vorantreiben: Sie sind ihnen Wind und Segel zugleich. Die Väter hingegen können das Gefühl vermitteln, in traditioneller Weise das Steuer in der Hand zu halten, doch bei Unwettern sind es oft die Mütter, die dafür Sorge tragen, dass alle Klippen umschifft werden."[21]

Trotz aller vielleicht nicht ganz unbedenklichen Mutterliebe verdankt Dag Hammarskjöld dem mütterlichen Erbe und der liebevollen Beziehung zu seiner Mutter doch auch seine Sensibilität, sein Einfühlungsvermögen, seine soziale Einstellung und nicht zuletzt einen Glauben, den er erst in späteren Jahren auch als seinen eigenen anerkennen konnte. In der Rundfunkreihe „This I Believe", in New York 1954 aufgenommen, bekannte er sich offen und freimütig zu dem Glauben, der ihm von seinen Eltern, insbesondere von seiner Mutter, vermittelt wurde: „Von den Gelehrten und Geistlichen mütterlicherseits erbte ich die Überzeugung, dass im radikalen Sinn der Evangelien alle Menschen als Kinder Gottes gleich sind, sie von uns als solche behandelt werden und wir ihnen als unseren von Gott gesandten Lehrmeistern begegnen sollen."[22]

Dag Hammarskjöld begleitete seine Mutter nicht nur zu den sonntäglichen Gottesdiensten, sondern ging auch mit ihr, wenn sie Arme und Bedürftige besuchte. Bei allem ausgeprägten Standesbewusstsein, das besonders der Vater pflegte und das auch Dag Hammarskjöld durchaus eigen war, hatte die Mutter doch die tiefe Über-

---

19 S. Söderberg, 1962, S. 29 und 38.
20 Zitiert nach M. Fröhlich, 2002, S. 113 mit Bezug auf B. Thelin, Fostered to Internationalism and Peace. Biographical Notes on UN Secretary-General Dag Hammarskjöld. Malmö, 1998.
21 A. Braconnier, 2006, S. 327.
22 This I Believe, 1954.

zeugung von der Gleichheit aller Menschen vor Gott in ihm verankert, sodass der karitative Dienst für ihn nicht nur Pflicht bedeutete, sondern auch Übung war, die ihn durch die äußere Fassade hindurch das wahre Wesen eines Menschen zu erkennen befähigte und später in sein Tagebuch mit leicht ironischem Seitenhieb auf die gesellschaftlich vorherrschende Meinung eintragen ließ: „Jesu ‚Inkonsequenz‘: Er saß mit Zöllnern und Sündern zu Tisch und ging mit Huren um. Tat er es, um wenigstens ihre Stimmen zu gewinnen? Glaubte er etwa, sie zu bekehren durch solches ‚appeasement‘? Oder tat er es, weil seine Menschlichkeit tief und reich genug war, um auch in ihnen die Beziehung zu stiften zu dem Gemeinsamen, Unzerstörbaren, worauf die Zukunft gebaut werden muss?"[23]

Weder für seine Mutter noch für Dag Hammarskjöld, und das hatte er von ihr gelernt, waren Motive wie Bekehrung oder Vereinnahmung ausschlaggebend für die Zuwendung zu anderen Menschen. Für sie zählte allein die tief innerlich empfundene Verpflichtung zur Agape, der selbstlosen und geschwisterlichen Liebe der Menschen zueinander, mit der allein eine tragfähige und gemeinsame Zukunft für alle geschaffen werden kann.[24]

Anna Almquist-Hammarskjöld starb am 21. Januar 1940 in Stockholm. Sie war 74 Jahre alt geworden.

2. Kindheits- und Jugendjahre im Schloss zu Uppsala

Auf seine Kinder- und Jugendjahre zurückblickend, schreibt Dag Hammarskjöld im Jahr 1926 an seinen Freund Jan Waldenström: „Es ist merkwürdig, wie schrecklich einsam man sich in dieser Stadt fühlen kann, wo man so unendlich viele Gleichaltrige kennt ... die Klassenunterschiede errichten ja tatsächlich Mauern zwischen Menschen im Schulalter, es ist, als ob man nicht die gleiche Sprache spricht ... Durch meine Position hier als Schuljunge ... mit Knaben, die aus verschiedenen Gründen darin beharrten, mich als einen recht kritischen Fremd-

---

23 ZW, 2005, S. 159 (1.10.1957).
24 Aufzeichnungen über Agnes Almquist-Hammarskjöld finden sich u. a. bei M. Fröhlich, 2002; J. Hoffmann-Herreros, 1991; J. Lash, 1962; S. Mögle-Stadel, ²2000; S. Söderberg, 1962 (Deutsch und Schwedisch); S. Stolpe, 1964.

2. Kindheits- und Jugendjahre im Schloss zu Uppsala 33

ling zu betrachten – entstand bei mir ein tief verwurzeltes Gefühl, dass man meine Anwesenheit nicht nur als gleichgültig ansah, sondern – bis zu einem gewissen Grad wenigstens – als ein Minus. Und mit diesem Gefühl zurechtzukommen ist nicht so leicht ..."[25]

Zu dieser Einsamkeit und Isolation des Kindes trug sicherlich auch bei, dass Dag Hammarskjöld seine Kindheit in dem beeindruckenden alten Schloss auf einem Hügel über Uppsala verbrachte, in welchem dem Regierungspräsidenten der Upplande Wohnrecht zustand und wohin die Familie 1907 gezogen war.

Der 1545 von König Gustaf Wasa begonnene Schlossbau war ursprünglich als Viereck mit vier runden Ecktürmen konzipiert, von denen aber nur zwei fertiggestellt wurden. In einem von ihnen befindet sich noch heute die Amtswohnung des jeweiligen Regierungspräsidenten. Das imposante Gebäude ist nicht nur sehr präsent in der idyllischen kleinen Stadt, seine Geschichte wurde von energischen Lehrern in die Köpfe der Schulkinder geradezu eingehämmert, wie Dag Hammarskjöld in Erinnerung an eine solche Schulstunde humorvoll beschreibt: „Nun Kinder, beachtet, dass das Schloss zu Uppsala auf einem Hügel liegt", so begann der Lehrer meist, um die Kinder dann mit all den geschichtsträchtigen Daten zu bombardieren, die sie sich zu merken hatten. Und Hammarskjöld urteilt: „Arme Kinder ... armselige Geschichten von einer vergangenen Zeit."[26]

Das alte Schloss bot den Kindern aber auch viele interessante Spielplätze, zu denen Dag seine Kameraden manchmal einlud: die unheimlichen Gefangenenverliese, um die sich so manche Spukgeschichte rankte, der alte Reichssaal, in dem man wunderbar Fangen spielen konnte, oder die dicken Mauern mit ihren geheimnisvollen Schlupfwinkeln.[27] Die unmittelbare Umgebung bot dem schüchternen kleinen Dag aber vor allem viel Auslauf, um seinen Naturinteressen nachzugehen und Blumen und Insekten zu sammeln. Åke berichtete einmal in einem Brief an den Vater über die Aktivitäten des sechsjährigen Bruders: „Dag ist interessierter denn je an Blumen und Pflanzen und weiß

---

25 Zitiert nach K. E. Birnbaum, 2000, S. 19/20.
26 Diese kleine Episode schildert Dag Hammarskjöld in seinem letzten von ihm selbst verfassten, zusammenhängenden Text, die unter dem Titel „Castle Hill" veröffentlicht ist. Uppsala, 2000, S. 12.
27 S. Söderberg, 1962, S. 31.

noch gar nichts darüber. ... Es sollte uns doch sehr wundern, wenn er nicht Biologe werden würde."[28]

Biologe ist Dag Hammarskjöld nicht geworden, sein Interesse an der Natur aber hat er sich ein Leben lang erhalten. Und in seinem Tagebuch erinnert er sich noch 1959 an seine Beobachtungen in Uppsalas Schlossgarten: „Im Schlossschatten schlossen sich die Blumen lang vor dem Abend." Oder: „Nachtkraut, Dornros – auf Wacht ging der Igel um das schlafende Schloss."[29]

Seine ersten Schuljahre verbrachte Dag, wie auch sein Bruder Sten, in einer kleinen Privatschule unter der Führung einer Lehrerin, die „so etwas wie ein pädagogisches Naturtalent" und „Lehrerin und Freundin zugleich" für die Kinder war. Über Dag berichtete sie einmal an seine Mutter, dass ihm „das Lernen so ungewöhnlich leicht fällt".[30] Diese familiär geführte Schule mussten die beiden Brüder verlassen, als der Vater 1914 Ministerpräsident wurde und die Familie nach Stockholm umzog. Der Wechsel von dieser kleinen privaten auf eine öffentliche Schule muss Dag Hammarskjöld sehr schwer gefallen sein, und dass es dem schüchternen Jungen überhaupt schwerfiel, in Kontakt mit anderen Kindern zu kommen, mag eine Tagebucheintragung zeigen, in der er schreibt: „Die Schule schließt. Es leert sich der Hof. Der, den er suchte, fand neue Freunde."[31]

Wieder einmal zurück in Uppsala nach der Demissionierung des Vaters, schrieb sich der elfjährige Dag im Sommer 1917 am Gymnasium der Kathedralschule ein, wo er 1923 auch Abitur machte und als Bester seiner Jahrgangsklasse abschloss. Sein Vater aber soll knurrend bemerkt haben: „Åkes Noten waren besser."[32] Andererseits hat der insgeheim wohl doch stolze Vater auch einmal geäußert: „Wenn ich so begabt wie Dag wäre und sein Talent hätte, mit Menschen umzugehen, dann hätte ich es weit gebracht."[33]

Seine Studienzeit verbrachte Dag Hammarskjöld an der Universität in Uppsala, wo er zuerst die Fächer Philosophie, Französisch und

---

28 P. Lind, B. Thelin, Uppsala, 2005, S. 91.
29 ZW, 2005, S. 174.
30 Aus: Dag Hammarskjöld – Eine Wanderung auf seinen Spuren. Infoblatt, herausgegeben von der Dag Hammarskjöld-Stiftung in Uppsala.
31 ZW, 2005, S. 177.
32 G. Barudio, 1990, S. 107.
33 J. P. Lash, 1962, S. 30.

Nationalökonomie belegte und diese mit einem Lizentiatsexamen im Jahr 1928 abschloss. Glücklich scheint er besonders mit seinen Philosophie-Dozenten aber nicht gewesen zu sein, denn gegenüber Anna Söderblom, der Frau des Erzbischofs, klagte er einmal: „Ich hatte geglaubt, ich würde etwas über die Entwicklung der Ideen im Laufe der Zeiten erfahren und mich nicht nur mit den Liebesabenteuern der einzelnen Schriftsteller herumschlagen müssen." Im Hause Söderblom wurde er daraufhin mit den Gedanken Blaise Pascals bekannt gemacht, die ihn auch später noch beschäftigten. Und auch der Einfluss des Erzbischofs selbst dürfte Wirkung gezeigt haben, denn nach Auskunft von Jan Olof Söderblom, dem Sohn des Erzbischofs und Schulkameraden von Dag Hammarskjöld, soll dieser sich damals auch mit dem Gedanken getragen haben, Theologie zu studieren.[34] Nach dem Lizenziat und aufgrund von Differenzen mit seinem Professor in Nationalökonomie verfolgte er dieses Fach zunächst nicht weiter und wandte sich auch nicht der Theologie zu, sondern wechselte zur Jurisprudenz und beendete dieses Studium schon 1930 als cand. jur.

Während seine Kommilitonen in eigenen Buden in der Stadt wohnten, lebte Dag Hammarskjöld weiterhin bei seinen Eltern im Schloss und hatte dort als letzter noch im Elternhaus verbliebener Sohn vielerlei Familienpflichten nachzukommen. Als Muttersöhnchen wurde er dennoch nicht gesehen. Er war sportlich, galt als netter Kamerad, der im Studium brillierte, und so waren seine Kameraden „stolz auf ihn, bewunderten und respektierten ihn, aber sie liebten ihn nicht"[35]. Bei aller ihm eigenen Distanz zu anderen Menschen aber nahm er doch an den leidenschaftlichen Debatten der Studenten auf Spaziergängen oder in seiner Studentenverbindung teil, wobei insbesondere über den „im universitären Uppsala vorherrschenden Materialismus der 20er und 30er Jahre"[36], aber auch über die Theorien Freuds und die positivistische Philosophie Axel Hägerströms sowie über die literarischen Strömungen dieser Zeit diskutiert wurde.[37] Über Dag Hammarskjölds Teilnahme an den Debatten berichtet Sven Stolpe: „Er verstand es sehr gut, Probleme klarzustellen und bei Meinungsverschiedenheiten eine

---

34 S. Söderberg, 1962, S. 35/36.
35 J. P. Lash, 1962, S. 30.
36 G. Barudio, 1990, S. 104.
37 J. P. Lash, 1962, S. 30.

Lösung zu finden. Aber er war nie sehr nachgiebig; wir konnten ihm nie unseren Willen aufzwingen."[38]

Trotz aller Belastungen infolge des intensiven Studiums und der Pflichten im Elternhaus suchte und fand Dag Hammarskjöld in diesen 20er Jahren des letzten Jahrhunderts einen Ausgleich in der Natur und der Landschaft Schwedens, die ihn mit „beinahe mythischer Intensität" anzog und mit ihren Farben und Tönen „eine Welt voller Bedeutung" für ihn war.[39] Mit seinen Kameraden durchstreifte er auf Wanderungen und Radtouren das Land, sie fuhren im Winter Ski, und mit seinem Bruder Bo entdeckte er seine Liebe zum Bergsteigen. In sein Tagebuch aber notierte er: „Weiter treibe ich hinaus ins fremde Land. Beinhart die Erde, Eisluft beißend kalt. Berührt vom Winde meines unbekannten Ziels, zittern die Saiten im Warten."[40]

Schon in seinen jungen Jahren sah Dag Hammarskjöld sich selbst als einen „immer Fragenden", einen Sucher nach dem Sinn auf einer inneren Landkarte. Zu seinen engsten Freunden in dieser Zeit, Jan Waldenström und Rutger Moll, äußerte er sich in einem intensiven Briefwechsel offen darüber, wie wenig ihm seine glänzend absolvierten Studien bedeuteten und wie wichtig er seine innere Entwicklung nahm: „Es ist übrigens merkwürdig, wie jedes äußere Resultat das Gefühl dafür schärft, dass nur der innere Schöpfungsakt von Bedeutung ist."[41] Dass er sich jedoch seiner inneren Weiterentwicklung dennoch bewusst war, zeigt eine weitere Textstelle aus einem Brief an den Freund aus dem gleichen Jahr: „Mit jedem Jahr, das vergeht, jedem Kreis, der sich auflöst, jeder Mauer, die zusammenstürzt, entwickelt sich die freie Persönlichkeitsgestaltung immer mehr zur unvermeidlichen Persönlichkeitsprüfung: Je höher man baut, desto härter wird der Grund geprüft."[42]

Die Jahre 1928 und 1929 sind für Dag Hammarskjöld noch einmal gekennzeichnet durch „hartes Pauken, zu viele Vorlesungen, ablenkende Familienpflichten", aber auch von Treffen mit den Freunden. In den

---

38 J. P. Lash, 1962, S. 31.
39 J. P. Lash, 1962, S. 34.
40 ZW, 2005, S. 41.
41 Aus einem Brief an Rutger Moll vom 6. 2. 1928, in: K. E. Birnbaum, 2000, S. 24.
42 Aus einem undat. Brief an Rutger Moll vom Spätherbst 1928, in: K. E. Birnbaum, 2000, S. 34.

2. Kindheits- und Jugendjahre im Schloss zu Uppsala

ersten Monaten des Jahres 1930 findet er aber dann doch noch „Zeit zum Nebenbei-Lesen" und berichtet, wie er „den Geist mit Flaubert durchlüftet", sich mit Baudelaire, Joseph Conrad, Thomas Mann und, als „reine Erbauungsliteratur", mit „Thomas a Kempis und Eckhart – äußerst sporadisch und äußerst fragmentarisch" beschäftigt.[43]

Dag Hammarskjöld bezeichnet die Zeit mit den Freunden in Uppsala als eine „Göttergabe"[44], und seine Auffassung von Freundschaft und die Beziehung zu ihnen fasst er später in seinem Tagebuch so zusammen: „Freundschaft bedarf keiner Worte – sie ist Einsamkeit, frei von der Angst der Einsamkeit."[45]

1930 wird Hjalmar Hammarskjöld pensioniert, die Familie zieht wieder nach Stockholm, und Dag berichtet an Rutger Moll, dass auch er irgendwie „mit Uppsala fertig" sei.[46] In der Rückschau fasst er dann seine Jahre in Uppsala in die Worte. „Das traditionelle Uppsala, innerhalb seiner begrenzten Sphäre, reflektiert ein Erbe, von dem ich meine, dass es auch der heutigen Welt einiges zu geben vermag ... Ich meine damit nicht Land und Leute, sondern ein spirituelles Vermächtnis jenseits aller Grenzen. Als das Beste dieses Vermächtnisses kann das gelassene Selbstvertrauen von Menschen gelten, die in ihrer eigenen Welt wurzeln, die aber gleichzeitig und aus eben diesem Grund fähig sind, ein echtes Weltbürgertum anzuerkennen und selbst zu entwickeln. Bestenfalls scheuen sie sich auch nicht, in ihrem Feind den Menschen zu lieben, und sie wissen, dass ein solches Lieben eine Quelle der Kraft sein kann. Sie haben Geduld gelernt in der Auseinandersetzung mit mächtigen Kräften. Sie wissen, und es ist ihre große Hoffnung, dass das Recht sich durchsetzen möge, und deshalb reden sie darüber. Aber sie wissen auch um die Gefahren und Versuchungen, wenn von Recht gesprochen wird ohne Menschlichkeit. Sie haben gelernt, dass sie nur standhaft sein können, solange sie an ihre Ideale glauben, und sie haben Mut bewiesen, auch dann der Führung durch diese Ideale zu vertrauen, wenn sich das am Ende manchmal als sehr bitter erweist. Und schließlich lebt in ihnen der Geist des Friedens."[47]

---

43 K. E. Birnbaum, 2000, S. 24/25.
44 K. E. Birnbaum, 2000, S. 41.
45 ZW, 2005, S. 44.
46 K. E. Birnbaum, 2000, S. 23.
47 Aus einer Rede am Uppsala College in East Orange, New Jersey, am 4. Juni 1956, in: W. Foote, 1963, S. 118.

Man könnte meinen, Dag Hammarskjöld habe all seine Lern- und Lebenserfahrungen, wurzelnd in seinen Kindheits- und Jugendjahren in Uppsala und Früchte tragend in seinem „unmöglichsten Job der Welt" in New York, in dieser Rede über den Geist und die Tradition von Uppsala zusammengefasst.

3. Zwischenjahre – Karrierejahre

Dag Hammarskjöld muss nun in Stockholm auf die „verbrauchten Nerven der Eltern" mit einer „unglaublichen Rücksicht und Vorsicht" reagieren, empfindet aber gleichzeitig eine „neue Zuversicht" und schreibt an den Freund Rutger Moll, „er sei voll im Begriff, die Welt zu erobern, von der ... er bisher nur vom ‚Gipfel der Jünglingsisolierung' geträumt und gedacht habe"[48].

Beflügelt von einem neuen Lebensgefühl der Veränderungen und des Aufbruchs in seinem 25. Lebensjahr, will Dag Hammarskjöld „die große Gabe der Jünglingsjahre", und damit meint er „den weiten Horizont, die großen Perspektiven, die Schärfe der geistigen Orientierung und die milde Morgendämmerung", nicht aus den Augen verlieren, sondern in seine Lebenswirklichkeit integrieren und für seine höchst weltliche Karriereplanung nutzen. In sein Tagebuch notiert er etwa zur selben Zeit: „Sorge nicht, wohin dich der einzelne Schritt führt: Nur wer weit blickt, findet sich zurecht."[49] Doch in strenger Selbstkritik fügt er sogleich hinzu: „Miss nie des Berges Höhe, ehe du den Gipfel erreicht hast. Dort wirst du sehen, wie niedrig er ist."[50] Aber erst 1956 kann er ergänzend sagen: „Die Sorgfalt bei den letzten Schritten unter dem Gipfel entscheidet über den Wert all dessen, was voraufgegangen sein mag."[51]

Der Umzug der Eltern – der Vater war 1929 Vorsitzender der Nobelstiftung geworden und die Familie hatte 1930 eine Wohnung im Haus der Stiftung in Stockholm bezogen – war für Dag Hammarskjöld nicht ungelegen gekommen. Nach dem unglücklich verlaufenen Lizentiatsexamen in Nationalökonomie in Uppsala, das er als herbe Zurück-

---

48 K. E. Birnbaum, 2000, S. 34.
49 ZW, 2005, S. 43.
50 Ebd.
51 ZW, 2005, S. 148.

3. Zwischenjahre – Karrierejahre

setzung erlebt hatte, wechselte er nun an die Universität in Stockholm. Schon während seines Jurastudiums hatte er ein Jahr in Cambridge verbracht und dort bereits Vorlesungen bei John Maynard Keynes gehört, sodass er in Stockholm rasch Zugang zu der in den frühen 30er Jahren des 20. Jahrhunderts berühmten „Stockholmer Schule"[52] fand und dort unter der Protektion von Gunnar Myrdal, dem bekannten schwedischen Volkswirtschaftler, und im anregenden Kreis der besten Köpfe junger schwedischer Nationalökonomen sein Studium weiterführen und mit der Promotion zum Doktor der Staatswissenschaften[53] im Jahr 1933 abschließen konnte.

Gunnar Myrdal äußerte sich später einmal über den jungen Dag Hammarskjöld und seine erste Zeit an der Stockholmer Universität: „Was uns hier an der Hochschule an Dag Hammarskjöld am meisten auffiel, war seine leichte, fröhliche Art im Umgang mit Menschen. Er hat sie sich durch alle Jahre hindurch bewahrt. Er wirkte ganz besonders offen und natürlich, und es gibt viele, die ihn nur von dieser Seite kennen gelernt haben und nur wissen, dass er ein angenehmer Gesellschafter sein konnte. In Wirklichkeit aber war er ein tief in sich zurückgezogener, einsamer und äußerst empfindsamer Mensch. Sein freundliches, fast etwas kühles Verhältnis zu den Menschen, denen er begegnete, war das Ergebnis einer strengen Selbstdisziplin."[54]

Neben dieser sehr einfühlsamen Darstellung konnte Myrdal aber auch kritische Worte zu Dag Hammarskjöld finden, so etwa nach der mündlichen Verteidigung der Dissertation, während der er sich mit ihm in einer sehr langen, intensiven Debatte mit dessen Thesen auseinandergesetzt hatte. Beim abschließenden Dinner des Kandidaten mit seinen Professoren soll er ihn gefragt haben: „Sprechen Sie zu Hause auch in solch langen, sorgfältig konstruierten Sätzen?"[55] Diese Ausdrucksweise, die Dag Hammarskjöld selbst einmal als „glasklare Un-

---

52 Die „Stockholmer Schule" war eine von John Maynard Keynes und dem Schweden Knut Wicksell beeinflusste sozial ausgerichtete nationalökonomische Schule, die „eine expansionistische Politik, die Anerkennung der Notwendigkeit einer staatlichen Intervention im Wirtschaftsleben und eine aktive Steuerpolitik" befürwortete. Ihre Vertreter und die Absolventen der Schule waren wesentlich am Aufbau des schwedischen Sozialstaates beteiligt (nach J. P. Lash, 1962, S. 37).
53 S. Söderberg, 1962, S. 42.
54 S. Söderberg, 1962, S. 41.
55 J. P. Lash, 1962, S. 39/40.

durchsichtigkeit" bezeichnet hat, könnte, wie Sten Söderberg vermutet, „der Grund dafür gewesen sein, dass seine Dissertation nicht mit dem höchsten Prädikat ausgezeichnet wurde"[56]. Gunnar Myrdal hatte im Übrigen jedoch auch den Eindruck gewonnen, dass Dag Hammarskjöld „mit seiner Dissertation zu lasch umgegangen sei", was wiederum, so Beobachtungen, eine schwere Kränkung für den jungen Mann und sein berufliches Selbstwertgefühl gewesen sein soll.[57]

3.1 Im Dienste des Staates

Noch während seines Promotionsstudiums wurde Dag Hammarskjöld im Jahr 1930 als Sekretär der Arbeitslosenkommission in die schwedische Regierung berufen. Seine Untersuchungen dort, die zum Teil als Thesen in seine Dissertation einflossen, waren zwar ein wertvoller Beitrag für die Arbeit der Kommission, doch insgesamt konnten diese in der Wirtschaftskrise der 30er Jahre des letzten Jahrhunderts wenig zu Überwindung der Arbeitslosigkeit in Schweden beitragen. Dag Hammarskjöld gehörte der Kommision bis 1934 an.[58]

Ab 1935 war Hammarskjöld als Sekretär in der schwedischen Reichsbank tätig, doch schon 1936 holte ihn der sozialdemokratische Finanzminister Ernst Wigforss als Staatssekretär in sein Amt. Wigforss hatte den organisatorisch begabten und überaus fleißigen und ehrgeizigen jungen Mann schon während ihrer Zusammenarbeit in der Arbeitslosenkommission kennen und schätzen gelernt, und obwohl Bedenken laut geworden waren gegen die Ernennung eines kaum Dreißigjährigen in ein so hohes Staatsamt, füllte Dag Hammarskjöld die Position bereits in kurzer Zeit voll aus und arbeitete „in seltener Harmonie" mit Wigforss zusammen. Dieser schrieb später in seinen Memoiren über seinen engsten Mitarbeiter: „In viel größerem Ausmaß als sein Vater hatte Dag Hammarskjöld ein Talent dafür, die Leute persönlich zu gewinnen, Differenzen auszugleichen und eine führende Rolle in einer großen Organisation zu spielen."[59]

---

56 S. Söderberg, 1962, S. 42.
57 G. Barudio, 1990, S. 107.
58 J. P. Lash, 1962, S. 42; ebenso W. A. Berendsohn, 1963, S. 2.
59 J. P. Lash, 1962, S. 41f.

3. Zwischenjahre – Karrierejahre

Und Henrik Klackenberg, ein Freund und Mitarbeiter während der Zeit im Finanzministerium, berichtete von der Zusammenarbeit mit Dag Hammarskjöld: „Der Staatssekretärsposten war von alters her bekannt als eine der schwersten Aufgaben in der Verwaltung. Während Hammarskjölds Zeit wurde das Amt ein zentralerer und wichtigerer Posten als je vorher oder nachher. ... Er konnte die Räder der Verwaltung dazu bringen, wunderbar rasch und im Takt miteinander zu schnurren. ... In der Erinnerung steht jene Zeit wie ein Abenteuer, bei dem es galt, alles daranzusetzen, um das Schiff in den Stürmen über Wasser zu halten, mit Dag als einem überlegen ruhigen und sicheren Führer am Steuer."[60]

Um das „Schiff" in dieser Weise steuern zu können, erprobte Dag Hammarskjöld damals eine Arbeitsmethode, die sich bewährte und die er infolgedessen „in allen seinen späteren Stellungen anwandte. Er baute sich einen engen Kreis von talentierten Mitarbeitern auf; viele von ihnen waren junge Volkswirtschaftler, die er durch seine Freundschaft mit Wigforss ins Ministerium holen konnte. ... Wenn es nötig war, arbeiteten sie oft die Nacht durch"[61]. Der Arbeitsalltag im Ministerium wurde „vielfach von Sitzungen und Besprechungen unterbrochen", und oft fand Dag Hammarskjöld „erst am späten Nachmittag Zeit für seine Mitarbeiter. Pünktlich aber pflegte er jeden Abend zum Essen zu Hause zu sein, beschäftigte sich anschließend mit Literatur oder saß noch ein wenig mit seiner Mutter zusammen. Gegen neun Uhr abends kehrte er dann wieder in sein Amt zurück, und gegen elf Uhr ging er mit seinen Kollegen in ein kleines Café ..., wo man bei philosophisch-literarischen oder politischen Gesprächen den Tag beschloss".[62] Oft arbeitete Hammarskjöld anschließend aber noch „bis vier oder fünf Uhr morgens, und stellte sich doch am nächsten Tag gegen 9 ½ Uhr wieder ein mit vollständig klarem Kopf. ... Er ging, merkwürdig genug, aus dieser zehnjährigen grenzenlosen Anstrengung ohne Herz- oder Magenleiden hervor".[63]

---

60 W. A. Berendsohn, 1963, S. 4.
61 J. P. Lash, 1962, S. 42.
62 S. Söderberg, 1962, S. 43.
63 W. A. Berendsohn, 1963, S. 5.

Dag Hammarskjölds „unglaubliche Arbeitswut"[64] wurde zwar nicht immer und unbedingt von allen seinen Mitarbeitern geteilt, und doch wurden viele von ihnen zu persönlichen Freunden. Wenn es fachliche Differenzen gab, wurden sie niemals persönlich ausgetragen, und trotz des immensen Arbeitstempos zeigte er „seiner Umgebung gegenüber ein beherrschtes und liebenswürdiges Wesen und regte seine Mitarbeiter zu Leistungen an, die sie sonst selbst kaum für möglich gehalten hätten".[65]

In der zu damaliger Zeit sozialdemokratisch geführten Regierung Schwedens war Dag Hammarskjöld, der nie einer Partei angehörte, immer wieder Angriffen ausgesetzt. Er wurde als „Mitläufer der Sozialisten" oder als „Wigforss-Werkzeug" beschimpft, doch seine fachliche Qualifikation als ausgewiesener Wirtschaftswissenschaftler, seine Führungsqualitäten und sein diplomatisches Geschick nötigten auch seinen Gegnern Achtung ab.[66] Hammarskjöld selbst aber „folgte dem Kompass seines Gewissens, ohne sich viel um die Meinung anderer und die überaus scharfen politischen Angriffe zu kümmern".[67]

Dag Hammarskjöld blieb zehn Jahre – bis 1945 – im Finanzministerium und arbeitete während dieser Zeit auch eng mit seinem Bruder Bo zusammen, der als Unterstaatssekretär im Ministerium für soziale Fürsorge tätig war. Von beiden Brüdern wird berichtet, dass sie gemeinsam viel dazu beitrugen, „die Grundlagen der Sozialpolitik auszugestalten, die dem modernen Schweden das Gepräge gibt und ihm Ansehen in der ganzen Welt verschafft hat".[68]

Neben diesen aufreibenden Tätigkeiten und der außerordentlichen Arbeitsbelastung übernahm Dag Hammarskjöld jedoch noch weitere Aufgaben. Er wurde 1940 in das Leitungsgremium des Schwedischen Tourismusverbandes gewählt und gab 1943 in Zusammenarbeit mit Vereinskameraden eine Anthologie über die schwedische Natur heraus. Und 1941 wurde er Präsident des Direktoriums der Schwedischen Reichsbank und nahm damit „die höchste Stellung in der ältesten Notenbank der Welt" ein. Er hatte diese Stellung bis 1948 inne.[69]

---

64 S. Söderberg, 1962, S. 43.
65 S. Söderberg, 1962, S. 44/45.
66 S. Söderberg, 1962, S. 46; J. P. Lash, 1962, S. 43.
67 W. A. Berendsohn, 1963, S. 5.
68 W. A. Berendsohn, 1963, S. 2.
69 S. Söderberg, 1962, S. 130.

Die anspruchsvollen Aufgaben, die er alle so glänzend bewältigte, entsprachen ganz „Dag Hammarskjölds Neigung, das Steuer in die Hand zu nehmen. Eine feste Führung entsprach seinem Naturell, seinen Traditionen und seinen Überzeugungen", und ebenso entsprachen sie der vom Vater ererbten und übernommenen Einstellung, „dass kein Leben zufriedenstellender ist als das des selbstlosen Dienstes an seinem Lande oder der Menschheit"[70]. Eine frühe Eintragung im Tagebuch spiegelt diese idealistische Haltung und Sichtweise wider: „Lächelnd, offen und ehrlich – beherrscht der Körper und frei. Ein Mann, der wurde, was er konnte, und der war, was er war – bereit, im einfachen Opfer alles zu fassen."[71]

Diese Eintragung zeigt jedoch nur die eine, die selbstbewusste und von einem leisen Stolz durchzogene Seite Dag Hammarskjölds. Wie streng er gleichzeitig mit sich ins Gericht ging, seinen Altruismus als Masochismus entlarvte und mit Schrecken erkannte, wie sehr Erfolg und Anerkennung ihn von seinem inneren Weg, den er bereits ahnte, aber noch nicht wirklich kannte, abzubringen suchten, zeigt eine weitere Notiz aus jenen arbeitsreichen Jahren: „Wenn es still wird um dich und du in Schreck erstarrst: Erkenne, dass Arbeit eine Flucht vor der Angst und der Verantwortung geworden ist und Altruismus eine mühsam verkappte Selbstquälerei. Wenn du des Steppenwolfs schadenfrohen, grausamen Herzschlag hörst – dann betäube dich nicht damit, dass du die Hetze wieder suchst. Sondern halte das Bild fest, bis du ihm auf den Grund gekommen bist."[72]

3.2 Schwedens Mann für internationale Verhandlungen

Gegen Ende des Zweiten Weltkrieges tat sich die damals im Amt befindliche schwedische Koalitionsregierung schwer, ihre Wirtschaftspolitik an die veränderten Bedingungen der Nachkriegszeit anzupassen. Parteiinterne Differenzen führten dazu, dass Dag Hammarskjöld begann, über seine weitere Zukunft nachzudenken, und als ihm der Posten eines Finanzsachverständigen im Außenministerium, „eine Art

---

70 J. P. Lash, 1962, S. 44.
71 ZW, 2005, S. 42.
72 ZW, 2005, S. 49.

zweiter Außenminister auf wirtschaftlicher Ebene"[73], angeboten wurde, wechselte er in dieses Amt und startete damit seine internationale Karriere.

Schon als Präsident der Schwedischen Reichsbank war Dag Hammarskjöld ab 1944 in Finanzgespräche mit England und den USA involviert gewesen. 1946 leitete er die Verhandlungen über ein neues schwedisch-amerikanisches Handelsabkommen und wurde daraufhin während der Jahre 1947 und 1948 zum Leiter der schwedischen Delegation bei den Pariser Marshallplan-Verhandlungen ernannt. Daraus ergab sich dann seine Bestellung als Hauptdelegierter Schwedens bei der Organisation für wirtschaftliche Zusammenarbeit Europas (OECD) von 1948 bis 1953 in Paris, wo er während der ersten Jahre auch einen Wohnsitz hatte. Seine steile Karriere setzte sich fort, als er 1949 Kabinettsekretär im Außenministerium und schließlich 1951 stellvertretender Außenminister wurde und damit „endgültig den Wechsel auf das internationale Parkett vollzogen" hatte.[74]

Bei allen diesen Einsätzen wurden Dag Hammarskjölds Verhandlungsgeschick und vor allem seine realistische Sicht der Dinge und sein Blick für das Machbare geschätzt und respektiert. Sein Bekanntheitsgrad in diplomatischen Kreisen wuchs, und er konnte viele neue Kontakte knüpfen.[75] Gleichzeitig konnte er seinen Verhandlungsstil entwickeln, dessen Schlüsselelement Vertrauen war und auf seiner Fähigkeit basierte, bewusst seine eigene Strategie zu verfolgen und um Anerkennung für seine Position einer angemessen realistischen Problemlösung zu werben und ebenso den Standpunkt seines Gegenübers so weit als möglich zu akzeptieren.[76]

Bezeichnend für Dag Hammarskjölds Arbeitseinsatz und Engagement in Krisensituationen ist ein Vorfall, der sich 1952 ereignete und bei dem sein diplomatisches Geschick als stellvertretender Außenminister auf eine harte Probe gestellt wurde: Im Sommer des genannten Jahres befand sich Außenminister Undén auf Capri im Urlaub und Hammarskjöld selbst hielt sich in Lappland auf, als Russland bewusst

---

73 J. P. Lash, 1962, S. 50.
74 H. Landsberg, in: The Adventure of Peace. 2005, S. 33ff. Ähnlich auch J. P. Lash, 1962, S. 48ff. und M. Fröhlich, 2002, S. 123 oder S. Söderberg, 1962, S. 51f.
75 J. P. Lash, 1962, S. 52.
76 H. Landsberg, 2005, S. 37.

an einem Freitag und einem Sonntag im Juni zwei schwedische Flugzeuge über der Ostsee abschoß. Um in dieser „während einer der nervösesten Phasen der stalinistischen Politik"[77] durch die Russen ausgelösten Krisensituation zu intervenieren, wurde Dag Hammarskjöld mit einem Militärflugzeug aus Lappland geholt, und, noch in Gebirgskleidung, leitete er den Notenwechsel mit Moskau ein.

Die Sowjets überreichten ihre Noten jeweils spät am Abend und rechneten somit nicht mehr mit einer Reaktion aus Schweden. Doch Dag Hammarskjöld begann nun ein für ihn charakteristisches, wenngleich heikles diplomatisches „Spiel", das sich über mehrere Abende hinzog. Ihn „faszinierte auch der intellektuelle Sport, mit den Russen fertig zu werden", und mit zwei Mitarbeitern bezog er eine „Mitternachtswache", um auf die sowjetischen Noten sofort reagieren zu können. Wenn dann keine weitere Reaktion aus Russland mehr eintraf, „ging das Trio, in angeregte Unterhaltung vertieft, durch das eigentümliche Licht der Stockholmer Sommernächte nach Hause"[78].

Durch diese Episode war Dag Hammarskjöld als harter und geschickter Verhandlungsführer bei den Sowjets bekannt geworden, was letztendlich dazu führte, dass er bei seiner Wahl zum Generalsekretär der UNO auch deren Stimme bekam, nachdem sich die zunächst zögerlichen Russen schon allen anderen vorgeschlagenen Bewerbern gegenüber ablehnend verhalten hatten.[79]

3.3 Der private Dag Hammarskjöld

Neben aller außerordentlichen Arbeitsbelastung, die Dag Hammarskjöld zu bewältigen hatte, gelang es ihm doch auch in diesen Jahren, sich vor allem in der Natur zu erholen, wie sein Biograf Sten Söderberg berichtet: „Nach einem anstrengenden Arbeitstag bestieg er den Nachtzug nach Jämtland, trat am nächsten Morgen, Haferflocken, Rosinen und einen Kochtopf im Rucksack, eine Wanderung an, übernachtete in einer Hütte im Gebirge, wanderte noch einen ganzen Tag – und

---

77 S. Söderberg, 1962, S. 54.
78 J. P. Lash, 1962, S. 54f.
79 S. Söderberg, 1962, S. 8/9.

kehrte am folgenden Morgen vollkommen ausgeruht an seine Arbeit zurück."[80]

3.3.1 „Lerne dein Land kennen – lerne die Welt kennen"

Zum Skifahren fuhr Dag Hammarskjöld im Winter ebenfalls ins Jämtland oder unternahm im Sommer Wanderungen oder Radtouren mit Freunden, wie er es schon während seiner Studentenzeit gehalten hatte.

Ganz besonders aber liebte er den Norden Schwedens, das karge Lappland und die wilden Sarek-Berge, und „dort war er wie selten glücklich"[81]. Über einen Wandertag in dieser metaphysisch anmutenden Landschaft schrieb er: „Dies wird einer dieser stillen Tage mit niedrig treibenden Wolken, wenn das Licht in der feuchten Luft einen sanften Silberton annimmt, der alle Farben dämpft und harmonisiert und man spüren kann, wie allen Geräuschen die Schärfe genommen wird. ... Wir sind Gäste in einer Welt, in der man die Stimme senkt, um nicht zu stören."[82]

Noch Jahre später, um die Mitte des 20. Jahrhunderts, müssen die Sarek-Berge auch Alfred Andersch wie eine kosmische Urlandschaft erschienen sein, als er auf einer Wanderung schrieb: „Das Elementare, die Offenbarung und die Freiheit sind ein und dasselbe: sie sind die Botschaft der Wildnis ..."[83]

Kaum jemals ging Dag Hammarskjöld auf Tour, ohne seine Kamera im Gepäck zu haben. Das Fotografieren war ihm Hobby und „Schule des Sehens" gleichermaßen, wie er in einem Aufsatz aus dem Jahr 1958 bezeugt: „Wenn ich jetzt auf die Ergebnisse meines Interesses für die Fotografie zurückblicke, ist das, was ich zu ‚sehen' gelernt habe, für mich von größerer Bedeutung als die Sammlung von Bildern, die dabei entstanden ist. Denn es ist besser, sich zum selbstständigen Sehen zu erziehen, als sich seinen Blick von anderen bestimmen zu lassen."[84]

---

80 S. Söderberg, 1962, S. 56.
81 S. Linnér, in: J. H. Schultz (HG.), Liebhaber des Friedens. 1989, S. 183.
82 D. Hammarskjöld, Från Sarek till Häväng. 1962, S. 25.
83 A. Andersch, Die bittern Wasser von Lappland. Eine abenteuerliche Reise durch die Wildnis Nordschwedens. Auszug aus einer Sendung des SWR vom 14. 2. 2008.
84 Zitiert nach S. Söderberg, 1962, S. 54.

Bei seinem starken Empfinden für die Natur war Dag Hammarskjöld nicht umsonst Vizepräsident des Schwedischen Tourismusverbandes und hat dieses Amt als einziges auch nicht niedergelegt, als er zum Generalsekretär der Vereinten Nationen ernannt wurde. In dem Motto des Verbandes „Lerne dein Land kennen" sah der tief in seiner Heimat verwurzelte Kosmopolit eine klassische Maxime, denn das Kennenlernen des Heimatlandes war für ihn gleichbedeutend mit dem Kennenlernen des eigenen Selbst und somit auch richtungweisend für ein Verständnis für die Mitmenschen in anderen Weltregionen. Und, so gesehen, sind „absolute Schönheit und höchste menschliche Werte genauso ‚zwischen den Steinen, wo wir als Kinder spielten', zu finden, wie in anderen, viel größeren Welten".[85]

3.3.2 Literatur und Kunst als Lebenselixier

„Das Bedürfnis nach guter Literatur entspringt einem anerzogenen Geschmack", befand Dag Hammarskjöld[86], und so widmete er sich nach langen und anstrengenden Arbeitstagen gerne der Literatur, mit Vorliebe der zeitgenössischen, er war aber ebenso an Theater, Kunst und Musik interessiert. Durch seinen literarisch interessierten Vater war er früh mit der unterschiedlichsten Lektüre in Kontakt gekommen, und von ihm, mit dem er auch nach dem Tod der Mutter im Jahr 1940 noch weitere fünf Jahre in Stockholm zusammenlebte und der als „stiller alter Herr" inzwischen „allein in seinem Arbeitszimmer saß und die Bücher der Kandidaten für den Nobelpreis las, die die Schwedische Akademie ihm zur Prüfung zuschickte"[87], wird er manch anregenden Hinweis erhalten haben. Als er später selbst Mitglied der Akademie war, sah er es als eine Verpflichtung an, gut über die europäische und außereuropäische Literatur informiert zu sein und die Werke der vorgeschlagenen Kandidaten zu lesen oder auch Kandidaten selbst vorzuschlagen.

---

85 Aus der Rede D. Hammarskjölds zum Jahrestag des Schwedischen Tourismusverbandes am 27. 2. 1960.
86 J. P. Lash, 1962, S. 46.
87 J. P. Lash, 1962, S. 47.

„Dag Hammarskjöld stand auf der Höhe der literarischen und ästhetischen Bildung seiner Zeit. ... Poesie, und zwar abstrakte Poesie, war ihm unentbehrlich, und sein Geschmack und Interesse kannte keine nationalen Grenzen", so berichtet Sture Linnér, ein späterer Mitarbeiter Dag Hammarskjölds in New York, der ihm damals recht nahe stand und von ihm vor seinem Todesflug noch gebeten wurde, einige Manuskriptseiten von Martin Bubers „Ich und Du" durchzulesen, die er zu übersetzen begonnen und in Linnérs Haus zurückgelassen hatte.[88] Überhaupt sprach Dag Hammarskjöld oft und gerne mit Freunden und Mitarbeitern nach der Arbeit oder auf Wanderungen über seine literarischen Interessen oder gab Bücher an sie weiter, an denen ihm besonders gelegen war. Zu seinen bevorzugten Autoren gehörten etwa John Steinbeck, mit dem er auch in persönlichem Kontakt stand, oder Joseph Conrad, dessen komplexe Charakterschilderungen mit ihrer psychologischen Fragestellung und der Betonung von Moral, Pflicht und Verantwortung ihn faszinierten, oder auch Boris Pasternak, dessen Kandidatur für den Nobelpreis er unterstützt hatte.

3.3.2.1 Saint-John Perses „Chronique" – eine schwierige Lektüre

Nicht leicht nachvollziehbar ist Dag Hammarskjölds Engagement für den französischen Schriftsteller und Diplomaten Saint-John Perse alias Alexis Léger, dessen Werk „Chronique" er ins Schwedische übersetzte und der durch seine Fürsprache 1960 den Nobelpreis für Literatur erhielt.

Perse selbst bezeichnete „Chronique" als „eine Ode an die Erde, an die Menschheit und an die Zeitalter".[89] Welch ungeheuren Eindruck diese Dichtung auf Dag Hammarskjöld gemacht hat, beschreibt er mit Worten, die seinen umstrittenen Einsatz für die Nobelpreisverleihung an Perse etwas verständlicher werden lassen: „Ich glaube, ich kann sein Werk aus menschlichem Urteilsvermögen annehmen, das nicht auf der rein zufälligen Freundschaft basiert, sondern auf einer Art geteilter geistiger Affinität, die keine Zufallsangelegenheit ist. Ich kann nicht beanspruchen, Perse zu verstehen. Aber ist das notwendig? Ich

---

88   S. Linnér, 1989, S. 178 und 183.
89   P. Lind, B. Thelin, in: The Adventure of Peace. 2005, S. 97.

verstehe weder Beethoven noch Brahms, aber ich spüre ein unerbittliches Streben nach Schönheit in der Art und Weise, wie die Thematik entwickelt wird, und ich erkenne die tiefe menschliche Wahrheit in dem gesamten Entwurf. Es ist diese Einsicht, die mich bei meiner Übersetzung von „Chronique" geleitet hat ... und die – Paradox der Paradoxe – wahrscheinlich in nicht geringem Maß die Art, wie ich in dieser neuesten Krise der Geschichte[90] agiert habe, beeinflusst hat."[91] Eine bemerkenswerte Aussage, die aber auch ein bezeichnendes Licht wirft auf die aus „Chronique" übernommene Eintragung im Tagebuch Anfang 1961: „O du, dass du uns hineingeführt in dies nackte Leben der Seele, Geschick, so segelnd über Wasser wirst du in einer Erdennacht künden, wessen die Hand, die uns kleidet in der Sage flammende Tunika –."[92]

Die Beziehung der beiden enthusiasmierten Literaten und Diplomaten basierte auf dem intellektuellen, kulturellen, sozialen und internationalen Background, in dem sie übereinstimmten, und zudem verstand Dag Hammarskjöld Literatur als eine wesentliche Ergänzung der Diplomatie, weil „beide, der Diplomat und der Dichter, mit Worten arbeiten, Worte transponieren und sie als Schlüssel benutzen, obgleich nicht notwendigerweise als ein Sesam-öffne-dich."[93]

3.3.2.2 Die bizarre Welt der Djuna Barnes

Ähnlich schwer nachzuempfinden war und ist Dag Hammarskjölds Interesse an der amerikanischen Schriftstellerin Djuna Barnes, deren Roman „Nightwood" er vermutlich bereits um 1948 kennen gelernt hatte. Darin schildert Barnes Menschen, die an der Liebe leiden und bemüht sind, dieses Leiden durch Hinwendung zum Religiösen zu überwinden. Eine ähnliche Thematik beschreibt sie in ihrem Drama „Antiphon", einer „schwarzen Tragödie" über eine exzentrische Familie mit ihrem erbitterten Hass, ihren perversen sexuellen Leidenschaften und inzestuösen Neigungen. Das Werk trägt autobiografische Züge. Djuna

---
90 Gemeint ist die Kongokrise, die 1960, dem Jahr der Nobelpreisverleihung, begonnen hatte.
91 P. Lind, B. Thelin, in: The Adventure of Peace. 2005, S. 97.
92 ZW, 2005, S. 195.
93 P. Lind, B. Thelin, in The Adventure of Peace, 2005, S. 98.

Barnes hat darin ihre eigenen leidvollen Erfahrungen verarbeitet, die sie zu der bitteren Erkenntnis geführt haben, dass „die menschliche Natur bereits in der Wurzel pervertiert und grotesk ist"[94], und dass Lieben immer auch Leiden bedeutet.

Zusammen mit seinem Freund Karl Ragnar Gierow hat Dag Hammarskjöld „Antiphon" sogar ins Schwedische übersetzt und ließ das Stück im Februar 1961 im Königlichen Theater in Stockholm, dessen Direktor Gierow war, auch aufführen. „Hat sich das gelohnt?", soll die verwunderte schwedische Presse nach der Aufführung gefragt haben.[95]

Die Frage ist berechtigt, was Dag Hammarskjöld an diesem widersinnig-pessimistischen Schauspiel so sehr angezogen hat, dass er im Juni 1958 in einen Briefwechsel mit Djuna Barnes eintrat und ein Treffen mit ihr, seinem Freund Karl Ragnar Gierow und H. W. Auden arrangierte, um sich intensiver mit dem Werk auseinanderzusetzen und die Übersetzung vorzubereiten. Im Anschluss daran schrieb er an die Autorin: „Das Treffen mit Ihnen war für mich Grund genug, ‚Antiphon' noch einmal zu lesen. Mein Eindruck von diesem außergewöhnlichen Werk wurde eher noch verstärkt, einmal in Richtung Ihres meisterhaften Gebrauchs der Sprache, und dann auch hinsichtlich des substanziellen Gehaltes der Vision, die Sie so eindringlich in dieser Tragödie zur Geltung gebracht haben."[96]

Von der tief tragischen Phantasmagorie und der dunklen Sprache voller Symbolik war Dag Hammarskjöld offensichtlich tief berührt. Mit Johann Hoffmann-Herreros darf man vermuten, dass er Barnes' Werke „nicht als Voyeur gelesen" hat, viel eher dürfte ihn „die Darstellung sexueller und religiöser Sehnsüchte und die Haltung des Weisen und Märtyrers ... gegenüber denen, die von diesen Sehnsüchten um und um getrieben werden", fasziniert haben.[97] Zudem hatte er, wie Djuna Barnes, „tief in die Abgründe menschlicher Bosheit und des Todes geblickt, und wie sie schätzte er Selbstkontrolle und stille Zurückhaltung,

---

94 J. Hoffmann-Herreros, 1991, S. 99. Dieser Autor widmet sich sehr ausführlich und einfühlsam dem Werk und der Beziehung zwischen Djuna Barnes und Dag Hammarskjöld.
95 J. P. Lash, 1962, S. 235.
96 Zitiert aus dem Brief vom 25. April 1959 von Dag Hammarskjöld an Djuna Barnes, in: Development dialogue, 1987:2, S. 102.
97 J. Hoffmann-Herreros, 1991, S. 98 und 100.

Mut und die Betonung und Bewahrung menschlicher Würde im Angesicht von Tod und Korruption"[98].

Auf dem Hintergrund der Kongokrise, in die Dag Hammarskjöld zu jener Zeit involviert war, dürfte es diese dramatische und traumatisierende Lebenswirklichkeit gewesen sein, die ihn so stark angerührt und Anfang 1961 auch zu der Übernahme eines Zitates aus „Antiphon" in sein Tagebuch als Aufruf an sich selbst veranlasst hat: „Sei nie berufene Verfälschung, doch sei dein eigen dunkel Maß in Lebensadern; wir sind in eines Trauerspiels Bereitung."[99]

3.3.2.3 Barbara Hepworth und ihre „Single Form"

Der Malerfreund Bo Beskow meinte in Hammarskjölds frühen Kunstinteressen einen romantischen Zug erkennen zu können. Später, und insbesondere während seiner Zeit als Generalsekretär der UNO, in der sich ihm schon beruflich vielfältige Möglichkeiten und Begegnungen mit Künstlern und ihren Werken boten, habe sich sein Geschmack dann aber in Richtung eines „tiefen Verständnisses für Qualität" gewandelt und sein Blick sich für primitive und asiatische Kunst geöffnet. Nun schätzte er mehr und mehr eine Schlichtheit, die immer das Ergebnis eines langen Prozesses der Auslese, gegründet auf dem Fundament von Erfahrung und Wissen, ist. Er wusste auch um die Selbstdisziplin und das harte und unentwegte Training, die den wirklichen Künstler ausmachen. Und ebenso verstand er, dass auch Maler und Bildhauer keine Ausnahme von dieser für alles künstlerische Tun geltenden Regel bilden.[100]

Zum einen waren es vielleicht diese Einsichten, die Dag Hammarskjölds Interesse an Barbara Hepworths Arbeiten begründet haben. Zum anderen sah er sein Interesse für moderne Kunst nicht als eine rein persönliche Angelegenheit, sondern erkannte darin eine Parallele zur modernen internationalen Politik und einen Bezug zu Philosophie und Moral. Zum 25. Jahrestag des Museums of Modern Art in

---

98 S. E. Grace im Kommentar zum Briefwechsel Dag Hammarskjöld – Djuna Barnes, in: Development dialogue, 1987:2, S. 100.
99 ZW, 2005, S. 195.
100 Bo Beskow, 1969, S. 67/69.

New York, das ihm Bilder für sein Büro im UN-Gebäude leihweise zur Verfügung stellte, äußerte er sich 1954 dazu: „In der modernen internationalen Politik, die auf eine Welt von Recht und Ordnung abzielt, müssen wir uns den Aufgaben im selben Geist stellen, der auch den modernen Künstler erfüllt. ... Moderne Kunst lehrt uns eindringlich, alle unsere Sinne, unseren Verstand und unsere Sensibilität zu gebrauchen. ... Sie macht uns sehend ... Seher – und Entdecker – das müssen wir sein, wenn wir etwas bewegen wollen."[101]

Der sich durch die Kunst vermittelnde schöpferische Geist, der vorurteilsfrei allen Problemen gegenübersteht, genau so, wie man politischen Angelegenheiten begegnen und Lösungen versuchen sollte – diese Parallele beider Sphären bedeutete Dag Hammarskjöld viel.[102]

Barbara Hepworth wiederum fühlte sich in ihrer künstlerischen Arbeit durch die Politik Dag Hammarskjölds bestätigt. Vermittelt durch George Ivan Smith vom Londoner United Nations Centre und durch einen Freund Barbara Hepworths kam es im Dezember 1956 zu einem ersten Briefkontakt zwischen der damals schon international bekannten Künstlerin und dem Generalsekretär der UNO, in dem er sich für die Leihgabe eines ihrer Werke für sein Büro in New York bedankte. Es handelte sich um eine Holzplastik, betitelt „Single Form", die er auf einer Ausstellung im Januar 1957 selbst aussuchen konnte und die sie ihm später schenkte. Mit Bezug auf diese Plastik notierte Dag Hammarskjöld 1958 in sein Tagebuch: „Sinkende Dünung: der gespannte Muskel folgt dem gleichen Gesetz. Leichte Linienbiegung sammelt des Körpers Kraftspiel in kühner Schwebe. Wird mein Geist finden diese strenge Kurve auf seinem Weg zur Form?"[103]

Zu einer ersten Begegnung zwischen Dag Hammarskjöld und Barbara Hepworth kam es jedoch erst im April 1958. Von da an entwickelte sich ein bis 1961 fortdauernder Briefwechsel, und gelegentlich kam es auch zu einem persönlichen Zusammentreffen. Ihre Themen kreisten um künstlerische, philosophische und soziale Fragestellungen, die beide in der Sorge um bedenkliche Entwicklungen in den Jahren

---
101 Aus einem Vortrag Dag Hammarskjölds, gehalten am 19.10.1954. Original in: W. Foote, 1963, S. 62; hier zitiert nach M. Fröhlich, in: Development dialogue, 2001:1, S. 18.
102 M. Fröhlich, 2001:1, S. 18.
103 ZW, 2005, S. 168.

3. Zwischenjahre – Karrierejahre

nach dem Zweiten Weltkrieg bewegte und die Dag Hammarskjöld in einem Brief an Barbara Hepworth einmal als einen „Kampf zwischen menschenunwürdigem Chaos und menschlich-kreativer Ordnung" bezeichnete.[104]

Hammarskjölds lebendiges Interesse an moderner Kunst korrespondiert nicht von ungefähr mit dem, was er seine „innere Identität" nennt. Es ist die Einfachheit und moralische Kraft, die den Geist formt und in der „strengen Kurve" ihren Weg sucht. In diesem Sinn hat auch die moderne Kunst immer mehr vom Detail abgelassen und auf unnötige Verzierungen verzichtet, um zum Eigentlichen zu kommen, d. h., sich dem Göttlichen anzunähern, indem man von festen Vorstellungen ablässt. Dag Hammarskjöld drückte das so aus: „Einfachheit heißt, die Wirklichkeit nicht in Beziehung auf uns zu erleben, sondern in ihrer heiligen Unabhängigkeit. Einfachheit heißt sehen, urteilen und handeln von dem Punkt her, in welchem wir in uns selber ruhen. Wie vieles fällt da weg. Und wie fällt alles andere in die rechte Lage!"[105]

Wie Dag Hammarskjöld auf dem Hintergrund solcher Erkenntnis die Auseinandersetzungen auf dem politischen Feld zu meistern suchte, so hatte Barbara Hepworth Mühe mit dem lebendigen Material, wenn sie eine Holzplastik zu formen begann. Auch sie musste Verständnis aufbringen und „beinahe eine Art von Überredung" anwenden, um die größtmögliche Übereinstimmung zwischen Idee und künstlerischer Umsetzung zu erreichen[106], wenn sie ein Kunstwerk schaffen wollte, das für Dag Hammarskjöld „ein starker und anspruchsvoller Kampfgefährte, gleichzeitig aber auch einer, erfüllt von tiefer Ruhe und zeitloser Einsicht in den inneren Raum"[107] sein konnte.

Zum Gedenken wurde Barbara Hepworth nach Dag Hammarskjölds Tod mit der Schaffung einer Bronzestatue, ebenfalls mit dem Titel „Single Form", beauftragt, die sich heute vor dem UN-Gebäude in New York befindet.

---

104 M. Fröhlich, 2001:1, S. 17.
105 ZW, 2005, S. 171.
106 M. Fröhlich, 2001:1, S. 24, zitiert nach B. Hepworth, Carvings and Drawings, in: The Studio CXXXII, No. 643, 1946, Kap. 1.
107 Aus dem letzten Brief Dag Hammarskjölds an Barbara Hepworth vom 11.9. 1961, in: Development dialogue, 2001:1, S. 56.

4. Krisenjahre

In den Jahren zwischen 1930 und 1940 hat Dag Hammarskjöld keine Eintragungen in seinem Tagebuch hinterlassen, sei es, dass ihm diese Zeit seiner Karriere und ersten beruflichen Erfolge keiner Eintragungen wert erschien, oder dass er solche später eliminierte gemäß dem Motto: „Nur die Hand, die ausstreicht, kann das Rechte schreiben."[108] Warum er 1941 erneut mit Eintragungen begann, kann nur vermutet werden, verschiedentlich wurde angenommen, dass ihn der Tod der Mutter im Januar 1940 zu erneuten Reflexionen über seinen Lebensweg veranlasst haben könnte.

Dag Hammarskjöld ist jetzt Mitte Dreißig, aber noch immer sucht er seinen Weg und stellt schließlich fest: „Es gibt nur einen Weg aus dem dunstigen, verfilzten Dschungel, in dem der Kampf um Ehre, Macht und Vorteil geführt wird – aus den dich umstrickenden Hindernissen, die du selbst geschaffen. Und dieser Weg heißt: zum Tod ja sagen."[109]

Das Todesthema aus früheren Jahren holt ihn wieder ein, nun aber erweitert und vertieft um die Erfahrung des Todes eines geliebten Menschen. Von Einsamkeit und innerer Leere gequält, sucht er nach der „Wahrheit über das Leben" und erkennt: „Nicht dadurch wird der Lebensanspruch des Menschentiers zum Gebet, dass er an Gott gerichtet ist."[110] Er spürt, dass er das Zuhören und Nach-innen-Lauschen neu lernen muss, denn: „Nur wer hört, kann sprechen. Führt hier der Weg zur Vereinigung der beiden Träume: das Leben in Klarheit zu spiegeln – in Reinheit zu gestalten?"[111]

Das Leben stellt nun unangenehme Fragen, denen Dag Hammarskjöld nicht mehr ausweichen kann. Was bedeutet ihm Gott wirklich? Bisher war er doch allenfalls „eine bequeme Formel auf dem Bücherbrett des Lebens – stets zur Hand und selten gebraucht", doch jetzt ahnt er: „Werden wir aber gezwungen, uns selbst zu sehen Auge in Auge – dann erhebt er sich über uns in furchtbarer Wirklichkeit, jen-

---

108 Dag Hammarskjöld hat dieses Motto von dem schwedischen Dichter Bertil Mahnberg (1889–1958) übernommen und seinen aller Wahrscheinlichkeit nach um 1956 redigierten Aufzeichnungen vorangestellt.
109 ZW, 2005, S. 46.
110 ZW, 2005, S. 45.
111 ZW, 2005, S. 46.

seits von allen Diskussionen und allem ‚Gefühl', stärker als alles schützende Vergessen."[112]

Und was heißt für ihn in dieser Zeit „Glauben"? Dass Gott und der Glaube mehr sein müssen als ein Für-wahr-Halten von intellektuell formulierten Glaubenssätzen, und auch mehr als ein schönes Gefühl, ist ihm bereits klar, aber von einer tief im eigenen Innern gründenden existenziellen Gottesbeziehung, von der er Jahre später mit Johannes vom Kreuz sagen wird: „Glaube ist Gottes Vereinigung mit der Seele"[113], ist er noch weit entfernt. Doch er will jetzt mehr auf seine innere Stimme hören, auch weil er von den Mystikern zu lernen begonnen und schon erkannt hatte: „Erst durch die Einsicht, die wir gewinnen, wenn wir dem fliehenden Licht des Innersten folgen, vermögen wir zu erfassen, was Glaube ist."[114]

Aber nicht nur den inneren Standpunkt gilt es zu klären und sich Rechenschaft über die egoistische Selbstbezogenheit zu geben, sondern auch das Verhältnis zu den anderen, den Mitmenschen im beruflichen und privaten Umfeld, wird nun von Dag Hammarskjöld reflektiert. Und dabei ist ihm der Unterschied zwischen selbstloser Hinwendung und selbstgerechtem und um Anerkennung heischendem Helferwillen durchaus bewusst, wenn er schreibt: „Der schmale Weg – für andere leben, um seine Seele zu retten. Der breite Weg – für andere leben, um seine Selbstachtung zu retten." Oder anders und sensibler für die Befindlichkeit von anderen ausgedrückt: „Ist aber Pflichterfüllung anderen gegenüber nicht Ausdruck unseres innersten Willens, dann sollten wir sie unterlassen. Warum uns selber quälen – nur um andere zu verletzen?"[115]

Um zur eigenen Identität zu finden und die Fragen der Lebensmitte nach Ich und Selbst, nach Mitmensch und Gott so zu beantworten, dass eine schöpferische Weltgestaltung daraus erwachsen kann: Vor diese Aufgabe ist Dag Hammarskjöld nun in seinen mittdreißiger Jahren gestellt.

---

112 ZW, 2005, S. 49.
113 ZW, 2005, S. 110.
114 ZW, 2005, S. 49.
115 ZW, 2005, S. 47.

4.1 „Gesellschaftshund" und „graue Maus" – zwei Seiten einer Karriere

Sven Stolpe bezeichnet die Jahre 1941 und 1942 als kritische Jahre in Dag Hammarskjölds Leben. Tatsächlich ist er in dieser Zeit beruflich außerordentlich engagiert und belastet. Er ist seit fünf Jahren Staatssekretär im schwedischen Finanzministerium und wird im Juli 1941 überdies zum Präsidenten des Direktoriums der schwedischen Reichsbank ernannt, einem Prestigeposten mit exponierter Stellung in der Öffentlichkeit, aber auch konfliktgeladen durch die enge Verbindung zwischen Regierung und Reichsbank. Kritik an seiner Person und seinen Entscheidungen bleibt da nicht aus, und hin- und hergerissen zwischen anmaßendem Karrierestreben und selbstloser Zurückhaltung, bemerkt er selbstkritisch: „Dich ekelt vor Schmeicheleien – aber wehe dem, der deinen Wert nicht erkennt."[116] Oder: „Du bist dein eigener Gott – und wunderst dich, dass die Wölfe dich über die dunkle Öde des Wintereises jagen."[117] Aber wenn er selbst wohlüberlegte Kritik übt, notiert er als mahnendes „Zeichen": „Wenn du nicht schlechter über andere sprichst, als du es tust, dann bedeutet das nicht, dass du nicht den Willen dazu hast. Aber du weißt, dass dir Verleumdung nur dann Platz schafft für deine Ellenbogen, wenn du sie abgewogen dosierst."[118] Und obgleich er sich seiner gesellschaftlichen Bedeutung voll bewusst ist, resümiert er in Selbstanklage: „Der Gesellschaftshund maskierte sich als Lamm – und versuchte mit den Wölfen zu jagen"[119]. Oder er bekennt ironisch: „Das Bürschlein macht auf einem Bein ein paar schiefe Hopser, ohne hinzufallen, und ist voll Bewunderung für seine Tüchtigkeit – doppelt, weil es Zuschauer gibt. Werden wir je erwachsen?"[120]

Zunehmend aber fällt es dem seiner inneren Natur nach eigentlich zurückhaltenden, ja scheuen Dag Hammarskjöld, der „grauen Maus', die in ihrer Arbeit aufgeht und nichts darüber hinaus beansprucht und bewegt"[121], schwer, sich dem gesellschaftlichen Leben zu stellen. Sein

---
116 ZW, 2005, S. 47.
117 ZW, 2005, S. 48.
118 ZW, 2005, S. 48.
119 ZW, 2005, S. 66.
120 ZW, 2005, S. 79.
121 So A. Specker, 1999, S. 23 mit Bezug auf Beobachter vor Hammarskjölds Wahl zum GS der UNO.

Freund Stolpe stellte beunruhigt fest, dass er nurmehr „bewusste Gespräche" gelten ließ, die auf „ein Ergebnis" hinzielten, und dass es ihm nicht gegeben war, sorglos mit Worten zu spielen und dabei eine Atmosphäre von Wärme zu schaffen, „die das Leben eines Mitmenschen stärker beeinflussen kann als das schönste ‚Resultat'".[122]

Geselliges Miteinander ist Dag Hammarskjölds Sache nicht, und gequält empfindet er: „Nach abendlichem Beisammensein grenzt das Gefühl der Leere an Schuld und löst jene Angst aus, welcher unvermeidlich Trägheit und Unzulänglichkeit folgte."[123] Nach außen hin offen und ausgeglichen wirkend, ist er innerlich unglücklich und fragt sich: „Das Heer der Unglücklichen – warum sollten das immer ‚die anderen' sein?"[124]

Dag Hammarskjöld steht mitten im Leben und erscheint doch „in gewisser Hinsicht ohne Leben", agiert und spricht „wie durch eine Glasscheibe"[125] und urteilt mit Blick auf sich selbst in diesen Jahren: „Er stand aufrecht – wie ein Kreisel, solange die Peitsche pfeift. Er war bescheiden – kraft eines vierschrötigen Überlegenheitsgefühls. Er war nicht anspruchsvoll: Was er erstrebte, war nur Freiheit von Unruhe, und die Niederlagen der anderen erfreuten ihn tiefer als eigene Siege. Er bewahrte das Leben, das er nie wagte. – Und er beklagte sich darüber, dass man ihn nicht verstand."[126] Er suchte nach einem Leben „[u]nter meinen Bedingungen" und spürte bereits: „Unter diesem Zeichen leben heißt die Erkenntnis der Lebenslinie erkaufen um den Preis der Einsamkeit."[127]

4.2 Das Fehlen des weiblichen Elements

Beruflich immer der „zweite Mann" und als Parteiloser ohne Aussicht auf einen eigenständigen Ministerposten, steuerte Dag Hammarskjölds Karrierelaufbahn gegen Ende der 40er Jahre des letzten Jahrhunderts auf eine Sackgasse zu.

---

122 S. Stolpe, 1964, S. 40.
123 ZW, 2005, S. 82.
124 ZW, 2005, S. 45.
125 S. Stolpe, 1964, S. 58/59.
126 ZW, 2005, S. 45.
127 ZW, 2005, S. 46.

Privat lebte er nach dem Tod der Mutter noch weitere fünf Jahre mit seinem Vater zusammen, ehe er 1945, im Alter von 40 Jahren, eine eigene Wohnung bezog. Doch auch dort blieb er allein, eine Ehe zu führen und eine Familie zu gründen schien ihm nicht zu glücken. Die starke Bindung an die Mutter hatte gewiss Irritationen in der geschlechtsspezifischen Entwicklung des Jungen ausgelöst und sein Verhalten gegenüber dem anderen Geschlecht nicht unwesentlich geprägt. Ein offener, interessierter Blick auf Frauen konnte Dag Hammarskjöld kaum gelingen. Schon früh hatte seine Erziehung, gepaart mit einem jugendlichen Idealismus, ungewöhnlichem Ernst und strengem Pflichtbewusstsein, sein Innerstes gegenüber solchen Verlockungen verschlossen und „die aufgezwungenen wie auch die ‚innewohnenden' Moralwerte" zu dem zentralen Wert gemacht, von dem er glaubte, „nur so werden Hemmungsneurosen und Triebentstellungen vermieden und wird gleichzeitig die Sublimierung eintreten".[128] Für ihn war es immer wesentlich um die Frage nach einem „Menschenwert" gegangen und um ein Ziel, „in welches alle Kräfte des Individuums, die intellektuellen und moralischen wie auch die sinnlichen, voll aufgesogen werden konnten". Und weiter hatte er schon um 1930 in seinem „Wegweiser für das Leben" geschrieben: „Gottes Wille ist unsere Pflicht. ... Haben wir nicht recht, dafür, dem einzig wahren Glück das zu opfern, was die Welt Glück nennt?"[129]

Dass dies nicht nur der Ausdruck jugendlicher Schwärmerei war, sondern als ein schon früh gehörter Ruf an ein überwaches Bewusstsein Dag Hammarskjöld wesensmäßig zugehörte[130], zeigt eine Ta-

---
128 K. E. Birnbaum, 2000, S. 60.
129 Ebd.
130 Interessant und wesentlich hierzu erscheinen die Ausführungen von Maria Hippius-Gräfin Dürckheim in ihrem Aufsatz „Initiation und Individuation" in: Forschung und Forum, Exist München, 1980/81, S. 4ff: „Wir gehen von der Annahme aus, dass eine Störung des Bios oftmals dort eintritt, wo ein universaleres Bewusstseinsfeld von Leben und Welt als das allgemein geltende bereits entstanden ist. Das besagt beispielsweise, dass seelisch-geistig überdifferenzierte Menschen von vornherein oder in bestimmten Lebensphasen nicht in der Lage sind, unwillkürlich und ungebrochen naiv ihre Triebziele zur Erfüllung zu bringen. ... Wir haben es hier mit sensitiven Menschen zu tun, die oft schöpferische Anlagen in sich tragen, aber keine Entfaltungsmöglichkeiten dafür finden. ... Sie müssen von der Kondition her aus dem Gleis springen und auch viel dafür bezahlen – ehe sie sich in ein schöpferisches Tun ausdifferenzieren und dadurch als besonders legalisieren können.

gebucheintragung aus dem Jahr 1951: „Aber vom Jenseits her erfüllt etwas mein Wesen mit seines Ursprungs Möglichkeit. Hier wird das Begehren zur Offenheit gereinigt: jedes Handeln Vorbereitung, jede Wahl ein Ja dem Unbekannten."[131]

Den zentralen Wert, der als Möglichkeit in Dag Hammarskjölds auf Transzendenzerfahrung hinzielendes Leben angelegt war, den er gewählt und zu dem er Ja gesagt hatte, benennt er später in seinem Tagebuch genauer und drückt zugleich aus, wie sehr ihm dieser „Menschenwert" zum Lebensinhalt geworden und nicht nur jugendlichem Enthusiasmus geschuldet war: „Das Leben hat Wert nur durch seinen Inhalt – <u>für andere</u>. Mein Leben ohne Wert für andere ist schlimmer als der Tod. Darum – in dieser großen Einsamkeit – diene allen. Darum: wie unbegreiflich groß, was mir geschenkt wurde, wie nichtig, was ich ‚opfere'."[132] Damit sind aber auch zwei Probleme angesprochen, die für Dag Hammarskjöld lebensbestimmend bleiben sollten: die Qual der Einsamkeit und ein sehr persönlicher Aspekt seiner Opferthematik.

Die Einsamkeit war und blieb für Dag Hammarskjöld ein ungelöster Schmerz, und noch 1958 fragte er den, in dessen Dienst er sich schon lange zuvor gestellt hatte: „Gabst du mir die unlösbare Einsamkeit, damit ich leichter dir alles geben kann?"[133] Aber er war sich auch im Klaren darüber, dass Einsamkeit der Preis ist, der auf dem Weg zu „Gottes Vereinigung mit der Seele" gezahlt werden muss, als er schrieb: „Wer dem Anruf von eines ungekannten Einsatzes Möglichkeiten folgte, dem kann Einsamkeit zum Gesetz werden. Mag solche Einsamkeit auch eine Gemeinschaft enthalten, die tiefer geht als jede körperliche Vereinigung – dein Körper lässt sich doch nicht mit einem Bluff ab-

---

... Aus meiner christlich-abendländisch geprägten Sicht wird jeder Mensch, der sich auf einen derartigen Weg begibt, die Geschichte Adams nacherleben. Mehr noch: Er wird die in ihm angelegte Sohngotteserfahrung machen, indem er als der verlorene Sohn wieder heimkommt ins Reich des Vaters. ... In diesem Stadium der „Großen Passion" kommt es entscheidend darauf an, dass der Mann nicht allzu früh in die ihm primär eigene männliche Aktionskraft wieder zurückstrebt. Das ‚opus contra naturam', das er hier zu vollbringen hat, besteht gerade darin, den gegengeschlechtlichen Habitus [nach C. G. Jung die magdhafte und die mütterliche Anima] zu integrieren."

131 ZW, 2005, S. 95.
132 ZW, 2005, S. 166.
133 ZW, 2005, S. 166.

speisen: Was du ihm verweigerst, um dem Mahnruf deines Schicksals zu folgen, das wird er zurückfordern, wenn du versagst."[134]

In späteren Jahren soll Dag Hammarskjöld einmal einem Freund gegenüber geäußert haben, dass es vielleicht doch besser gewesen wäre, wenn er geheiratet hätte, aber er habe einer Frau nicht zumuten wollen, sein Leben zu teilen, das sich im Ministerium abspielte.[135] Und auf die Frage der englischen Königin-Mutter während eines Besuches in New York, warum er nicht geheiratet habe, soll er ganz ähnlich geantwortet haben, er habe gesehen, wie sehr seine Mutter unter der häufigen Abwesenheit des Vaters gelitten hätte, und er hätte deshalb keiner Frau ein solches Leben zumuten wollen.[136]

Dabei hatte Dag Hammarskjöld durchaus Chancen beim weiblichen Geschlecht. So berichtet Sten Söderberg von einer kleinen Romanze „mit einer witzigen und bezaubernden jungen Dame, die er einmal auf einen Ball und einmal zu einer Schlittenfahrt eingeladen hatte", aber weiter geschah eben nichts.[137] Gelegentlich traf er sich auch mit Yvonne Söderblom und lud sie zum Tanzen ein, wohlwollend beobachtet von den Eltern, die eine beginnende Romanze vermuteten. Aber er zog sich sofort zurück, als ein Rivale auftauchte.[138] Und mehrfach wird auch die Episode berichtet, dass Freunde ihn mit der hübschen und charmanten Tochter eines schwedischen Bankiers, die einen Doktorgrad in Philosophie erworben hatte, bekannt machten und gespannt erfahren wollten, wie er sie finde. Er habe aber nur geantwortet: „Sie hält nichts von T. S. Eliot."[139]

Sven Stolpe, der Freund, schildert einmal das Dilemma, vor das Dag Hammarskjöld sich offensichtlich bei der Begegnung mit jungen Damen gestellt sah und das er anlässlich eines gesellschaftlichen Ereignisses in Paris beobachten konnte: „Er hätte durch ein einziges Wort einen Rivalen bei einer schönen jungen Dame, die seinem Herzen nahestand, ausstechen können. Stattdessen trat er augenblicklich

---

134 ZW, 2005, S. 128.
135 J. P. Lash, 1962, S. 54.
136 H. P. van Dusen, 1967, S. 221; dieselbe Episode wird auch bei J. P. Lash, 1962, S. 239 erwähnt.
137 S. Söderberg, 1962, S. 38.
138 R. und K. H. Röhlin, 2005, S. 32.
139 J. Lash, 1962, S. 53/54; H. van Dusen, 1967, S. 59/60; P. Lind und B. Thelin, 2005, S. 96.

den Rückzug an. ... Er fürchtete sich nicht. Er konnte sich bei unseren Begegnungen in Paris sachkundig über Frauenschönheit äußern. Ich hatte aber den Eindruck, dass sein Blick, wenn er sich in Gesellschaft mit einer schönen Frau höflich unterhielt, diese nicht von einem Sofa oder einem Sessel richtig unterschied."[140]

Dag Hammarskjöld ist scheu, und die Begegnung mit Frauen ist ihm nur erträglich, wenn sie auf der Ebene von Intellekt und Esprit stattfindet. Völlig unsensibel scheint er für die Bedürfnisse seiner Mitarbeiter gewesen zu sein, wenn sie nach einer Heirat für ihn als Gesprächspartner ausfielen oder abends das Büro früher verlassen wollten. Und doch sieht er ihnen nach und muss bemerken, wie ein Mitarbeiter „unten auf der Straße von einer Freundin mit einem Kuss begrüßt" wird[141], und er fragt sich: „Ohne verblendendes Verlangen, ohne Gefühl für das Recht, sich jemandem aufzudrängen, scheu vor der Blöße meines Wesens, mit der Forderung nach einem volltönenden Akkord als Voraussetzung eines gemeinsamen Lebens – wie hätte es anders werden können?"[142]

Dag Hammarskjölds unbeweibtes Dasein weckte besonders in seiner Zeit als Generalsekretär der UNO voyeuristische Neugier und war nicht selten Gegenstand öffentlicher Spekulationen und Indiskretionen. Anlässlich eines Staatsbesuches in Israel hat etwa Frau Gurion, die Gattin des israelischen Staatspräsidenten, geäußert, er „solle endlich heiraten, dann müsse er sich um seine Frau kümmern und lasse die Israelis eher in Ruhe".[143]

Auch von Journalisten wurde er teilweise heftig bedrängt, und gelegentlich wurde ihm Homosexualität unterstellt, um ihn zu diskreditieren. Auf ein solches Ansinnen soll er einmal geantwortet haben: „[W]essen Geist müsse jemand sein, der so etwas schreiben könne."[144]

Sein zölibatäres Leben mag Dag Hammarskjöld nicht immer leichtgefallen sein, und wenn er in aufreibenden Zeiten wie in der Suezkrise 1956 nicht mehr zu innerer Ruhe finden konnte und der quälenden Einsamkeit schutzlos ausgeliefert war, konnte er auch bekennen: „Im

---

140 S. Stolpe, 1964, S. 44.
141 J. Hoffmann-Herreros, 1991, S. 23
142 ZW, 2005, S. 103.
143 J. Hoffmann-Herreros, 1991, S. 44.
144 J. Hoffmann-Herreros, 1991, S. 43; ausführlich dazu s. a. H. P. van Dusen, 1967, S. 221ff.

Sog des Hohlraums, wenn die Spannung der Nerven sich löst – ohne dass die Nerven zur Ruhe kommen –, hat des Fleisches Lust ihre Chance, die Einsamkeit der Seele zu enthüllen."[145] Solche Äußerungen zeigen, dass Dag Hammarskjöld sicher nicht asexuell[146] und die Sehnsucht nach körperlicher Nähe, Wärme und Geborgenheit ihm nicht fremd war, doch er ahnte bereits, um was es für ihn ging, als er um 1930 in seinem „Wegweiser für das Leben" vermerkte: „Machst du den Körper zum Ziel, wird er auch für dich eine Grenze. – Aber auf der anderen Seite dieser Grenze beginnt das wirkliche Leben."[147] Doch als er später Ja sagen konnte auch „zu der Eigenschaft, die sich am widerwilligsten umwandeln lässt von Versuchung zu Kraft"[148], da hatte er die Grenze zu seinem wirklichen Leben schon überschritten und konnte annehmen, „dass in dem Glauben, der Gottes Vereinigung mit der Seele ist ... alles einen Sinn" hat.[149] Und so konnte er auch mit Bezug auf sein Geschlecht und seine Sexualität im Jahr 1958 in seinem Tagebuch notieren: „Dieses Körpers Feuer brennt in Reinheit, hebt ihn in die Flamme der Selbsthingabe, vernichtet seinen geschlossenen Mikrokosmos. Einige sind erwählt, um dadurch an die Schwelle der endgültigen Überwindung geführt zu werden, zum Schöpfungsakt des Opfers statt der körperlichen Vereinigung – in einem Blitzschlag von der gleichen blendenden Kraft."[150]

Dag Hammarskjöld wusste wohl um das Geheimnis des Ewig-Weiblichen, dem Irdisch-Weiblichen stand er zeitlebens ratlos gegenüber.[151]

---

145 ZW, 2005, S. 143.
146 Dazu M. Fröhlich, 2002, S. 113, Fußnote 48. Fröhlich zitiert hier B. Urquhart, 1994, S. 126.
147 Zitiert aus K. E. Birnbaum, 2000, S. 62.
148 ZW, 2005, S, 107.
149 ZW, 2005, S. 165.
150 ZW, 2005, S. 166.
151 Abschließend sei an dieser Stelle noch auf den sehr lesenswerten Beitrag von Chr. H. Schädel zum Thema „Entsagung" in: Metamorphosen und Erscheinungsformen des Menschseins in Wilhelm Meisters Wanderjahren. Beiträge zur Germanistik, Bd. 205, Marburg, 1969, S. 24–47 verwiesen, der Goethes Ansichten zu dieser Problematik aufgreift und sie als „metamorphorische Gesetzmäßigkeit im sittlich-geistigen Bereich" versteht, was geeignet erscheint, Dag Hammarskjölds Tagebucheintragungen noch mit einer tiefergehenderen Sichtweise zu konfrontieren. So zitiert Schädel aus einem Brief Goethes an Plessing vom 26.7.1782: „So viel kann ich Sie versichern, dass ich mitten im Glück in einem anhaltenden Entsagen lebe, und täglich bey aller Mühe und Arbeit sehe, dass nicht mein Wille, sondern der einer höheren Macht ge-

5. Grenzerfahrungen und „Aufbruch zu neuen Ufern?"

In den Jahren 1945 bis 1952 ist Dag Hammarskjöld noch immer auf der Suche nach sich selbst und nach dem „anvertrauten Pfund, das ‚du' selbst bist".[152] Er sieht „tausend Möglichkeiten, aus denen du viele Ichs bauen kannst", und weiß zugleich: „Doch nur eines von ihnen ergibt die Kongruenz zwischen dem, der wählte, und dem Gewählten."[153] Auch noch 1952 sinniert er: „Der Lebensstrom durch Jahrmillionen, der Menschenstrom durch Jahrtausende. Bosheit, Tod und Not, Opferwille und Liebe –. Was bedeutet ‚ich' in dieser Sicht?"[154]

Beruflich hatte Dag Hammarskjöld zu dieser Zeit schon viel erreicht und schickte sich an, die Ebene seines politisch-nationalen Wirkens mit einem Betätigungsfeld auf internationalem Parkett zu vertauschen. Doch seine Selbstzweifel wachsen, und er notiert: „‚Man erwartete, ihn als Führer hervortreten zu sehen'. Ihn –? Dessen Mut und Selbstständigkeit darin bestehen, dass er sich führen lässt – ein Ahab, den sein fliehendes Ziel über die Ozeane treibt."[155] Bei allen sich öffnenden neuen Horizonten und einer sich weitenden Sicht auf die Welt verstärkt sich bei Dag Hammarskjöld eine innere Unzufriedenheit, und es wird ihm immer deutlicher bewusst, dass die Erfüllung von Aufgaben, die das praktische Leben ihm stellt, nicht alles sein kann und Führerschaft nur der beanspruchen kann, der im transzendenten Sprung zum eigenen Selbst durchzudringen vermag und zu einer Existenz, die mehr ist als das bloße Dasein in der Welt. Eine solche Unzufriedenheit und „Unlust des Tätigen, der am Sinn allen Tuns irre wurde", nennt Karl

---

schieht, deren Gedanken nicht meine sind." Und Schädel kommentiert diese Stelle: „So erweist sich Entsagung auch als Grundlage einer religiösen Haltung, die aber durchaus nicht asketisch geprägt ist, ja es beruht jede Art von geistiger Hingabe auf dieser prätentionslosen Reinheit des Gemüts, mag sie sich nun liebend oder erkennend höhere Geheimnisse enträtseln." Und aus der „Marienbader Elegie" fügt Schädel hinzu: „In unsres Busens Reine wogt ein Streben, sich einem Höhern, Reinern, Unbekannten aus Dankbarkeit freiwillig hinzugeben, enträtselnd sich den ewig Ungenannten; wir heißens: fromm sein!"

152 ZW, 2005, S. 51
153 Ebd.
154 ZW, 2005, S.101.
155 ZW, 2005, S. 87 mit Bezug auf Kapitän Ahab aus H. Melvilles Roman Moby Dick.

Jaspers den „Ausdruck des Seins möglicher Existenz"[156]. Es ist „der Anspruch, aus dem Ursprung meiner selbst zu sein", der einen solchermaßen unzufriedenen Menschen umtreibt und auffordert, aus einem bloßen Dasein in der Welt heraus- und einzutreten „in die Einsamkeit des Möglichen, vor dem alles Weltsein verschwindet".[157]

5.1 Zur Situation des Menschen in der Welt und der Zeit

Durch sein Dasein in der Welt sieht sich der Mensch ständig wechselnden Situationen ausgesetzt, die bestimmt sind durch die Art des Soseins des Individuums innerhalb seiner spezifischen Um- und Mitwelt, durch die ihm mögliche Art und Weise, den Ereignissen zu begegnen, sie zu durchschauen und adäquat zu handeln, sowie durch die je besondere geschichtliche Situation der Zeit.

Diesen seinen Daseinsbedingungen ist der Mensch mehr oder weniger ausgesetzt, und er sieht sich zum Handeln aufgefordert, obwohl ihm in aller Regel die Gesamtheit der Möglichkeiten und Folgen seiner Handlungen kaum je bewusst ist. In solchem Verhaftet- und Getrieben-Sein aber kann sich Menschsein nicht erfüllen. Die uralte Frage: „Wer bin ich?" mag dem Menschen dabei zeitweilig verloren gehen, doch ganz vergessen kann er das Fragen nach dem eigenen Selbst, nach seinen ganz eigenen Möglichkeiten und spezifischen Aufgaben in dieser Welt nicht. Dieses Fragen jedoch weist auf ein anderes Sein als das bloße Dasein oder In-der-Welt-Sein und zielt auf ein existenzielles Sein, in dem alle Möglichkeiten des Menschseins enthalten sind und das „vom Selbstsein des Fragenden auf seine existenzielle Ursprünglichkeit angesprochen werden kann"[158]. Auch Dag Hammarskjöld erkennt, dass ihm alles Wissen und Können und alle Erfolge in der Welt zur Enttäuschung gerinnen müssen, wenn er sich diesem Anspruch zum Selbstsein nicht stellt. Er notiert: „Träge und grau –. Er durchsucht jedes Gesicht. Aber die Menschen, die ziellos durch die grauen Gräben der

---

156 K. Jaspers, 1956, S. 6.
157 Ebd.
158 K. Jaspers, 1956, S. 4.

Straßen strömen, gleichen ihm alle: Atome, deren Strahlung erlosch und deren Kraft die ewige Kreisbahn um das Nichts vollendet hat."¹⁵⁹

Karl Jaspers diagnostiziert diese seelische Befindlichkeit eines Menschen auf der Suche nach sich selbst in der ersten Hälfte des 20. Jahrhunderts und doch zeitlos gültig so: „Um den Menschen nicht im bloßen Fortbestand des Daseins versinken zu lassen, kann es wie notwendig erscheinen, dass er in seinem Bewusstsein vor das Nichts gestellt wird: Er soll sich seines Ursprungs erinnern. ... In der Krise weltlos werdend, soll der Mensch mit den ihm gegebenen Voraussetzungen seine Welt aus dem Ursprung wieder hervorbringen."¹⁶⁰ Eben dieses hatte auch Dag Hammarskjöld als Notwendigkeit für sich erkannt und in die Worte gefasst: „Den Griff loslassen von der Gestalt, die vor der Welt einen Namen trägt; die das Bewusstsein durch social ambition und zügelnden Formwillen aufgebaut hat. Loslassen, um zu fallen, fallen – in blinder Hingabe vertrauend. Zu etwas anderem, einem anderen –."¹⁶¹ Und Karl Jaspers würde zu Recht ergänzen, dass „dieses Andere nur gedeiht, wenn ich selbst werde, wie ich sein soll".¹⁶²

5.2 An der Grenze ...

Dag Hammarskjöld stellt 1951 zum ersten Mal die Frage nach der Grenze, und damit nach jenem „Anderen", das sich im täglichen Einerlei der wechselnden Situationen nicht verwirklichen lässt und mit dem normalen Alltagsbewusstsein nicht ergriffen werden kann.

Wer aber so fragt, der ist bereits in den Prozess der Selbstfindung und Selbstverwirklichung eingetreten oder befindet sich schon auf dem Individuationsweg, wie C. G. Jung es, psychologisch gewendet, nennen würde und den er u. a. so beschreibt: „Der Zweck der Individuation ist nun kein anderer, als das Selbst aus den falschen Hüllen der Persona einerseits und der Suggestivgewalt unbewusster Bilder andererseits zu befreien."¹⁶³

---

159 ZW, 2005, S. 55.
160 K. Jaspers, ⁹1999, S. 164.
161 ZW, 2005, S. 55.
162 K. Jaspers, ⁹1999, S. 163.
163 C. G. Jung, hier zitiert nach A. Samuels, B. Shorter, F. Plant, 1989, S. 108.

Unter „Persona" versteht Jung z. B. die soziale Rolle, den beruflichen Status, oder ganz allgemein die Maske oder „das Gesicht, das ein Mensch aufsetzt, um der Welt gegenüberzutreten". Eine Identifikation des Menschen mit seiner Persona macht ihn jedoch blind für den inneren Prozess der Selbstwerdung, und Dag Hammarskjöld zeigt mit seinem Sträuben gegen solcherlei Etikettierung überdeutlich, wie sensibilisiert er bereits diesem innerseelischen Reifungsgeschehen gegenüber empfindet, wenn er in seinem Tagebuch notiert: „Welche Möglichkeiten bietet uns die Psychologie, das beunruhigend Unbekannte mit einem Etikett abzuschirmen, das ihm einen Platz auf der Liste üblicher Verirrungen einräumt!"[164]

Aber unabhängig davon, ob Dag Hammarskjöld nun den Jungschen Begriff der Persona schon gekannt hat oder nicht, weiß er doch sehr genau um die Selbstentfremdung des Menschen in der Persona-Rolle, und ebenso weiß er um die Macht der Bilder und Träume, um dem Unaussprechlichen an der „Grenze des Unerhörten", das ihn mehr und mehr bedrängt, näher zu kommen.

Einige dieser Metaphern aus Naturerlebnissen oder Träumen hat Dag Hammarskjöld aufgeschrieben, um so seine seelische Gestimmtheit an der „Grenze" zu charakterisieren. Und er fragt: „Wo verläuft die Grenze? Was ist es, was wir erreichen in diesen Träumen von gesättigter Schönheit, bedeutungsschwer ohne fassbaren Inhalt, tiefer in die Sinne geätzt als das Zeugnis der Augen? ... Die Erinnerung an die Wirklichkeit der Körper – wohin verschwindet sie?"[165]

Die unmittelbar anschließende Schilderung eines solchen Traumes von Vögeln weist nach Jolande Jacobi auf eine „unbewusst gesteuerte ‚Wahl' der Bildelemente und -motive" hin und gewährt Einblicke „in jene Seelenlandschaft, wo das Unaussprechbare, das nur Dunkel-Geahnte und Dumpf-Gespürte, das Unfassbare und doch gewaltig Drängende beheimatet ist", das mit dem normalen Bewusstsein nur begrenzt zu erfassen ist und ausgedrückt werden kann.[166] Hammarskjöld schreibt: „Müde Vögel, müde große Vögel ruhen in des Hochlands gewaltiger Mauer vor dunklem Wasser, die Nacht erwartend. Müde Vögel wenden ihre Köpfe gegen den Brand im Westen. Feuer wird Blut, und

---

164 ZW, 2005, S. 97.
165 ZW, 2005, S. 94.
166 J. Jacobi, 1989, S. 34f.

5. Grenzerfahrungen und „Aufbruch zu neuen Ufern?"

Blut vermengt sich mit Ruß. – Ausblick über das Wasser weit nach Westen hinauf zu der endlosen Wölbung der Steilhänge. Still –. Erlebe dieser großen fernen Welt Übergang in die Nacht."[167]

Ist es Traum, ist es Erinnerung, ist es visionäres Entrücktsein während einer Wanderung in den Sarek-Bergen, was Dag Hammarskjöld hier zu Papier gebracht hat? Welcher verborgene Sinn und welche psychische Energie jedoch hier zu Ausdruck und Form gefunden haben, mag die symbolische Betrachtung einzelner Motive zeigen:

Vögel gelten von alters her als Mittler zwischen Himmel und Erde und als Verkörperung der Seele; wegen ihrer Fähigkeit zu fliegen sind sie dem Himmel verwandt. Hier aber sind es müde große Vögel, die vor einem dunklen Wasser ruhend die Nacht erwarten. Sind sie müde geworden auf ihren anstrengenden Flügen durch die Welt und ruhen nun aus vor dem dunklen, aus unbewusster Tiefe Kraft spendenden Wasser? Ist auch Dag Hammarskjöld müde geworden auf seinem Lebensweg und sucht nun in der „dunklen Nacht der Seele" Antwort und Sinn zu ergründen?

Die Vögel schauen zurück auf einen wie Feuerbrand leuchtenden Sonnenuntergang im Westen, doch das Feuer wandelt sich zu mit Ruß vermengtem Blut. Ein gewaltiges Bild, in dem sich die symbolisch reinigende und erneuernde Zerstörungskraft des Feuers mit dem Lebenskraft spendenden Blut vermischt, das hier aber durch Ruß verunreinigt ist. Ist die Seele, für die das Blut steht, noch nicht rein, noch nicht geläutert genug für eine Neugeburt auf einer höheren Stufe, worauf das reinigende Feuer hindeuten könnte?

Doch dann erwartet der Träumer mit den Vögeln zusammen den Übergang in die Nacht und damit das Eintauchen in das geheimnisvolle Dunkel des Irrationalen, des Unbewussten und des Todes. Begleiten die Vögel Dag Hammarskjöld auf seinem Läuterungsweg an die „Grenze" und in die „Nacht"?[168]

Oftmals ist es gerade die Nacht als Metapher des Nichtwissens und des Eintauchens in eine ängstigende dunkle Tiefe, die für Dag Hammarskjöld eben insofern eine hohe Symbolkraft besitzt, als er nun aufgerufen ist, eine innere Wachheit zu entwickeln und aktiv zu seinem

---

167 ZW, 2005, S. 94.
168 Die Symboldeutungen wurden entnommen: Herder Lexikon Symbole, ⁹1978, S. 29, 51, 115, 176, 179.

Selbstwerdungsprozess beizutragen. Nicht umsonst leitet er seine Tagebuchaufzeichnungen von 1950 bis 1954 jeweils mit der Zeile „Bald naht die Nacht" ein, die einer schwedischen Hymne entstammt und die seine Mutter immer an Neujahr vorzulesen pflegte.

Häufig sind es aber auch Naturerlebnisse, die Dag Hammarskjöld in einen Zustand schon mystischer Entrücktheit versetzen und Wach- oder Traumbilder als Hinweise auf eine sich Bahn brechende andere Wirklichkeit als die real gegebene in ihm hervorrufen, wie diese Zeilen zeigen: „Märzsonne. Auf Schnee-Eis kristallisiert gefrorene Stille der Luft im dünnen Schatten zartgliedriger Birken. Unerwartet der Amsel zögernder Lockruf. Die wirkliche Wirklichkeit außerhalb der eigenen. Jäh: das Paradies, aus dem unser Wissen uns ausgeschlossen."[169] Hier ist es das Licht der Sonne, welches die Inspiration und geistige Schau symbolisiert und als Gegenstück zur Metaphorik der nächtlichen Dunkelheit und des Nichtwissens erscheint. Aber noch scheint diese Sonne nicht wirklich zu wärmen, denn ihre Strahlen treffen auf „Schnee-Eis", und der Lockruf der Amsel kommt noch zögernd und unerwartet.

Auf ähnliche Weise hat Dag Hammarskjöld das Gegensatzpaar von Licht und Dunkel und das Erahnen seines Weges zum eigenen Selbst in folgende Worte gefasst: „Tönendes Schweigen, durchstrahlte Nacht, Licht, das sein Übereinstimmendes sucht in Melodie, Stille, die nach Erlösung strebt im Wort, Sein in der Krume Dunkel, wie selten Wuchs und Blum, wie selten Frucht."[170]

Dass dem Individuationsprozess durch die intensive Beschäftigung mit sich selbst auch narzisstische Elemente eignen, und dass Dag Hammarskjöld sowohl die positive Seite einer gesunden Selbstliebe als auch den negativen Aspekt der Selbstüberschätzung gesehen und mit sich darüber ins Gericht gegangen ist, zeigen diese Notizen: „Narzis-

---

[169] ZW, 2005, S. 91. B. Erling (1999) verweist in seinem Kommentar auf Gen. 3, 22f. Ergänzend hierzu kann aber auch Dantes „Irdisches Paradies" als Erklärung dienen, in dem der Pilger vom Strahl des himmlischen Lichtes berührt und damit der „Beginn der Erleuchtung" nach mystischer Terminologie im symbolischen Bild ausgedrückt wird (E. Underhill, 1928, S. 193). Bei Dante ermöglicht es die „Gunst des Orts ... um rings ein Funkensprühn zu sehn, als wär die Sonn ein frischgeglühtes Eisen. Und plötzlich war's, als würde Tag zu Tag gehäuft, als schmückt der Alleskönnende mit einer zweiten Sonn das Weltgewölbe." (Dante Alighieri, Die göttliche Komödie, Goldmann Tb, München, 1962, S. 296.)

[170] ZW, 2005, S. 76.

5. Grenzerfahrungen und „Aufbruch zu neuen Ufern?" 69

sus beugte sich über die Quelle, dem einzigen Menschen verbunden, in dessen Blick er zu versinken wagte – oder versinken durfte." Und: „Narzissus beugte sich über die Quelle – hingerissen von der eigenen Hässlichkeit, weil er sich mit dem Mut schmeichelte, sie zu erkennen."[171]

Und dass die Seelenbilder auch sinnliche Momente enthalten können und die Freisetzung der in ihnen enthaltenen psychischen Energie eine klärende und heilsame Wirkung im Sinne der Ganzwerdung des Menschen zu entfalten vermag, das wurde von Dag Hammarskjöld ebenfalls erkannt und so formuliert: „Die geistige Befreiung hat eine sinnliche Komponente und die Klaustrophobie der Seele eine physisch symbolische und physiologische Wachstumsgrundlage."[172] Oder ästhetischer und das physisch-sinnliche Erleben metaphorisch und sublimierend in ein Naturerlebnis gekleidet: „So ruht der Himmel an der Erde. In des Waldsees dunkler Ruhe öffnet sich der Schoß des Forsts. Und so wie der Mann ihren Leib mit seiner überdauernden Zärtlichkeit bedeckt, so umhüllt der Erde und der Bäume Nacktheit des Morgens stilles, starkes Licht. Selber fühle ich ein Brennen, das Sehnen nach Vereinigung ist, nach Aufgehen, nach einem Teilhaben an dieser Begegnung. Ein Brennen, das eins ist mit der Begierde irdischer Liebe – aber auf Erde und Himmel gerichtet, und vom Rauschen der Bäume, vom Duft der Erde, vom Schmeicheln des Windes und von der Umarmung der Luft und des Wassers kommt Antwort. Zufrieden? Nein, nein, nein –. Aber gekühlt, ausgeruht – wartend."[173] Oder kürzer: „Eine Landschaft kann von Gott singen, ein Leib vom Geist."[174]

Auffällig oft sind es eben Naturschilderungen, mit denen Dag Hammarskjöld in den Krisenjahren 1951 und 1952 seinen Erkenntnisweg in Metaphern zu erfassen suchte. Er nennt es: „Das Außermenschliche im Erlebnis der großen Natur. Sie lässt sich nicht als Ausdruck menschlicher Reaktionen meistern. ... Landschaft: nur im unmittelbaren Erlebnis der Einzelheit gibst du dem Ganzen einen Keimboden für seine Schönheit in deiner Seele."[175]

---

171 ZW, 2005, S. 84.
172 ZW, 2005, S. 93.
173 ZW, 2005, S, 96.
174 ZW, 2005, S. 108.
175 ZW, 2005, S. 97.

Es ist eine Art Pilgerreise, die den Wanderer zu sich selbst – und letztlich zu Gott – führen wird, und allen diesen Bildern liegt nach Evelyn Underhill „die bestimmte Idee zugrunde, dass das pilgernde Selbst, indem es diese Reise unternimmt, eine Bestimmung, ein Gesetz des übersinnlichen Lebens erfüllt, einer gebieterischen Notwendigkeit gehorcht".[176] Dag Hammarskjöld hat diese seine Pilgerreise in einem seiner anrührendsten „Zeichen" so beschrieben:

> „Die längste Reise ist die Reise nach innen.
> Wer sein Los gewählt, wer die Fahrt begann zu seiner eigenen Tiefe (gibt es denn Tiefe?) – noch unter euch, ist er außerhalb der Gemeinschaft, abgesondert in eurem Gefühl gleich einem Sterbenden oder wie einer, den der nahende Abschied vorzeitig weiht zu jeglicher Menschen endlicher Einsamkeit.
> Zwischen euch und jenem ist Abstand, ist Unsicherheit – Rücksicht.
> Selber wird er euch sehen abgerückt, ferner, immer schwächer eures Lockrufs Stimme hören."[177]

5.2.1 Einsamkeit als Vorbereitung

Einsamkeit hat Dag Hammarskjöld ein Leben lang begleitet, und er hat zeitweilig sehr darunter gelitten. Trotz vieler freundschaftlicher Beziehungen hinderten ihn eine innere Scheu ebenso wie eine gewisse Selbstgefälligkeit und ein extrem hoher Anspruch im kommunikativen Miteinander daran, auf unkomplizierte und gesellige Weise mit anderen Menschen in Kontakt zu treten. So beklagt er einmal selbstkritisch: „Wie unverhüllt stand deiner Einsamkeit dickhäutiges Selbstgefallen vor seiner preisgegebenen Angst im Streben nach lebendiger Beziehung. Wie schwer hattest du es zu helfen, weil dir in einem anderen dein eigenes Problem begegnete – unverdorben."[178] Und in einem Brief an den Freund Sven Stolpe bekennt er: „Es gibt eine unheilbare Einsamkeit der Seele auch in nichtegozentrischer Bedeutung, ein Unvermögen, so zu leben, dass andere erfahren, worauf sie bei uns rech-

---

176 E. Underhill, 1928, S. 174.
177 ZW, 2005, S. 81.
178 ZW, 2005, S. 82.

nen können. ... Ich empfinde die meinem Wesen eigene Schüchternheit als einen Fluch und die konventionell-unbeholfene Konversation als Lüge."[179]

Die Umformung einer Person als ein in der Welt und im Dasein verhaftetes Ich zu einem Selbst, das Persönlichkeit wird durch die „Idee, die in mir zur Wirklichkeit kommt und der Existenz, deren Ursprung sie trägt"[180], unterliegt jedoch seit je der Notwendigkeit eines zumindest zeitweiligen Rückzugs aus der Welt in die „Einsamkeit der Wüste", was immer auch eine Auseinandersetzung mit der eigenen Endlichkeit bedeutet, um in Selbsterkenntnis und Selbstzucht in Berührung zu kommen mit einer anderen Wirklichkeit und „mit jenem absoluten Leben", das die Kraft verleiht, „das Medium zu werden, durch das das Leben anderer Menschen zuströmt"[181].

Ähnlich mag auch Dag Hammarskjöld neben den persönlichkeitsspezifischen Facetten seiner Einsamkeit empfunden haben, wenn er schreibt: „Bete, dass deine Einsamkeit der Stachel werde, etwas zu finden, wofür du leben kannst, und groß genug, um dafür zu sterben."[182]

Oft genug empfindet er die „Arbeit als Betäubungsmittel gegen Einsamkeit, Bücher als Ersatz für Menschen"[183] und erlebt, wie „Müdigkeit betäubt den Schmerz und lockt mit dem Tod", doch er erkennt zugleich: „So kannst du suchen, die Einsamkeit zu überwinden – eingeladen schließlich zur Flucht aus dem Leben", aber er wehrt die Versuchung ab: „Dies nicht! Der Tod mag deine abschließende Gabe an das Leben sein, nicht ein Betrug."[184]

In dieser Konfrontation mit der Einsamkeit des Todes und der eigenen Sterblichkeit liegt für Dag Hammarskjöld aber auch die Wende beschlossen, und mit der Rückkehr ins Leben auch eine neue Art der Hinwendung zu seinen Mitmenschen und zu seiner eigentlichen Aufgabe eines Daseins für andere, die er schon lange ahnt und ersehnt. „Die Angst vor der Einsamkeit bringt" zwar noch „Böen aus dem Sturmzentrum der Todesangst" mit sich, doch: „nur das ist, was eines anderen ist, denn nur was du gabst – wenn auch allein, indem du

---
179 S. Stolpe, 1964, S. 43.
180 K. Jaspers, 1956, S. 343.
181 E. Underhill, 1928, S. 231.
182 ZW, 2005, S. 103.
183 ZW, 2005, S. 99.
184 ZW, 2005, S. 103.

hinnahmst – wird herausgehoben aus jenem Nichts, das einmal dein Leben gewesen sein wird"[185].

Immerhin mögen solche Vorstellungen Dag Hammarskjöld geholfen haben, nicht an seiner Einsamkeit zu verzweifeln, sondern sie in der Hingabe an ein Höheres und in der Annahme seiner bereits gespürten inneren Berufung anzunehmen und zu überwinden. Doch noch ist er auf diesem Weg ein Lernender.

5.2.2 Grenzerfahrung Tod

„Situationen wie die, dass ich immer in Situationen bin, dass ich nicht ohne Kampf und ohne Leid leben kann, dass ich unvermeidlich Schuld auf mich nehme, dass ich sterben muss, nenne ich Grenzsituationen"[186], so definiert Karl Jaspers jene spezifischen Erfahrungen, mit denen zwar jeder Mensch im Leben konfrontiert ist, zu denen er sich aber unterschiedlich verhalten kann, d. h., er kann sich der Situation stellen oder sich verweigern. In jedem Fall aber sieht er sich vor eine Grenze gestellt, die mit dem normalen Tagesbewusstsein nicht überschritten und nicht wirklich begriffen werden kann. Diese „Grenze drückt aus: es gibt ein anderes", das ignoriert und vergessen werden, dem ich mich aber auch fragend nähern kann und „in denkender Betrachtung an den archimedischen Punkt dränge, von dem aus ich sehe und weiß, was ist. ... So erobere ich mein eigenes Sein in der absoluten Einsamkeit", und das „einsame Selbstsein wird zum Wissen, das mich im Dasein für die Grenzsituationen eigentlich offen macht".[187]

Den Tod als Grenzsituation erfahren bedeutet denn auch, nicht nur davon zu wissen, sondern unmittelbar davon betroffen und getroffen zu sein, etwa durch den Tod eines nahestehenden Menschen.

Ganz gewiss war es der Tod der Mutter im Jahre 1940, der Dag Hammarskjöld besonders getroffen hat, und doch weist erstaunlicherweise sein Tagebuch keine Eintragung auf, die direkt darauf Bezug nehmen würde. Ein Beileidsschreiben an einen Freund anlässlich des Todes von dessen Vater im Jahr 1943 könnte jedoch einen Hinweis darauf geben,

---

185 ZW, 2005, S. 65.
186 K. Jaspers, 1956, S. 203.
187 Ebd.

5. Grenzerfahrungen und „Aufbruch zu neuen Ufern?"

welche Bedeutung Tod und Sterben für Hammarskjöld damals schon hatten und wie der Tod der Mutter auf ihn gewirkt haben mag. Damals schrieb er: „Die Luft und das Licht um den Tod sind für mich das größte Wunder im Leben gewesen. Das ist wohl darum so, weil gerade im Tode das ganze Streben und der innerste Dämon des Verschiedenen vor uns stehen in einer Stärke wie nie zuvor. Und deshalb wird der Tod eines guten Menschen zu einer der stolzesten Manifestationen des Lebens, zu einem ‚Trotz alledem' des Geistes, die erheben und befreien ... "[188]

Das Todesthema selbst aber hat Dag Hammarskjöld seit seinen Jugendjahren beschäftigt, wie viele Eintragungen in seinem Tagebuch zeigen. Inhalt und Tonfall der Notizen wechseln zwar im Laufe der Jahre, abhängig von der jeweiligen Lebenssituation und dem Grad der inneren Entwicklung und Reife. Schon früh, und getragen von jugendlichem Enthusiasmus und der Faszination, die der Tod auf junge Menschen auszuüben vermag, formulierte er zwischen 1925 und 1930: „Morgen treffen wir uns, der Tod und ich –, er wird den Degen stoßen in einen wachen Mann."[189] Beziehen sich hier die Gedanken Dag Hammarskjölds wirklich „auf die lächelnde Todesbereitschaft des antiken Menschen", wie Ruth und Karl-Heinz Röhlin meinen?[190] Oder deutet sich hier bereits an, dass den Erwachsenen in seiner Sinnkrise die Auseinandersetzung mit Tod und Sterben an die „Grenze" und schließlich zum Sprung in jene andere Wirklichkeit eines existenziellen Seins führt, und sich dann auch erfüllen wird, was Dag Hammarskjöld ebenfalls schon in jungen Jahren in seinem „Wegweiser für das Leben" schrieb: „Mensch werden zu wollen kann deshalb und wird für manche bedeuten: ‚den Tod zu wollen'."[191]

Auf der Suche nach dem Sinn des Lebens in den Krisenjahren von 1945 bis 1949 sind es dann oft genug Müdigkeit, Einsamkeit und Lebensüberdruss, die eine Todessehnsucht und Suizidgedanken nahele-

---

188 K. E. Birnbaum, 1998, S. 52 mit Bezug auf einen Brief Dag Hammarskjölds an Henrik Klackenberg vom 27. 2. 1945.
189 ZW, 2005, S. 42.
190 R. und K.-H. Röhlin, 2005, S. 127. Vermutlich haben die Autoren das, was sie hier als einen Gedanken Dag Hammarskjölds ausgeben, einer Interpretation (!) dieser Tagebuchstelle von R. Schäfer in dessen Aufsatz: „Glaube und Werk – ein Beispiel aus der Gegenwart. Betrachtungen zu Dag Hammarskjölds geistlichem Tagebuch" entnommen, der bereits wesentlich früher erschienen ist in ZThK 67, (1970), S. 361.
191 K. E. Birnbaum, 2000, S. 61.

gen. Insofern kann die ausführliche Schilderung dreier Selbstmorde oder Selbstmordversuche im Tagebuch nicht erstaunen, befremdlich jedoch erscheint die Darstellung der Ereignisse, die sich in der Realität, zumindest in dem einen bekannten Fall, ganz anders abgespielt haben. Dag Hammarskjöld berichtet:

> „Noch war es zu früh für die Schachblumenlilien. Doch wölbte sich der Maihimmel über der Ebene hoch und klar. Lerchentriller und Licht vereinten sich in kühler Ekstase. Und mit der reißenden Frische der Schneeschmelze strömte das lehmbraune Wasser des Flusses.
>
> Draußen in der Strömung dreht sich langsam ein dunkles Bündel. Der Schimmer eines Gesichts, ein Wimmern, eine Bewegung, die das Gesicht unter Wasser preßt –. Keine Wolke verdeckte die Sonne. Der Lerchengesang verstummte nicht. Aber das Wasser ist plötzlich schmutzig und kalt – der Gedanke, von dem schweren Körper, der da draußen um seinen Tod kämpft, mit in die Tiefe gezogen zu werden, ruft rohen Ekel hervor. Und dieser Ekel lähmt mehr als das Gefühl der Gefahr. Feige? Das Wort muss wohl fallen."[192]

Tatsächlich befand sich Dag Hammarskjöld zur Zeit des Ereignisses nach einem langen Arbeitstag mit einem Kollegen auf einem Spaziergang entlang einer Uferpromenade, als sie ein junges sich streitendes Paar bemerkten. Als die Frau sich entfernte, stürzte sich der Mann in suizidaler Absicht in den Fluss, aus dem ihn Hammarskjöld und sein Kollege retteten, ihm ein Taxi besorgten und durch Zureden von einem zweiten Suizidversuch abhielten.[193]

Zunächst einmal muss an dem Bericht Dag Hammarskjölds die scheinbar ästhetische Überhöhung durch die Naturschilderung am Anfang auffallen, aber ebenso der Ekel vor dem schmutzigen Wasser und weniger die Angst vor dem schweren Körper, der einen potenziellen Retter mit in die Tiefe ziehen könnte. Aber vielleicht dienen die Impressionen des lichten Frühlingstages nur zur Kontrastierung gegenüber der Dunkelheit der Seelenlage des Selbstmörders? Und wenn Dag Hammarskjöld einen Moment gezögert hat, dem jungen Mann

---

192 ZW, 2005, S. 56.
193 A. Specker, 1999, S. 39, der sich dabei auf A. Kelen, Hammarskjöld, New York, 1966, S. 40f. bezieht.

zu Hilfe zu kommen, wenngleich aus den banalen Beweggründen eines Snobisten, der er auch war: Wäre ein solches Zögern nicht allzu menschlich, wenngleich unverantwortlich? In der Situation selbst ist er dem Suizidenten ja tatsächlich in den Fluss nachgesprungen und hat sich aktiv an dessen Rettung beteiligt.

Seine Überlegungen und Zweifel, die er nach der Rettungsaktion dem beteiligten Kollegen gegenüber äußerte, blieben diesem jedenfalls undurchschaubar: „Haben wir ihm einen Dienst erwiesen?", fragte Dag Hammarskjöld: „Oder ist es richtig für eine große Liebe zu sterben?" Doch er fügte hinzu: „Wie auch immer, wir hätten nicht anders handeln können."[194]

Solche zwiespältigen Gedanken angesichts des Todes dürften bei vielen auf Unverständnis stoßen. Der Tod, und in Sonderheit die Problematik eines Selbstmordes, wirft jedoch viele Fragen nach dem Für und Wider auf. „Der Tod rückt in die Sphäre seiner Freiheit"[195], wie Karl Jaspers dies nennt, und es ist die „Freiheit des Negativen", die im Selbstmord „als Möglichkeit" erscheint an der „Grenze, wo Fortleben keine Pflicht mehr sein kann: wenn der Prozess des Selbstwerdens nicht mehr möglich ist, physisches Leid und Anforderungen der Welt so vernichtend werden, dass ich nicht bleiben kann, der ich bin".[196]

Gewiss mögen persönliche Erfahrungen dieser Art unterschwellig in Dag Hammarskjölds Fragen mitgespielt haben, und womöglich galten sie mehr ihm selbst als dem Kollegen. In solcher Selbstreflexion sind denn auch „Momente der Subjekt-Objekt-Trennung" enthalten wie in dem „Ipse und Idem" Paul Ricœurs, jener Unterscheidung von Selbstheit und Selbigkeit, worauf Dietmar Mieth in seinen Überlegungen zur Identität aufmerksam macht[197], und was Dag Hammarskjöld auf der Suche nach der eigenen Selbstheit als Ausweg aus dem inneren Kampf so formuliert: „[D]ie Grenze zwischen Objekt und Subjekt in meinem Wesen bis zu jenem Punkt verschieben, wo das Subjekt, obgleich in mir, außer mir und über mir ist – und so mein *ganzes* Sein zum Werkzeug wird für das in mir, was mehr ist als ich."[198]

---

194 A. Specker, 1999, S. 40.
195 K. Jaspers, 1956, S. 301.
196 K. Jaspers, 1956, S. 305 und 309.
197 D. Mieth, 2004, S. 42.
198 ZW, 2005, S. 80.

Doch noch immer bewegt sich Dag Hammarskjöld an der Todeslinie, wenn er notiert: „Wie gut verstehe ich die Spiegelsymbolik in Cocteaus Orpheus, das zu durchbrechen, was die Begegnung mit mir selber verhindert; zu durchbrechen, auch um den Preis, ins Totenreich hinabzusteigen. Was aber, was wünschte ich mehr als gerade das? Wann und wie begegnet es mir? Oder wurde es schon verscherzt? ... An der Grenze des Unerhörten! Des Tieftauchens Consummatio bewusst – und ängstlich, den Kopf unter Wasser zu bekommen. Unwissend sogar, wie das geschehen sollte!"[199]

Die Spiegelmetapher als Symbol der Erkenntnis, Selbsterkenntnis und des Bewusstseins sowie der Klarheit und Wahrheit[200] ist hier gut gewählt, zeigt sich darin doch das eigene verzweifelte Ringen und das Verstummen Dag Hammarskjölds angesichts eines weiteren beobachteten und beschriebenen Suizids: „Als der Schuss fiel, stürzte er unter den Ahornbäumen auf den sandigen Kies. Im Regendunkel des späten Julitages, das der schwere Laubschatten verdichtet, steht die Luft still. Das Haupt mit den feinen, noch nicht fertigen Zügen ruht auf der Seite – eine kleine Wunde an der Schläfe. Nur das dunkle Blut, das aus der Nase quillt, hat Farbe in dem toten Licht. Warum –? Über der wachsenden Lache von Blut gelangt keine Frage in das Land, das du suchtest. Kein Wort ruft dich wieder zurück. – Das ewige ‚Jenseits' – es trennt uns von denen, welche der Tod erwählte, schon lange ehe die Kugel die Schläfe traf."[201]

Im Wahrnehmen des Scheiterns am Leben, in Gegenwart dieser kommunikationslosen Einsamkeit des Toten, braucht es festen Mut und alle Kraft, um „den Blick in die alles vernichtenden Grenzsituationen" auszuhalten. Darum weiß auch Dag Hammarskjöld, wenn er bemerkt: „Maßstab für die Forderung des Lebens ist nur deine eigene Kraft. Und deine mögliche Tat besteht darin, nicht fahnenflüchtig geworden zu sein."[202] Und er würde Karl Jaspers sicher zustimmen, der erklärt: „Wird daher angesichts der Möglichkeit des Selbstmords im Ernst der Situation aus einer Krise nicht nur vital, sondern existierend das Leben ergriffen", dann „wird das Verneinen, statt auf das ganze

---
199 ZW, 2005, S. 100.
200 Herder Lexikon Symbole, ⁹1978, S. 158.
201 ZW, 2005, S. 57.
202 ZW, 2005, S. 44.

Dasein sich zu erstrecken, ins Dasein aufgenommen. ... Erst der Symbolcharakter des Daseins erlaubt, ohne durch Harmonie zu täuschen, in der Relativität zu sagen: ‚wie es auch sei, das Leben, es ist gut!'"[203]

5.3 Gebet

Durch die Begegnung und die intensive Auseinandersetzung mit dem Faszinosum Tod, durch sein „sich über die Tiefe beugen"[204] im Erleben selbst wie im Nachsinnen über das Erlebte, ereignete sich für Dag Hammarskjöld „der Augenblick, da uns das Erlebnis seine letzten Geheimnisse preisgibt. Ein Augenblick, den wir erst dann entdecken, wenn wir schon hindurchgegangen sind und Sprünge, Flecken und abblätternde Vergoldung uns fragen lassen, was es wohl war, was uns einmal verlockte".[205]

Nun hatte er die „Grenze des Unerhörten" erreicht, jenen Ort, der alle Vorstellungskraft übersteigt, und konnte notieren: „– so sah ich, dass es die Mauer nie gegeben hatte, dass ‚das Unerhörte' hier und dieses ist, nicht ein anderes, dass ‚Opfer' hier und jetzt, immer und überall ist – dass dieses ‚surrendered' *Sein* das ist, was Gott von sich, in mir, sich gibt."[206] Und er hatte auch erkannt, was dieses „hingegebene Sein" zukünftig für ihn heißen wird: „In dem Unerhörten bist du *außerhalb* und *über* – dies festzuhalten sei das erste Gebot deiner geistigen Disziplin."[207]

An der Todeslinie ist die Grenze für Dag Hammarskjöld transparent geworden, und nun zeigt sich, was dieses „Unerhörte" für ihn ganz persönlich, für sein höchst eigenes Selbst- und Menschsein, bedeutet, nämlich: „ ... in Gottes Hand zu sein"[208], und gleichzeitig auch dies: „Wieder ein Mahnen an dieses einzig Bleibende in deinem Leben – und wieder diese Enttäuschung, die bezeugt, wie lange du brauchst, um zu erkennen."[209]

---

203 K. Jaspers, 1956, S. 307f.
204 ZW, 2005, S. 95.
205 ZW, 2005, S. 73.
206 ZW, 2005, S. 110.
207 ZW, 2005, S. 114.
208 ZW, 2005, S. 113.
209 Ebd.

Dag Hammarskjölds Weg bis zum Durchbruch, vermutlich um die Jahreswende 1952/1953, war lang, und Fragen und Zweifel haben ihn immer begleitet und werden auch weiterhin in seinem Leben gegenwärtig sein. Doch nun, zwar durch „die Pflichten des Oberflächenlebens gehindert, ... aber in ihnen langsam dazu gerüstet, formend in das Chaos niederzusteigen", nun darf er erleben, dass ihm aus den „weißen Anemonen" ein neuer „Duft" entgegenströmt und mit ihm „das Versprechen einer neuen Zusammengehörigkeit", das ihn „trägt".[210]

Und in diesem „lichten Vertrauen der Zusammengehörigkeit", das sich bewähren muss im Hier und Jetzt, gilt für Dag Hammarskjöld fortan: „Dies in mein Leben mit Menschen einfügen"[211], in neuer Demut und unter neuer Verantwortung. Jetzt ist ihm „das Unerhörte" auch und „vielleicht ganz einfach Lord Jims letzte Begegnung mit Doramin, wo er zum absoluten Mut gelangt und zur absoluten Demut in absoluter Treue zu sich selbst"[212].

Ein so „hehres Persönlichkeitsideal" von sittlicher Größe, selbstüberwindender Kraft und innerer Freiheit aber vermögen selbst „große Männer", wie Friedrich Heiler schreibt, „nicht durch das eigene Wollen und Arbeiten allein zu verwirklichen; darum wird ihnen das ethische Lebensideal zur Gebetsbitte".[213] Und so empfand wohl auch Dag Hammarskjöld, als er in tiefstem Vertrauen auf „Gottes Hand" jenes innige Gebet formulierte, in dem nach Sture Linnér[214], einem langjährigen Mitarbeiter und Freund, vielleicht am besten das Profil des Mannes erkennbar wird:

„Gib mir einen reinen Sinn – dass ich dich sehe,
einen demütigen Sinn – dass ich dich höre,
einen liebenden Sinn – dass ich dir diene,
einen gläubigen Sinn – dass ich in dir bleibe."[215]

---

210 ZW, 2005, S. 95.
211 ZW, 2005, S. 98.
212 ZW, 2005, S.98 mit Bezug auf J. Conrad aus dessen Buch „Lord Jim".
213 F. Heiler, ⁵1923, S. 416.
214 S. Linnér, in: J. H. Schultz, 1989, S. 186.
215 ZW, 2005, S. 112.

6. Das Ende

Dag Hammarskjöld starb in der Nacht vom 17. auf den 18. September 1961 bei einem Flugzeugabsturz in der Nähe des Flughafens Ndola in Nord-Rhodesien, dem heutigen Sambia. Über die Ursache des Absturzes wurde viel spekuliert, wirklich geklärt ist sie bis heute nicht. Untersuchungskommissionen der UNO, der schwedischen Regierung und von Nord-Rhodesien hielten einen Unfall infolge eines Pilotenfehlers für die wahrscheinlichste Erklärung. Vermutet wurden jedoch auch ein politisch motivierter Entführungsversuch, ein gezieltes Attentat im Auftrag westlicher Geheimdienste und schließlich auch die reichlich abwegige These eines Selbstmordes des UN-Generalsekretärs.[216]

Unter Hammarskjölds Führung hatte die UNO als treibende Kraft aktiv die Emanzipationsbemühungen der Kolonialvölker unterstützt und sich zu einem Forum für die entstandenen jungen Staaten entwickelt. Diese neuen Mitglieder aber hatten auch die Machtpositionen in der UN-Generalversammlung verändert, indem sie als neutraler dritter Block die Großmächte USA und UdSSR zur Beachtung ihrer Entwicklungsprobleme und entsprechender UNO-Resolutionen zwangen. Dies führte nicht zuletzt zu intensiven ideologisch-politischen Auseinandersetzungen der Blockmächte in der UNO, die auf dem Hintergrund der Ereignisse im Kongo offen zutage traten und in deren Verlauf auch die Position des Generalsekretärs von der Sowjetunion auf den Prüfstand gestellt wurde.[217]

---

216 Zum Flugzeugabsturz und Tod Dag Hammarskjölds s. u. a. M. Fröhlich, 2002, S. 272ff; S. Mögle-Stadel, 22000, S. 37ff; J. Hoffmann-Herreros, 1991, S. 74ff; R. und K.-H. Röhlin, 2005, S. 77ff. Sehr ausführlich zu den politischen Hintergründen der Kongokrise: J. P. Lash, 1962, S. 243ff, und aus der Sicht eines Journalisten: P. Scholl-Latour, 1986, S. 274–291.

217 Chruschtschow verlangte nach seinem berühmten Wutausbruch vor der 15. Generalversammlung der UNO am 20.9.1960 den Rücktritt des Generalsekretärs, doch Hammarskjöld lehnte die Rücktrittsforderung ab und appellierte an die kleinen Nationen, ihn in seinem Widerstand gegen die Großmächte zu unterstützen. Er wurde daraufhin mit überwältigender Mehrheit von der Generalversammlung in seinem Amt bestätigt.

6.1 Der Kongokonflikt

Am 1. Juni 1960 war der Kongo von seinem Mutterland Belgien in die Unabhängigkeit entlassen worden. Kämpfe rivalisierender Stämme und innenpolitische Unruhen, geschürt durch multinationale Konzerne, denen der Zugriff auf die reichen Bodenschätze des Landes wie Diamanten, Platin, Kupfer, Kobalt und Uran mit der Unabhängigkeit des Kongo entzogen worden war, hatten schließlich zur Abspaltung der reichsten Provinz Katanga geführt, ohne die der junge Staat aber keine Überlebensgrundlage hatte.

Der Premierminister des Kongo, Lumumba, bat den UN-Sicherheitsrat um die Entsendung von Ordnungstruppen, um die Einheit des befreiten Kongo zu retten, und im Juli 1960 kam es zu einem ersten Einsatz von UN-Beamten und Blauhelm-Soldaten, zunächst ohne Gewalteinsatz. Doch die Lage im Kongo spitzte sich weiter zu, und in der UNO selbst wurde Dag Hammarskjöld weiterhin von den Sowjets wegen seiner Friedenspolitik massiv kritisiert und auch für die Entführung und Ermordung Lumumbas, die von den Blauhelm-Truppen nicht hatte verhindert werden können, persönlich verantwortlich gemacht.

Dag Hammarskjöld notierte am 2. August in sein Tagebuch aus dem 60. Psalm seiner englischen Bibelausgabe: "Thou hast moved the Land, and divided it; heal the sores thereof, for it shaketh."[218]

Zwar versuchte Hammarskjöld weiter, mit wirtschaftlichen, technischen und militärischen Hilfen den neuen Premier des Kongo, Adoula, zu unterstützen und ihn zu Friedensverhandlungen mit dem Rebellenführer der abtrünnigen Provinz Katanga, Moise Tschombé, zu bewegen. Doch sein Unterhändler Connor O'Brian agierte unglücklich und eigenmächtig in den diplomatischen und militärischen Auseinandersetzungen, sodass sich Hammarskjöld, um den Konflikt zu entschärfen und doch noch eine friedliche Lösung zu erreichen, zu einem persönlichen Zusammentreffen mit dem Widerständler aus Katanga entschloss.

---

218 ZW, 2005, S. 205; Deutsch entsprechend Psalm 60,4 der Einheitsübersetzung der Bibel, 1980: „Erschüttert hast du das Land und gespalten. Heile seine Risse, denn es kam ins Wanken."

6.2 Der Flugzeugabsturz – Unfall oder Attentat?

Am 17. September 1961 erklärte sich Tschombé bereit, sich mit Dag Hammarskjöld in Ndola zu Verhandlungen zu treffen. Hammarskjöld war sich der Gefahren dieser Mission wohl bewusst, hatte er doch schon am 15. Februar im Sicherheitsrat der UN den Kongo als „fröhlichen Jagdgrund für nationale Interessen" bezeichnet und festgestellt, dass, so man sich den jeweiligen Interessengruppen und ihren Plänen in den Weg stelle, leicht zur Zielscheibe werden könne.

Während also die schwedische DC-6B „Albertina" am 17. September 1961 für den Flug nach Ndola startklar gemacht wurde, verabschiedete sich Dag Hammarskjöld von einigen seiner Mitarbeiter. Mit Sture Linnér führte er ein letztes Gespräch über das Liebesverständnis in der mittelalterlichen Mystik und die griechische Mysteriengeschichte.[219] Für den Flug ordnete er aus Sicherheitsgründen noch eine Umleitung an, um Katanga zu meiden, und verbot auch jeden Funkkontakt. Kurz nach Mitternacht erhielt der Pilot die Erlaubnis zur Landung in Ndola, aber die Maschine traf dort nie ein.

Erst gegen Mittag des folgenden Tages wurde das ausgebrannte Wrack der „Albertina" etwa zehn Kilometer von Ndola entfernt gefunden. Dag Hammarskjöld fand man in der Nähe des Wracks an einen Baum gelehnt. Mit seiner rechten Hand hielt er ein Grasbüschel umklammert. Äußerlich hatte er keine Brandwunden und schien unverletzt, doch laut der medizinischen Untersuchungen hatte er schwere innere Verletzungen, die auch bei einer sofortigen Behandlung tödlich gewesen wären. Es wurde vermutet, dass er nach dem Absturz noch kurze Zeit gelebt hat.

Ein amerikanischer Sergeant, Harold Julien, überlebte den Absturz um wenige Tage und konnte noch befragt werden, die Protokolle seiner Vernehmung wurden aber geheim gehalten. Alle anderen Passagiere waren tot.

Die ersten Untersuchungsberichte über den Flugzeugabsturz tendierten überwiegend zu der Annahme eines Pilotenfehlers, vieles spricht jedoch für ein Attentat oder eine missglückte Entführung. So wurde von Pflegepersonal berichtet, Harold Julien habe von mehreren

---
219 W. A. Berendsohn, 1963, S. 18; J. Hoffmann-Herreros, 1991, S. 80; G. Fuchs in einem Vortragstext mit dem Titel UNO mystica, o. J., S. 2.

Explosionen in der Maschine und von Blitzen über der Landebahn gesprochen. Und zwei Einheimische sagten aus, dass sie Motorengeräusche gehört und Lichter von zwei Flugzeugen am Nachthimmel über Ndola gesehen hätten, was die Theorie stützt, dass südafrikanische Söldner, möglicherweise im Auftrag westlicher Konzerne mit wirtschaftlichen Interessen in Katanga oder mit Unterstützung der belgischen oder rhodesischen Regierung, Hammarskjölds Flugzeug beschossen und zum Absturz gebracht haben.

Die letzte und wahrscheinlichste Variante der Attentatstheorie ist belegt durch Dokumente, die von der südafrikanischen Wahrheitskommission im Jahre 1998 zufällig entdeckt wurden. Dabei handelt es sich um Berichte zweier Mitarbeiter des Instituts für Meeresforschung (einer Tarnorganisation des südafrikanischen Militärs) über die Planung eines Attentats auf Hammarskjölds Flugzeug unter dem Decknamen „Celeste" unter Beteiligung amerikanischer, britischer und möglicherweise auch russischer Geheimdienste. Die Briten und Amerikaner dementierten unmittelbar nach Bekanntwerden der Meldung. Eine Überprüfung der Berichte durch das südafrikanische Justizministerium hatte man beantragt, irgendwelche Ergebnisse wurden aber nicht vorgelegt oder bewusst nicht veröffentlicht.

Infolge eines im Jahr 2011 in London erschienenen Buches[220] tauchten jedoch weitere Verdachtsmomente und Hinweise auf, die ein Attentat erneut nahelegten. Im Jahr 2012 kam es daraufhin zu einem Zusammenschluß von acht Privatpersonen und durch deren Initiative zur Einsetzung einer unabhängigen Juristenkommission, die im Auftrag der UNO bislang nicht gehörte Zeugen befragen und sich insbesondere um Einsicht in die Aufzeichnungen von NSA (National Security Agency) und CIA (die amerikanischen Sicherheits- und Auslandsgeheimdienste) bemühen sollte, welche 1961 erwiesenermaßen in Ndola stationiert waren und u. a. auch Informationen über den Funkverkehr des Flughafens gesammelt hatten. Allerdings gelang es den Untersuchern nicht, Einsicht in diese als „Top Secret" eingestuften Dokumente zu erlangen, deren Freigabe auch nach Ablauf einer 50jährigen Sperrfrist strikt verweigert wird und ein Einspruch bislang kaum Aussicht auf Freigabe der Informationen hat.

---

220 S. Williams, Who killed Hammarskjöld? The UN, the Cold War and White Supremacy in Africa, London, 2011.

6. Das Ende

Im Zuge ihrer Ermittlungen erhielt die Kommission jedoch überzeugende Hinweise darauf, dass Hammarskjölds Flugzeug Angriffen oder Bedrohungen ausgesetzt gewesen war, als es zum Landeanflug in Ndola ansetzte. Zudem war die Rede davon, dass Sprengstoff im Radkasten des Flugzeuges angebracht worden war, der beim Einfahren der Räder bereits nach dem Start explodieren sollte, wegen eines Fehlers sei dies aber erst beim Ausfahren der Räder während der Landung geschehen.

Besonders aufhorchen ließ die Untersuchungskommission jedoch auch eine Notiz in der New York Times vom 20. September 1961, also unmittelbar nach Bekanntwerden des Flugzeugabsturzes, wonach der frühere US-Präsident Harry S. Truman gesagt hatte: „Dag Hammarskjöld war im Begriff, etwas zu erreichen, als er getötet wurde. Beachten Sie, dass ich sagte ‚Als er getötet wurde'". Und auf Nachfrage habe Truman ergänzt: „Das ist alles, was ich dazu zu sagen habe. Ziehen Sie daraus Ihre eigenen Schlüsse."[221] Laut dem Untersuchungsbericht bestand kein Zweifel an der Richtigkeit dieser Pressemeldung. Die Kommission vermutete zudem, dass Truman zu dieser Aussage entsprechende Instruktionen, womöglich von Präsident John F. Kennedy direkt, erhalten habe.

Ob die Hintergründe des Flugzeugabsturzes und der Tod Dag Hammarskjölds je aufgeklärt werden können, muss also zumindest vorerst noch offen bleiben. Zu viele hatten offenbar ein Interesse daran, den unabhängigen Generalsekretär der UNO auszuschalten, dessen Einsatz dem Wohl der Menschen galt und nicht auf die Regierenden dieser Welt ausgerichtet war, wie ein Nachruf vom 20. September 1961 im „Hamburger Abendblatt" noch einmal bezeugt: „Dag Hammarskjöld war es, der die Weltorganisation erst zu einem zielstrebigen Organ des Weltbewusstseins machte. ... Weil Dag Hammarskjölds Denken so von den engen Kreisen überkommener Politik losgelöst war und sich auf

---

[221] Das Truman-Statement im Original: "Dag Hammarskjöld was on the point of getting something done when they killed him. Notice that J said 'When they killed him'". Und ergänzend auf Nachfrage: "That's all I've got to say on the matter. Draw your own conclusions." S. dazu „Report of the Commission of Inquiry" vom 9. September 2013, S. 23. Der Bericht ist im Internet abrufbar unter http://www.hammarskjöldcommission.org/report/.

unseren Planeten als Ganzes richtete, war er ein Mann der Zukunft. Und er bleibt damit ein Vorbild."[222]

6.3 Hat Dag Hammarskjöld seinen Tod vorausgeahnt?

Verschiedentlich wurde darauf hingewiesen und wurden seine „Zeichen" dahingehend interpretiert, dass Dag Hammarskjöld seinen Tod vorausgeahnt habe.[223] Tatsächlich hatte er vor seiner Abreise in den Kongo seine Wohnung außergewöhnlich geordnet und aufgeräumt hinterlassen und im Sommer 1961 auch sein Testament gemacht. Und am 6. Juli 1961, also wenige Wochen vor seinem Tod, vertraute er seinem Tagebuch an: „Müde und einsam. Müde, bis der Verstand schmerzt. Von den Klippen rinnt Schmelzwasser. Taub die Finger, bebend die Knie. Jetzt gilt es, jetzt darfst du nicht loslassen. Anderer Weg hat Rastplätze, sich zu begegnen. Aber dieser Weg ist der deine, und es gilt jetzt, jetzt darfst du nicht versagen. Weine, wenn du kannst, weine, doch klage nicht. Dich wählte der Weg – und du sollst danken."[224]

Bo Beskow, der schwedische Malerfreund, hatte Dag Hammarskjöld im Sommer 1961 noch einmal in New York besucht und musste feststellen, dass er ihn noch nie zuvor so müde, so rastlos und so pessimistisch erlebt hatte. Er fragte Hammarskjöld damals, ob er immer noch an das Gute im Menschen glaube, und er anwortete zum ersten Mal: „Nein. Ich habe es nie für möglich gehalten, aber schließlich musste ich doch erkennen, dass es wirklich durch und durch böse Menschen gibt – einfach böse." Und sie sprachen auch zusammen über den Tod, den beide nicht fürchteten: „Natürlich erwartete er, sterben zu müssen", schreibt Bo Beskow, „er empfand sich nicht als Ausnahme von der Tatsache, dass uns die Tage nur geliehen sind, und in seiner Position musste er sich dessen mehr bewusst sein als die meisten Sterbli-

---

222 So W. Backhaus im „Hamburger Abendblatt" vom 20. 9. 1961, zitiert nach S. Mögle-Stadel, ²2000, S. 41.
223 J. P. Lash, 1962, S. 313; S. Stolpe, 1964, S. 118; B. Beskow, 1969, S. 187; Z. Maurina, 1965, S. 137; K. E. Birnbaum, 2000, S. 50; S. Mögle-Stadel, ²2000, S, 37.
224 ZW, 2005, S. 202.

chen."²²⁵ Dag Hammarskjöld schien völlig verändert, das vergangene Jahr hatte Spuren an ihm hinterlassen.

Noch einmal fuhren die Freunde in diesen Tagen hinaus nach Brewster, Hammarskjölds Freizeitdomizil, zwei Stunden nördlich von New York gelegen. Doch diesmal lasteten die Ereignisse schwer auf Dag Hammarskjöld, er war traurig und deprimiert, konnte keine Ruhe finden und notierte in sein Tagebuch: „Später Nachtstunden schlaflose Fragen: Handelte ich recht? Und warum handelte ich, wie ich getan? Um gleiche Schritte wieder zu gehen, gleiche Worte zu sprechen ohne Antwort zu finden –."²²⁶

Auch Dag Hammarskjölds schwedischer Freund aus Jugendtagen, Sven Stolpe, registrierte seine „große Hoffnungslosigkeit angesichts des unlösbaren Kongokonflikts", aber er habe immer um „die große Prüfung" gewusst, die ihm nun unmittelbar bevorstand.²²⁷ Zwischen dem 7. Juli 1960 und dem Frühjahr 1961 hatte Dag Hammarskjöld im Tagebuch notiert: „Enthoben dem Halbschlaf, frei aller Bande, gereinigt, geübt, geschmückt, nah ich der Schwelle. Gefragt, ob ich Mut habe, meinen Weg zu Ende zu gehen, gebe ich Antwort ohne Unterlass. Öffnen seh ich geblendet das Tor zur Arena und geh hinaus, um nackt den Tod zu treffen. Kampf. Ruhig in lusterfüllter Kraft fechte ich, bis sie das Netz werfen und ich gefangen bin. Die anderen sah ich. Jetzt bin ich der Erwählte, festgespannt auf den Block, Opfer zu werden. Stumm, mein nackter Leib trägt Schläge der Steinigung. Stumm, aufgebrochen, das Herz entblößt."²²⁸ Am 8. Juni 1961 hatte er hinzugefügt: „Leib, mein Spielbruder! Weder Sklave noch Herr, sollst du getragen werden von Geistes Spannkraft und du ihn zünden mit deiner leichten Flamme. Doch Leib, Spielbruder, du darfst nicht zögern, mich nicht verraten, wenn die Zeit kommt für das Unmögliche."²²⁹ Und zur selben Zeit versuchte er gegen die Angst anzuschreiben, gegen die auch er nicht gefeit war: „Was fürchte ich? Wenn sie treffen und töten, was ist da zu beweinen? Andere gingen voran. Andere folgen –."²³⁰

---

225 B. Beskow, 1969, S. 181 und 187.
226 ZW, 2005, S. 198.
227 S. Stolpe, 1964, S. 118.
228 ZW, 2005, S. 197.
229 ZW, 2005, S. 198.
230 ZW, 2005, S. 199.

Sven Stolpe bemerkte aber auch, mitfühlend in den dunklen Stunden des Freundes, eine schon hellsichtig zu nennende Distanz zu den Ereignissen, die ihn belasteten: „Bisweilen konnte die Wirklichkeit des Daseins für ihn gleichsam erlöschen und eine andere Wirklichkeit auftauchen, mit der er sich allmählich vertraut gemacht hatte."[231] Dag Hammarskjölds „Zeichen" vom 24. August 1961 drückt genau das aus: „Ist dies Neuland in anderer Wirklichkeit als der des Tages? Oder lebte ich da vor diesem Tag?"[232]

Ein solches Bewusstsein der Todesnähe ist nicht ganz ungewöhnlich, wie neuere Forschungen zur Nahtoderfahrung bestätigen. In Fortführung der Arbeiten von Elisabeth Kübler-Ross hatten amerikanische Hospizkrankenschwestern aufgrund von Beobachtungen den Begriff des „Nearing Death Awareness" geprägt und damit „einen besonderen, wahrscheinlich erweiterten Bewusstseinszustand, der scheinbar durch die Todesnähe ausgelöst wird", zu beschreiben versucht. In diesem „Bewusstsein der Todesnähe" sei es den Betroffenen u. a. möglich, „sich auf besondere Weise, nämlich in symbolischer Sprache, auszudrücken", und es würde „auch von Visionen unbekannter Landschaften berichtet, die als die ‚andere Welt' bezeichnet würden und nur von den Betroffenen selbst gesehen werden können.[233]

Hier wird noch einmal die Nähe zur Mystik und Symbolik deutlich. So berichtet auch Evelyn Underhill, „dass gewisse Orientierungskarten entstanden sind, die auf symbolische Weise die besonderen Erfahrungen des mystischen Bewusstseins und die Lehren, zu denen sie Veranlassung gegeben haben, beschreiben oder andeuten". Wenn der Mystiker „aus dem Hafen auf die ‚weite, stürmische See des Göttlichen' hinausschifft, kann er Tiefen ausloten", die den meisten Menschen rätselhaft erscheinen.[234]

So sah auch der mystische „Küsten- und Tiefseefahrer" Dag Hammarskjöld wenige Wochen vor seinem Tod „einen Augenblick das Segel im Sonnensturm, allein auf dem Wellenkamm, ferne, seewärts fort vom Land. Sah ich, einen Augenblick –".[235] Gustaf Aulén, der erste In-

---

231 S. Stolpe, 1964, S. 91.
232 ZW, 2005, S. 208.
233 A. Serwaty, J. Nicolay, 2009, S. 186ff.
234 E. Underhill, 1928, S. 165.
235 ZW, 2005, S. 200.

terpret von Dag Hammarskjölds Tagebuch, las es wie eine „vignette of farewell".²³⁶

Mystiker, und eben auch Menschen in Todesnähe, entwickeln offenbar eine bestimmte Kenntnis über Menschen, Orte und Dinge, die „sich unmerklich und allmählich" entfaltet, gerade so, als ob sie hin- und herwechselten zwischen dem Bewusstsein einer diesseitigen und einer jenseitigen Existenz".²³⁷

In diesem Sinne darf wohl auch Dag Hammarskjölds letzte Eintragung in sein Tagebuch verstanden werden, die er kaum vier Wochen vor seinem Tod verfasst hat: „Erwachte. Eines gewöhnlichen Morgens Graulicht von der Straße gespiegelt, erwachte – von der dunkelblauen Nacht über der Baumgrenze mit Mondschein auf der Heide, die Kämme im Schatten. Gedachte anderer Träume, gedachte gleichen Gebirges: zweimal war ich auf den Kämmen, ich wohnte am innersten See und folgte dem Strom zu den Quellen. Jahreszeiten wechseln und Licht und Wetter und Stunde. Aber es ist das gleiche Land. Und ich beginne die Karte zu kennen, die Himmelsrichtungen."²³⁸

6.4 Abschied von Dag Hammarskjöld

Dag Hammarskjölds Tod rief Bestürzung und Trauer in der ganzen Welt hervor. Sein Leichnam wurde nach Schweden überführt und auf dem Waldfriedhof in Uppsala im Familiengrab der Hammarskjölds mit einem feierlichen Staatsbegräbnis beigesetzt. Die Trauerfeier hielt Erzbischof Erling Eidem, ein alter Freund der Familie. Er ließ die Feier mit einem schwedischen Choral eröffnen, in dem alle Menschen in Ost, West, Süd und Nord Brüder genannt werden. In seiner Predigt erwähnte er Dag Hammarskjölds Namen nicht ein einziges Mal – es war nicht notwendig: er war zu einem Symbol für Menschlichkeit geworden.²³⁹

---

236 G. Aulén, 1969, S. 154.
237 A. Serwaty, J. Nicolay, 2009, S. 188.
238 ZW, 2005, S. 208.
239 S. Söderberg, deutsche Ausgabe, 1962, S. 124.

Mit dem Tod Dag Hammarskjölds hatte die Welt „den größten natürlichen Aktivposten der Menschheit"[240] verloren. In einer französischen Ausgabe der „Nachfolge Christi" des Thomas von Kempen, die er im Hause Sture Linnérs in Leopoldville zurückgelassen hatte, fand man seinen Amtseid: „Ich, Dag Hammarskjöld, schwöre feierlich, mit aller Treue, Verschwiegenheit und Sorgfalt die Funktionen auszuüben, die mir als Generalsekretär der Vereinten Nationen anvertraut werden; in diesen Funktionen und in meinem Verhalten nur die Interessen der UNO zu berücksichtigen; und von keiner Regierung oder Autorität ausserhalb der Vereinten Nationen Anweisungen in Bezug auf die Ausübung meiner Pflichten einzuholen oder entgegenzunehmen."[241]

Der Sinn von Dag Hammarskjölds Leben hatte im Dienen bestanden, und er starb, wie er gelebt hatte: in der Pflichtausübung für andere. Zwei Monate nach seinem Tod wurde ihm in Anerkennung seiner Verdienste der Friedensnobelpreis verliehen.

Eine Dichterin fand später die so schlichten wie richtigen Worte als Erklärung für den scheinbar so mysteriösen Tod dieses ungewöhnlichen Menschen und Politikers: „Dag Hammarskjöld war reif für den Tod, ein Leben, das sich vollendet hatte, erlosch."[242]

---

240 Aussage eines amerikanischen Journalisten, zitiert nach S. Söderberg, deutsche Ausgabe, 1962, S. 126.
241 J. P. Lash, 1962, S. 314/315.
242 Z. Maurina, 1965, S. 138.

TEIL II
Annäherungen an Einstellungen und mystische Erfahrungsweisen des Menschen

Im Vorigen galt es, die Persönlichkeit Dag Hammarskjölds erst einmal in den Blick zu bekommen und ein Empfinden zu entwickeln für sein ganz individuelles menschliches Sein in dieser Welt, für seine Art, sich zu präsentieren und auszudrücken in seinem Lebensbereich und gegenüber seinen Mitmenschen, aber auch in seinen Reflexionen auf das eigene Selbst.

Im Weiteren soll es aber nun darum gehen, Tiefenschärfe im Blick auf Dag Hammarskjöld zu gewinnen und verstehen zu lernen, welche Einstellungen seine Weltsicht, seine Geisteshaltung und sein Verhalten und auch die mystische Zielrichtung seines Lebens geprägt haben.

Dies herauszuarbeiten soll anhand der „verstehenden Psychologie".[1] von Karl Jaspers im Folgenden versucht werden, denn wie Jaspers, so dürfte auch Dag Hammarskjöld eine Art existentielles Denken eigen gewesen sein, indem er sein Menschsein nicht allein als ein bloß historisches Sein in dieser Welt begriffen, sondern im Bezug zur Transzendenz und einem alles überschreitenden Nützlichkeitsdenken den eigentlichen Sinn seines Daseins und Selbstseins gesehen und gesucht hat. Die Grundzüge dieser von Jaspers so genannten „Existenzerhellung" können in diesem Sinn und mit Bezug auf Dag Hammarskjöld allerdings nur ausschnittweise und typisierend dargestellt werden. Und weil nach Karl Jaspers nur in der Mystik „die Unendlichkeit als Fülle und Totalität gegenwärtig wird" und Dag Hammarskjöld eben diesen Weg der Mystik mit allen Konsequenzen für sein Menschsein gegangen ist, sei auch mit Jaspers' Ausführungen zu einer „Polarität

---
1 K. Jaspers, ^{6}1990, S. 440.

der Mystik" diesem Mystischen nachgegangen, um aus der Vieldeutigkeit der Mystik eben jene „substanziellen Gestalten" herauszufiltern, die für das mystische Erleben eines Menschen im Allgemeinen und für Dag Hammarskjölds Weg im Besonderen von Bedeutung gewesen sind.

Ergänzend dazu soll dann noch mit William James die individuell-lebensgeschichtliche Bedeutung einer religiösen Erfahrung hinterfragt werden, um aus der Vielfalt religiöser Erfahrungen und aus religionspsychologischer Sicht die charakteristischen Merkmale herausarbeiten und sie in ihrem Sinngehalt in der Religiosität Dag Hammarskjölds wiederfinden zu können.

1. Einstellungen als Grundpositionen des Denkens, Fühlens und Wollens in ihrer Ausrichtung auf religiöse und mystische Erfahrung nach Karl Jaspers

Mit seinen Einstellungen, seiner subjektiven psychischen Ausrichtung steht der Mensch der objektiven Welt gegenüber und ist, bestimmt durch sein Denken, seine Wünsche, Hoffnungen und Befürchtungen, durch sein Wollen und ebenso durch seine Erfahrungen in seinem Verhalten zu seinen Mitmenschen und zu allem Ereignishaften und Gegenständlichen in dieser Welt entscheidend dominiert.

Einstellungen entwickeln sich im Innern des Menschen durch seine Bedürfnisse, seine Eindrücke und Erkenntnisse mit und in der Welt, können aber auch durch äußere Ereignisse hervorgerufen werden, sobald der Mensch in eine anschauende Beziehung zu dieser ihn umgebenden Gegenstandswelt tritt und durch sein So-Sein oder inneres Gestimmtsein in bestimmter, vorgeprägter Weise auf diese Außenreize reagiert.

Karl Jaspers betrachtet Einstellungen als „Funktionen", „Standpunkte" oder „Elemente" einer Weltanschauung, und als solche „mit unendlich mannigfaltigem Inhalte" erfüllt, beschreibt sie jedoch formal und vom Subjekt-Objekt-Verhältnis bzw. dem Gegensatz von Ich und gegenständlicher Welt ausgehend, um das jeweils Typische und Charakteristische herauszuarbeiten. Zudem subsummiert Jaspers die aktive und die kontemplative Einstellung unter die von ihm so genannten gegenständlichen Einstellungen insofern, als die aktive Form „auf das Gestalten der zeitlichen Wirklichkeit bedacht" und die kontemplative „auf das Erfassen der letzthin zeitlosen Gegenständlichkeiten gerichtet" ist.[2]

Auf diese Weise formal und einseitig betrachtet, bleibt die Spannung zwischen beiden Einstellungen und den jeweils damit verbundenen Lebensformen von vita activa und vita contemplativa hier zunächst außer Betracht.[3]

1.1 Die aktive Einstellung

Der Mensch erfährt seine Beziehung zur Welt im Widerstand zu ihr, und das heißt für den Aktiven, „sie in eigene Tätigkeit verwandeln" und so umzugestalten, dass er sie „als seine Welt" begreifen kann; sein Wille sucht diesen Widerstand schaffend zu überwinden, und das bedeutet „Kraft und Kampf" innerhalb einer „zeitlich gegenwärtigen Situation". Der Einsatz des aktiven Menschen gilt somit ganz der situativ gegebenen Wirklichkeit, und in tätiger Auseinandersetzung mit ihr tut er, „was ihm objektiv möglich scheint, und was er subjektiv kann", ohne sich um irgendwelche Ideale aus einer ihm fremden Vorstellungswelt zu kümmern.[4]

Dag Hammarskjöld postulierte in einem seiner Aphorismen ebenfalls für sich: „Tu, was du kannst – und die Aufgabe wird leichter in deiner Hand ruhen, so leicht, dass du erwartungsvoll dich der schweren Prüfung entgegenstreckst, die folgen kann."[5] Da in einer transzendenten Wirklichkeit verankert, bezog Dag Hammarskjöld seine Kraft zum Kampf aus eben jener Vorstellungswelt, die dem bloß aktiv in der Welt Tätigen gänzlich fremd zu sein scheint. Auch konnte er den großen Herausforderungen und einem möglichen Scheitern gelassen entgegensehen, weil er zum einen eine negative Entwicklung seiner Aktivitäten als Möglichkeit des Irrationalen vorausdenkend in seine

---
2 K. Jaspers, [6]1990, S. 51 und 52.
3 In einem späteren Kapitel wird dieser Faden jedoch in Zusammenhang mit der Lebensweise Dag Hammarskjölds und den an ihn gestellten Anforderungen wieder aufgenommen.
4 K. Jaspers [6] 1990, S. 52.
5 ZW, 2005, S. 131.

Handlungsweisen einbezogen hatte und folglich nicht „notwendig resultatlos, umgestaltend" zerschellte, wie es dem rastlos Aktiven geschehen kann. Und zum anderen musste er auch nicht „resigniert die Hände in den Schoß" legen, wie es nach Jaspers dem nur Kontemplativen eigen wäre[6], denn er hatte sich schon dem Willen eines Höheren unterworfen und sein Geschick in andere Hände gelegt, als er schrieb: „*Dein* – denn dein Wille ist mein Geschick, *geweiht* – denn mein Geschick ist, gebraucht und verbraucht zu werden, nach deinem Willen."[7]

Der unendliche Strom der Ereignisse stellt den Aktiven vor immer neue Herausforderungen, denen er, seiner Natur entsprechend, mit „Wirklichkeitssinn, Sachlichkeit, Nüchternheit, Klarheit, Abschätzung der Kräfte und Möglichkeiten" begegnet. Um aber im Treiben solch „unendlichen Geschehens über das Berechnen und Denken hinaus entschieden Stellung zu fassen und zu halten, in einer Richtung klar einzugreifen, bedarf es des Mutes, der in irgendeinem Vertrauen wurzelt", und dies könne, so Jaspers, „je nach dem Geistestyp, der dahintersteht, auch das Vertrauen auf Gottes Vorsehung bedeuten".[8]

Ausgestattet mit den genannten Charaktereigenschaften, geübt in der für den Aktiven „typischen Selbstbeherrschung und zweckbedingten Selbstdisziplinierung", und geformt durch die Politik als dem ihm gemäßen „Felde der Aktivität im repräsentativen Sinne"[9], darf Dag Hammarskjöld mit Fug und Recht eine aktive Einstellung unterstellt werden. Und da der Aktive „immer eingestellt in unendliche Situationen ist" und zwischen den ihm zur Verfügung stehenden Möglichkeiten, deren Wirkung er in ihrer Gesamtheit kaum je überschauen kann und stets zwischen einem Entweder-Oder wählen muss, stand auch Dag Hammarskjöld immer in der „Verantwortung des Wählens". Je entschlossener er aber für sein Handeln eintrat und je „vollendeter" sich sein „Denken und Berechnen" letztlich erwies, umso mehr wurden ihm, und auch dies ist für den Aktiven bezeichnend, seine Entscheidungen „zunächst Anlass zur Furcht"[10].

---

6   K. Jaspers, ⁶1990, S. 52.
7   ZW, 2005, S. 131.
8   K. Jaspers, ⁶1990, S. 53f.
9   K. Jaspers, ⁶1990, S. 54.
10 Ebd.

Den Forderungen der Gegner in entscheidenden Momenten nachzugeben ist zumeist bequemer, doch um die seelischen Nachwirkungen solchen Versagens des eigenen Selbst wusste Dag Hammarskjöld, als er seinem Tagebuch anvertraute: „Nichts war leichter, als von einer Leiter zur andern hinüberzuwechseln – über dem Abgrund. Aber im Traum misslang es dir, weil du des Absturzes Möglichkeit durchlebtest."[11] Jedoch mit der auch ihm eigenen Tapferkeit des Tätigen, seine selbstgesteckten und für richtig befundenen Ziele unbeirrt zu verfolgen, und weil er sich in einem Höheren geborgen wusste, konnte er auch notieren: „Jenseits von des Gehorchens Sammlung unter dem Ziel: Freiheit von Furcht. Jenseits der Furcht: Offenheit. Und dahinter: Liebe."[12]

1.2 Die kontemplativen Einstellungen

Der kontemplativ eingestellte Mensch erkennt die Welt als ein Gegenüber, das im Gegensatz zur Welt des Aktiven nicht willentlich erfasst und schaffend gestaltet, aber doch betrachtet und „in interesseloser Hingabe" und aus der Distanz angeschaut und „erkannt" werden will.[13]

Jaspers gliedert die kontemplativen Einstellungen in eine intuitive, ästhetische und rationale Art, ausgehend von der „unbestimmten Masse des Anschauens", die ihm als „Material" dient und mittels der rationalen und ästhetischen Einstellungen näher bestimmt, aber niemals ganz erfasst werden kann. Dazu bedarf es der intuitiven Einstellung, die sowohl als Voraussetzung der beiden anderen Arten wie auch als das sie Übergreifende gesehen werden muss insofern, als sie „immer wieder über das Geformte hinausgeht" und nur durch sie „das beglückende Gefühl der Fülle und des Grenzenlosen" erlebt wird.[14] So kann Intuition dann als das Spezifikum des kontemplativen Menschen und mit Goethe als „eine aus dem inneren Menschen sich entwickelnde Offenbarung" gelten.[15]

---

11 ZW, 2005, S. 125.
12 ZW, 2005, S. 135.
13 K. Jaspers, ^{6}1990, S. 58f.
14 K. Jaspers, ^{6}1990, S. 64.
15 Zitiert nach G. Schischkoff, ^{22}1991, S. 343.

Da durch die Masse alles Gegenständlichen hindurch das Wesentliche in bloß sinnlicher Anschauung allein jedoch nicht „erkannt" werden kann, muss das Denken zur Sonderung und Formung des Angeschauten hinzukommen, um schließlich zu einem „betrachtenden Erkennen" zu gelangen und allem Gegenständlichen einen sinngebenden Bedeutungsgehalt zuweisen zu können. Es muß das Aktive mit dem Kontemplativen verbunden, die Praxis durch die Theorie ergänzt, das Angeschaute mit Begriffen unterschieden und mit der Vernunft durchdrungen, und doch zugleich die Richtung in eine grenzenlose Unendlichkeit und in das Reich der urbildlichen Ideen erahnt werden. Und – vielleicht – kann es dann auch in einem glücklichen Augenblick gelingen, zu dem All-Einen durchzubrechen und den Urgrund allen Seins zu erfahren. Dies haben nicht nur die Philosophen zu allen Zeiten so gesehen, sondern auch die Mystiker, Dichter und selbst die großen Naturwissenschaftler[16], und dabei nur inhaltlich, nach ihrer je eigenen Weltsicht, unterschiedliche Schwerpunkte gesetzt.

Die rationale Einstellung

Da die Erkenntnisvermögen des menschlichen Bewusstseins nach Kant auf Sinnlichkeit und Verstand gründen, kann auch Jaspers zu Recht feststellen, dass „aus dem Chaos der Anschauung allein die formale Gestaltung der rationalen Einstellung erst Erkenntnis zu bilden vermag", aber auch alles Denken zur Leere verurteilt ist, sofern es nicht die Anschauung zur Grundlage hat.[17] Oder, um es mit Kant zu sagen: „Gedanken ohne Inhalt sind leer, Anschauungen ohne Begriffe sind blind."[18]

---

16 Verwiesen sei hier etwa auf Carl Friedrich von Weizsäcker, der in seinen philosophischen Überlegungen zur Naturwissenschaft zwar auch erklärt: „Als Kontrolle der Wahrheit unserer Thesen und als Anreiz, um unsere Thesen zu entwickeln, bedürfen wir der begrifflich geordneten, sinnlichen Erfahrung." Doch zugleich erinnert er an Platons Ideenlehre und meint, man könne diese Ideen, und gerade auch die mathematischen von einem Kreis oder Würfel, verstehen, denn sie seien charakterisiert durch ihr Sein und im Heideggerschen Sinne „unverborgen", und somit auch wahr. (C. F. von Weizsäcker, Der Garten des Menschlichen, München, ^{5}1978, S. 322 und 334).
17 K. Jaspers, ^{6}1991, S. 72.
18 I. Kant, ^{13}1995, S. 98.

Die rationale Einstellung führt uns die objektiven Tatsachen unserer Außenwelt vor Augen, und dieses Außen als die eine Seite der Realitäten des Lebens kennzeichnen wir mit Begriffen wie „objektiv", „materiell" oder „analytisch" und bezeichnen damit das quantitativ Beobachtbare und Meßbare der uns umgebenden empirischen Welt. Die andere Seite unserer Wahrnehmungs-, Erfahrungs- und Erkenntniswelten aber, das Innen des Menschen, erscheint dagegen als subjektiv, bizarr, gefühlsbetont, bildhaft und ungeordnet und taucht als Träume, Wünsche, Ängste, Hoffnungen und Erinnerungen in unserem Bewusstsein auf. Die Bedeutung, die wir diesen inneren Informationen zumessen, scheint vom jeweiligen Erleben abzuhängen und bestimmt die Qualität unserer Erfahrungen. Und dieses Innen erscheint uns ebenso wirklich und direkt wahrnehmbar wie die real existierende Welt, aber erst beide Realitäten – das Innen und das Außen – fügen sich zu der Ganzheit unserer Lebenswirklichkeit zusammen.

Die rationale Einstellung kann solche Ganzheiten jedoch nicht erfassen, und Jaspers befindet dazu: „Diese müssen intuitiv vorher da sein, und zu ihnen kann die rationale Einstellung nur ein Weg sein, der sein Ziel nur erreicht, indem schließlich das Rationale als bloßes Mittel überwunden, als bloße Form wieder gesprengt wird". Denn das Rationale „bewegt sich unvermeidlich in Gegensätzen", ist begrenzt durch Begrifflichkeiten und schließt jedes andere, das nicht auf sinnliche Anschauung gegründet ist, aus.[19] Mithin hatte auch die Metaphysik im Rationalen keinen Platz mehr, und selbst die überlieferten Offenbarungsweisheiten drohten im diskursiven Denken zu erstarren und ihren lebendigen Bezug zu dem unbegreiflichen Mysterium über und in uns zu verlieren.

Da der rationalen Einstellung ein Moment der Aktivität eignet, hat sie einerseits die Tendenz zur Wiederholung und zum Fixieren und kann zu „Erstarrung und Tod" führen.[20] Indem der Rationalismus als die Denkweise der Aufklärung zu einem Grundzug der modernen Welt und zur rational-objektivierenden Weltbetrachtung insbesondere der westlichen Hemisphäre wurde, hat sie die Wissenschaften zu ungeahnten Höchstleistungen inspiriert, aber auch ein Zerstörungspotenzi-

---

19 K. Jaspers, [6]1990, S. 71f.
20 K. Jaspers, [6]1990, S. 73f.

al geschaffen, mit dem die Menschheit heute durchaus in der Lage ist, den eigenen Lebensraum und sich selbst auszulöschen.

Andererseits ist die Ratio die treibende Kraft, die Klarheit schafft, Zusammenhänge erkennt und zu besonnenem Handeln führt, und in diesem Sinne war sie auch für Dag Hammarskjöld notwendiges „Mittel" zur Bewältigung seiner unzähligen Aufgaben und Herausforderungen als oberster Repräsentant einer Weltinstanz wie der UNO, und ein durchrationalisierter Alltag bestimmte seine Lebensweise. Wenn er aber gelegentlich zu einer Wanderung auf- und aus dem Alltag ausbrechen konnte, dann kam die ganz andere Seite des Kontemplativen in ihm zum Vorschein und ließ Raum für mehr intuitive und ästhetische Empfindungen.

Die ästhetische Einstellung

In der Natur konnte sich Dag Hammarskjöld von seinen täglichen Belastungen lösen und, ganz in die Anschauung versunken, sich der „Totalität dieses Erlebnisses" hingeben. Alles schien ihm dann „so ferngerückt", ein „Gefühl der Befreiung und verantwortungslosen Fülle"[21] konnte ihn überkommen, und in dieser Isoliertheit einer aus allen Zusammenhängen gelösten und verselbstständigten Anschauung gewannen die Eindrücke und Bilder nicht selten Symbolcharakter. Dann formulierte er beispielsweise: „Sieben Wochen gingen, und siebenerlei Blumen wurden gemäht. Jetzt macht sich der Mais breit in schwellender Fruchtbarkeit. War hier, hier des Paradieses Fata Morgana einen Augenblick während der Mittsommernacht?"[22]

„Die Isolierung ist formal das Entscheidende für die ästhetische Einstellung", befindet Jaspers, und weiter: „In dieser Isolierung des Erlebnisses und des Gegenständlichen bemächtigt sich die ästhetische Einstellung eines Substanziellen, insofern das Isolierte und Umgrenzte erfüllt von Idee, insofern es Symbol und Kosmos von relativer Totalität ist."[23]

---

21 K. Jaspers, ⁶1990, S. 68f.
22 ZW, 2005, S. 207.
23 K. Jaspers, ⁶1990, S. 70.

Auch in Dag Hammarskjölds Aphorismus drückt sich eine solche Symbolik und ein Kosmos von nur „relativer Totalität" aus. Zwar nähert er sich mit der Siebenerzahl der Fülle, Vollständigkeit und Vollendung an, doch das Paradies bleibt eine Fata Morgana und kann nur für einen Augenblick erahnt werden. In solchen Situationen gilt es dann, sich der Zweideutigkeit der ästhetischen Einstellung und ihrer „spezifischen Unverantwortlichkeit" bewusst zu bleiben, nicht ein Losgelöstes und Isoliertes „grenzenlos auf das unendliche Ganze zu beziehen"[24], und sich so der zu verantwortenden Lebenswirklichkeit zu entziehen.

Einen solchen „Betrug vermag die Kunst auszuüben, die – als große Kunst – zu aller Zeit viel mehr als bloß ästhetisch ist, alles Geistige, Ideenhafte und Religiöse in sich schließt"[25]. Dies erkannte Karl Jaspers ebenso wie Dag Hammarskjöld, der, bei allen ästhetischen Neigungen und Vorlieben, doch niemals in der Gefahr stand, sich dieser Grundwahrheit nicht bewusst zu sein. Er drückte dies so aus: „Das Gedicht ist, wie jede Tat, als Manifestation der Persönlichkeit des Handelnden zu beurteilen. Dies schließt ebenso wenig ‚Vollendung' nach ästhetischen Kriterien aus wie Wesentlichkeit im Sinne von Kongruenz mit der innersten Lebensregung."[26]

Die intuitive Einstellung

In der intuitiven Einstellung ist die sinnliche Anschauung erweitert und über den „Inhalt unseres Gegenstandsbewusstseins" hinaus geöffnet für eine Fülle, „die wohl durch Definitionen in Begriffen umgrenzt, aber nicht erschöpft werden kann", vielmehr „gesehen, angeschaut, geschaut" und individuell gedeutet werden muss.[27]

So erscheint etwa eine sinnlich wahrgenommene Farbe dann nicht mehr nur als „Blau", sondern wird assoziiert mit „Himmel" oder „Meer" und vermittelt das Empfinden einer „unbegrenzten Ferne und Tiefe". Insbesondere das dunkle Blau gilt als kontemplative Farbe, für Kandinsky auch als „Vertiefungsfarbe", und er beschrieb dieses Gefühl

---

24 K. Jaspers, [6]1990, S. 69f.
25 K. Jaspers, [6]1990, S. 71.
26 ZW, 2005, S. 134.
27 K. Jaspers, [6]1990, S. 65.

so: „Je tiefer, desto mehr ruft es den Menschen ins Unendliche, weckt in ihm die Sehnsucht nach Reinem und schließlich nach Übersinnlichem."[28]

Eine solche Erfahrung vermittelt sich dem Menschen jedoch nicht allein aus der sinnlichen Anschauung der empirischen Welt, sondern auch durch die „schauenden Organe des Geistes", und in einem „ganz anderen innerlichen Sinn als das Horchen auf das, was gegeben wird", und was sich dann „in Zusammenhängen, Symbolen, Einheitsbildungen, typischen Gestalten, Ideen"[29] dem menschlichen Bewusstsein erschließt.

Der Mensch sieht also nicht nur mit seinen physischen Augen und nimmt damit die Dinge seiner ihn umgebenden Außenwelt wahr, sondern er schaut auch mit geistigen Augen in seine Innenwelt, und erst in der Zusammenschau fügt sich das eine zum anderen und zu jener Ganzheitserkenntnis, in welcher die Ursprünge allen Seins aufleuchten können und zugleich das Wunderbare unserer Daseinswelt erlebbar wird. Der Dichter Johann Wolfgang von Goethe beschrieb es mit diesen Worten: „Wär nicht das Auge sonnenhaft, die Sonne könnt' es nie erblicken; läg nicht in uns des Gottes eigne Kraft, wie könnt uns Göttliches entzücken?"[30] Und der Philosoph Henri Bergson definierte solch intuitives Erfassen des Innen und Außen als die zwei Seiten der Realitätserfahrung und somit der Lebenswirklichkeit des Menschen als „gleichzeitig ein Zusammen- und Ineinanderschauen der Resultate der Analyse, nicht also ein voranalytisches Verhalten"[31].

Bergson zufolge gilt es, wieder zu erkennen, dass „die Intuition der Geist selbst, ja in gewissem Sinne das Leben selbst ist"[32], und unter Hinzunahme des Faktors Zeit entwickelte er seine „Philosophie des schöpferischen Werdens" und plädierte mit einem nicht linearen, offenen Zeitempfinden wieder für ein Hören auf die „Melodie des inneren Lebens" als einem Zusammenspiel aller Erfahrungen „in der Einheit des Erlebens"[33], was aber eben nur mittels der intuitiven Wahrneh-

---

28 I. Riedel, ³1984, S. 52f.
29 K. Jaspers, ⁶1990, S. 66.
30 J. W. von Goethe, ⁶1967, Bd. 1, S. 367.
31 Zitiert nach G. Schischkoff, ²²1991, S. 343.
32 H. Bergson, ⁴⁻⁶1921, S. 272.
33 R. Kather, Gelebte Zeit und schöpferisches Werden – Henri Bergson (1859–1941), in: Geist und Leben 69 (1996) S. 21.

mung möglich wird. Und hier ist auch Jaspers ganz nahe bei Bergson, wenn er in der intuitiven Einstellung „in einem Prozess der sich entwickelnden Anschaulichkeit" und in der sich dabei einstellenden Ruhe und Passivität dann „hingebend, angeschaut, wartend hingenommen, das Sehen als ‚schöpferisches' Erleben des Wachsens" erkennt.[34]

Sicherlich war Dag Hammarskjöld in hohem Maße intuitiv begabt, und bei aller rationalen Denkweise steht doch außer Zweifel, dass er tiefe Einsichten in einer „gelösten und verselbstständigten Anschauung" gewonnen und diesen in vielen Gedankensplittern in seinem Tagebuch symbolisch Ausdruck verliehen hat. Gewiss hat er oftmals der „Melodie seines inneren Lebens" nachgelauscht und in der „Einheit des Erlebens" auch die Einheit des eigenen Selbst mit den tragenden Kräften außerhalb dieses Selbst erspürt, wie er es mit der Übernahme eines Wortes von Th. E. Lawrence in einem seiner Aphorismen ausdrückte: „Unsere Einheit ist schöpferisch jenseits der Grenze des Körpers mit ihm als Einsatz."[35]

Vielleicht hatte er in der Natur auch das „schöpferische Erlebnis des Wachsens" erfahren, als er schrieb: „Einsam im verborgenen Wachstum fand er Gemeinschaft mit allem Wachsenden."[36] Doch mit einem Verstand, der den Wahrheitsgehalt in den Dingen intuitiv erfassen und in Goethescher Manier mit einer „anschauenden Urteilskraft"[37] bewerten konnte, wurde ihm auch klar: „Erst im Menschen hat die schöpferische Entwicklung den Punkt erreicht, wo die Wirklichkeit sich selbst begegnet in Urteil und Wahl. Außerhalb des Menschen ist sie weder böse noch gut."[38]

1.3 Die mystische Einstellung

„Die mystische Einstellung ist vergleichbar der intuitiven", schreibt Jaspers, und doch unterscheidet sie sich von dieser in wesentlichen Zügen:

---

34 K. Jaspers, [6]1990, S. 65.
35 ZW, 2005, S. 186.
36 ZW, 2005, S. 180.
37 J. W. von Goethe, [6]1967, Bd. 13, S. 30.
38 ZW, 2005, S. 165.

- Nicht die Anschauung ist Grundlage für das mystische Erleben, vielmehr ist die mystische Einstellung auf ein Einheitliches und Totales außerhalb des gegenständlich und rational Fassbaren gerichtet.
- Das entscheidende Merkmal der mystischen Einstellung aber ist die Aufhebung der Subjekt-Objekt-Spaltung und die Trennung von Ich und Gegenstandswelt, wenn das Eine, der Urgrund aller Dinge oder die letzte Wirklichkeit erfahren wird. Alles Mystische ist daher nie rational und begrifflich als Inhalt, sondern nur subjektiv als Erfahrung mit je spezifisch erlebter Sinnhaftigkeit zu bestimmen, welche wiederum nur in Bildern und Symbolen ausgedrückt werden kann.[39]

So gibt es im Erlebnis der mystischen Schau nach Jaspers keine Gespaltenheit und kein Gegenüber mehr, kein Du im Moment des mystischen Außer-sich-Seins und kein Empfinden einer Anrufung durch eine Gottheit.

Gegen eine solche apersonale Gottesvorstellung hat sich etwa Martin Buber mit seiner Rede von der „Transparenz des endlichen Du" und einem „dialogischen Verhältnis zwischen Mensch und Gott" gewandt. Schon früh hatte Buber damit begonnen, sich mit der Lektüre verschiedener Denker und ihrer philosophischen, katholischen oder evangelischen Ansichten zu diesem Thema auseinanderzusetzen und festgestellt, dass ihn „im Geiste ein wachsender Kreis von Menschen der gegenwärtigen Generationen" umgab, „denen es, wenn auch in ungleichem Maße, um das eine ging", das ihm selbst immer mehr zur Lebenssache geworden war, nämlich „die doppelgerichtete Beziehung von Menschen-Ich und Gott-Du, auf die Gegenseitigkeit, auf die Begegnung" im Sinne einer Wesensbeziehung.[40]

Auch Dag Hammarskjöld war einer aus dieser Generation, für den die Frage nach dem Wie seines Glaubens zur Lebensfrage geworden war und der sein Beziehungsverhältnis zu Gott „als ein persönliches und existenzielles" empfand, aber doch auf dem „Geheimnis des Glaubens, unerreichbar für metaphysische Spekulation" bestand.[41] Nicht umsonst hat er sich mit Buber wesensverwandt gefühlt und in späteren

---

39 K. Jaspers, [6]1990, S. 84ff.
40 M Buber, [10]2006, S. 301ff.
41 G. Aulén, 1969, S. 22 und 29.

Jahren die Begegnung mit ihm gesucht, worauf noch Bezug genommen werden wird.

Die mystische Einstellung wiederum zeigt sich Jaspers zufolge entsprechend ihrem Hauptmerkmal, der aufgehobenen Subjekt-Objekt-Spaltung, „an sich weder aktiv noch kontemplativ, weil sie nicht mehr gegenständlich ist"[42]. Im Zusammenspiel mit anderen Einstellungen, und weil der Mensch nicht stetig im Zustand der mystischen Einstellung verharren kann, können sich je nach Geisteshaltung und Weltanschauung jedoch verschiedene Formen herausbilden, die dann einen aktiven, kontemplativen oder auch passiven Charakter annehmen oder sich in vielerlei Mischformen darstellen.[43]

Zwei solcher Ausformungen hat beispielsweise Rudolf Otto als die zwei Wege der Mystik in Form einer „Mystik der Innenschau" und einer „Mystik der Einheitsschau" herausgearbeitet und klargestellt, daß gegenüber dem ersten Typus, der in seiner Innenschau die eigene Seele gänzlich mit Gott vereint erfährt und in mystischer Schau „zu Höherem fortschreitet", der zweite Typus aber zunächst nichts von solchem „Inwendigen" weiß. Sein Blick ist erst einmal „auf die Welt der Dinge in ihrer Mannigfaltigkeit" gerichtet und entwickelt ihnen gegenüber aufgrund der ihm eigenen „Tiefe mystischer Veranlagung" eine „Erkenntnis" ganz eigener Art, in der die Mannigfaltigkeit der Dingwelt ebenso aufgehoben wird wie das eigene Selbst, das aufgeht in dem Einen und in einer „Einheitsschau", in der nur noch diese Einheit alleinige Wirklichkeit ist.[44]

Und so wird auch Dag Hammarskjöld empfunden haben, als er betete: „Du, der über uns ist, du, der einer von uns ist, du, der *ist* – auch in uns; dass alle dich sehen – auch in mir, dass ich den Weg bereite für dich, dass ich danke für alles, was mir widerfuhr. Dass ich dabei

---

42 K. Jaspers, ⁶1990, S. 89.
43 Eine regressive und narzisstisch gefärbte Religiosität und Mystik, wie sie aus religionspsychologischer Sicht von den Brüdern Schjelderup 1932 als Folge einer zu intensiven Muttersehnsucht und Mutterbindung vertreten wurde, kann jedoch weder mit der Jaspers'schen Sichtweise noch mit der Mystik der Innenschau nach Rudolf Otto in irgendeiner Weise in Verbindung gebracht werden, da die Wege und Prägungen völlig unterschiedlich verlaufen. (Bezüglich der genannten Studie der Brüder Schjelderup s. Teil III/2.3: Religionspsychologische Vermutungen zu Dag Hammarskjölds Frömmigkeitstypus als Vater-, Mutter- oder Selbst-Religion.)
44 R. Otto, ³1971, S. 47ff.

nicht vergesse der anderen Not. Behalte mich in deiner Liebe, so wie du willst, dass andere bleiben in der meinen. Möchte sich alles in diesem meinem Wesen zu deiner Ehre wenden, und möchte ich nie verzweifeln. Denn ich bin unter deiner Hand, und alle Kraft und Güte sind in dir."[45]

Menschen mit einem solchen „Tiefblick" gab es aber nicht nur in der Vergangenheit, sondern es gab sie zu allen Zeiten und gibt sie auch heute, und sie „sind von uns selbst nicht so weit verschieden, dass wir nicht durch Nachfühlen einigermaßen dem nachkommen könnten, was sie erfahren", wie Rudolf Otto ausdrücklich betont.[46] Wie etwa Plotin in längst vergangener Zeit, so ist Dag Hammarskjöld ein bewegendes Beispiel eines solchen Menschen unserer Zeit, und darum ist es auch so inspirierend, ihn in seinem Ringen um die Erkenntnis jenes Einen durch die Mannigfaltigkeit hindurch zu begleiten und mit ihm jene Höhen und Tiefen auszuloten, die er auf diesem inneren Weg und oft genug in quälender Einsamkeit erfahren hat, aber auch erkennen durfte: „Die Antwort – die harte, reine, schwere Antwort: in dem Einen bist du niemals einsam, in dem Einen bist du allzeit zu Hause."[47]

Möglicherweise stand eine Anlage des Menschen zur „Einheitsschau" am Anfang aller religiösen und mystischen Entwicklung und bildete den Wurzelgrund einer Glaubenswirklichkeit, die uns „offenbarungsgemäß" von jenen Großen übermittelt wurde, denen sich „das himmlische Auge" aufgeschlagen hatte", wie Rudolf Otto mutmaßte.[48]

Diese Mutmaßung aber erfährt neuerdings eine wissenschaftliche Untermauerung durch die Neurobiologie mit den Untersuchungen von Andrew Newberg und anderen, die das mystische Erleben ebenfalls als eine anthropologische Konstante und als ein Wesensmerkmal menschlichen Seins betrachten: „Wir glauben, dass alle mystischen Erfahrungen, von der schwächsten bis zur intensivsten, ihre biologischen Wurzeln in der Maschinerie der Transzendenz haben, über die der Geist verfügt. Noch provokanter gesagt: Wäre das Gehirn nicht so angelegt, wie es ist, könnten wir eine höhere Wirklichkeit gar nicht wahrnehmen, selbst wenn sie existierte. Die ererbte Fähigkeit, spiritu-

---

45 ZW, 2005, S. 112.
46 R. Otto, ³1971, S. 48.
47 ZW, 2005, S. 156.
48 R. Otto, ³1971, S. 48.

elle Vereinigung zu erfahren, ist der wahre Grund für die Beständigkeit der Religion. Sie verankert den religiösen Glauben in etwas Tieferem und Stärkerem als bloße Vernunft; sie macht Gott zu einer Realität, die durch Ideen nicht aufzuheben ist und niemals veraltet."[49]

1.4 Die enthusiastische Einstellung

In der enthusiastischen Einstellung zeigen sich Elemente sowohl der intuitiven als auch der mystischen Einstellung, aber auch eine Art von Aktivität, die mit einer bewussten Wachheit dem Leben gegenüber wohl treffender beschrieben ist, und die „erst ein Leben im Ganzen und im Wesen"[50] bewirkt. In dieser Einstellung „fühlt der Mensch sich selbst in seiner innersten Substanz, in seiner Wesenheit berührt", lebt im „Bewusstsein der Gemeinsamkeit mit etwas Unbedingtem", und empfindet ein „Hingerissensein zu einem unnennbaren Ziele"[51]. Und diese Empfindung kommt nicht von ungefähr, weist doch die etymologische Bedeutung des Wortes Enthusiasmus zurück auf das griechische éntheos, was ein „in Gott sein" oder „der von Gott Erfüllte" bedeutet.[52]

In seinem enthusiastischen Streben, das ein ruheloses ist, möchte der enthusiastische Mensch alle Grenzen übersteigen und innerhalb der auf „raumzeitliche Realitäten beschränkten Aktivität das Schauen und handelnde Erfassen außerirdischer Werte in den irdischen" in sich entfalten und diese „in Selbsthingabe" in der Welt verwirklichen. Und dieses Motiv der Selbsthingabe hebt Jaspers hervor, weil in der enthusiastischen Einstellung „alles ans Ganze gesetzt" und deshalb auch „das Opfer der eigenen Individualität ... selbstverständlich wird"[53], was allerdings ein Selbst- und Individualitätwerden voraussetzt.

Im Prozess dieses Selbstwerdens ist es „der entscheidendste Schritt", wie Jaspers meint, dass der Mensch „seine empirische Existenz als etwas Verlierbares erlebt" und doch, an die Existenz eines absoluten,

---

49 A. Newberg et al., ²2005, S. 171 und 191.
50 K. Jaspers, ⁶1990, S. 119.
51 K. Jaspers, ⁶1990, S. 118.
52 Nach Kluge, Etymolog. Wörterbuch der dt. Sprache, ²⁵2011, S. 248 ist „Enthusiasmus" eine Ableitung von gr. „enthousiasmós" = Begeisterung bzw. „én" = „in" und „theos" = „Gott" = In-Gott-sein.
53 K. Jaspers, ⁶1990, S. 118ff.

zeitlosen und auf das Ewige gerichteten Selbst glaubend, den Einsatz dieser empirischen Existenz wagt und sie „als Ganzes zu opfern bereit ist". Ist dieses Wagnis der Existenz und die Bereitschaft „zum äußersten Opfer" ernst gemeint, dann tritt aber auch die entgegengesetzte Seite der enthusiastischen Einstellung im Charakterbild eines solchen Menschen zutage, dass er nämlich auch „ganz persönlich interessiert, machtbedürftig, ohne jede Fähigkeit zum Verzicht" seine Existenz „zur alleinigen Macht ausdehnen will".[54] Denn seine Art der Selbstaufopferung ist „eine jeweils völlige, aber tätige, gestaltende, eine solche, der es auf Gesinnung und Erfolg, nicht bloß auf die wirkungslose Gesinnung ankommt".[55]

Auch William James beschrieb „eine Form emotionaler Erregbarkeit, die wegen ihrer besonderen Kraft bei der Beseitigung von Hemmungen für den Aufbau eines energetischen Charakters außerordentlich wichtig ist ... was in subtileren Formen als Ungeduld, Grimmigkeit, Eifer, Charakterstrenge zum Ausdruck kommt ... mag diese Energie auch Schmerzen mit sich bringen".[56] Wenn diese gesteigerte Erregung aber das entscheidende Maß an enthusiastischer Hingabe und Opferbereitschaft erreicht, dann, so James weiter, verleiht sie „allen schöpferischen idealen Höhen eine Helligkeit und eine Schwingung, die nirgends so ausgeprägt ist wie dort, wo das leitende Gefühl religiös ist".[57]

Diesen Zustand bezeichnet James als Heiligkeit und benennt als einen ihrer Grundzüge das „Empfinden, dass die vollkommene Macht", christlich als Gott personifiziert, „unserem eigenen Dasein freundschaftlich verbunden ist" und als „humanitäre Begeisterung" zu einem Leben führt, das „allgemeine moralische Ideale, bürgerliche oder patriotische Utopien oder visionäre Vorstellungen von Heiligkeit oder Gerechtigkeit"[58] zum Ziel hat und ihnen mit allen zur Verfügung stehenden Möglichkeiten einer Machtposition zur Realisation in der Welt verhelfen möchte.

Als Grundzug dieses besonderen Erregungszustandes beschreibt James die zunehmende innere Reinigung und Reinheit so: Die „Sen-

---

54   K. Jaspers, [6]1990, S. 414f.
55   K. Jaspers, [6]1990, S. 120f.
56   W. James, 1997, S. 277.
57   W. James, 1997, S. 279.
58   W. James, 1997, S. 283.

sibilität gegenüber spirituellen Dissonanzen ist gesteigert, und die Reinigung der Existenz von brutalen und sinnlichen Elementen wird zum Imperativ".[59] Und Dag Hammarskjöld hat diese innere Reinigung im Prozess der Selbstwerdung, seiner Hingabe an ein Größeres und Höheres und seine Opferbereitschaft bei gleichzeitig vorhandenem Anspruch auf äußerliche Machtentfaltung in diese schlichten Worte gefasst: „Was du wagen musst – du selbst zu sein. Was du erreichen kannst – in dir des Lebens Größe nach dem Maß deiner Reinheit zu spiegeln."[60]

Als weiteres Stichwort zur enthusiastischen Einstellung hat Karl Jaspers die „Liebe" eingeführt, nicht als Liebe im engeren Sinne des allgemeinen Sprachgebrauchs, sondern als „etwas Universales", das an kein Individuum ausschließlich gebunden ist. Gegensätzlich zur mystischen Liebe, die in der erfüllten Schau als gegenstandslos erlebt wird, ist die enthusiastische Liebe in ihrem Streben zum Einen hin etwa dem „brennenden Gemüt" Meister Eckharts vergleichbar, da sie als „eine Bewegung in uns durch alles Konkrete hindurch ... in das Absolute und Ganze" geht und „keinen bestimmten Bereich empirischer Gegenstände oder ichbestimmter Funktionen hat".[61]

Und doch ist die enthusiastische Liebe als eine menschliche Empfindung von der Polarität solch „metaphysischer Liebe" auf der einen Seite dadurch gekennzeichnet, dass durchaus ein Individuum erkannt und geliebt werden kann, der Liebende aber „in einem Sprung seine Liebe dem Absoluten zuwendet und das Individuum, das Konkrete übersieht". Auf der anderen Seite aber ist sie dadurch spezifiziert, dass das Individuum „selbst ganz das Absolute ist"[62] und mit aller Ausschließlichkeit geliebt, in negativer Entwicklung aber auch mit ausschließlichem Besitzanspruch vereinnahmt wird.

In der Synthese dieser Gegensätze verortet Jaspers die „echte Liebe", bei der es nur „ein Entweder–Oder, ganz oder gar nicht" gibt und den Charakter der Einmaligkeit im Leben eines Menschen trägt. Als berühmtes Beispiel weist auch er hier auf Goethes Beziehung zu Frau von Stein und das ihr gewidmete Gedicht hin: „Warum gabst du uns

---

59 W. James, 1997, S. 284.
60 ZW, 2005, S. 43.
61 K. Jaspers, [6]1990, S. 123.
62 K. Jaspers, [6]1990, S. 134.

die tiefen Blicke, unsre Zukunft ahndungsvoll zu schaun, unsrer Liebe, unsrem Erdenglücke selig nimmer hinzutraun?"[63]

Ein häufig übersehener Eintrag in Dag Hammarskjölds Tagebuch lässt an dieser Stelle doch noch einmal die Frage aufkommen, ob nicht auch er eine solche aus enthusiastischer Seele geborene Liebe erlebt hat und aus dem bewussten Verzicht eben jene Stärke gewinnen konnte, die ihn zu der Verantwortung, die er als Generalsekretär der UNO zu tragen hatte, erst befähigte: „Zwei Lichtfunken aus der Vergangenheit mit spät entdeckter Reichweite: Durch die Sinne, doch jenseits von ihnen. Nahe, selbst im Fernesein. Der Blick, eine scheue Berührung, rückhaltlos, wenn die Augen sich treffen." Und er fügte hinzu: „Der Liebende will des Geliebten Vollendung – sie verlangt Freigabe auch von dem Geliebten."[64]

Dieser Zusatz weist nach Sven Stolpe auf Paul Claudels „Der seidene Schuh" hin, von dessen Lektüre Hammarskjöld begeistert gewesen sei und sich womöglich mit der Gestalt des Don Rodrigo und dessen Verzicht auf Donna Proeza identifiziert habe. Zwar bezweifelt Sven Stolpe, dass der Freund wirklich einen solchen Verzicht auf eine geliebte Frau erlebt hat. Doch brannte in Dag Hammarskjöld gewiss das Feuer der enthusiastischen Liebe, das vielleicht nur dadurch erhalten und ausgehalten werden konnte, dass er „den Preis lebenslangen, peinigenden, demütigenden Alleinseins" bezahlte und sein ganzes Leben opferte für den großen Einsatz, „eine weltweite Verantwortung auf sich [zu] nehmen".[65]

Im Gegensatz zur mystischen Einstellung zeigt sich das Enthusiastische immer „innerhalb erhaltener Subjekt-Objekt-Spaltung", und

---

63 J. W. von Goethe, [6]1967, Bd. 1, S. 122.
64 ZW, 2005, S. 126. Aus der Formulierung „Der Liebende will *des* Geliebten …" könnte in Verbindung mit den vorigen Zeilen auf eine homoerotische Gesinnung Dag Hammarskjölds geschlossen werden, was ja auch, unabhängig von diesem „Zeichen", teilweise geschah. Möglicherweise aber handelt es sich hier um eine aus der Erinnerung wiedergegebene Zusammenfassung von Texten aus der „Nachfolge Christi" des Thomas von Kempen, die sich auf die Suche nach der wahren Gottesliebe beziehen und in denen „der Geliebte zum Liebenden" darüber spricht (s. z. B. Thomas von Kempen, 2000, S. 150). Dies liegt umso näher, als die infrage stehenden „Zeichen" am Heiligabend 1955 verfasst wurden und Hammarskjöld sich mit der Rückbesinnung auf die wahre Liebe zu Gott vielleicht über sein Alleinsein hinwegzutrösten suchte.
65 S. Stolpe, 1964, S. 84f.; auch B. Erling, 1999, S. 132/133 weist auf diesen Zusammenhang hin.

wegen des in ihr enthaltenen Strebens nach einem Grenzenlosen und Unbedingten auch als „Bewegungsprozess der Seele"⁶⁶, der als ein schöpferischer Prozess teilweise unbewusst ablaufen, sich jedoch aktiv oder kontemplativ, je nach Lebenssinn des Subjekts, auswirken kann.

Die enthusiastische Einstellung kann auch „nie gleichsam in der Luft schweben, sondern sie bedarf einer konkreten Sphäre als des Stoffes, in dem sie wirklich sein kann", wie Jaspers betont. Schwärmerei ist nicht Sache des enthusiastischen Menschen, vielmehr sucht er seine Ideen „in durchdringendem Erfassen und Erleben der Realitäten"⁶⁷ zur Wirkung zu bringen.

„Überall, wo der Enthusiasmus das schlechthin leitende Motiv bildet, also wo in der Realität und für die Realität gelebt und doch alles gewagt wird, spricht man wohl von Heroismus", schreibt Jaspers⁶⁸. Und von hier aus lässt sich die Linie in diesem Zusammenhang wenigstens andeutungsweise weiterziehen zu dem wohl bekanntesten und verbreitetsten Mythos der Welt, dem Heldenmythos als der inneren Reise des Menschen zu sich selbst und über sich selbst hinaus.

Der „große Heldenweg" ist nach Erich Neumann „der Weg zur Klarheit und zur Unterscheidung, zur Differenzierung und zur verantwortlichen Bewusstheit des Ich", aber auch „der Gang in die Tiefe des Unbewussten als Begegnung mit dem Nicht-Ich, dem Numinosen".⁶⁹ Diese Heldenreise bezeichnet Neumann weiterhin als einen „schöpferischen Prozess", der dadurch ausgezeichnet ist, „dass das Ich in ihm nicht seine Position im Bewusstsein festhalten kann, sondern sich der Begegnungserfahrung mit dem Nicht-Ich ausliefern muss"⁷⁰, eben jener Begegnung mit dem Numinosen, die zugleich eine mystische ist. Die mystische Heldenreise der menschlichen Seele durch das schöpferische Unbewusste ist jedoch ein Wagnis und mit Gefahren verbunden, die immer Grenzerfahrungen sind, wie Neumann hervorhebt⁷¹, und die Jaspers als Kampf- und Todeserfahrungen beschreibt. Soll die Reise erfolgreich bestanden und das Ergebnis als ein schöpferisches Wirken in der Welt fruchtbar werden, bedarf es einer männlich-aktiven

---

66   K. Jaspers, ⁶1990, S. 118.
67   K. Jaspers, ⁶1990, S. 122.
68   K. Jaspers, ⁶1990, S. 123.
69   E. Neumann, 1978, S. 108.
70   E. Neumann, 1978, S. 109.
71   E. Neumann, 1978, S. 105.

und heroischen Bewusstseinshaltung, um den Gefahren auf dem Weg furchtlos zu begegnen und standzuhalten und nicht der Sehnsucht und dem „Blick zurück" zu verfallen, der zum Untergang führt, wie es in so vielen Mythen beschrieben ist.

Um die Gefahren dieses Weges wusste auch Dag Hammarskjöld, als er in Anlehnung an Hermann Hesses „Morgenlandfahrt" schrieb: „Der Mythos hat stets den verurteilt, der ‚sich umwendete'. Verurteilt, welches Paradies es auch sein mochte, das er verließ. Daher jene Schatten über jedem Abweichen von deiner Wahl, ‚Morgenlandfahrer'."[72]

Zusammenfassung

Zusammenfassend darf nach all dem Gesagten wohl geschlossen werden, dass bei Dag Hammarskjöld trotz einer äußerlichen Kühle, gepflegten Distanziertheit und bewusst eingeübten und eingesetzten diplomatischen Undurchsichtigkeit die enthusiastische Einstellung das schlechthin leitende Motiv gewesen ist, das ihn in jenen besonderen Erregungszustand versetzte, den William James Heiligung nannte und wovon sein Denken und Handeln entscheidend beeinflusst und geformt worden war, was vielleicht erst in seiner New Yorker Zeit deutlicher hervortrat.

Eine mystische Einstellung, insofern als darunter ein passiv-hingebungsvolles Sich-Versenken in ein Unendliches zu verstehen ist, also eine weltabgewandte mystische Innenschau, wie sie von Rudolf Otto als einer der zwei Wege der Mystik beschrieben wurde, war sicherlich nicht leitend in Dag Hammarskjölds Selbst-, Welt- und Mystikverständnis. Seine Mystik kannte ein Du, war aktiv konnotiert, hatte sich im Hier und Jetzt zu verwirklichen und fand ihren Niederschlag und ihre Bewährung im ethisch verantworteten Handeln in der Welt.

Das geschlossene Weltbild der mittelalterlichen Mystiker, von denen Dag Hammarskjöld gelernt hat, ist jedoch nicht mehr das Weltbild des modernen Menschen und war auch nicht mehr dasjenige Hammarskjölds. Die Weltsicht des heutigen Menschen ist zerfallen in zwei Welten, in das „entseelte, gleichgültige, endliche, verworfene, zu überwindende Diesseits" und in ein „Jenseits" als „das allein Wesentliche,

---

[72] ZW, 2005, S. 157.

Seiende, Unendliche, Eigentliche, zu Erringende, dem wir aber fernstehen", wie Jaspers es darstellt⁷³, auf das jedoch das Streben des intuitiv veranlagten Menschen gerichtet ist.

Entsprechend diesen zwei Welten zeigt sich die Intuition heute sowohl in der Intelligenz als dem Prinzip des wissenschaftlich-technischen Denkens, wie auch als Prinzip des Lebendigen, ja des Lebens selbst. Und das in beiden Sphären Pulsierende und Dynamisierende zeigt sich als eine geistige Kraft, die auch in den materiellen Dingen den „Anteil an der Geistigkeit ergreifen" möchte, und ein Empfinden für das Schöpferische und Ewige als innerseelische Wirklichkeit vermittelt.

Somit wird das Erkenntnisvermögen der Intuition in einem schöpferischen Akt letztlich auch zur Quelle einer Religion, die den engen Kreis religiöser Gewohnheit durchbricht. Und ganz ähnlich mag Dag Hammarskjöld empfunden haben, als er schrieb: „Aber vom Jenseits her erfüllt etwas mein Wesen mit seines Ursprungs Möglichkeiten ...", und wie es dem Mystiker in der „Fühlungnahme" mit dem Jenseits zur Selbstverständlichkeit werden muss, „sein Wissen ins Handeln [zu] überführen", wie Regine Kather ausführt⁷⁴, so wurde auch für Dag Hammarskjöld „ ... jedes Handeln Vorbereitung, jede Wahl ein Ja dem Unbekannten"⁷⁵.

Dass Dag Hammarskjöld ein rationaler und zugleich tiefgründiger Denker war, dem es auf logische Begründungen und eine peinlich genaue Auslotung von Problemstellungen ankam und vor allem darauf, Zusammenhänge in ihrer ganzen Tragweite zu überschauen und in wohlüberlegte Handlungsstrategien umzusetzen, muss hier nicht noch einmal betont werden. Weil aber allen menschlichen Entscheidungen immer auch etwas Irrationales innewohnt und die Folgen nie ganz erfasst werden können, kam es gerade auch für Dag Hammarskjöld, wie für den rational Eingestellten nach Jaspers typisch, „auf exakte, gründliche Arbeit der ratio" an, und vor allem lag ihm „mehr an der Sache als an der Existenz"⁷⁶, wenngleich ihm der persönliche Erfolg als einem Moment seiner enthusiastischen Einstellung durchaus nicht

---

73 K. Jaspers, ⁶1990, S. 189.
74 R. Kather, 1996, S. 35.
75 ZW, 2005, S. 95.
76 K. Jaspers, ⁶1990, S. 215.

immer gleichgültig, seiner Stellung als Generalsekretär der UNO jedoch auch angemessen war.

Doch erst im Zusammenwirken von rationaler, aktiver, intuitiver, mystischer und enthusiastischer Einstellung dürfte sich bei Dag Hammarskjöld jene Form einer aktiven und engagierten Mystik ergeben haben, die sich tätig in der Welt zu verwirklichen suchte, und die sich doch stets durch einen „Strahl" oder „Sog" vom „Einen her" im Sinne Plotins oder Eckharts mit dem Absoluten verbunden wusste – eine Mystik, wie Dag Hammarskjöld sie gelebt hat.

2. Die Polarität der Mystik nach Karl Jaspers

Ehe Dag Hammarskjölds Mystikverständnis weiter verfolgt wird, sollen zuvor noch die Ausführungen von Karl Jaspers zur Polarität der Mystik zur Darstellung gelangen, um die zwei Gegensatzpole des Mystischen, wie schon bei Rudolf Otto in Zusammenhang mit der mystischen Einstellung angeklungen, näher zu beleuchten. So beschreibt Jaspers die Polarität der Mystik zum einen als Weg der Idee und zum anderen als Weg der Mystik im eigentlichen Sinn und veranschaulicht die Andersartigkeit der beiden Wege durch eine antithetische Gegenüberstellung so unterschiedlicher Persönlichkeiten wie Kant und Plotin, „weil durch ihre Formeln sich die entgegengesetzte Verwertung des Mystischen für das gesamte Leben verdeutlichen lässt".[77]

Auch fasst Jaspers den Begriff der Mystik sehr weit und versteht darunter einen Prozess des Geistes, in dem eine zunehmende Aufhebung der Subjekt-Objekt-Spaltung des Bewusstseins, in welcher der Mensch normalerweise lebt, bis hin zu einer Erfahrung von „Unendlichkeit als Fülle und Totalität" erkennbar wird und beschrieben werden kann. Dabei handelt es sich um Zustände, in denen „in dem Medium der Subjekt-Objekt-Spaltung im Sinnlichen eine mystische Sphäre sich auswirkt", wie sie von vielen Menschen wahrgenommen wird.[78]

---

77   K. Jaspers, ^{6}1990, S. 448.
78   K. Jaspers, ^{6}1990, S. 440f.

2.1 Mystische Erfahrungen in divergierender Subjekt-Objekt-Spaltung und der Prozess ihrer Bewusstwerdung

Als Erstes beschreibt Jaspers einen Zustand zwischen Wachwerden und vollem Wachsein, einen Zwischenzustand des allmählichen Herausgleitens aus dem Schlafzustand, in dem die Subjekt-Objekt-Spaltung noch ganz aufgehoben ist, über einen halbwachen Zustand in unklarer Subjekt-Objekt-Spaltung, bis hin zum klaren Wach- und Tagesbewusstsein in voller Subjekt-Objekt-Spaltung, in welchem noch Bilder, Gefühle oder Geräusche aus einem Traumgeschehen als Nachwirkungen in der Seele lebendig sein können, es aber meist zu keiner Vergegenständlichung und Begriffsbildung kommt, und die Bilder rasch ins Unbewusste zurücksinken.[79]

Häufig mögen sich hinter solchen unklar bleibenden Wahrnehmungen nur unbedeutende Reste von Ereignissen des Vortags verbergen, die keiner weiteren Deutung bedürfen, und deren Sinn sich nicht unbedingt erschließen muss.[80] In der Tiefenpsychologie allerdings wird gerade auf die Besonderheit dieses Zustandes zwischen Träumen und Wachsein hingewiesen, weil sich in dieser „Traumzeit" Bilder aus dem Unbewussten manifestieren können, deren Sinn und Bedeutung zu erkennen und zu entschlüsseln ein ganz neues Licht auf bestimmte Lebenssituationen werfen kann.

Zum Zweiten verweist Jaspers auf einen Zustand in mangelnder Subjekt-Objekt-Spaltung, in welchem eine unruhige Bewegung und kraftvolle Spannung und ein Drang zu Klarheit und Erkenntnis vorherrschen, die er als „Symptome von Kräften, die zu Gestalten, zu Vergegenständlichung drängen", bezeichnet. Diese Kräfte ordnet er dem wissenschaftlichen oder künstlerischen Schaffensprozess zu, was, wie er selbst sagt, erst einmal ungewohnt anmutet, ist es doch „eine häufige Meinung, dass wir als Gegenstände, Inhalte vor unserem Bewusstsein nur Sinnliches, nur greifbare, tastbare, sichtbare, hörbare Gegenstände haben". Diese Gegenstände mögen zwar in unserem Denken und in unseren Vorstellungen präsent sein, Beziehungen, Abhängigkeiten und Zusammenhänge erschließen sich dadurch aber noch keineswegs. Dies geschieht erst in einem „Prozess von unklarer Gemütserfüllung

---

79 K. Jaspers, ⁶1990, S. 440f.
80 K. Jaspers, ⁶1990, S. 441.

zu klarer Vergegenständlichung", jenem seelischen „Schaffensprozess", der einer Art Traumzustand ähneln kann, aus dem heraus aber dann die Gedanken und Begriffe für neue Erkenntnisse und Zusammenhänge geboren werden. Dieser Prozess ist für das wissenschaftliche und künstlerische Arbeiten „original" und nicht wiederholbar, lehr-, lern- und anwendbar sind allenfalls die Ergebnisse.[81]

In den Seelenbewegungen solcher „Schaffensprozesse" voll unbestimmter Gedanken und Gefühle, heutzutage als „flow" bezeichnet, ist, so Jaspers, ein „Mehr" wirksam, das „in dem ‚Ganzen' der Schöpfung als eine ansteckende, wirkende Kraft" enthalten ist, die den Prozess antreibt, ihm Richtung gibt und schließlich zu konkreten Ergebnissen führen kann, die als technische Konstrukte, philosophische Erkenntnisse oder künstlerische Werke ihre Vergegenständlichung erfahren haben.[82]

Eine dritte Art von Erlebnissen, in denen Mystisches aufblitzen kann, ereignet sich nach Jaspers auf der Basis des Wachbewusstseins und in vorhandener Subjekt-Objekt-Spaltung. Parallel dazu kann sich eine seelische Rückwärtsbewegung hin zu mangelnder Subjekt-Objekt-Spaltung entwickeln und, indem beide Zustände sich überlagern, können aus dem sinnlich Wahrgenommenen, etwa einer Landschaft, plötzlich Bilder und Gestalten aufsteigen und sich zu einer Geschichte mit ganz neuem Bedeutungsgehalt formieren.[83] Beispielhaft beschreibt Jaspers eine Strandwanderung und weist dabei auf die Wirkung einer mystischen Sphäre im Sinnlichen hin, die relativ häufig erlebt wird: „Wir sind an der Nordsee gewandert; nur Strand, Meer und Dünen, kein Mensch ringsum ... Stunden vergehen kaum bemerkt, während das Meer meilenweit den Strand entlang ruhig und immer neu brandet, die Wolken ziehen ... Es ist uns vielleicht zumute, als ob wir zeitlos existierten ... als ob unendliche, unklare Erinnerungen von Verwandtschaft, Einheit in uns erweckt würden. Wir machen eine Beobachtung, verfolgen eine Erscheinung, aber das ist nur eine Unterbrechung durch den Willen, sie schafft uns alsbald neues Material, aus dem wir gleich-

---

81 K. Jaspers, ^{6}1990, S. 442f.
82 K. Jaspers, ^{6}1990, S. 442. In diesem Zusammenhang sei auch an den Chemiker August Kekulé erinnert, dem der Aufbau des Benzolrings aus einem Traumerlebnis heraus zu bewusster Erkenntnis reifte.
83 K. Jaspers, ^{6}1990, S. 445.

sam alte Sagen und Märchen hören. Es ist, als ob wir mit der Natur, die wir selbst sind, zusammenflössen."[84]

Solche „als-ob"-Zustände der Seele, wie Jaspers sie nennt, können unpersönlich bleiben und vergehen, zurückbleiben mag allenfalls eine angenehme Stimmung und die Erinnerung an schöne Eindrücke von Strand, Meer, Möwen usw. Oder aber es setzt in solchen Situationen ein Prozess der bewussten Vergegenständlichung ein, und aus der undeutlichen subjektiven Stimmung und den mehr oder weniger bewusst wahrgenommenen Bildern erwächst dem Erlebenden ein ganz neues „Bewusstsein des Schöpferischen, des Gegeben-Werdens", aus dem heraus Kunstwerke gestaltet werden, philosophische Gedanken von Einheit und Unendlichkeit entstehen, oder ein Mensch findet zu einem Glauben[85] und zum Gebet, wie der folgende Bericht zeigt: „Ich war allein am Meeresufer, als mich alle diese Gedanken befreiend und versöhnend umfluteten, und wieder, wie einst in den fernen Tagen in den Alpen der Dauphiné, trieb es mich, hier wieder niederzuknien vor der unbegrenzten Flut, Sinnbild des Unendlichen. Ich fühlte, dass ich

---

84 K. Jaspers, ⁶1990, S. 443. Daran erinnert auch eine von Fritjof Capra beschriebene Episode, die für ihn zu einem Schlüsselerlebnis wurde und dazu führte, dass er anfing, den Parallelen zwischen den Erkenntnissen der modernen Physik und der Mystik, insbesondere der östlichen und des Zen, nachzugehen und Bücher zu diesem Thema zu verfassen: „Eines Nachmittags im Spätsommer saß ich am Meer und sah, wie die Wellen anrollten, und fühlte den Rhythmus meines Atems, als ich mir plötzlich meiner Umgebung als Teil eines gigantischen kosmischen Tanzes bewusst wurde. Als Physiker wusste ich, dass der Sand und die Felsen, das Wasser und die Luft um mich her sich aus vibrierenden Molekülen und Atomen zusammensetzen. Diese wiederum bestehen aus Teilchen, die durch Erzeugung und Zerstörung anderer Teilchen miteinander reagieren. Ich wusste auch, dass unsere Atmosphäre ständig durch Ströme kosmischer Strahlen bombadiert wird, Teilchen von hoher Energie, die beim Durchdringen der Luft vielfache Zusammenstöße erleiden. All dies war mir von meiner Forschungstätigkeit in Hochenergie-Physik vertraut, aber bis zu diesem Augenblick beschränkte sich meine Erfahrung auf grafische Darstellungen, Diagramme und mathematische Theorien. Als ich an diesem Strand saß, gewannen meine früheren Experimente Leben. Ich ‚sah' förmlich, wie aus dem Weltraum Energie in Kaskaden herabkam und ihre Teilchen rhythmisch erzeugt und zerstört wurden. Ich ‚sah' die Atome der Elemente und die meines Körpers als Teil eines kosmischen Energie-Tanzes; ich fühlte seinen Rhythmus und ‚hörte' seinen Klang, und in diesem Augenblick wusste ich, dass dies der Tanz Shivas war, des Gottes der Tänzer, den die Hindus verehren." (F. Capra, Das Tao der Physik, Bern – München – Wien, ³1984, S. 7).
85 K. Jaspers, ⁶1990, S. 443ff.

betete, wie ich nie zuvor gebetet hatte, und erkannte nun, was das eigentliche Gebet ist: Einkehr aus der Vereinzelung der Individuation heraus in das Bewusstsein der Einheit mit allem, was ist."[86]

2.2 Typologie der mystischen Erfahrungen

Eine solche mystische Erfahrung konkret erlebter Unendlichkeit kann in der Folgezeit verblassen und vergessen oder gar als Sinnestäuschung abgetan werden. Sie kann aber auch eine tiefe Spur in der Seele des Menschen hinterlassen, als eine psychische Grunderfahrung sich auf das gesamte Lebensgefühl auswirken und die Einstellung zum Leben rasch und grundlegend verändern. Oder sie kann zum Nachdenken über philosophische oder religiöse Fragestellungen anregen und auf diese Weise allmählich ihre Wirkung im Denken und Handeln des Menschen entfalten.

Erst wenn die mystischen Erlebnisse auf diese Weise als „richtunggebende Kräfte" im Menschen weiterwirken und Folgen bezüglich Einstellungen, Haltungen und Handlungsweisen deutlich zutage treten, kann man sie nach Jaspers „in einem engeren Sinne eigentlich mystische Erlebnisse nennen".[87] Entsprechend diesen Wirkungen teilt Jaspers die mystischen Erlebnisse in drei grundlegend unterschiedliche Typen ein.

Im ersten Typus, den Jaspers als „Mystik im engsten Sinne" bezeichnet, erkennt er „einen Drang zum Mystischen hin" und ein Erleben der mystischen Sphäre, das „eine spezifische Befriedigung" vermittelt.[88] So werden Empfindungen von Glück, tiefer Ruhe und Ausgeglichenheit, eine wohltuend gelöste Stimmung oder eine neuartige Offenheit dem Leben gegenüber berichtet, vor allem dann, wenn mittels bestimmter Techniken und Methoden eine Loslösung vom normalen Tagesbewusstsein und dem Verhaftetsein in der Subjekt-Objekt-Spaltung geübt und im Zustand der Stille von Körper und Seele eine Annäherung an jene andersartige Wirklichkeit der „leeren Fülle" erreicht wird, die den von Jaspers so genannten „Drang zum Mystischen hin" lebendig er-

---

86 Bericht von Malvida von Meysenburg, in: W. James, 1997, S. 394.
87 K. Jaspers, ^{6}1990, S. 446.
88 K. Jaspers, ^{6}1990, S. 446.

2. Die Polarität der Mystik nach Karl Jaspers

hält. Diesen Typus sieht Jaspers durch indische und andere östliche Mystiker, aber auch durch die westlichen Mystiker des Mittelalters verkörpert.

In einem zweiten Typus bemerkt Jaspers „einen Drang vom Mystischen fort" und eine Hinwendung zum Positivismus. Alles Mystische werde „als Schwärmerei empfunden und abgelehnt", und es besteht „die Gefahr, das Mystische ganz zu verlieren und sich im Endlichen der Gegenstandswelt und der leeren Unendlichkeit derselben zu verzetteln, zu mechanisieren und der lebendigen Kräfte zu berauben".[89]

In einer Synthese der zuvor beschriebenen Arten verortet Jaspers dann jenen dritten Typus, der weder dem Drang zum Gegenständlichen erliegt, noch sich im Unendlichen verliert, von dem aber „in immer erneuter Kreisbewegung der Weg vom Mystischen in die Gegenständlichkeit und durch die Gegenständlichkeit zur Mystik genommen" wird. Wie Jaspers weiter ausführt, führe das Beschreiten dieses Weges in immer weiter sich ausdehnenden Kreisen „zu einem unendlich fortschreitenden Wandlungsprozess der Seele", und am Ende dieses Prozesses stehe dann die Idee, dass „ein mystischer Totalzustand möglich" sei, „nachdem alles Gegenständliche sich dargestellt habe, aber nur auf der Basis dieser gegenständlichen Welt".[90]

Dies könnte übersetzt auch heißen, dass nach der bewussten Durchdringung und Überwindung alles Gegenständlichen in dieser Welt, am Ende einer langen, prozesshaften Entwicklung der Seele und einer Transformation des menschlichen Geistes, jenes Eine und Absolute, jene Sphäre der „Idee an sich" menschheitlich erreichbar wäre, von der alle in der Welt entwickelten Ideen immer nur ein Abglanz sein können.[91]

---

89 K. Jaspers, ⁶1990, S. 447.
90 K. Jaspers, ⁶1990, S. 447. Jaspers lehnt sich hier im Vorgriff auf seine Ausführungen zur Polarität der Mystik und Kants Weg der Idee an Kants „Die Unsterblichkeit der Seele als ein Postulat der reinen praktischen Vernunft" an, ohne jedoch darauf hinzuweisen oder weiter darauf Bezug zu nehmen. Bei Kant heißt es: „Dieser unendliche Prozessus ist aber nur unter Voraussetzung einer ins *Unendliche* fortdauernden *Existenz* und Persönlichkeit desselben vernünftigen Wesens (welche man die Unsterblichkeit der Seele nennt) möglich." (KpV, Erster Teil, II. Buch, 2. Hauptstück, IV; in Ausg. ¹⁰1990, S. 141 – kursiv im Original gesperrt).
91 So schreibt etwa auch Ken Wilber: „Der Zugang zum Geist führt normalerweise über die „Existenzielle Ebene" [die Jaspers als gegenständliche Welt der

Während Jaspers den zweiten Typus nicht weiter verfolgt, so hat er doch in seinen Betrachtungen zu einer Polarität der Mystik den ersten Typus mit Plotin als Weg der Mystik und den dritten Typus mit Kant als Weg der Idee weiterführend beschrieben. Auch hat er nach eigener Aussage Kant und Plotin nicht ausgewählt, „um ihnen historisch gerecht zu werden", sondern weil ihre so gegensätzliche Deutung der mystischen Erlebnisse in einer entgegengesetzten philosophischen Weltdeutung zu suchen ist, die auch für ihre „Wertung der einzelnen Lebenserscheinungen" bestimmend wurde.[92]

2.3 Kant oder der Weg der Idee

Gleich zu Beginn seiner Ausführungen zur Kantischen Ideenlehre konstatiert Jaspers: „Kant weiß nicht, was es mit der Welt auf sich hat"[93], eine Feststellung, die letztlich erst in der Gegenüberstellung zur Mystik Plotins verständlich wird.

Kants Mystik, wie Jaspers dessen innerpsychische Gestimmtheit in einer sehr weiten Auslegung dieses Begriffs bezeichnet, definiert er als „eine in der gegenständlichen Welt – sowohl als Überbau, wie als Quelle und Ursache des Schreitens in dieser Welt". Kant ist nach Jaspers „immer in Distanz zum unerreichbaren Absoluten, zu dem er wohl Beziehung der Richtung und der Aufgabe und des Sinns hat, aber mit dem er nie in Einheit ist".[94] Wissen und erfahren kann der Mensch

---

    Objekte bezeichnet] und damit über den primären Dualismus, der den Gegensatz zwischen dem Ich und dem anderen schafft. ... Praktisch besteht die einzige Möglichkeit, den primären Dualismus zu überwinden, jedoch darin, das Denken zu suspendieren" [d. h. „Lassen" von Ich und Selbst, wie es alle Mystiker zu allen Zeiten empfohlen haben]. Ergänzend weist Wilber noch darauf hin, „dass in den höchsten Entwicklungsformen aller spirituellen Traditionen gesagt wird, dass der primäre Dualismus sich urplötzlich schließt oder überwunden wird", wie es schon im 1. Korintherbrief (15:51, 52) heißt: „Siehe, ich sage euch ein Geheimnis: Wir werden nicht alle entschlafen, wir werden aber alle verwandelt werden; und dasselbe plötzlich, in einem Augenblick, zur Zeit der letzten Posaune." Das *Lankavatara-Sutra* bezeichnet diesen Wandel als „plötzliche Umkehrung am Grund des Bewusstseins". (K. Wilber, Das Spektrum des Bewusstseins, 1987, S. 357, sowie Anmerkungen 15, 30 und 50, S. 358f).

92 K. Jaspers, ^{6}1990, S. 448f.
93 K. Jaspers, ^{6}1990, S. 450.
94 K. Jaspers, ^{6}1990, S. 451.

im Sinne Kants nur durch die Sinneswahrnehmungen innerhalb der Gegenstandswelt, also im Zustand der Subjekt-Objekt-Spaltung. Und doch werden Erkenntnisse und Ideen auch nach Kant nicht allein aus den sinnlichen Erfahrungen bezogen, sondern eben auch aus dem rein Geistigen und den in diesem „a priori" enthaltenen erfahrungsunabhängigen, aber erfahrungsbezogenen Erscheinungsformen, deren Sinngehalt denkend und erkenntnistheoretisch begreifend Kant u. a. in seiner Kategorienlehre, etwa bezüglich Zeit und Raum, formal und begrifflich zu fassen versucht hat.

Dass ihm dies nicht vollständig gelingen konnte, liegt wiederum daran, dass ihm die „transzendente Idee" nur als Vernunftbegriff, nicht aber als unmittelbare Erfahrung zugänglich war und auch der Begriff selbst „nur in der Sehnsucht des Verstandes, das ihm Gegebene zu überschreiten, seinen Ursprung hat".[95] Kant schrieb: „Ich verstehe unter der Idee einen notwendigen Vernunftbegriff, dem kein kongruierender Gegenstand in den Sinnen gegeben werden kann. Also sind unsere jetzt erwogenen reinen Vernunftbegriffe transzendentale Ideen. Sie sind Begriffe der reinen Vernunft; denn sie betrachten alle Erfahrungserkenntnis als bestimmt durch eine absolute Totalität der Bedingungen. Sie sind nicht willkürlich erdichtet, sondern durch die Natur der Vernunft selbst aufgegeben, und beziehen sich daher notwendigerweise auf den ganzen Verstandesgebrauch. Sie sind endlich transzendent und übersteigen alle Erfahrung, in welcher also niemals ein Gegenstand vorkommen kann, der der transzendentalen Idee adäquat wäre."[96]

Da die Idee für Kant also nur „als der Begriff eines Maximum, in concreto niemals congruent kann gegeben werden"[97], so müssen auch seine noch so großartig formulierten Ideen von Gott, Freiheit und Unsterblichkeit bloße Vernunftgebilde oder „Postulate der reinen praktischen Vernunft" bleiben, eben „nur Ideen", die er zwar, weil mit einem Wahrheitsanspruch verbunden, als dem Menschen „aufgegeben"[98] er-

---
95 G. Schischkoff, ²²1991, S. 322.
96 I. Kant, ¹³1995, S. 331.
97 Ebd.
98 Mit der Formulierung „aufgegeben" drängt sich der Bezug zu Kants Sittengesetz auf. So führt nach Kant die Moral zwangsläufig zur Religion und zu den Postulaten von Gott, Freiheit und Unsterblichkeit, an denen er festhält und auch festhalten muss, denn: „Diese Postulate sind nicht theoretische Dogma-

kennt, die ihm aber im wahrsten Sinne des Wortes nun einmal nicht in konkret erlebter Anschauung der Totalität des Absoluten und Unendlichen „gegeben" wurden, wie es dem wahren Mystiker vorbehalten ist. Dafür aber waren ihm Kräfte der Vernunft und des Verstandes „gegeben", sodass es ihm möglich war, alle spekulative Metaphysik und Seinserkenntnis ohne unmittelbare Wahrnehmungs- und Erkenntnisgehalte als dogmatisches Scheinwissen zu entlarven und diesen sein neues Metaphysikverständnis als Erkenntnistheorie und „Wissenschaft von den Grenzen der menschlichen Vernunft"[99] entgegenzustellen mit grundlegenden Auswirkungen auf die Denkweise der Moderne bis in die heutige Zeit.

Kant hat also nicht das Erlebnis eines konkret geschauten Absoluten, über das er auch gar nicht verfügte, zum Ziel seiner philosophischen Überlegungen bestimmt, noch sich in spekulative Vorstellungen darüber verloren, sondern er hat – um es wiederum mit Jaspers zu sagen – „die Wege in das Reich des Endlichen und Gegenständlichen verfolgt"[100], denn: „Das echte Leben der Idee ist Bewegung innerhalb der Subjekt-Objekt-Spaltung, ist Bewegung im Endlichen", und, „vermittelt durch Handeln in der Welt, Erfahrung, Reflexion, Selbstbesinnung", gewinnt die Idee ihre Lebendigkeit und Wirkmächtigkeit und verleiht dem Endlichen „einen Sinn und ewige Bedeutung".[101]

Mystische Erlebnisse „im weitesten, rein psychologischen Sinne mangelnder Subjekt-Objekt-Spaltung" werden Kant von Jaspers jedoch nicht grundsätzlich abgesprochen. Um Kant aber aus seiner Grundeinstellung heraus zu begreifen und zu verstehen, was ihn auf seinem Weg des Mystischen als Idee geführt haben mag, charakterisiert er ihn als einen „ideenentfaltenden dämonischen Menschen".[102]

---

ta, sondern *Voraussetzungen* in notwendig praktischer Rücksicht, erweitern also zwar nicht die spekulative Erkenntnis, geben aber den Ideen der spekulativen Vernunft im *allgemeinen* (vermittelst ihrer Beziehung auf das Praktische) objektive Realität und berechtigen sie zu Begriffen, deren Möglichkeit auch nur zu behaupten sie sich sonst nicht anmaßen könnte." (I. Kant, KpV, Erster Teil, II. Buch, 2. Hauptstück. VI; in Ausg. ^{10}1990, S. 152; kursiv im Original gesperrt).

99 G. Schischkoff, ^{22}1991, S. 368.
100 K. Jaspers, ^{6}1990, S. 451.
101 K. Jaspers, ^{6}1990, S. 460.
102 K. Jaspers, ^{6}1990, S. 448.

2. Die Polarität der Mystik nach Karl Jaspers

Der Begriff des Dämonischen weckt heutzutage Assoziationen eines geheimnisvollen Bösen mit oftmals zerstörerischen Auswirkungen, bewirkt von unheimlichen und unerklärlichen Kräften, doch diese Bedeutung des Bösen wurde dem Dämonischen erst im spätantiken Zauberglauben und im Christentum zugesprochen. Seiner ursprünglichen Bedeutung im frühen Griechentum[103] nach wirkt im Menschen „eine unbegreifliche Kraft", welche er „solchen Erscheinungen unterlegt, die er aus seiner gewöhnlichen Erfahrung heraus nicht versteht", und deshalb als „seine Eigenart, seine schicksalhafte Bestimmtheit" erfährt.[104]

Auf genau diesen alten Sinn des Dämonischen rekurriert Jaspers, wenn er vom dämonischen Menschen spricht und ihn folgendermaßen typisiert: Wenn die Kreis- oder Zirkelbewegung von der Entfaltung der Idee, dem „Ausbau des Gehäuses" in „endlicher Gestaltung und der Rückkehr in den lebendigen Umschmelzungsprozess" und damit „zu den schaffenden Kräften in demselben Menschen immer wiederkehrt, und zwar in aufsteigender, d. h. assimilierend bewahrender Linie, nicht chaotisch, so sprechen wir von einem dämonischen Menschen".[105] In ihm „scheint die Gewalt jener Kreisbewegung auf das Höchste gesteigert", sein „aktives Handeln erfolgt immer aus der Totalität der Situation heraus und ist daher nur bis zu einem gewissen Grade auf Formeln, auf rationale Berechnung zu bringen", und er lebt in einer Spannung, aus der heraus ihm seine Arbeit als „äußerste Vertiefung in die Breite zur Aufgabe und hastig erfüllten Pflicht" werden muss.[106]

Auf Kant übertragen, zeichnet Jaspers diesen bezüglich seiner Lebensführung als in einem ruhelosen Streben und unablässigen Schreiten in „erfüllte, ideenhafte Unendlichkeiten" hinein befangen. Die Ideen von Welt, Seele und Leben sind ihm „objektiv bloß Namen für Richtungen" auf das Unendliche hin, während ihm „die Idee der Ideen" als mystische Schau verborgen bleibt und er ihr „nur durch immer weitere Vertiefung in die gegenständliche Welt" hinein formale

---

103 Das griechische „Daimonion" steht ursprünglich für „göttliche Wesenheit" und wurde von Sokrates etwa als seine „innere Stimme" bezeichnet, die ihn vor falschen und gegen das Gute verstoßenden Handlungen warnte (G. Schischkoff, ²²1991, S. 119).
104 G. Schischkoff, ²²1991, S. 118.
105 K. Jaspers, ⁶1990, S. 355.
106 Ebd.

Bedeutung und Sinngehalt zu geben vermag. Für Kant ist die These bestimmend, „dass nur das Praktische Erkenntnis des Übersinnlichen verschaffe".[107]

2.4 Plotin oder der Weg der Mystik

Plotins Lehre vom Einen veranlasste Jaspers kontradiktorisch zu Kant zu der Feststellung: „Plotin weiß, was es mit der Welt auf sich hat." Dies erklärt er aus Plotins Denken und Lehren jenes Ur- oder All-Einen, aus dem alles intelligible und in Emanationen Gestalt gewinnende Leben und Weltsein „wie aus einer Quelle" entspringt, „die keinen Anfang weiter hat" und nur „ruhig in sich selbst beharrt" und zu der alle Wesen „in einem rückwärtsschreitenden Prozess" zurückdrängen. Die menschliche Seele kann in einer Stufenfolge mystischer Erlebnisse zur Vereinigung mit diesem „Einen" gelangen und in objektloser Schau erkennen, dass dieses „Eine" nicht „ein Nichts", sondern das immerwährende „Prinzip der Fülle" ist. Dieses ist „nicht Sein, nicht Wesenheit, nicht Leben", aber „über diesen allen", und deshalb kann „nichts von ihm ausgesagt werden".[108]

Der Zugang zu der transzendenten Wirklichkeit dieses „Einen" ist einzig in der Innerlichkeit nichtdiskursiver Erfahrung und im Zustand aufgehobener Subjekt-Objekt-Spaltung möglich. Plotin soll nach Aussage seines Schülers Porphyrios „dieses ‚Ziel' der Einheit mit dem höchsten Gott viermal erlangt" und so beschrieben haben: „Wird der Seele aber jenes glückhaft zuteil und kommt zu ihr, vielmehr tritt, da es zugegen ist, in Erscheinung, wenn sie ausbiegt von allem, was gegenwärtig ist, und sich selber zurüstet so schön als möglich und zur Gleichheit mit Ihm gelangt ... und Ihn dann in sich erblickt, wie Er miteins erscheint, ... dann wird sie nicht des Leibes mehr gewahr, dass sie in ihm weilt, noch spricht sie sich selber als irgendein anderes an, nicht als Mensch, nicht als Lebewesen, nicht als Seiendes, nicht als Alles. Daher sie in diesem Augenblick auch das richtige Erkennen und Urteilen hat, dass Dies es ist, wonach sie verlangte, und festzustellen

---

107 K. Jaspers, ⁶1990, S. 450ff.
108 K. Jaspers, ⁶1990, S. 449.

vermag, dass nichts mächtiger ist als Es. Denn es gibt dort oben keinen Trug; wo könnte sie das Wahre als Wahreres antreffen?"[109]

Diese fast wie ein Stammeln wirkende Beschreibung einer eigentlich unsagbaren Erfahrung verleiht nach Pierre Hadot nicht nur der Plotinischen Lehre „ihre grundlegende Färbung", sondern zeigt auch „eine in der Geschichte der antiken Philosophie relativ neue Färbung und Atmosphäre"[110], da sie nicht mehr im philosophischen Diskurs durch Denken und den Erwerb von Wissen zu erreichen ist. Vielmehr wird hier der philosophische Diskurs überschritten und aufgelöst in einer mystischen Erfahrung, doch diese muss zumindest vorbereitet und begleitet sein von einer bestimmten Lebensweise, „die alle Aspekte des Daseins umfasst", einem „Leben gemäß dem Geist", das platonische und aristotelische Elemente in sich vereint und in Askese und moralischer Tugendhaftigkeit gründet.[111]

Es ist ein kontemplatives und einer „Disziplin der Aufmerksamkeit" gewidmetes Philosophenleben, das Plotin von seinen Schülern fordert, in welchem Wissen „in und durch das existenzielle Fortschreiten in Richtung auf das Gute" erworben und nur über „zunehmend innere Stufen des Bewusstseins" wahre Erkenntnis erlangt werden kann.[112]

Damit entspricht Plotins Lebensform einer schon von den Vorsokratikern gelehrten „Erkenntnis des Gleichen durch Gleiches", was im Sinne von Plotin bedeutet, „dass man die Wirklichkeit, die man erkennen will, nur begreifen kann, wenn man ihr geistig ähnlich wird".[113] Lebensziel ist dann die reale Vereinigung mit dem „Einen", an dem die Seele Anteil hat und schon immer mit dieser geistigen Welt in Verbindung steht.

2.4.1 Die Stufen des Aufstiegs der Seele zum „Einen"

Mit Plotin sind zunächst verschiedene Stufen der Wirklichkeit zu unterscheiden, deren unterste, die Natur oder materiale Vielheit, von der nächsten, der Seele, und den darauf folgenden des Geistes und der

---
109 P. Hadot, 1999, S. 188f.
110 Ebd.
111 P. Hadot, 1999, S. 184ff.
112 P. Hadot, 1999, S. 187 und 191.
113 P. Hadot, 1999, S. 191.

All-Einheit verschieden ist, aber wie sie aus Letzterer hervorgeht. So ist auch der Mensch all diesen Stufen verbunden und nimmt dennoch eine Mittelstellung ein insofern, als er ein Wesen aus Leib, Seele und Geist ist und dadurch sowohl der Natur wie auch dem Geist zugehört, aber im All-Einen seine eigentliche Heimat hat. Und nur dem Menschen ist es gegeben, sich zu entscheiden, welcher Dimension er sich zuneigen will, d. h., ob er sich „wie Narzissus vom Schein einer vielheitlich parzellierten Welt hypnotisieren" lassen und sich einem „täuschenden Selbstbetrug" hingeben möchte, oder ob er sich in strenger Selbstdisziplin „von dem wahren Eros in den intelligiblen Grund der Wirklichkeit" hinein führen und leiten lässt.[114]

Da der Mensch aber nun einmal in der Welt des Gegenständlichen und der Vielheit alles Seienden lebt, denkt und handelt, so gibt es für ihn nach Plotin nur einen Weg, auf dem er zum Urquell des „Einen" zurückfindet: indem er einerseits das ihm wesenseigene denkende und begreifende Bewusstsein auf dieses Eine hin konzentriert und es immer tiefer und klarer auch begrifflich zu fassen sucht, und andererseits sein Leben mit seinem Eingebundensein in die Abläufe dieser Welt mit allen sinnlichen Verlockungen und Verstrickungen reduziert zugunsten einer Wendung der Seele nach innen, um in der Reflexion auf das eigene Selbst seines eigentlichen Seins bewusster zu werden, und schließlich in der Überwindung dieses Selbst und der Begriffe in den Seinsgrund zurückzukehren.

Dieser Prozess der Selbsterkenntnis und Selbstfindung, den Jahrhunderte später auch Meister Eckhart hervorheben wird, führt „zunächst zu einer Transformation der Seele als des ‚Denkortes' in das, was in ihr diesen Akt allererst ermöglicht: in den Nous"[115], und damit in eine geistige oder intelligible Sphäre, in welcher die Differenz zwischen Subjekt und Objekt aufgehoben oder zumindest zurückgedrängt ist, Raum und Zeit als innerweltliche Kategorien überwunden sind und der Mensch zu seiner wahren Identität findet.

Auf einer ersten Stufe dieser Umformung der Seele muss in ihr die Erkenntnis wachsen, dass das Denken im Menschen grundgelegt und ihm wesenseigen ist insoweit, als er selbst dieser intelligiblen Sphäre angehört und aus ihr denkt, wenngleich er sich des Vorhandenseins

---
114 W. Beierwaltes, 1985, S. 130.
115 W. Beierwaltes, 1985, S. 130/131.

eines „Intelligiblen Intellekts" als Teil seiner Seele kaum je bewusst ist, und er sein „Leben aus dem Geist" oder „Leben nach dem Intellekt" erst einmal in sich entdecken muss.

Ausgehend von dieser Erkenntnis, kann sich dann die Seele auf einer zweiten Stufe mit diesem transzendenten Intellekt identifizieren und selbst Intellekt werden[116], nachdem sie sich zuvor schon mit ihrem vernünftigen Seelenteil verbunden und für ein tugendhaftes Leben entschieden hat. Mit diesem Weiterschreiten im Prozess der Selbsterkenntnis und der Transformation der Seele löst sie sich aber nicht in diesem intelligiblen Geistigen auf, sondern „ihre Seins- und Denkstruktur ist durch das Einswerden mit dem Geist eine qualitativ andere geworden"[117]. Aber auch der ganze Mensch ist ein anderer geworden, da er nicht nur in der Innerlichkeit des Denkens zu sich selbst gefunden, sondern durch sein Sich-Verbinden mit dem transzendenten Intellekt auch „einen Zustand reinster Transparenz im Verhältnis zu sich selber" erlangt hat und infolge der Erkenntnis, dass in diesem transzendenten Intellekt alle Ideen und alle Formen enthalten sind, er von nun an „in der Perspektive der Totalität"[118] denkt und sein Leben und seine Welt entsprechend gestaltet. Plotin beschreibt diesen Zustand folgendermaßen: „So ist also dieser Mensch selber Intellekt geworden, wenn er alles andere, das er hat, dahinten lässt und nur vermöge des Intellekts in sich auch den Intellekt schaut, und das heißt sich selber vermöge seiner selbst."[119]

Die dritte und letzte Stufe auf dem Weg zurück zum absoluten Einen vermag der Mensch allerdings nicht mehr aus eigenem Antrieb zu erklimmen; sie kann nur noch erfahren werden. Das Erfahren des Absoluten in der Einheitsschau, dieses völlige Über-sich-hinausgehoben-Sein in der Ekstase, widerfährt dem Menschen nur noch passiv als Gnadenakt oder durch einen „Strahl" oder „Sog" vom Einen her, der in der menschlichen Seele unbewusst schon immer existent war, aber im Prozess der Bewusstseinsentwicklung und Selbstfindung immer deutlicher seine Wirkung entfalten konnte. Im „Lassen" seiner selbst wird

---

116 P. Hadot, 1999, S. 192f.
117 W. Beierwaltes, 1985, S. 133.
118 P. Hadot, 1999, S. 194.
119 Zitiert nach P. Hadot, 1999, S. 194 mit Bezug auf Plotin, Enneaden, V 3, 49, 4, 29.

es dem Menschen dann vielleicht geschenkt, sich ganz in dieses Eine hinein zu verlieren und zugleich in diesem wiederzufinden, und dieses Einswerden als „ein Aufblühen seiner selbst"[120] zu erfahren.

Dazu noch einmal Plotin: „Der Transzendierende wird von der Woge des Geistes gleichsam fortgerissen und von ihrem Schwall hinaufgehoben: da erblickt er es mit einem Schlage, er sieht nicht, wie, sondern das Schauen erfüllt seine Augen mit Licht und lässt durch das Licht nicht etwas anderes sichtbar werden, sondern das Licht selber ist es, was er sieht."[121]

Zusammenfassung

Jaspers hat zunächst anhand allgemeinpsychologischer und nachvollziehbarer Beispiele verständlich zu machen versucht, dass Mystisches als das „Mehr" einer schöpferisch wirkenden Kraft in der Welt allgegenwärtig ist und jederzeit in das Bewusstsein des Menschen durchbrechen kann, sofern dieser dafür offen ist und sich in einem der beschriebenen „Zustände" der Subjekt-Objekt-Spaltung befindet.

Diese Beispiele wurden von Jaspers dann überführt in eine Typologie mystischer Erlebnisweisen nach Art der Wirkung dieser Kräfte des Mystischen in der menschlichen Seele und der Beurteilung des Erlebten mit den entsprechenden Folgen für das weitere Leben, Denken und Handeln.

Aus dieser Typologie hat Jaspers schließlich seine These von der Polarität der Mystik entwickelt, indem er aus den Folgewirkungen der mystischen Erlebnisse, die möglicherweise selbst schon unterschiedlich erlebt wurden und deshalb zu andersartigen Einsichten und gegensätzlichen Weltanschauungen geführt haben, zum einen den ideenentfaltenden dämonischen Menschen am Beispiel von Kant zur Darstellung bringt, und zum anderen Plotin als den eigentlichen Mystiker diesem gegenüberstellt.

Sowohl Plotin als auch Kant werden von Jaspers mystische Erlebnisse zugesprochen, ob Letzterer dieser Einschätzung zustimmen würde,

---
120 P. Hadot, 1999, S. 195.
121 Zitiert nach W. Beierwaltes, 1985, S. 139 mit Bezug auf Plotin, Enneaden, VI 7, 36, 17–23.

2. Die Polarität der Mystik nach Karl Jaspers

erscheint allerdings fraglich. Alles Metaphysische, verstanden als das, was jenseits des Physischen liegt, wurde bekanntermaßen von Kant als der menschlichen Erkenntnis nicht zugänglich abgelehnt. Für ihn galten Sinnlichkeit, Vernunft und Verstand als die eigentlichen Erkenntnisvermögen und Grundlage der Erfahrung des Menschen, nicht aber irgendwelche „Dinge an sich", die unserer Anschauung nur als Erscheinungen, und somit als „Dinge für uns", mittels der apriorischen Sinnlichkeitsformen zugänglich sind. Ein Jaspersches „Mehr", das in dem Ganzen der Schöpfung als eine ansteckende, wirkende Kraft enthalten ist, hätte wohl Plotin, aber kaum Kant anerkannt, obwohl auch er einem „bestirnten Himmel" über uns und dem „moralischen Gesetz" in uns mit „zunehmender Bewunderung und Ehrfurcht" gegenüberstand. Vielleicht fehlte ihm einfach jener vom Eros geprägte „liebende Geist", der Plotin auszeichnete und der allein imstande ist, „das Denken als die ihm ursprünglich und wesensmäßig eigene Möglichkeit übersteigend zu negieren und sich so in der Ekstasis mit dem Einen oder Guten selbst zu einen"[122].

Von Dag Hammarskjöld wiederum darf angenommen werden, dass er dem von Jaspers beschriebenen „Mehr" nicht nur zugestimmt hätte, sondern seine Wirkungen zwar nicht unbedingt bei einem Strandspaziergang, was seine Sache offenbar nicht war, dafür aber während so mancher Wanderung in seinen geliebten Sarek-Bergen erfahren hat und so beschreiben konnte: „Flachlandhorizont und Lot der Mauer kreuzen wie Schicksalslinien", oder: „Himmel offen im Ost. Stahlblau steigt der Ebene Opferrauch."[123]

Hammarskjöld hat jedoch Kants Schriften gekannt oder sich zumindest während seiner Studentenzeit mit der Lektüre von Kants „Grundlegung zur Metaphysik der Sitten" intensiv befasst, wovon die vielen Unterstreichungen in der in seiner Bibliothek befindlichen deutschsprachigen Ausgabe von 1920 zeugen. Aber dass er das Kantianische Denken im Laufe seines Lebens weit hinter sich gelassen hat und zu anderen Einsichten gelangt war, zeigt folgende Tagebuchnotiz: „Wie sollte die Anstandsmoral der Vernunft – und der Allgemeinheit – Gestalt gewonnen haben ohne die Märtyrer des Glaubens? Mehr noch: wie sollte diese Moral dem Einschrumpfen entgehen ohne jene Erneu-

---
122 W. Beierwaltes, 1965, S. 19 mit Bezug auf Plotin, Enneaden VI 7, 35, 24ff.
123 ZW, 2005, S. 173.

erung, jenen Zustrom an Kraft, die von dem ausgeht, der sich in Gott verlor?"[124]

Hatte Dag Hammarskjöld also Kants „Kopernikanische Wende" für sich rückwärts vollzogen, indem er nicht den menschlichen Erkenntnisvermögen von Sinnlichkeit und Verstand allein vertraute, sondern auch Außersinnliches und mithin jene „Noumena", die Kant so vehement ablehnte, als Erkenntnis und innerpsychische Realität für sich zuließ? Oder wurden ihm, obwohl auch er ein Kind der Aufklärung genannt werden kann, rational Entscheidungen traf und aktiv sein Leben gestaltete, Erfahrungen des Numinosen zuteil, weil er in einem vertrauenden Glauben wurzelte und ein metaphysisches Weltbild in sich trug, welches auf das Ganze und Absolute und damit auf jenes „Mehr" als einer zwar außersinnlichen, aber dennoch wirksamen Kraft gerichtet war?

Und doch ist Dag Hammarskjöld den Kantischen „Weg der Idee" zumindest insoweit gegangen, als dieser sich „vermittelt durch Handeln in der Welt, Erfahrung, Reflexion, Selbstbesinnung"[125], eben weil er aufgrund seiner Stellung in der UNO in besonderem Maße am Geschehen in dieser Welt beteiligt war und aktiv und entscheidend daran mitzuwirken hatte. Jedoch waren sein Denken und Handeln und insbesondere seine Politik von einem ausgeprägt ethischen Bewußtsein und einem Ideal des Dienens durchzogen, das zumindest in seinen späteren Jahren eher an Albert Schweitzer und dessen christlicher Mitmenschlichkeit orientiert war, kaum aber an Kants Pflichtethik.

Von den mittelalterlichen Mystikern aber hatte Dag Hammarskjöld gelernt, „wie man ein Leben aktiven sozialen Dienstes in voller Harmonie mit sich selbst als Mitglied der Gemeinschaft des Geistes führen kann", und dass „Selbstaufgabe der wahre Weg der Selbstverwirklichung"[126] ist. Und weil er sich verbunden wusste mit jener „kleinen Zahl von Auserwählten, ... die zusammen eine geistige Gesellschaft bilden", wie es Henri Bergson für die Mystiker beschrieb[127] und Dag

---
124 ZW, 2005, S. 116.
125 K. Jaspers, [6]1990, S. 460.
126 Aus Dag Hammarskjölds Radiovortrag „This I Believe" in New York aus dem Jahre 1953, hier in der Übersetzung von Manuel Fröhlich; in: ZW, 2005, S. 20.
127 H. Bergson, [1-3]1933, S. 234. Dort schreibt Bergson weiter: „[D]ie Gesellschaften dieser Art konnten ausschwärmen; jede von ihnen würde, durch die Mit-

Hammarskjöld es wahrscheinlich bei ihm gelesen und aufgrund eigener Erfahrungen später in seine Aussage über die „Gemeinschaft des Geistes" übernommen hat[128], so konnte er aus dieser Erfahrung der Einheit heraus festhalten: „Doch mich durchschwebt die Vision von einem seelischen Kraftfeld, geschaffen in einem ständigen Jetzt von den vielen, in Wort und Taten ständig Betenden, im heiligen Willen Lebenden. – Die Gemeinschaft der Heiligen – und in dieser – ein ewiges Leben."[129]

In dieser Verbundenheit stand Dag Hammarskjöld denn auch näher bei Plotin als bei Kant, zumal er in seiner Lebensführung eine „Disziplin der Aufmerksamkeit" pflegte, wie Plotin es seinen Schülern empfohlen hatte, und weil er wie dieser einen langen Weg der Vorbereitung gegangen war und ein innerliches „Leben gemäß dem Geist" geführt hatte, und infolgedessen notieren konnte: „Das Mysterium ist ständig Wirklichkeit bei dem, der inmitten der Welt frei von sich selber ist: Wirklichkeit in ruhiger Reife unter des Bejahens hinnehmender Aufmerksamkeit."[130]

Gleichwohl kann Dag Hammarskjölds Weg nicht mit Plotins „Weg der Mystik" gleichgesetzt werden, zumal von ihm nicht bekannt ist, ob er je in Gnade zu jener Wirklichkeit des All-Einen durchgestoßen ist und seine „Augen mit Licht erfüllt" waren, wie es Plotin geschah. Doch auch er kannte die „Quelle", und während er einsam an ihr ver-

---

glieder, die außergewöhnlich begabt wären, eine oder mehrere andere gründen; so würde der Schwung sich erhalten und sich fortsetzen bis zu dem Tage, wo ein tiefer Wandel der materiellen Bedingungen, die der Menschheit von der Natur auferlegt sind, eine grundlegende Umbildung von der geistigen Seite her gestatten würde."

128 Diese Wahrscheinlichkeit wird m. E. auch belegt durch Hinweise verschiedener Autoren, dass Hammarskjöld sich immer wieder auf Bergson bezogen habe. So weist vor allem Hjalmar Sundén in seinem Buch „Die Christusmeditationen Dag Hammarskjölds" auf S. 53ff ausführlich auf diesen Bezug hin, ebenso Gustaf Aulén an verschiedenen Stellen seines Buches „Dag Hammarskjölds White Book", und auch Manuel Fröhlich (in: The Adventure of Peace, S. 139) zeigt auf, dass Hammarskjöld selbst sich 1960 in einem Vortrag in der Universität von Chicago auf Bergsons „Schöpferische Entwicklung" bezogen hat. Es darf also angenommen werden, dass Hammarskjöld sich der „kleinen Zahl von Auserwählten" – den Mystikern, wie von Bergson beschrieben und von Hammarskjöld in seinem Radiovortrag „This I Believe" als „Gemeinschaft des Geistes" benannt – durchaus zugehörig fühlte.
129 ZW, 2005, S. 102.
130 ZW, 2005, S. 129.

weilte[131] und in der „Innerlichkeit des Denkens und in einem Prozess der Selbsterkenntnis" zwar nicht zu dem „transzendenten Intellekt" des Griechen Plotin, wohl aber zu einem christlichen Gott und damit zu seiner eigenen „Wirklichkeit" gefunden hatte, und indem er jene „Transformation der Seele" durchlebt und selbst „Intellekt", oder, ihm gemäßer, „Christ" im Sinne der Evangelien geworden war, konnte auch er aus jener „Perspektive der Totalität" denken und sein Leben und seine Welt gestalten, wie es der obersten Sprosse der zweiten Plotinschen Wirklichkeitsstufe entspricht.

3. Die religiöse Erfahrung als individuell-lebensgeschichtliches Ereignis nach William James

Wie im Vorigen mit Karl Jaspers, so soll mit William James noch einmal der Blick auf das mystische Erleben des Menschen, nun allerdings unter dem Fokus als individuell-lebensgeschichtliches Ereignis, gelenkt werden. Inwieweit gewisse Elemente von James' Betrachtung auf Dag Hammarskjöld zutreffen und damit das bislang gezeichnete Bild seiner Persönlichkeit und Religiosität ergänzt und erweitert werden kann, soll dabei nicht außer Acht gelassen werden.

William James' Auffassung von Religion erscheint heute, obwohl schon 1901/02 im Rahmen der Gifford-Lectures in Edinburgh gehalten und unmittelbar darauf in der amerikanischen Originalausgabe unter dem Titel „The Varieties of Religious Experience" als Buch erschienen, immer noch oder im Zuge einer neuen Suche nach Religiosität in einer säkularisierten Welt wieder sehr modern. Nicht einer dogmatisierten Gottgläubigkeit wird durch James das Wort geredet, sondern einem Glauben, der die Menschen trägt, weil er ihrem Leben Sinn gibt, und obwohl dieser Sinn sich in vielerlei Gestalten äußern kann, trägt er doch immer das ganz persönliche Antlitz dessen, der Religion in sich erfahren hat und dessen Leben dadurch geprägt wurde.

William James „verbindet sich mit der Religion des Herzens gegen die Religion des Kopfes", und damit ist eine Religion gemeint, die per-

---

131 ZW, 2005, S. 125: „Einsam an der Quelle …".

sönlich zu nehmen ist, Hingabe und Verpflichtung verlangt und sich nicht in der Teilnahme an äußerlichen Ritualen erschöpft.

James selbst definiert Religion als „die Gefühle, Handlungen und Erfahrungen von einzelnen Menschen in ihrer Abgeschiedenheit, die von sich selbst glauben, dass sie in Beziehung zum Göttlichen stehen".[132] Dies erinnert an Meister Eckharts Traktat „Von der Abgeschiedenheit und vom Besitzen Gottes", wobei Eckhart allerdings nicht nur einen Menschen im Sinn hatte, „der sich äußerlich in die Einsamkeit kehrt", sondern einen, der „eine innere Einsamkeit", eine Abgeschiedenheit des Herzens, lernen muss, um „von göttlicher Gegenwart durchdrungen"[133], zu sein.

Auch von Dag Hammarskjöld darf angenommen werden, dass er diese Unterscheidung im Eckhart'schen Sinne gedeutet hätte, denn vermutlich hat er die in seinem Besitz befindliche englische Ausgabe der „Varieties ..." von 1936 mit großem Interesse, wenn nicht gar mit heißem Herzen gelesen. Dies wohl auch deshalb, weil James lt. Henri Bergson seine Thesen zur religiösen Erfahrung nicht nur in „sehr lebendigen Beschreibungen und eindringlichen Analysen" dargelegt hat, sondern weil er sich „in Wahrheit ... dem Studium der mystischen Seele" hingegeben hat, „wie wir uns dem sanften Hauch der Frühlingsbrise hingeben"[134], und weil Dag Hammarskjöld infolgedessen in James einen „verwandten Geist" gesehen haben mag.

---

132 W. James, 1997, S. 63/64.
133 J. Quint, 1979, 61.
134 H. Bergson, 1948, S. 238.

3.1 James' Prinzipien und Thesen bezüglich religiöser Erfahrung

William James verfolgte eine empiristisch-pragmatische Auffassung von Religion, die nicht zuletzt durch seine akademische Laufbahn, vielleicht aber mehr noch durch sein eigenes melancholisches Wesen und seine persönliche Krise, ausgelöst durch die „früh erlebte Spannung zwischen einem deterministischen, angeblich von den modernen Naturwissenschaften beglaubigten Weltbild und den Werten eines christlichen Menschenbildes"[135] geprägt war. Indem James im Verlauf dieser Krise bemerkte, dass es möglich sei, durch Konzentration einen Gedanken gegen andere andrängende Gedanken willentlich festzuhalten und sich diesem ganz zuzuwenden, erkannte er die Möglichkeit der freien Willensentscheidung und damit die „Erlösung aus der Ausweglosigkeit eines deterministischen Universums". Dies führte ihn dann weiter zu der Frage nach einem religiösen Glauben in einer nachmetaphysischen Zeit, in „der keine Institution mehr Sicherheit gab und in der der Traum eines stichhaltigen philosophischen Gottesbeweises ausgeträumt war, in der vielmehr, etwa durch den Darwinismus, zentrale kognitive Gehalte christlicher Tradition wie die Schöpfungslehre als wissenschaftlich definitiv widerlegt gelten konnten".[136]

Für James aber konnte dies nur ein Glaube sein, der im Vertrauen auf den eigenen Verstand und die Freiheit des Willens in der Lage ist, die eigene Einstellung zur Welt zu verändern und dafür die verschiedensten Antworten zuzulassen – ein Glaube also, der die persönlichen Einsichten und Erfahrungen ernst nimmt. Seinen eigenen Erfahrungen wie auch seinen besonderen philosophischen Fragestellungen bezüglich der Vorstellungen und Motive des Einzelnen mit Blick auf Religion ebenso folgend wie seiner Profession als Psychologe, stellte sich William James zunächst zwei Fragen:

1. „Welches sind die religiösen Neigungen?" Damit fragte er nach dem Ursprung und dem Zustandekommen, der Geschichte und der Verfasstheit von Religionen und nannte die Beantwortung solcher Fragen ein „Existenzurteil", und weiter:

---

135 H. Joas, ¹1999, S. 62.
136 H. Joas, ¹1999, S. 65.

2. „Welches ist ihre philosophische Bedeutung?" Damit zielte er in eine grundsätzlichere, metaphysische Richtung religiöser Neigungen und fragte nach ihrem Sinn und ihrer Wertigkeit, womit ein „Werturteil", oder, wie er es in seiner eigenen Terminologie nannte, ein spirituelles Urteil"[137] begründet werden kann.

Trotz dieser Unterscheidung stellte James jedoch klar, dass er die Phänomene der religiösen Erfahrung unter einem „rein existenziellen Gesichtspunkt"[138] zu betrachten gedenkt und, von der unmittelbaren Erfahrung des Einzelnen ausgehend, „durchgehend individualistisch argumentiert", um „das Gefühlsmoment in der Religion zu rehabilitieren und ihren verstandesmäßigen Teil ihm unterzuordnen".[139] Aus diesem Blickwinkel müssen denn auch die vielen persönlichen Lebenszeugnisse gesehen werden, die seinen theoretischen Ausführungen beigefügt sind.

Mit dieser Art existenzieller Sichtweise blieb James an der Daseinswirklichkeit des religiös empfindenden Menschen und seiner „Welt lebendiger individualistischer Gefühle" orientiert und war somit weit entfernt von einer existenzphilosophischen Betrachtungsweise etwa eines Karl Jaspers, der zwischen „Dasein" und „Existenz" unterschied und seine Philosophie verstand „als das Denken, das das Leben trägt, das das Handeln im persönlichen Dasein und im Politischen erhellt und führt"[140], und der sich somit rein verstandesmäßig auf die Erhellung der Seinsweise der menschlichen Existenz und ihre Bezüge zur Transzendenz konzentrierte.

James stellte auch die neuesten Erkenntnisse der Psychologie seiner Zeit nicht in Abrede, die herausgefunden hatte, „dass bestimmte psychophysische Verbindungen tatsächlich bestehen" und daher als brauchbare Hypothese angenommen werden kann, „dass die Abhängigkeit geistiger Zustände von körperlichen Bedingungen durchgehend und vollständig sein muss"[141]. Diese Aussage ist umso verblüffender, als sie der heutigen Hirnforschung entstammen könnte und eigentlich nur eine Bestätigung der im Laufe der Geschichte wechselnden und

---

137 W. James, 1997, S. 39f.
138 W. James, 1997, S. 41.
139 W. James, 1997, S. 483.
140 K. Jaspers, 1956, S. XXf.
141 W. James, 1997, S. 47.

durch den jeweiligen Stand der Forschung modifizierten Annahmen zum Leib-Seele-Problem darstellt.

Jedoch wollte James auch den medizinischen und psychologischen Forschungen und Existenzurteilen kein Allgemeingültigkeitsrecht zuweisen, sondern gesteht schon dem gesunden Menschenverstand die Erkenntnis zu, „dass bestimmte Geisteszustände anderen aus sich heraus überlegen sind und mehr Wahrheit enthalten" und man sich zu dieser Einsicht nur „eines ganz normalen spirituellen Urteils" bedienen müsse. Dieses basiere entweder auf einem unmittelbaren Gefallen an einer Sache oder darauf, „dass wir überzeugt sind, dass sie positive Auswirkungen auf unser Leben hat".[142] Denn sowenig die naturwissenschaftlichen Befunde und Existenzurteile in Frage zu stellen sind, sowenig sagen sie doch aus über den Wert einer Sache, und so sind es letztlich die Werturteile, denen mit Bezug auf die Bedeutung und den Sinn einer Sache ein ungleich höherer Stellenwert zuzumessen ist.

James' Schlussfolgerung lautet denn auch: „Mit religiösen Meinungen sollte es nicht anders sein. Ihr Wert kann nur durch spirituelle Urteile bestimmt werden, die sich auf sie selbst richten; durch Urteile, die sich primär auf unser eigenes unmittelbares Gefühl stützen und sekundär auf das, was wir aufgrund ihres Erfahrungszusammenhanges mit unseren moralischen Bedürfnissen und allem anderen, was wir für wahr halten, bestätigen können. Kurz: Unmittelbares Einleuchten, philosophische Verständlichkeit und moralische Nützlichkeit sind die einzigen brauchbaren Kriterien."[143]

3.2 Die besondere religiöse Bereitschaft der „Zweimal-Geborenen"

William James lehnt es entschieden ab, für das Wesenhafte von Religion eine bestimmte Definition anzunehmen, vielmehr könne „Religion" nur als Sammelbegriff gesehen werden, in dem sich „viele Charakterzüge" vereinen.[144] So betont er immer wieder, dass bei Menschen mit einer melancholischen Grundstimmung und depressiven Veranlagung

---

142 W. James, 1997, S. 48.
143 W. James, 1997, S. 51.
144 W. James, 1997, S. 59.

offensichtlich eher die Neigung zu Religiosität besteht als bei jenen, denen das „Schicksal des Scheiterns"¹⁴⁵ nicht zuteil wurde und die nicht durch das Dunkel einer zweiten Geburt finden müssen.

Grundlage aller religiösen Erfahrung ist für James „die Tatsache, dass der Mensch ein zwiespältiges Wesen hat und mit zwei Bereichen des Denkens in Verbindung steht, einem oberflächlicheren und einem tiefgründigeren Bereich, wobei er sich gewöhnlich in einem der beiden Bereiche mehr zu Hause fühlt als in dem anderen".¹⁴⁶

Zu dem oberflächlicheren Bereich neigen die stets optimistischen, lebensfrohen, von keinem Zweifel angekränkelten Individuen, deren Seele von Geburt an mit einer „himmelblauen Tönung" versehen und deren religiöse Haltung den „einfacheren Formen religiösen Glücks" zuzurechnen ist, worunter James eine spontane und unbekümmerte Gläubigkeit im Vertrauen auf einen guten und allmächtigen Gott versteht.¹⁴⁷ Nach F. W. Newman nennt James die so charakterisierten Menschen „die einmal Geborenen" im Unterschied zu den „zweimal Geborenen", die „in unmittelbarer Nähe der Schmerzschwelle geboren zu sein scheinen".¹⁴⁸ Diesen können Erfahrungen von Schmerz, Angst und Demütigung zu Schlüsselerfahrungen des Menschseins werden, aber auch viel tiefere Einsichten zuteilwerden, die ihnen den „sichersten Weg zu den seligsten Formen des Glücks" erschließen.¹⁴⁹

Solche Menschen verfügen über eine neurotische Konstitution, eine pathologische Melancholie und eine hartnäckige Seelennot¹⁵⁰, die den „gesunden Seelen" gänzlich unbekannt ist. Ihre Rettung kann nur über einen „Prozess der Versöhnung" in Gang kommen, der ihnen wie „eine zweite Geburt" erscheint¹⁵¹. Im Laufe dieses Prozesses muss dann die Erkenntnis reifen, dass „die bösen Fakten ebenso echter Teil der Natur sind wie die guten", und „dass sie irgendeinen vernünftigen Sinn

---

145 W. James, 1997, S. 163.
146 W. James, 1997, S. 127f.
147 W. James, 1997, S. 111f.
148 W. James, 1997, S. 112 (James bezieht sich hier auf F. W. Newman, The Soul; its Sorrows and its Aspirations, ³1852, S. 89, 91) und 160.
149 W. James, 1997, S. 160ff und 168.
150 W. James, 1997, S. 168.
151 W. James, 1997, S. 180.

haben"¹⁵², ja dass die schlechten Erfahrungen etwas Wesentliches sind und erste Schritte auf dem Weg in ein spirituelles Leben sein können.

Auf eine Periode der inneren Stürme folgt als psychologisches Ereignis aber immer ein Zustand der Ruhe und Stabilität, und diese „Erlösung" eröffnet den Zweimal-Geborenen ein „Universum mit zwei Stockwerken"¹⁵³, in dem sie zukünftig leben können. Doch zu den wirklich „gesunden Geistern" will James sie auch dann noch nicht zählen, denn: „Im psychopathischen Temperament finden wir die Emotionalität, die das sine qua non des moralischen Empfindens ist; in ihm finden wir die Tendenz zur Entschlossenheit, die für die praktische moralische Kraft wesentlich ist; und wir finden in ihm die Liebe zur Metaphysik und zur Mystik, die das Interesse eines Menschen über die Oberfläche der sinnlich wahrnehmbaren Welt hinausführt."¹⁵⁴ Und auch dann bleibt es immer noch eine Frage der Entscheidung, und es muss sich zeigen, ob die Tendenz zur Entschlossenheit stark genug ist, und ob sich das Interesse an Metaphysik und Mystik zu einer stabilen und bleibenden Lebensorientierung entwickelt.

Am Ende gilt dann als letzter Prüfstein für den Wahrheitsgehalt einer religiösen Erfahrung und Bekehrung „die Art und Weise, wie sie sich auf das Ganze auswirkt", und hier lässt James nur ein empirisches Kriterium gelten: „An ihren Früchten sollt ihr sie erkennen, nicht an ihren Wurzeln. ... Die Wurzeln der Tugend eines Menschen sind für uns unzugänglich. Unser Handeln ist das einzig sichere Zeugnis – auch für uns selbst –, dass wir wahre Christen sind."¹⁵⁵

Nach James verfügen die „Durchschnitts-Heiligen", die durch ihren Glauben bekehrt wurden, meist nicht über eine besondere Ausstrahlung, ein Charisma, wie es wahrscheinlich den großen Religionsführern eigen war, und auch über keine sonstigen untrüglichen Erkennungszeichen, denn: „Das wahre Zeugnis für die zweite Geburt findet sich allein in der Haltung des echten Gotteskindes, in der unwandelbaren Geduld seines Herzens, in seiner Freiheit von Selbstliebe." Und so empfindet sich ein Mensch, der aus einem religiösen Bewusstsein heraus lebt, völlig verändert gegenüber seinem früheren weltlich-sinnlich

---

152 W. James, 1997, S. 187.
153 W. James, 1997, S. 207.
154 W. James, 1997, S. 58.
155 W. James, 1997, S. 53.

orientierten Selbst. Er hat eine „völlig neue Ebene geistiger Vitalität" erreicht und lebt nun aus einem „Gefühl der Gewissheit und des Friedens", einem Zustand, den James „Heiligung" nennt, und dessen letztes Kriterium „nichts Psychologisches, ... sondern etwas Ethisches"[156] ist: „Das neue Feuer, das in seiner Brust brennt, verzehrt in seiner Glut die niedrigen ‚Neins', von denen er früher besessen war, und schützt ihn dauerhaft vor dem Infiziertwerden von dem ganzen kriecherischen Teil seiner Natur. Großmütige Handlungen, die früher unmöglich waren, fallen jetzt leicht, lächerliche Konventionalitäten und gemeine Triebe, die einst tyrannisch waren, haben keinen Einfluss mehr. Die Steinmauer in seinem Inneren ist gefallen, die Härte in seinem Herzen zusammengebrochen."[157]

Doch nur bei dem „wahrhaft Bekehrten ist die Heiligkeit verwoben mit all seinen Kräften, Prinzipien und Handlungen".[158] Religiosität ist ihm zur Grundhaltung geworden und zeigt sich als eine „Gesamtreaktion auf das Leben", weil er durch die Oberfläche seiner Existenz hindurchgestoßen ist „zu jenem eigenartigen Empfinden, in dem wir den ganzen übrigen Kosmos als etwas ständig Gegenwärtiges erfahren", und dieses Phänomen nennt James eine „Verwandlung" oder „Transformation".[159] Die historisch bedingten Gegebenheiten und die persönlichen Lebensverhältnisse der Menschen mögen sich fundamental ebenso unterscheiden wie die „jeweils vorherrschenden Gedanken, aber die Gefühle auf der einen Seite und das Verhalten auf der anderen sind fast immer dieselben, denn stoische, christliche und buddhistische Heilige sind in ihrer Lebensführung praktisch ununterscheidbar", befindet William James.[160]

Nach Evelyn Underhill zählt das allmähliche Auftauchen eines solcherart religiösen Bewusstseins zu den eher seltenen Fällen, und bei einem bestimmten Typus komme es überhaupt zu keiner „Bekehrung im eigentlichen Sinne, ... sondern eine allmählich zunehmende Helle, die das Selbst im Anfange kaum bemerkt, begleitet mit Unterbrechungen die Seelenqual und die inneren Kämpfe, die für die Läuterungsstu-

---

156 W. James, 1997, S. 254f.
157 W. James, 1997, S. 279f.
158 W. James, 1997, S. 246.
159 W. James, 1997, S. 67 und 214.
160 W. James, 1997, S. 484f.

fe charakteristisch sind. Bekehrung und Reinigung gehen dann Hand in Hand und gehen schließlich in die heitere Klarheit des Zustandes der Erleuchtung über."[161]

Wenn dieser Beschreibung von Evelyn Underhill nach Dag Hammarskjöld auch zu den „eher seltenen Fällen" mit einem ungewöhnlichen Verlauf der Bekehrung gezählt werden muss, so hat er doch gleichwohl den für die Zweimal-Geborenen typischen Entwicklungsweg mit Phasen tiefer Melancholie und Depression, Einsamkeit, Angst, Selbst- und Glaubenszweifeln durchlaufen müssen, ehe auch ihm „Erlösung" zuteil wurde und er schreiben konnte: „So kam er denn wirklich – der Tag, da die Sorge klein ward. Weil das Schwere, das mich traf, bedeutungslos war im Licht der Forderung, die Gott an mich stellte. Aber wie schwer, zu fühlen, dass dies auch – und eben deshalb – der Tag war, da die Freude groß wurde."[162]

Sein „Ja" hatte er bereits gesprochen, als er nach einem Jahre währenden Läuterungsprozess zu Beginn des Jahres 1953 die „Grenze des Unerhörten" überschritten und zu dem von James angeführten „Zustand der Ruhe und Stabilität" gefunden hatte und formulieren konnte: „Dem Vergangenen: Dank, dem Kommenden: Ja!" Und „Reife" war für ihn fortan „auch eine neue Unbewusstheit, die du erst erlangst, wenn du dir selbst vollkommen gleichgültig geworden bist durch bedingungsloses Bejahen des Schicksals. Wer sich Gottes Hand überlassen hat, der steht den Menschen frei gegenüber: ganz frei, weil er ihnen das Recht gab, zu verurteilen."[163]

3.3 Das In-Beziehung-Sein mit dem Göttlichen

Nach James „muss etwas Feierliches, Ernsthaftes über jeder Haltung liegen, die wir religiös nennen", und das „Göttliche" soll „ausschließlich eine solche ursprüngliche Wirklichkeit bedeuten, die das Individuum zu einer feierlichen und ernsthaften Antwort drängt"[164]. Mit dieser „ursprünglichen Wirklichkeit" meint James jedoch keineswegs

---

161 E. Underhill, 1928, S. 234.
162 ZW, 2005, S. 105.
163 ZW, 2005, S. 105f.
164 W. James, 1997, S. 71.

nur einen personalen oder christlichen Gott, denn für seine Hypothese würde ihm das nicht ausreichen: „Wenn ‚Gott' nur das meint, was in die Einheitserfahrung des religiösen Menschen eingeht, reicht er nicht zu einer brauchbaren Hypothese. Um das absolute Vertrauen und den absoluten Frieden des Gläubigen zu rechtfertigen, muss er in weitere kosmische Beziehungen treten."[165]

Mit seinem Eintreten in diese „kosmischen Beziehungen" taucht der religiöse Mensch dann aber auch in „ein schier grenzenloses ‚Meer des Bewusstseins'" und in eine „Wirklichkeit jenseits des individuellen Bewusstseins" ein, in dem das Göttliche viele Namen hat. Mit Berufung auf den kanadischen Psychiater Dr. R. M. Bucke erklärt James dieses kosmische Bewusstsein, das zugleich der Ursprung „mystischer Momente als Bewusstseinszustände einer ganz eigenen Qualität" ist, so: „Kosmisches Bewusstsein ist nicht einfach eine Ausdehnung oder Erweiterung des selbstbewussten Geistes, der uns allen vertraut ist, sondern das zusätzliche Auftreten einer psychischen Funktion. ... Das hervorragende Charakteristikum von kosmischem Bewusstsein ist ein Bewusstsein des Kosmos, d. h. des Lebens und der Ordnung des Universums. Gleichzeitig mit dem Bewusstsein des Kosmos tritt eine intellektuelle Erleuchtung auf. ... Dazu kommt ein Zustand moralischer Steigerung, ein unbeschreibliches Gefühl der Erhebung, Hoheit und Freude und eine Belebung des moralischen Empfindens, die genauso auffällig ist und noch wichtiger als das gesteigerte intellektuelle Vermögen."[166]

Jene „zusätzliche psychische Funktion", welche geeignet ist, den Menschen in den beschriebenen Zustand zu versetzen, nennt James das „unterbewusste Selbst" oder das „subliminale Bewusstsein"[167], einen neuen und andersartigen Zustand, der einer solchen religiösen Erfahrung zugrunde liegt.

---

165 W. James, 1997, S. 494.
166 W. James, 1997, S. 396f.
167 W. James, 1997, S. 490.

3.3.1 Das „subliminale Bewusstsein" und das „transmarginale Feld" als psychologische Aspekte einer religiösen Erfahrung

Mit der Annahme eines „unterbewussten Selbst" und aus einem Essay von F. W. H. Myers aus dem Jahre 1892 über das „subliminale Bewusstsein" zitierend, schreibt William James: „Jeder von uns ist in Wirklichkeit eine dauerhafte psychische Identität, die weit mehr umfasst, als er weiß. Das Selbst manifestiert sich durch den Organismus; aber es gibt immer auch einen nichtmanifestierten Teil des Selbst und, wie es scheint, eine noch ungenutzte organische Ausdruckskraft in Bereitschaft oder Reserve."[168]

Entsprechend der psychologischen Assoziationstheorie seiner Zeit geht James dann weiter davon aus, dass Menschen für ihre Vorstellungen, Ziele und Objekte innerpsychisch „verschiedene Gruppen und Systeme bilden, die relativ unabhängig voneinander bestehen".[169] „Seele" bedeutet in diesem Zusammenhang eine Abfolge von Bewusstseinsfeldern, die aufgrund wechselnder Vorstellungen und Gefühle von unterschiedlicher Intensität eine mehr oder weniger stark erregte „heiße Stelle" als Interessen- und Energiezentrum enthalten. D. h., wenn für einen Menschen religiöse Vorstellungen zum Mittelpunkt seines Interesses werden, dann bildet er ein entsprechendes Bewusstseinsfeld mit einer heißen Stelle aus, das ihm zu einem „gewohnheitsmäßigen Zentrum seiner persönlichen Energien" und zum Urgrund seiner religiösen Ziele wird, aus dem er zukünftig lebt und dem er sich verpflichtet weiß.[170]

In dieser Phase ist der Mensch schon gekennzeichnet durch einen „moralischen Charakter", aber es ist durchaus noch nicht klar, ob er sich mit den hohen moralischen Ansprüchen des höheren Teils seines Selbst wirklich zu identifizieren gedenkt. Dazu muss er sich erst noch entscheiden, und dies geschieht dann im Übergang zu dem Stadium der Befreiung, das James so beschreibt: „Er wird sich bewusst, dass dieser höhere Teil an ein MEHR derselben Qualität angrenzt und in dieses, das im Universum außerhalb des Individuums tätig ist, übergeht, und dass er mit ihm in Berührung bleiben und gewissermaßen

---

168 W. James, 1997, S. 490.
169 W. James, 1997, S. 213.
170 W. James, 1997, S. 216.

bei ihm an Bord gehen und sich selber retten kann, wenn sein ganzes niederes Wesen Schiffbruch erlitten hat."[171]

Welchen Wahrheitsgehalt aber birgt nun dieses „MEHR", das auch Jaspers als eine „in dem Ganzen der Schöpfung enthaltene ansteckende, wirkende Kraft" bezeichnet hat und mit dem das höhere Selbst eines Menschen nach James „während der religiösen Erfahrung in eine harmonische Beziehung zu treten scheint"?[172]

Das Empfinden von der Existenz und Gegenwart einer außerweltlichen und überpersönlichen göttlichen Macht wird in gleicher oder ähnlicher Weise von allen Heiligen und großen Führern aller Religionen gleichermaßen bezeugt. „Sie erleben diese Dinge, weil sie über eine erhöhte Sensibilität verfügten und weil Menschen mit erhöhter Sensibilität für solche Dinge anfällig sind", urteilt James lapidar, ergänzt und hinterfragt diese Feststellung aber wissenschaftlich-psychologisch mit der Hypothese, dass solche „Erscheinungsformen häufig mit dem unterbewussten Teil unserer Existenz verbunden sind" und dass es sich dabei um „Einbrüche aus der transmarginalen Region" unseres unbewussten Selbst handelt, „die eine besondere Überzeugungskraft haben".[173]

Diese Feststellung bildet für James dann die Grundlage für seine Ausführungen zu Gültigkeit und Wahrheit religiöser Erfahrung, und er kommt zu dem Ergebnis, dass von der Tatsache ausgegangen werden muss, „dass das personale Bewusstsein in ein größeres Selbst übergeht, von dem rettende Erfahrungen ausgehen" und dass es sich dabei um den positiven Inhalt der religiösen Erfahrung handelt, der „in seinen jeweiligen Grenzen buchstäblich und objektiv wahr zu sein scheint".[174]

Ausgangspunkt für James waren wiederum die persönlichen Bewusstseinsfelder, welche die jeweiligen Vorstellungen und Ziele eines Menschen beinhalten und durch die Konzentration auf bestimmte Vorstellungen eine „heiße Stelle" oder ein Interessenzentrum in einem dadurch erregten Bewusstseinsfeld ausbilden. Diese Erkenntnis entsprach dem Stand der psychologischen Forschung der Jahre

---

171 W. James, 1997, S. 487f.
172 W. James, 1997, S. 488.
173 W. James, 1997, S. 467.
174 W. James, 1997, S. 492.

1895/1896, umstritten jedoch war das Problem der Grenzziehung bei dieser „Feld-Formel", und man ging davon aus, „dass erstens das gesamte jeweilige Bewusstsein einer Person ... innerhalb des augenblicklichen [erregten] Feldes liegt, so verschwommen und unbestimmt dessen Umriss auch sein mag; und zweitens, dass alles, was eindeutig extramarginal ist, auch eindeutig nichtexistent ist und überhaupt keine Bewusstseinstatsache sein kann".[175]

Daraus entwickelte James nun die Vorstellung, dass religiös bekehrte Menschen ihr neues Bewusstsein nicht auf einen Willen zum Glauben und eine darauf folgende Bewusstseinsentwicklung zurückführen können, sondern dass mit ihnen etwas Bedeutsames, unabhängig von ihrem Bewusstsein oder auch unbewusst innerhalb desselben, geschehen sein muss. Als Erklärung für diese Vorstellung verband er die bereits bekannte psychologische These von den energetischen Bewusstseinsfeldern mit der Annahme des „subliminalen Bewusstseins" und stellte folgende Hypothesen auf[176]:

— Entgegen der Annahme der gängigen Forschung über die Grenzen der Bewusstseinsfelder ist von einem durchlässigen Rand derselben auszugehen.
— Entsprechend der 1886 gemachten Entdeckung der Psychologie ist davon auszugehen, „dass es – zumindest in einigen Subjekten – neben dem Bewusstsein des normalen Feldes, mit einem üblichen Zentrum und einem Rand, noch etwas Zusätzliches gibt in Gestalt einer Gruppe von Erinnerungen, Gedanken und Gefühlen, die vollkommen extramarginal und außerhalb des primären Bewusstseins existieren und dennoch als eine bestimmte Klasse von Bewusstseinsfakten verstanden werden müssen, deren Anwesenheit an unmissverständlichen Zeichen erkennbar ist".

---

175 W. James, 1997, S. 249.
176 Mit dieser Ausführung folge ich teilweise dem Ansatz der Arbeit von David C. Lamberth: William James and the Metaphysics of Experience. Cambridge University Press, Cambridge, 1999, S. 82 und 126ff in eigener Übersetzung. Danach hatte James die Zusammenschau der Fakten in einer eigenständigen Theorie in den Jahren 1895/1896 bei seinen eigenen Experimenten zur Feld-Theorie noch nicht präsent, dies sei ihm erst während der Vorbereitung zu den Gifford-Lectures über die „Vielfalt religiöser Erfahrung" gelungen. Die Zitate in diesem Abschnitt sind W. James, 1997, S. 250f, 472, 481, 487f und 493 entnommen.

- Die Entdeckung eines solchen extramarginalen Feldes und damit „eines Bewusstseins, das jenseits des Feldes oder subliminal – wie Mr. Myers es nennt – existiert, wirft vor allem Licht auf viele Phänomene der religiösen Biografie" und auf das Erlebnis- und Erfahrungspotenzial religiöser Menschen.
- „Für eine Person, die ein stark entwickeltes ultramarginales Leben dieser Art hat, ergibt sich als wichtigste Konsequenz, dass ihre normalen Bewusstseinsfelder anfällig sind für fremde Einfälle, deren Herkunft sie sich nicht erklären kann." D. h., die Grenzen der normalen Bewusstseinsfelder müssen durchlässig sein für Gedanken und Vorstellungen, die sich unbewusst in diesem subliminalen Bewusstsein und in einem angrenzenden extramarginalen Bereich entwickelt haben, dort existent sind und entweder in das Tagesbewusstsein durchbrechen können oder sich als Folge eines unterbewussten Reifungsprozesses durch die willentliche moralische und spirituelle Arbeit an sich selbst allmählich zu einem Ganzen formen, das den Erkenntnissen einer plötzlich auftretenden Bekehrung nicht unähnlich ist.
- Die Welt unserer Erfahrungen besteht aus einem objektiven und einem subjektiven Teil: „Der objektive Teil ist die jeweilige Totalsumme dessen, woran wir denken; der subjektive Teil ist der innere ‚Zustand', in dem sich das Denken vollzieht." Damit knüpfte auch James an die dualistische Weltsicht von einem Innen und einem Außen und der Trennung von Subjekt und Objekt an und führte weiter aus:
- „Aber die kosmischen Objekte, soweit sie uns durch Erfahrung gegeben sind, sind nur geistige Bilder einer Existenz, die wir nicht in uns haben, auf die wir vielmehr nur von außen hinweisen, während der innere Zustand unsere Erfahrung selbst ist; seine Realität und die unserer Erfahrung ist eins." Damit ist zugleich gesagt, dass das MEHR, „das im Universum außerhalb des Individuums tätig ist" und mit dem der Mensch während einer religiösen Erfahrung in Verbindung kommt, nicht nur in seiner persönlichen Vorstellung, sondern als überpersönliche Tatsache wirklich existiert.

Zusammenfassend kam James zu dem Schluss, „dass ein bewusstes Feld plus seiner gefühlten und gedachten Objekte plus einer Haltung dem Objekt gegenüber plus der Empfindung eines Selbst, zu dem diese Haltung gehört"¹⁷⁷, das Wesen des religiösen Menschen ausmacht und „dass wir es in der Religion mit einer Abteilung der menschlichen Natur zu tun haben, die über ungewöhnlich enge Beziehungen zur transmarginalen und subliminalen Region verfügt" und auch, „dass bei tiefreligiösen Menschen das Tor zu dieser Region ungewöhnlich weit offen zu stehen scheint; auf jeden Fall haben Erfahrungen, die durch dieses Tor gekommen sind, die Religionsgeschichte nachhaltig geprägt"¹⁷⁸.

Damit ist für James der Wahrheitsgehalt einer religiösen Erfahrung und die universale Gültigkeit einer „letzten Wirklichkeit" erwiesen, und er hielt es „für philosophisch unentschuldbar, die unsichtbare oder mystische Welt unwirklich zu nennen".¹⁷⁹

3.4 James' Schlussfolgerungen bezüglich religiöser Erfahrung

Eine Zusammenfassung der charakteristischen Befunde des religiösen Lebens lieferte James am Schluss seiner Giffort-Lectures:
1. Die sichtbare Welt ist Teil eines mehr geistigen Universums, aus dem sie ihre eigentliche Bedeutung gewinnt;
2. die Vereinigung mit diesem geistigen Universum bzw. eine harmonische Beziehung zu ihm ist die wahre Bestimmung des Menschen;
3. das Gebet bzw. die innere Gemeinschaft mit dem Geist dieses Universums ist ein Prozess, in dem etwas Wirkliches geschieht. Dabei fließt spirituelle Energie in die Erscheinungswelt ein und bringt dort psychologische und materielle Wirkungen hervor;
4. zu diesen psychologischen Wirkungen zählt ein neuer Geschmack am Leben, der u. a. in Gestalt eines Aufrufs zu Ernsthaftigkeit und Heroismus auftritt,
5. und ein Gefühl von Geborgenheit, eine friedliche Grundstimmung und überwiegend liebevolle Empfindungen gegenüber den Mitmenschen.¹⁸⁰

---

177 W. James, 1997, S. 481.
178 W. James, 1997, S. 472.
179 W. James, 1997, S. 493.
180 W. James, 1997, S. 473f.

Und seine persönliche Überzeugung fasste er am Schluss so zusammen: „Meine ganze Bildung treibt mich zu der Überzeugung, dass die Welt unseres gegenwärtigen Bewusstseins nur eine von vielen bewussten Welten ist, die es gibt, und dass diese anderen Welten Erfahrungen enthalten müssen, die auch für unser Dasein Bedeutung haben; und dass, obwohl die Erfahrungen jener und dieser Welt unterschiedlich bleiben, dennoch beide an bestimmten Punkten in Verbindung treten und dabei höhere Energien einsickern. ... Die objektiv betrachtete Gesamterfahrung des Menschen zwingt mich unweigerlich über die engen Grenzen der ‚Wissenschaft' hinaus. Die wirkliche Welt ist sicher von einem anderen Schlag – viel raffinierter gebaut, als es die Naturwissenschaft erlaubt."[181]

Zusammenfassung

In dieser Art Credo liegt James' gesamtes metaphysisch-philosophisches Konzept zum Thema der religiösen Erfahrung beschlossen. Mittelpunkt war und blieb für ihn immer der Mensch und die menschliche Natur. Dies entsprach seiner Profession als Psychologe, und diesem Denken entsprangen auch seine metaphysisch orientierten Überlegungen zu den innerseelischen Grundlagen der religiösen Erfahrung, die er jeweils mit dem neuesten Stand des psychologisch-empiristischen Fachwissens seiner Zeit belegt hat.

Mit seinen Ausführungen zum „unterbewussten Selbst" und den „transmarginalen Feldern" als innerpsychischen Fakten kann James auch als Vorläufer einer tiefenpsychologischen Deutung der religiösen Erfahrung gesehen werden, noch ehe S. Freud und C. G. Jung ihre Vorstellungen entwickelt und in weit weniger geschlossenen Konzepten dargestellt haben.

Folgt man seinen Überlegungen hierzu auch mit Bezug auf Dag Hammarskjöld, so war bei diesem eine „heiße Stelle" als religiöses Interesse- und Energiezentrum sicherlich stark ausgebildet. Weil er auch über eine erhöhte Sensibilität und einen moralischen Charakter verfügte, reagierte er ebenfalls empfindsam auf „Einbrüche" aus der transmarginalen Region und wurde sich jenes „Mehr" bewusst, das „im

---
181 W. James, 1997, S. 495f.

Universum außerhalb des Individuums tätig ist", von dem auch ihm „rettende Erfahrungen" zukamen und das auch er als „buchstäblich und objektiv wahr" empfand. Jedoch entwickelte sich dieses „Mehr" für Dag Hammarskjöld allmählich zu einer persönlichen Gottesvorstellung und zu einem „Du", das sich dann nicht mehr nur auf dieses universale „Göttliche" bezog, sondern seinen Blick zunehmend auf sein menschliches Gegenüber ausrichtete, was noch näher zu untersuchen sein wird.

Wie William James, so hatte auch Dag Hammarskjöld seine persönliche Bestimmung als „Dreh- und Angelpunkt" seiner Religiosität erkannt, und wie diesem war „das Göttliche ihm auf der Grundlage seiner persönlichen Interessen begegnet".[182] Seine innere Vervollkommnung und ein Einsatz für andere Menschen galten ihm als die höchsten Ideale seines Lebens, und in einem Brief, den er am Karfreitag des Jahres 1928 an einen Freund schrieb, schildert er, wie er im Abendmahlsgottesdienst Jesu Tod am Kreuz als „das Opfer alles Äußeren für die Vervollkommnung des Inneren" erlebt und daraus als Schlussfolgerung für das eigene Leben festgestellt habe: „Und wir, die wir ... das Kriterium unseres inneren Wertes in der Auffassung der Menschen von uns sehen, wir müssen verstehen, wie groß dessen Glaube an das Leben ist, der den Tod des Verbrechers erleidet aus Treue gegenüber dem Leben. Seitdem dies geschehen – und gelungen – ist es da schwer, in so unendlich einfacheren Formen dieselbe Bahn zu gehen [?]".[183]

Mit den beschriebenen Abweichungen kann Dag Hammarskjöld also gewiss zu den von James so genannten „Zweimal-Geborenen" gezählt werden. Zwar wird dies von Gustaf Aulén, seinem Landsmann und ersten Kommentator seiner Tagebuchaufzeichnungen, bestritten, da er keine plötzliche Bekehrung erlebt habe, vielmehr sei sein Ja zum Glauben allmählich gereift, weshalb er auch keinen genauen Zeitpunkt für sein „Ja" habe angeben können.[184]

Doch hatte auch Dag Hammarskjöld einen langwierigen Prozess, geprägt von „harter Seelennot" und strenger Selbstprüfung zu durchlaufen, ehe an ihm die „Zeichen des wahren Gotteskindes" als „unwandelbare Geduld des Herzens", als „Freiheit von Selbstliebe" und als

---

182 W. James, 1997, S. 478.
183 K. E. Birnbaum, 2000, S. 45f.
184 G. Aulén, 1969, S. 13.

eine „neue Ebene geistiger Vitalität" sichtbar wurden. Und erst dann konnte er aus dem „Gefühl der Gewissheit und des Friedens" leben und diesen Zustand, ebenso wie James, „Heiligung" nennen. Diese Erkenntnis hatte er aber nicht nur aus der innerseelischen Wandlung erst gewinnen müssen, vielmehr musste sie ihm auch noch Verpflichtung und Aufgabe werden und im Jamesschen Sinne „Früchte" tragen, ehe er sie so zusammenfassen konnte: „Der Weg zur Heiligung geht in unserer Zeit notwenig über das Handeln."[185]

„Wenn James in seiner ‚Hermeneutik des Ungeheuren' den Aspekt der Vielfalt betont, so legt er die Vielfalt ferner aus als Quelle der Chancen für die Einzelnen", so Peter Sloterdijk in seinem Vorwort zu James' Werk, und er fährt fort: „In Chancen lichtet sich das dunkelschwere Massiv der Dinge für mich; wo durch die Chance die Lichtung geschieht, nehme ich mich an als den Ort im Sein, an dem ein Aufschwung möglich ist."[186] Dieses von Sloterdijk beschworene heideggersche Lebensgefühl weist nicht nur auf die Gefährdungen der modernen menschlichen Existenz hin, sondern erkennt auch die positive Wende, die allein dem Menschen möglich ist und in der Chance einer religiösen Erfahrung verborgen liegt.

Neue Aufbrüche tun not, will der Mensch aus den Erstarrungen einer dogmatisch fixierten Religion und dem Alleingelassensein in einer technisierten und globalisierten Welt heraus- und zu einer neuen Heimat im unendlichen Raum jenes spirituellen „Mehr" zurückfinden, das allein geeignet ist, seinem Leben Sinn zu verleihen. William James hat Möglichkeiten und Fähigkeiten des Menschen hierzu aufgezeigt, in sich finden und gehen muss die Wege aber jeder für sich allein.

---

185 ZW, 2005, S. 129.
186 W. James, 1997, Vorwort, ohne Seitenangabe.

Teil III

Annäherung an Dag Hammarskjölds „Profil" I – Der Weg des inneren Menschen

Als Orientierungspunkt für diesen zentralen dritten Teil soll gleich zu Beginn Dag Hammarskjölds „Glaubensbekenntnis" stehen, jener bekannte Text mit dem Titel „Old Creeds in a New World", den er im Rahmen einer Vortragsreihe unter dem Signet „This I Believe" für die von Edward R. Murrow konzipierte gleichnamige Radiosendung in New York im Jahre 1953 verfasste und darin seine wesentlichen Überzeugungen und die Stationen seines Glaubensweges benannte.

1. Dag Hammarskjölds Credo: „This I Believe"

„Die Welt, in der ich aufwuchs, war von Prinzipien und Idealen einer zurückliegenden Zeit bestimmt, die weit entfernt von der unsrigen zu sein scheint, und auch weit entfernt von dem, womit Menschen in der Mitte des 20. Jahrhunderts konfrontiert sind. Und doch war mein Weg keine Abkehr von diesen Idealen. Im Gegenteil, ich bin zu der Erkenntnis gelangt, dass sie auch für unsere heutige Welt Gültigkeit haben. Und so kam es, dass ich in dem nie nachlassenden Bemühen, mir aufgrund von Erfahrung und ehrlichem Denken einen redlichen und wahrhaften Glauben aufzubauen, im Kreis geführt wurde; heute anerkenne und bejahe ich uneingeschränkt jene Glaubenssätze, die mir damals vermittelt wurden.

Von den Generationen von Soldaten und Beamten väterlicherseits erbte ich die Überzeugung, dass kein Leben befriedigender sein kann als das eines selbstlosen Dienstes am Vaterland – oder an der Menschheit. Ein solcher Dienst aber verlangt das Opfer aller persönlichen Interessen, und ebenso den Mut, unerschrocken für die eigenen Überzeugungen einzustehen.

Von den Gelehrten und Geistlichen mütterlicherseits aber erbte ich den Glauben, dass im radikalen Sinn der Evangelien alle Menschen als Kinder Gottes gleich sind, sie von uns als solche behandelt werden und wir ihnen als unseren von Gott gesandten Lehrmeistern begegnen sollen.

Glaube ist ein Zustand des Geistes und der Seele. In diesem Sinne können die Worte des spanischen Mystikers Johannes vom Kreuz verstanden werden: ›Glaube ist die Vereinigung Gottes mit der Seele.‹ Die Sprache der Religion ist eine Formelsammlung, in der fundamentale spirituelle Erfahrungen niedergelegt sind. Man muss dies nicht als eine philosophisch genaue Beschreibung und Definition einer Realität betrachten, die wir mit unseren Sinnen wahrnehmen und mit logischen Begrifflichkeiten analysieren können. Ich habe erst spät verstanden, was sie wirklich sagen will.

Als ich endlich diesen Punkt erreicht hatte, konnte ich die Glaubenssätze, in denen ich erzogen worden war und die meinem Leben eine Richtung gegeben haben, obwohl mein Intellekt ihre Stichhaltigkeit noch in Frage stellte, in freier Wahl als meine eigenen anerkennen, weil ich die ihnen innewohnende Richtigkeit erkannt hatte. Ich fühle, dass ich diesen Überzeugungen zustimmen kann, ohne Kompromisse mit den Forderungen intellektueller Redlichkeit eingehen zu müssen, was ja geradezu als Schlüssel der geistig-seelischen Reife vorausgesetzt werden muss.

Die beiden Ideale, die meine Kindheit dominierten, sind mir in voller Harmonie und mit den Anforderungen unserer heutigen Welt übereinstimmend, in der Ethik Albert Schweitzers wiederbegegnet, in der das Ideal des Dienens als die grundlegende Geisteshaltung der Evangelien bekräftigt und von diesen wiederum getragen wird. In seinem Werk fand ich auch den Schlüssel zu der Welt der Evangelien für den modernen Menschen.

Aber Aufklärung darüber, wie man ein Leben aktiven sozialen Dienstes in voller Harmonie mit sich selbst und als Mitglied der Gemeinschaft des Geistes führen kann, erhielt ich durch die Schriften der großen Mystiker des Mittelalters, für die „Selbsthingabe" der Weg zur Selbstverwirklichung bedeutete und die in der „Einsamkeit des Geistes" und in „Innerlichkeit" die Kraft fanden, „Ja" zu sagen zu allen Forderungen, die von seiten ihrer Mitmenschen an sie gestellt wurden,

1. Dag Hammarskjölds Credo: „This I Believe"

und ebenso „Ja" zu sagen zu jeder Art von Schicksal, die das Leben für sie bereithielt, sobald sie dem Ruf der Pflicht folgten so, wie er von ihnen verstanden wurde. Liebe – dieses oft missverstandene und missbrauchte Wort – war für sie einfach das Überfließen einer Kraft, von der sie sich erfüllt fühlten, solange sie in wahrhafter Selbstvergessenheit lebten. Und diese Liebe fand ihren natürlichen Ausdruck in der stets bereitwilligen Pflichterfüllung und in der rückhaltlosen Akzeptanz des Lebens selbst, was immer es an Mühe, Leid – oder Glück – für sie persönlich bringen würde.

Ich weiß, dass die Erkenntnisse dieser Mystiker über die Gesetze des inneren Lebens und äußeren Handelns niemals ihre Bedeutung verloren haben."[1]

---

1   E. R. Murrow, 1954, S. 66/67 in eigener Übersetzung aus dem englischen Original: "The world in which I grew up was dominated by principles and ideals of a time far from ours and, it may seem, far removed from the problems facing a man of the middle of the twentieth century. However, my way has not meant a departure from those ideals. On the contrary, I have been led to an understanding of their validity also for our world today. Thus, a never abandoned effort frankly and squarely to build up a personal belief in the light of experience and honest thinking has led me in a circle; I now recognize and endorse, unreservedly, those very beliefs which once were handed down to me. From generations of soldiers and government officials on my father's side, I inherited a belief that no life was more satisfactory than one of selfless service to our country – or humanity. This service required a sacrifice of all personal interests, but likewise the courage to stand up unflinchingly for your convictions. From scholars and clergymen on my mother's side I inherited a belief that, in the very radical sense of the Gospels, all men were equals as children of God, and should be met and treated by us as our masters in God. Faith is a state of mind and the soul. In this sense we can understand the word of the Spanish mystic, St. John of the Cross: 'Faith is the union of God with the soul.' The language of religion is a set of formulas which register a basic spiritual experience. It must not be regarded as describing in terms to be defined by philosophy, the reality which is accessible to our senses and which we can analyze with the tools of logic. I was late in understanding what this meant. When I finally reached that point, the beliefs in which I was once brought up and which, in fact, had given my life direction even while my intellect still challenged their validity, were recognized by me as mine in their own right and by my free choice. I feel that I can endorse those convictions without any compromise with the demands of that intellectual honesty which is the very key to maturity of mind. The two ideals which dominated my childhood world met me fully harmonized and adjusted to the demands of our world of today in the ethics of Albert Schweitzer, where the ideal of service is supported by and supports the basic attitude to man set forth in the Gospels. In his work I also found a key for modern man to the world of the Gospels. But the explanation of how man should live a life of active social service in full harmony with

Es erstaunt nicht, wenn Henry P. van Dusen schreibt, dass Dag Hammarskjöld dieses „Bekenntnis" sehr sorgfältig vorbereitet und mindestens drei Entwürfe seinen engsten Mitarbeitern in der UNO für kritische Anmerkungen und Fragen vorgelegt habe.[2] Handelt es sich bei diesem Dokument doch nicht um die in einem höflichen Plauderton vorgetragenen Bekundungen eines Sonntagschristen, sondern um die tiefsten Überzeugungen eines Christenmenschen, der genau wusste, wovon er sprach.

Und doch hatte er noch 1955, als er seinen Weg längst gefunden – und ihm inzwischen mit der Berufung zum Generalsekretär der Vereinten Nationen erfüllt worden war, worum er im Jahr 1952 noch gebetet hatte: etwas, „groß genug, um dafür zu sterben" – in sein Tagebuch ein „Zeichen" eingefügt, das noch einmal an die Mühen dieser Wegsuche erinnert und ebenfalls zeigt, wie er im Kreis geführt wurde: „‚Horchen' – im Glauben –, seinen Weg finden und das Gefühl haben, in Wirklichkeit ihn unter Gott wiederzufinden. Wie Blindekuhspielen: des Sehens beraubt, spannen sich alle anderen Sinne, um einen Weg zu suchen, sich zurechtzufinden, mit den Händen über die Gesichter der Freunde zu tasten – um gewahr zu werden, was schon immer mein war und all die Zeit dort gewesen ist. All die Zeit hätte ich wissen müssen, dass es dort sei, hätte ich die Binde nicht vor den Augen gehabt."[3]

---

himself as a member of the community of the spirit, I found in the writings of those great medieval mystics for whom 'self-surrender' had been the way to self-realization, and who in 'singleness of mind' and 'inwardness' had found strength to say *yes* to every demand, which the needs of their neighbors made them face, and to say *yes* also to every fate life had in store for them when they followed the call of duty, as they understood it. Love – that much misused and misinterpreted word – for them meant simply an overflowing of the strength with which they felt themselves filled when living in true self-oblivion. And this love found natural expressions in an unhesitant fulfillment of duty and in an unreserved acceptance of life, whatever it brought them personally of toil, suffering – or happiness. I know that their discoveries about the laws of inner life and of action have not lost their significance." *Anmerkung:* Diverse Übersetzungen des ganzen Textes oder von Teilen daraus sind zu finden in S. Söderberg, 1962, S. 97ff (dt.) und in ders. 1962, S. 101ff (schwed.), R. und K.-H. Röhlin, 2005, S. 10f., M. Fröhlich in ZW, 2005, Vorwort, S. 19f. Englische Übernahmen des Originaltextes sind zu finden z. B. in H. P. van Dusen, 1967, S. 46f, W. Foote, 1962, S. 23f und M. Fröhlich, 2002, S. 103f.

2 H. P. van Dusen, 1967, S. 45.
3 ZW, 2005, S. 118.

1. Dag Hammarskjölds Credo: „This I Believe"

Van Dusen weist in diesem Zusammenhang auch auf einen Brief hin, den Dag Hammarskjöld am 24. November 1954 an seinen Freund Bo Beskow schrieb und diesem seine Statements aus dem Radiovortrag erläuterte: „Die Zeilen dieses 'This I Believe', die Du zufällig gesehen hast, sind keine förmlichen, sondern tief verpflichtende und teilweise aus Selbstkritik hervorgegangene Bekenntnisse. Sie sind irgendwann im vorigen Herbst entstanden, aber der letzte Teil beinhaltet das, was ich heute so ausdrücken möchte: den Kontrapunkt zu meinem außerordentlich exponierten und öffentlichen Leben bilden Eckhart und Jan van Ruysbroeck. Durch sie gewinne ich meine Ausgeglichenheit und – immer notwendiger – Sinn für Humor."[4]

Insgesamt hat Dag Hammarskjöld seinen mündigen Erwachsenenglauben nach Ansicht van Dusens jedoch ganz richtig als den identifiziert, „der ihm einst vermittelt wurde", und dennoch habe bei ihm von diesem Fundament aus eine sehr anspruchsvolle, subtile, ausgefeilte und umfassende klassisch-christliche Einsicht und Gewissheit Gestalt angenommen.[5]

Die von Dag Hammarskjöld benutzte Metapher des „Kreises" in seinem Credo ist von den verschiedenen Interpreten unterschiedlich aufgefasst worden. So war Henry P. van Dusen der Meinung, dass Dag Hammarskjöld mit dieser „Selbstinterpretation" wohl nicht ganz richtig gelegen habe, und plädierte mehr für die Bezeichnung „Spirale", weil sie zwar substanziell die gleiche Ansicht, aber diese auf einer höheren Ebene wiedergebe. Außerdem würden sich in Hammarskjölds spätem Glauben kaum Spuren von seines Vaters „rigidem scholastischem schwedischen Lutherismus" oder der evangelikalen Frömmigkeit seiner Mutter finden. Sein Haupttutor auf dem Weg von einem kultivierten Skeptizismus zurück zu einem aufgeklärten und reifen Christentum sei vielmehr Albert Schweitzer gewesen, und sein Geist sei genährt worden von der Großartigkeit und dem Nimbus der großen mittelalterlichen Mystiker.[6]

---

4 H. P. van Dusen, 1997, S. 49f. Im Original ebenfalls Englisch in: B. Beskow, 1969, S. 32.
5 H. P. van Dusen, 1967, S. 50.
6 H. P. van Dusen, 1967, S. 49. (Eigene Übersetzung in Zusammenfassung und wegen der Länge des Textes ohne Beifügung des englischen Originals.)

Die Spur des „Kreises" bzw. der „Spirale" haben mit Berufung auf van Dusen später auch Gustaf Aulén und Paul R. Nelson aufgenommen. Während Letzterer die Metapher des Kreises als ein hilfreiches Modell für Dag Hammarskjölds „längste Reise nach innen" und zu seiner eigenen spirituellen Lebensform auf dem Weg zurück zu seinen Ursprüngen nur kurz streift, dies als eine „zeitlich bedingte Bewegung in Form einer Spirale der Erinnerung" bezeichnet[7] und damit van Dusens Bevorzugung der Bezeichnung „Spirale" in Teilen bestätigt, setzt sich Aulén intensiver mit van Dusens Einwand auseinander.

Hinsichtlich van Dusens Bemerkung bezüglich eines „rigiden scholastischen schwedischen Lutherismus", von dem eben gerade keine Spuren in Dag Hammarskjölds spätem Glauben zu finden seien, gibt Aulén einen wertvollen Hinweis, der sich allerdings nicht auf Dag Hammarskjölds leiblichen Vater, sondern auf seinen „geistlichen Vater" Nathan Söderblom bezieht. Aufgrund seiner langjährigen Tätigkeit als Bischof der lutherischen Kirche in Schweden wisse er aus persönlicher Erfahrung, dass Dag Hammarskjöld von Söderblom, der ihn vor seiner Konfirmation im Katechismus unterwiesen und ihn als Mitglied in die schwedische Kirche eingeführt habe, niemals in einem „rigiden scholastischen Lutherismus" unterwiesen worden sei. Zudem: wenn van Dusens Bemerkung stimmen würde, dann müsse Hammarskjölds später Glaube eher als Kontrast denn als eine Weiterentwicklung hin zu einer höheren Ebene im Sinne der Spiralform gesehen werden. Ganz offensichtlich sei der Glaube Dag Hammarskjölds, wie er sich in seinen „Zeichen" darstelle, nicht typisch lutherisch, aber es stimme auch nicht, dass gar keine Spuren lutherischen Erbes in dem Buch entdeckt werden könnten.

Aulén kommt zu dem Schluss, dass Dag Hammarskjöld in „This I Believe" ohne Zweifel einen christlichen Glauben im Sinn gehabt habe, der nicht als Ausdruck irgendeines speziellen Glaubenstypus oder ei-

---

7   P. R. Nelson, 2007, S. 35. Nelson widmet sich im Folgenden dann aber vor allem dem „labyrinth of Life" mit Bezug auf Hammarskjölds „Zeichen" zu Pfingsten 1961 (ZW, 2005, S. 196): „Geleitet durch das Lebenslabyrinth vom Ariadnefaden der Antwort, erreichte ich eine Zeit und einen Ort, wo ich wusste, dass der Weg zu einem Triumph führt, der Untergang, und zu einem Untergang, der Triumph ist." Letzteres führt Nelson mit Ricœur weiter aus, was an dieser Stelle nicht weiter von Belang erscheint, weil nur die Bezeichnung „Kreis" hier im Fokus steht.

ner fixierten Lehrmeinung zu sehen sei, sondern dass er einfach sagen wollte, dass er zu dem Glauben zurückgeführt worden sei, in dem er aufgewachsen sei und zu dem er sich nun „im Lichte von Erfahrung und ehrlichem Nachdenken" und nach Jahren des Zweifels und der inneren Kämpfe bekennen könne. Somit komme auch der Bezeichnung „Kreis" eine höhere Genauigkeit zu, obgleich dies der Richtigkeit der Spiral-Figur nicht entgegenstehe, denn tatsächlich sei ja Dag Hammarskjölds reifer Glaube nicht identisch mit demjenigen, den er in seiner Jugendzeit kennengelernt habe, sondern habe ein ganz eigenes Profil.[8]

Was bleibt, ist die Frage nach der Eigentümlichkeit jenes Glaubens, der Dag Hammarskjöld in jungen Jahren von seinen Eltern, und insbesondere von Erzbischof Nathan Söderblom als seinem kirchlichen Lehrer, vermittelt wurde und zu dem er in seinen späteren Jahren – innerlich gereift und durch andere Einflüsse kundiger geworden – zurückgefunden hat.

2. Das geistig-religiöse Erbe der Eltern und Vorfahren

Dag Hammarskjöld beschreibt in seinem Credo ein Glaubensideal der Pflichterfüllung und Nächstenliebe, das er von seinen Eltern und Voreltern geerbt und zu dem er im Laufe seines Lebens zurückgefunden habe. Dieses Bekenntnis zu den in den Jugendjahren vermittelten Glaubenssätzen war jedoch erst nach einer vertieften Auseinandersetzung mit den eigenen Glaubensvorstellungen in ihm gereift, ergänzt und erweitert um das, was er „mit den ganz spezifisch menschlichen Phänomenen: mit der Liebe, der Vernunft, dem Gewissen und den Werten"[9] erkannt, erfahren und sich innerseelisch erarbeitet hatte.

Dabei war es dem Suchenden auf seinem Weg wohl nicht darum gegangen, zu einer Religiosität und einem Gottesglauben nach Art der Vorfahren zurückzukehren, sondern einfach darum, die Wahrheit zu denken und aus der Liebe zu leben.

---

8   G. Aulén, 1969, S. 140f. (Eigene Übersetzung in Zusammenfassung; auf die Wiedergabe des englischen Originaltextes wurde auch hier infolge seiner Länge verzichtet.)
9   E. Fromm, [6]1981, S. 13 und 16.

2.1 Pflichterfüllung und Dienst für das Vaterland als Vermächtnis des Vaters

Wie schon im biografischen Teil erwähnt, hat Dag Hammarskjöld die Dienstauffassung seines Vaters und dessen Pflichtbewusstsein gegenüber dem Staat stets bewundert, und dieser hatte sich, wie der Jugendfreund Sven Stolpe berichtet, „zu einer Art strengem altlutherischen Christentum mit besonderer Betonung der Pflichterfüllung"[10] bekannt.

Die kirchengeschichtliche Entwicklung Schwedens hin zu einer protestantisch-lutherischen Staatskirche mit der Betonung lutherischer Berufstreue und Berufsethik, und ebenso der sich im Lande entwickelnde Berufsstand des Beamtenadels mit seiner spezifischen Berufsauffassung von Pflichterfüllung und Staatstreue, dürften als wesentliche Einflüsse in der Generationenfolge der Hammarskjölds bis hin zu Dag Hammarskjölds eigenem Amtsverständnis dabei eine prägende Rolle gespielt haben.

2.1.1 Das nordische Luthertum unter dem Gebot von Gefolgstreue und Pflichtbewusstsein

Das nordische Luthertum wurde durch eine staatskirchliche Ordnung geprägt, wenngleich mit unterschiedlichen rechtlichen und politischen Entwicklungslinien in den einzelnen skandinavischen Ländern. Dieser institutionelle Kontext, in dem das Recht durch die Religion legitimiert war und nur so als gerecht empfunden wurde, führte zu einem „Ineinander von konfessioneller Einheit und kulturellem Wert-Pluralismus", der für die Stabilität dieser traditionellen Einheit zwischen Kirche und

---

10 S. Stolpe, 1964, S. 14. Die von Stolpe gewählte Bezeichnung „altlutherisch" ist hier wohl weniger auf die im 19. Jh. entstandene kirchenpolitische und theologische Spaltung zwischen lutherischen und reformierten Kirchen und den Differenzen in der Abendmahlsfrage zu beziehen, sondern scheint eine Haltung zu kennzeichnen, die seit der Erhebung der Hammarskjölds in den Adelsstand durch Karl IX. und dessen Eintreten für „ein unkonfessionell-humanistisch bestimmtes Christentum" und „mit Gottes Wort als einziger Norm" (TRE 30, 1999, 655) für die Generationenfolge der Hammarskjölds offenbar von bleibender Gültigkeit gewesen ist und auch noch in der Neuzeit mit der Verpflichtung, „der einen Christenheit gerecht zu werden" (RGG, ⁴1998, 380f.), Geltung hatte.

2. Das geistig-religiöse Erbe der Eltern und Vorfahren

Staat kennzeichnend ist und ganz wesentlich „als das wirklich spezifische Profil" des nordischen Luthertums gelten kann.[11] Bis zum Jahr 2000 war die evangelisch-lutherische Kirche in Schweden noch Staatskirche.

Schon König Karl IX. (1604–1611) hatte sich in der Zeit der Glaubensspaltung in Schweden zu Beginn des 16. Jahrhunderts „in liturgischer Hinsicht calvinistisch" und politisch westeuropäisch orientiert gezeigt[12], und von ihm war der erste Hammarskjöld im Jahre 1610 für seine militärischen Verdienste geadelt worden. Besonders aber unter seinem Sohn Gustaf II. Adolf (1594–1632), der ein evangelisch-lutherisches Christentum vertreten hatte, galten „die Majestät des Vaterlandes und Gottes Kirche, die darin wohnt", als lebendige Wirklichkeiten und forderten höchsten Opfereinsatz von den Untertanen, vor allem auf den Schlachtfeldern des Dreißigjährigen Krieges. Christentum und Politik fielen bei ihm „in eins zusammen"[13], und davon war dann auch die nächste Generation der Hammarskjöldschen Adelslinie betroffen.

Exkurs: Gustaf II. Adolfs altlutherisches Staatsverständnis

Zwischen Luthers Thesenanschlag am 31. Oktober 1517 in Wittenberg und dem Tod Gustaf II. Adolfs im November 1632 in der Schlacht von Lützen „liegt das Schicksal des alten Luthertums beschlossen", wie Ernst Kohlmeyer berichtet, und zwischen beiden Gestalten bestehe eine innere Beziehung insofern, als sie von „dem gleichen Mut, der gleichen Wehrhaftigkeit und Aufopferung des Lebens auf den so verschiedenen Kampfplätzen" gezeichnet waren.[14]

Zu Lebzeiten Luthers wurde das Recht durch den regierenden Fürsten und seine ausführenden Organe, Henker und Kriegsleute, mit dem Schwert vertreten, und entsprechend bestand zwischen dem Regenten

---

11 I. J. Lønning, 1982, S. 155f.
12 P. G. Lindhardt, 1982, S. 281f. Anmerkung: Karl IX. stand wegen seiner Auffassung in der Abendmahlsfrage im Gegensatz zur lutherischen Orthodoxie und wurde deshalb lange als Calvinist betrachtet. Diese Frage hat jedoch in der Forschung in neuerer Zeit an Bedeutung verloren (TRE 30, 1999, 655). Richtiger wäre wohl, ihn als Altlutheraner zu klassifizieren.
13 P. G. Lindhardt, 1982, S. 282f.
14 E. Kohlmeyer, 1933, S. 3/1.

und seinen Untertanen ein Verhältnis von Befehl und Gehorsam. Diese Ordnung entsprach nach allgemeinem Verständnis einer „Naturnotwendigkeit des gesellschaftlichen Lebens" nach der von Gott autorisierten „lex naturae".[15]

Luther selbst jedoch sah das gemeinschaftliche Miteinander schon nicht mehr, wie noch in der Scholastik, durch die Obrigkeit allein verwirklicht, „sondern in der Christenheit mit ihren religiös-ethischen Bindungen". Und so waren es nach Luther auch die „Wundermänner Gottes", jene Großen in der Geschichte, die als christliche Staatsmänner „im Dienst der Nächstenliebe" stehen und sich ihre Direktiven geben lassen sollen durch ein Gesetz, das nur sie als Christen kennen: „das Gesetz der Liebe", das sie in ihrem „Amte" allen Menschen und in ihrer Pflichterfüllung dem eigenen Gewissensurteil verpflichtet. So hatte sich nach Ernst Kohlmeyer „ein Staatsgedanke von sehr großer Innerlichkeit, Personhaftigkeit und Dehnbarkeit" herausbilden können[16] – und eine religiös basierte ethische Gesinnung, wie sie in der Generationenfolge der Hammarskjölds ganz offensichtlich lebendig geblieben war und auch zu politischer Wirksamkeit gelangen konnte, wie etwa bei Dag Hammarskjölds Vater Hjalmar und wohl auch bei seinen Brüdern Bo und Åke, und ganz besonders und alle überragend bei ihm selbst.

Siebzehnjährig an die Macht gekommen, hatte es Gustaf II. Adolf sehr rasch verstanden, die konstitutionell vorherrschende Situation zwischen absolutistischer Herrschaftsform und dagegen aufbegehrendem Adel in ein Miteinander von Herrscher und Volk umzugestalten:

„König und Stände vertreten an Gottes Statt die hohe königliche Majestät" war sein Leitspruch, der zu seinen inneren und äußeren Erfolgen führen und seinem Volksheer die notwendige sieghafte Kraft im Dreißigjährigen Krieg verleihen sollte. Mit den in diesem Leitspruch zum Ausdruck gebrachten Überzeugungen von einer „gottgesetzten Autorität des Herrschers", einer von den Ständen eingeforderten „absoluten Unterordnung", aber ebenso einer religiösen Verpflichtung

---

15 Die Entwicklung eines nichtkirchlichen Naturrechts als einem Vernunftrecht, im Wesen des Menschen begründet und auf dem Boden der natürlichen Lebensordnungen stehend, konnte ja erst später nach den Ideen der Aufklärung und an antike Vorstellungen angelehnt, verwirklicht werden.
16 E. Kohlmeyer, 1933, S. 5ff.

2. Das geistig-religiöse Erbe der Eltern und Vorfahren

des Monarchen, „den Untertanen zu ihrem Wohl zu dienen", stand er auch, wie Ernst Kohlmeyer bemerkt, ganz auf dem „Boden altlutherischer Anschauung", da „der mit den Mitteln christlicher Ethik aufgefüllte Staatsgedanke Luthers" hier sowohl auf der Seite des Herrschers wie der Untertanen zu einem „ethisch gebundenen Staatsorganismus", und zwar mehr im Sinne eines Patriarchalismus als eines strengen Absolutismus, gefunden hatte.[17]

Für seine Zeitgenossen galt Gustaf II. Adolf als „Retter des Luthertums", als er 1630 mit seinem gut gerüsteten Heer und entsprechend dem altlutherischen Staatsrecht, das einen „Präventivkrieg" zum Schutze des Protestantismus erlaubte, in Pommern in den Krieg eintrat, zunächst mit der alleinigen Absicht, einen neuen Religionsfrieden auf dem Kontinent zu erreichen, dann aber auch, um die eigene Machtstellung mit einem neuen evangelischen Staatenverband unter seiner Führung auszubauen. Mit Letzterem hätte er jedoch gegen Luthers Haltung zum Glaubenskrieg verstoßen, der „für den Protestantismus selbstverständlich nur als Verteidigung der im Glauben Bedrohten in Frage gekommen ist".[18]

Im Ganzen gesehen, so das Fazit Ernst Kohlmeyers, könne der schwedische König aber nicht als Eroberer gesehen werden, sondern er war „der politische Mensch des Altluthertums, der aus der damals bestehenden Durchdringung von Religion und Politik im Staatsganzen plante und handelte" und der von seiner „Sendung" einer Rettung des Protestantismus ganz erfüllt gewesen sei.[19]

Auf diese Weise lässt sich die Gestalt Gustaf II. Adolf denn auch in die Reihe der von Luther so hochgeschätzten „großen Gestalten der Geschichte" einfügen, und als solcher wird er von seinem Gefolgsmann aus der zweiten adeligen Hammarskjöld-Generation auch geachtet, ja vielleicht bewundert worden sein, sodass er ihm den Gehorsam nicht verweigerte und, an der „Sendung" seines Königs teilhabend, mit ihm in den Glaubenskrieg zog, um an seiner Seite für die religiösen und ethischen Überzeugungen zu kämpfen. Und diese Haltung von Gefolgstreue, Pflichtbewusstsein und Standhaftigkeit, wie sie auch Dag Hammarskjölds Vater Hjalmar auszeichnete, mag in der Erinnerung

---

17 E. Kohlmeyer, 1933, S. 17f.
18 E. Kohlmeyer, 1933, S. 23.
19 E. Kohlmeyer, 1933, S. 25ff.

Dag Hammarskjölds lebendig geworden sein, als er in seinem Credo mit dem Hinweis auf die Soldaten und Beamten in der väterlichen Ahnenreihe der Überzeugung Ausdruck gab, „dass kein Leben befriedigender sein kann als das des selbstlosen Dienstes am Vaterland – oder an der Menschheit". Und dass Spuren dieser altlutherischen Gesinnung sich auch Dag Hammarskjölds eigener Persönlichkeit eingeprägt hatten – und zwar mit Bezug auf den Dienstgedanken und die Pflichterfüllung wie seine Vorfahren, aber doch nicht wie diese als Gehorsamspflicht gegenüber einem „gottgesandten" irdischen Herrscher, sondern, und damit genuin lutherisch, als selbstgewählte und freiwillige Verpflichtung unmittelbar Gott gegenüber, dessen Willen er sich demütig unterworfen und in dessen Dienst er sich gestellt hatte –, dies mag aus dem Bild deutlich werden, das Günter Barudio gezeichnet hat, als er Hammarskjölds Widerstand gegen Chruschtschows Forderung nach seinem Rücktritt als Generalsekretär der UNO mit den Worten skizzierte: „In der Art Luthers vor dem Wormser Reichstag erwiderte er in seiner Stellungnahme: ‚Ich werde bleiben ...'."[20]

Um 1680 fand auch in Schweden der Absolutismus Eingang, und unter dem bürokratischen Regiment des Soldatenkönigs Karl XII., der sich als Ausdruck seiner Macht und königlichen Souveränität selbst gekrönt hatte, verloren die Stände des Reichstages zunehmend ihren Einfluss und ihre politische Macht. Dem geschichtlich gut informierten Dag Hammarskjöld war dieser König denn auch einen Eintrag in sein Tagebuch wert, indem er dessen stolze Haltung gegenüber einer menschlich bestimmten Rangordnung kritisierte und sein eigenes traditionell bestimmtes Standesbewusstsein, aber auch sein persönliches Ideal von Machtausübung deutlich dagegen abhob: „Des großen Stolzes Anmaßung: Er hebt die Krone vom Kissen und drückt sie sich auf die Stirn. Des großen Stolzes Fremdsein für alles, was die menschliche Hierarchie konstituiert. Ein Märchen berichtet: von einer Krone, so schwer, dass nur der sie zu tragen vermochte, der in völliger Selbstvergessenheit ihres Glanzes lebte."[21]

Noch im 19. Jahrhundert herrschte in Schweden mit dem aus Frankreich eingewanderten General und späteren König Karl XIV. Johann (Bernadotte 1763–1844) ein starker und autoritärer Regent, der sich,

---

20 G. Barudio, 1990, S. 98.
21 ZW, 2005, S. 86.

wie seine Minister, Richter und theologischen Lehrer, lt. Verfassung zur „reinen evangelischen Lehre" im lutherischen Sinne bekannte.²² Durch „die Zusammenwirkung von säkularisierenden liberalen Tendenzen und völkischen religiösen Erweckungsbewegungen" erfuhr das konfessionelle Staatsideal im 19. Jahrhundert jedoch eine gewisse Modifizierung und wurde später „durch die Realitäten der modernen, durch einen weitgehenden kulturellen Pluralismus gekennzeichneten Gesellschaft abgelöst".²³

Zur Zeit der religiösen Erweckungsbewegungen trat dann aber vor allem der große Historiker und Romantiker Erik Gustaf Geijer (1783–1847) als Führergestalt hervor, der von Kant, Schelling, Fichte und Schleiermacher beeinflusst war und noch ein Jahrhundert später durch seine religiös tendierten geschichtsphilosophischen und volkskundlichen Schriften eine nachhaltige Wirkung hatte.²⁴ Ein Ausschnitt aus einem Kirchenlied Geijers findet sich schließlich auch noch in Dag Hammarskjölds „Zeichen", das er wohl in Zusammenhang mit seinem Chinabesuch 1955 bei Tschou En-Lai in schwieriger Mission notiert hatte: „– alles hier auf Erden kann gewonnen werden –."²⁵

2.1.2 Die lutherische Berufskonzeption und Nathan Söderbloms Auffassung von Beruf und Berufstreue

Um die Wende vom 19. zum 20. Jahrhundert war das schwedische Uppsala, die frühere Wirkungstätte Geijers und Heimat Dag Hammarskjölds, durch eine von pietistischen und orthodoxen Einflüssen bestimmte Volkskirche und durch ein freikirchliches Erweckungschristentum, vor allem aber durch das traditionelle Luthertum und eine protestantische Staatskirchenordnung dominiert.

Unter dem seit 1901 an der Universität als Professor für allgemeine Religionsgeschichte und Religionsphilosophie und ab 1914 als Erzbischof wirkenden Nathan Söderblom kam es jedoch zu einem „neuen Aufblühen von Kirche und Theologie" in Uppsala, zudem war er eine

---
22 P. G. Lindhardt, 1982, S. 287.
23 I. J. Lønning, 1982, S. 155.
24 P. G. Lindhardt, 1982, S. 287f. und D. Lange, 2011, S. 22ff.
25 ZW, 2005, S. 115.

der führenden Gestalten der schwedischen „Luther-Renaissance".[26] Und wenn Dag Hammarskjöld durch Söderblom auch nicht von einem „scholastischen Luthertum" geprägt war, wie schon van Dusen und Aulén bemerkt haben, so doch von dessen „theologischer Wende" und seiner Auffassung vom Wesen des Glaubens als „Freiheit durch Gottvertrauen"[27], was einer Abkehr vom altlutherischen Glaubensverständnis gleichkam und auch dagegen gerichtet war.

Söderblom hat Luthers Lehre vom Beruf sehr geschätzt. In vorreformatorischer Zeit und noch bei Thomas von Aquin galten die weltlichen Werke ebenso wie die Gliederung der Stände im Sinne der lex naturae als Werk der göttlichen Vorsehung und waren somit Teil der natürlichen Lebensordnung. Der Berufsbegriff selbst aber wurde in seiner etymologischen Bedeutung und dem Wortsinn nach bis in die Zeit des Spätmittelalters als „Ruf" oder „Berufung" in einen geistlichen Stand verstanden. Durch Luther erhielt der Begriff dann aber seine neue, moderne Bedeutung, indem man nun „als das einzige Mittel, Gott wohlgefällig zu leben, nicht eine Überbietung der innerweltlichen Sittlichkeit durch mönchische Askese, sondern ausschließlich die Erfüllung der innerweltlichen Pflichten" anerkannte, wie sie sich aus der Lebensstellung des Einzelnen ergaben, was dann im Protestantismus „die Schätzung der Pflichterfüllung innerhalb der weltlichen Berufe als des höchsten Inhaltes, den die sittliche Selbstbetätigung überhaupt annehmen könne", zur Folge hatte.[28] Bei Luther selbst aber blieb der Berufsbegriff noch traditionalistisch gebunden insofern, als der Beruf als etwas galt, „was der Mensch als göttliche Fügung hinzunehmen", den zum eigenen Seelenheil „Gottes aus reiner Liebe gefassten Gnadenentschluss durch Nächstenliebe zu vergelten"[29] sowie im Dienst für andere umzusetzen hatte.

Diesen Gedanken der christlichen Nächstenliebe nahm Nathan Söderblom in seiner in deutscher Sprache in Leipzig am 12. Juli 1914 gehaltenen Predigt auf und fragte: „Ist Treue im Beruf eine Lebensregel und eine Lebenskunst, die sich bewährt? Wird der Mensch glücklich

---

26 P. G. Lindhardt, 1982, S. 293f.
27 Zitiert nach R. Schäfer, 1991, S. 387.
28 M. Weber, $^{1-9}$1988, S. 69.
29 M. Weber, $^{1-9}$1988, S. 77f, S. 70, Fußnote 2 und S. 71; eine kapitalistische Wertorientierung der Berufsarbeit ist Weber zufolge mehr im Calvinismus und den protestantischen Sekten denn bei Luther selbst zu finden (S. 79).

und wird er erst ganz ein Mensch dadurch, dass er sich treu seinem Beruf hingibt?", um gleich darauf feststellend fortzufahren: „Bestimmte Lebensberufe verdienen wegen ihres Reichtums an geistigem Gehalt die ganze Liebe und Hingabe des Menschen. Sie nehmen den ganzen Menschen in Anspruch. Je mehr er sich einem solchen Beruf hingibt, umso reicher muss sein eigenes Leben werden. Sie werden für seine Seele zu hohen, demütigenden, erhebenden Idealen."[30]

Ob Dag Hammarskjöld gerade diese Predigt seines geistlichen Lehrers und „väterlichen Freundes"[31] gekannt hat, mag dahingestellt bleiben, dass er jedoch seine Ernennung zum Generalsekretär der UNO im Jahre 1953 als „Berufung" in einen solchen Lebensberuf verstand und wohl auch als göttlichen „Gnadenentschluss", mit dem für ihn endlich erreicht war, wofür er bis dahin gekämpft hatte: „ ... dass mein Leben Sinn erhalten soll"[32], davon wird man ausgehen dürfen. Und dass diese Aufgabe seine „ganze Liebe und Hingabe" fordern und ihn als „ganzen Menschen in Anspruch" nehmen würde, aber auch, dass sein Leben dadurch „reicher" werden und sein Einsatz ihn zu „hohen, demütigenden, erhebenden Idealen" führen würde, für die er auch Opfer zu bringen hatte, darüber ist sich der qua Erziehung, Ausbildung und Berufserfahrung Geeignete, vor allem aber durch das eigene Ringen um ein tragendes religiös-ethisches Fundament innerlich Gereifte und Vorbereitete völlig im Klaren gewesen. In vollem Einverständnis konnte er deshalb auch seinem Tagebuch anvertrauen: „Wenn Gott handelt, geschieht es in den entscheidenden Augenblicken – so wie jetzt – in einer harten Zielbewusstheit, einer Art sophokleischem Raffinement. Wenn die Zeit reif ist, nimmt er das Seine." Und er durfte sich, aus dem eigenen inneren Fundus schöpfend und treu zu sich selber stehend, zugestehen: „Reife: auch – seine Stärke nicht verbergen und nicht aus Scheu, sie zu zeigen, unter seinem besten Vermögen leben. Güte ist etwas so Einfaches: immer für andere da sein, nie sich selber suchen."[33]

Dag Hammarskjöld hatte ebenfalls erkannt, dass nur dann eine sittliche Einstellung des Miteinanders und Füreinanders der Menschen

---

30 N. Söderblom, 1914, S. 3.
31 G. Barudio, 1990, S. 105.
32 ZW, 2005, S. 104.
33 ZW, 2005, S. 105.

zu einer Besserung der Weltverhältnisse führen und die eigene Berufsarbeit zu einem Ausdruck der Nächstenliebe werden kann, wenn er sich in der Nachfolge Christi bedingungslos dem Dienst des von Gott gegebenen Auftrags unterstellt und einen Weg geht, wie ihn andere vor ihm im selben Geist gegangen waren. Und so wählte und notierte er sich am Tag seiner Ernennung zum Generalsekretär der UNO am 7. April 1953 zum Leitspruch auch einen Text aus Thomas von Kempens „Nachfolge Christi": „Weil sie alles Gute, das sie empfangen haben, Gott allein zuschreiben, suchen sie keine Ehre voreinander. Sie wollen nur die Ehre, die von Gott allein kommt, wollen nichts anderes, als dass Gott in ihnen und in allen Heiligen über alles gelobt werde. Dies ist das einzige Ziel, nach dem sie allzeit streben."[34] Und ergänzend dazu hatte er in voller Konzentration auf seine Tätigkeit sich zur Richtschnur gemacht und ist in seinen New Yorker Jahren auch so in Erscheinung getreten: „Wenn ich fortfahren darf: fester, einfacher – schweigsamer, wärmer."[35]

Für Söderblom wie für Luther galt, dass „die Pflicht als Leitmotiv" zu Neigung und Anlage hinzukommen muss, denn nicht „viele Beschäftigungen sind derart, dass sie die Hingabe eines Menschen dauernd gewinnen und sein Glück und seine Heimat werden können".[36] Und wenn Dag Hammarskjöld vielleicht weniger Glück und Heimat, aber mit seiner Tätigkeit in der UNO seine Bestimmung gefunden und sich damit einem höheren Gesetz verpflichtet hatte, so zeigt doch das Beispiel seines Vaters, der wie der politisch denkende Mensch des Altluthertums und auf dem Hintergrund der in Schweden immer noch bestehenden starken Verbindung von Religion und Politik als Ministerpräsident[37] im Auftrag seines Königs „im Staatsganzen plante und handelte", dass auch in einem geachteten Beruf durchaus Unangenehmes zu erledigen ist und nur ein stark ausgeprägtes Pflichtgefühl helfen kann, durchzuhalten und sich seinen Aufgaben nicht zu entziehen.

Diese Art Pflichtbewusstsein war auch bei dem Sohn als Erbteil des Vaters unübersehbar, doch hatte das Wort bei ihm nicht mehr den alt-

---

34 ZW, 2005, S. 106 französisch entsprechend der aus dem 17. Jh. stammenden Ausgabe aus dem persönlichen Besitz Dag Hammarskjölds, hier aber zitiert nach der deutschen Übersetzung S. 213.
35 ZW, 2005, S. 108.
36 N. Söderblom, 1914, S. 11.
37 Ministerpräsident = schwed. „statsminister".

lutherischen Tenor von Gefolgstreue und Gehorsamspflicht, sondern entsprang der freien Entscheidung des Auserwählten, der als letzte Konsequenz christlicher Nachfolge zudem verstanden hatte: „Dass der Weg der Berufung am Kreuz endet, weiß, wer sich seinem Schicksal unterstellt hat – auch wenn dieser Weg durch den Jubel von Genezareth führt und durch die Triumphpforte von Jerusalem", und der dennoch sagen konnte: „Ich bin das Gefäß. Gottes ist das Getränk. Und Gott der Dürstende."[38]

2.2 Verpflichtung zu selbstlosem karitativem Einsatz als Erbteil der Mutter

Nach Joseph P. Lash war die Religion in der Familie Hammarskjöld „für den Vater eine Frage der Tradition und der konventionellen Befolgung, aber für die Mutter bedeutete sie leidenschaftliche Verpflichtung", und er führte weiter aus: „Agnes Hammarskjöld vertrat in ihren Ansichten die puritanische Richtung der anglikanischen Kirche, und die evangelische Religion spielte eine große Rolle in ihrem Leben."[39] Henry van Dusen bezeichnete die religiöse Haltung der Mutter Dag Hammarskjölds als eine „evangelikale Frömmigkeit", die das intimere geistig-seelische Milieu seiner frühen Kindheit bestimmt habe.[40] Und Gustaf Aulén charakterisierte diese Frömmigkeit als „warm, tief und unkompliziert, ... niemals theologischen oder philosophischen Fragen nachgrübelnd, ... besser zu beschreiben als eine praktische Frömmigkeit, die, gepaart mit einer allumfassenden Freundlichkeit, stets bemüht war, so viel als möglich Menschen in Not zu helfen".[41]

Dag Hammarskjöld selbst schilderte die religiöse Einstellung seiner Mutter als „eine radikale, demokratische, wenn man es so nennen will, eine ‚evangelische' Betrachtungsweise der Menschen ... mit den warmen Unterströmungen der Empfindungen ... und einer Aufopferungsbereitschaft gegenüber Nahestehenden und Fremden".[42]

---

38 ZW, 2005, S. 107.
39 J. P. Lash, 1962, S. 33.
40 H. P. van Dusen, 1967, S. 49.
41 G. Aulén, 1969, S. 14.
42 S. Söderberg, 1962, S. 28.

Die jeweils unterschiedliche Charakterisierung der Frömmigkeit Agnes Almquist-Hammarskjölds als „puritanisch", „evangelikal" oder „evangelisch" mag in ihrem realen Leben weniger bedeutsam gewesen sein, als dies die Wortbezeichnungen vorgeben, aber vielleicht kommt Aulén der Wahrheit am nächsten, indem er das religiöse Leben dieser gefühlsbetonten und warmherzigen Frau als „eine praktische Frömmigkeit" beschrieb, die sie in dem unermüdlichen Einsatz für ihre Mitmenschen bewies.

Inwieweit das kirchliche Milieu in Uppsala zu Beginn des 20. Jahrhunderts die Religiosität von Agnes Almquist-Hammarskjöld beeinflusst hat, kann hier nur vermutet werden. Neben dem vorherrschenden traditionellen Luthertum bestimmten auch ein konservativer, herrnhuterisch gefärbter Pietismus und die neue evangelische Erweckung, eine Laienbewegung, die Mitte des 19. Jahrhunderts in Schweden aufgekommen war und pietistisch-evangelikale Züge trug, die kirchliche Situation.[43] Alle diese kirchlichen Strömungen waren indes durch ein christlich-soziales Engagement, eine persönliche und einfache Herzensfrömmigkeit und sittliche Lebensführung, sowie durch eine evangelische, d. h. auf das Evangelium zurückgehende Orientierung ausgezeichnet, was zumindest die von Dag Hammarskjöld beschriebene Haltung seiner Mutter rechtfertigt.

Im Gegensatz zu ihrem Sohn war Agnes Almquist-Hammarskjöld eine eifrige Kirchgängerin, und in seinen jungen Jahren hat er sie auch zum sonntäglichen Gottesdienst in den Dom zu Uppsala begleitet.[44]

---

43 D. Lange, 1/2011, S. 51.
44 R. und K.-H. Röhlin, 2005, S. 18; zu Dag Hammarskjölds Kirchenbesuchen finden sich divergierende Angaben: Während Röhlin S. 44 (ähnlich Stolpe, 1964, S. 63) schreiben, dass er „besonders an kirchlichen Festtagen ... Gottesdienste verschiedener Glaubensgemeinschaften" besucht hat, so berichtet doch Hjalmar Sundén, dass er „ ... ein gewisses Misstrauen gegen Kult und Ritus" bei Hammarskjöld gefunden habe, verweist dabei u. a. aber auf eine Bemerkung W. H. Audens: „Es ist möglich, dass das Fernbleiben vom liturgischen und sakramentalen Leben der Kirche ein bewusstes Selbstopfer seinerseits war, im Gefühl, dass jede öffentliche Verbindung des Generalsekretärs mit einer christlichen Gemeinschaft ihn als zu ‚westlich' abgestempelt hätte." (H. Sundén, 1967, S. 26 und Fußnote 22). Dagegen argumentiert Hammarskjölds Freund Bo Beskow: „Dag was not a church-going person. ... We were both afraid of bad sermons, having been spoilt by growing up with great preachers like Nathan Söderblom, who was a close friend of both our families, and my father." (B. Beskow, 1969, S. 134f). Ähnlich auch der Freund Henrik Klackenberg: „Aber in den vielen Jahren, in denen wir gemeinsam

2. Das geistig-religiöse Erbe der Eltern und Vorfahren 165

Sie war es auch, die, geprägt durch die Geistlichen und Gelehrten in ihrer eigenen Ahnenreihe und selbst sehr an religiösen Fragen interessiert, an den kirchlichen Festtagen aus der Bibel oder anderen frommen Schriften vorzulesen pflegte und so eine religiöse Tradition in der Familie hochhielt. Dag Hammarskjölds Eintragungen in seinem Tagebuch an solchen Tagen und z. B. jeweils zu Jahresbeginn in den schwierigen Jahren 1950 bis 1954 mit den Worten „Bald naht die Nacht –", die einer Hymne des schwedischen Bischofs Franz Michael Franzén entstammen und von der Mutter jeweils am Neujahrsmorgen vorgetragen wurden, zeugen von dieser Tradition und dem tiefen Eindruck, den solche religiösen Chiffren bei ihm hinterlassen haben.[45]

Die Mutter lehrte den kleinen Dag auch beten, und in einem „kleinen Mama-Gebet" scheint die liebevolle Verbindung zwischen Mutter und Sohn ihren besonders innigen Ausdruck gefunden zu haben, wie es ein Brief der Mutter an den 20-jährigen offenbart. So soll in einem Gutenachtgebet das Kind zur Überraschung von Mutter und Kinderfrau einmal hinzugefügt haben: „Bitte, Gott, beschütze die Kinder in Afrika"[46], was so überraschend wiederum nicht ist, wenn man den Einsatz von Agnes Almquist-Hammarskjöld für die Armen und Schwachen der Gesellschaft bedenkt, mit dem sie ihrem Sohn zum Vorbild geworden war und in ihm das Verständnis und Mitgefühl für die Mitmenschen weckte, „das ihm ermöglichte, loyal und mit Überzeugung die Politik der demokratischen Gleichstellung der sozialistischen Regierungen zu unterstützen, denen er später diente"[47].

Zwar muss „[d]as christliche Liebeshandeln ... unabhängig sein von Parteien und Ideologien", wie Papst Benedikt XVI. in seiner Enzyklika „Deus caritas est" betont und vermerkt: „Zu einer besseren Welt trägt

---

    arbeiteten, ging er meines Wissens nie in die Kirche – außer gelegentlich, um seiner Mutter Gesellschaft zu leisten."(in: S. Stolpe, 1964, S. 94).

45 Auf die Bedeutung der Feste des Kirchenjahres für Dag Hammarskjöld weist auch Hjalmar Sundén hin, indem er einen Text aus Thomas von Kempens „Nachfolge Christi" zitiert, den Hammarskjöld vermutlich gekannt und mit seinen Eintragungen im Tagebuch befolgt habe: „Bei großen Festen sollen wir sozusagen unsere guten Übungen erneuern und innerlicher als sonst unsere Gebete verrichten. Wir sollen von Fest zu Fest unsere heiligen Vorsätze machen, gleich als würden wir da diese Welt lassen und in die ewigen Freuden eingehen." (H. Sundén, 1967, S. 85).

46 R. und K.-H. Röhlin, 2005, S. 19 und 16.

47 J. P. Lash, 1962, S. 29.

man nur bei, indem man selbst das Gute tut, mit aller Leidenschaft und wo immer die Möglichkeit besteht, unabhängig von Parteistrategie und -programmen. Das Programm des Christen – das Programm des barmherzigen Samariters, das Programm Jesu – ist das ‚sehende Herz'. Dieses Herz sieht, wo Liebe nottut, und handelt danach."[48] Doch wenn in einem seltenen Glücksfall einmal Herzensbildung und politischer Beruf zusammenfallen, dann darf das Programm aus einem „katholischen" Rundschreiben wohl auch einmal positiv auf „evangelische" und durch einen weltoffenen evangelischen Erzbischof wie Nathan Söderblom „ökumenisch" geschulte Christenmenschen wie Dag Hammarskjöld und seine Mutter bezogen werden, denn ganz sicher hat sie nach diesem Motto gehandelt und ihren Politikersohn in diesem Geist erzogen.

2.3 Religionspsychologische Vermutungen zu Dag Hammarskjölds Frömmigkeitstypus als Vater-, Mutter- oder Selbst-Religion

Hjalmar Sundén[49] betont in seiner religionspsychologischen Studie über „Die Religion und die Rollen", dass religiöse Erlebnisse nicht denkbar seien „ohne religiöses Referenzsystem, ohne religiöse Tradition, ohne Mythos und Ritus", und dass „eine frühzeitige Aneignung der in der christlichen Tradition ausgebildeten Rollen und Zielvorstellungen", wie etwa im kindlichen Spiel oder, wie im Falle Dag Hammarskjölds, durch die traditionell an Festtagen vorgelesenen Bibelworte und das regelmäßig geübte Abendgebet mit der Mutter, nicht ohne Einwirkung auf die Religiosität der späteren Persönlichkeit bleibt.[50]

Aus wahrnehmungspsychologischer Sicht weist Sundén auch darauf hin, „dass das Andachtsleben, welches den Erlebnissen vorausgegangen ist, Dispositionen im Gehirn schuf", d. h., ein „Erlebnis von Christus muss spezifische ‚Gehirnkonstellationen' voraussetzen und das Individuum muss sich die christliche Tradition auf solche Weise

---

48 Enzyklika „Deus caritas est", 2005, S. 46f.
49 Hjalmar Sundén (1908–1993) war schwedischer Theologe und der erste Professor für Religionspsychologie in Uppsala nach Erscheinen seines Buches „Religionen och rollerna" 1959, dt. 1966.
50 H. Sundén, 1966, S. 27 und 57.

angeeignet haben, dass es durch irgendeine Identifikation die Rolle Christi antizipieren kann ... sofern die Erwartung beim Subjekt stark genug ist".[51]

Die Hirnforschung kann das heutzutage genauer und beispielsweise so ausdrücken: „Das menschliche limbische System verwebt emotionale Impulse mit höheren Gedanken und Wahrnehmungen und erzeugt auf diese Weise ein breites, flexibles Repertoire hochkomplexer emotionaler Zustände. Weil das limbische System in engem Zusammenhang mit religiösen und spirituellen Erfahrungen steht, wurde es bisweilen auch als „Sender zu Gott" bezeichnet".[52] Eine solche Gehirnkonstellation sagt jedoch noch nichts über das religiöse Erlebnis selbst und seinen Wahrheitsgehalt aus, und auch das Autorenteam um den Hirnforscher Andrew Newberg ist der Meinung, „dass der Schläfenlappen und die limbischen Strukturen darin nicht allein für die Komplexität und Vielfalt dieser Erfahrungen verantwortlich sein können".[53]

In Verbindung mit der durch die Eltern und Voreltern vermittelten christlichen Tradition im Hause Hammarskjöld und dem innerhalb der Familie gepflegten Andachtsleben als einem solchen „Bezugssystem" mitsamt der dadurch ausgebildeten Gehirnkonstellation ist zur genaueren Bestimmung von Dag Hammarskjölds Frömmigkeitstypus nun aber eine von Sundén erwähnte Studie der Brüder Harald und Kristian Schjelderup von Interesse, in welcher aus psychoanalytischer Sicht drei Haupttypen religiöser Erlebnisformen empirisch anhand klinischer Fallstudien untersucht und als Vater-, Mutter- bzw. Selbst-Religion definiert werden.

Während William James noch zwischen den „Einmal"- und den „Zweimal-Geborenen" unterschied und anhand bestimmter Persönlichkeitsmerkmale zwei für Religiosität unterschiedlich empfängliche Menschentypen diagnostizierte, versuchten die Brüder Schjelderup in der Nachfolge Freuds mit ihrem „Eindringen in die unbewusste Grundlage der seelischen Reaktionen" die religionspsychologischen Probleme in ein neues Licht zu rücken und mittels der psychoanalytischen

---

51 H. Sundén, 1966, S. 52 und 54f. Mit Bezug auf Dag Hammarskjöld hat sich Sundén dazu in einer gesonderten Abhandlung mit dem Titel „Die Christusmeditationen Dag Hammarskjölds" geäußert.
52 A. Newberg, E. d'Aquili, V. Rause, ²2005, S. 64f.
53 A. Newberg, E. d'Aquili, V. Rause, ²2005, S. 246.

Methode „der Lösung des Problems der religiösen Erlebnisformen und ihrer psychologischen Grundlage näher zu kommen".[54] Und in diesem Bemühen treffen sie sich wiederum mit Erich Fromm, den dasselbe Problem beschäftigte und der in Anlehnung an Freud und Jung erkannt hatte: „Der Psychoanalytiker ist in der Lage, die menschliche Wirklichkeit sowohl hinter der Religion als auch hinter den nicht-religiösen Symbolsystemen zu untersuchen", vor allem aber gehe es darum, dass der Mensch „die Liebe lebt und die Wahrheit denkt" und so zu einer überkonfessionellen Religiosität findet, die er als „humanistische Religion" und als „Bild des höheren Selbst des Menschen" bezeichnete, zu der sich ein Individuum entwickelt, das sich „frei für sein eigenes Schicksal verantwortlich fühlt oder innerhalb einer Minorität für Freiheit und Unabhängigkeit kämpft".[55]

Eine solcherart charakterisierte „humanistische Religion" darf wohl als Teil von Dag Hammarskjölds „einzig richtigem Profil" angenommen werden, und zu dieser Entwicklung haben die religiöse Tradition und die psychologischen Gegebenheiten seines Elternhauses ebenso beigetragen wie der Einfluss des Erzbischofs Nathan Söderblom mit der lutherischen Maxime von „Freiheit durch Gottvertrauen", aber auch Hammarskjölds eigene Suche bei den mittelalterlichen Mystikern, bei Albert Schweitzer und anderen, die seinen Weg zu einem eigenständigen Glauben unterstützt und begleitet haben.

Zunächst sollen nun aber mit den Brüdern Schjelderup die empirisch-psychologischen Zusammenhänge von Religiosität und Kindheitseinflüssen und ihre Gültigkeit mit Bezug auf Dag Hammarskjöld betrachtet werden.

2.3.1 Mutter-Religion

„Die Mutterliebe ist ... eine bedingungslose Bestätigung des kindlichen Lebens und seiner Notwendigkeiten", resümiert Erich Fromm in seiner berühmten kleinen Abhandlung über „Die Kunst des Liebens", und er schreibt darin weiter: „Kein Wunder, dass wir alle uns an der Sehnsucht nach Mutterliebe festhalten, als Kinder, aber auch als Er-

---

54 H. und K. Schjelderup, 1932, S. 2.
55 E. Fromm, ⁶1981, S. 16, 56 und 58.

2. Das geistig-religiöse Erbe der Eltern und Vorfahren

wachsene. In der zufriedenstellendsten Entwicklung bleibt sie immer eine Komponente der erotischen Liebe; oft findet sie ihren Ausdruck in religiösen, häufig jedoch in neurotischen Formen."[56]

Es sind nun zwar diese neurotischen Formen, welche die Brüder Schjelderup untersucht haben, doch lässt sich ihren Ergebnissen zufolge „eine scharfe Trennungslinie zwischen dem ‚Neurotiker' und dem praktisch Gesunden nicht ziehen", denn „[w]ie die an gesunden Menschen durchgeführten Lehranalysen zeigen, machen sich hier wie dort dieselben psychologischen Zusammenhänge geltend, wenn auch das ‚Stärkeverhältnis' ein verschiedenes ist". Beim Neurotiker wie beim gesunden Menschen lebt demzufolge im „Unbewussten" der Eindruck des Kleinkindes von der „Mutter als Quelle der Sicherheit und Zufriedenstellung, sowie der Empfindung des ‚Geborgenseins' und ‚Vereintseins'" fort. Wenn also das Verhältnis zur Mutter im Leben des Kleinkindes in dieser Weise bestimmt ist, so zeigt sich die religiöse Einstellung „beherrscht von der Sehnsucht nach dem Göttlichen, dem Verlangen nach ‚Gottesnähe' und ‚Gottvereinigung', nach ‚Verschmelzung mit dem Göttlichen', nach ‚Frieden' und ‚Ruhe' in Gott", häufig verbunden mit einem Wunsch nach „Weltflucht". Zudem kann sich als „Ausdruck einer starken Muttersehnsucht" und als „Zeichen einer maximalen Regression" eine „Zurückziehung der Libido" ergeben.[57]

Mit diesen Motiven und Empfindungen einer frühkindlichen Entwicklungsstufe und ihrem möglichen Übergang in religiöse Erlebnisformen erweist sich die Mutter-Religion somit als „religiösen Erlebnistypus mit der Tendenz zu mystischer Gottesvereintheit"[58], wie es die Brüder Schjelderup anhand der von ihnen erforschten Fälle nachgewiesen und religionsgeschichtlich in einen Zusammenhang u. a. mit Plotin gebracht haben. Mystik ist ihrer Definition nach also „wesentlich passiv und trägt ein monistisches Grundgepräge", ist zudem „zeitlos und ohne Bindung an Geschichte und Offenbarung".[59]

Und doch trifft diese Beschreibung wohl nur auf die eine Art der Mystik zu, die Rudolf Otto als Mystik der Innenschau und als einen der zwei Wege der Mystik beschrieben und ihre spekulativen Anfänge im

---
56 E. Fromm, 1979, S. 65 und 73.
57 H. und K. Schjelderup, 1932, S. 58ff.
58 H. und K. Schjelderup, 1932, S. 58.
59 H. und K. Schjelderup, 1932, S. 84f.

alten Indien erkannt hat[60], und die Erich Neumann als „Frühphase der Mystik" und als „Ursprungsmystik ... des Primitiv-Menschen und der Kindheit" bezeichnete und damit eher eine mythisch-mystische Form der Religiosität skizzierte, während er die Hochmystik des Mittelalters mit den „Wandlungskrisen der Persönlichkeit" und mit der Ich- und Bewusstseinsstufe der Lebensmitte in Verbindung bringt und somit einer sehr viel späteren Entwicklungsphase des Menschen zuordnet[61]. In diesen Fällen ist der Weg nach innen und die Selbstversenkung immer mit der Suche nach dem Göttlichen in der eigenen Seelentiefe verbunden und schließt jegliche Form der Regression, wie von den Brüdern Schjelderup in Abhängigkeit von der Mutter für möglich erachtet, aus.

Dass eine intensive und liebevolle Zuwendung und Geborgenheit dem kleinen Dag vonseiten seiner Mutter zuteil wurde und ihre Herzensfrömmigkeit „das intimere geistig-seelische Milieu" seiner frühen Kinderjahre bestimmt hat, darauf hat schon Henry van Dusen hingewiesen. Und auch Gustaf Aulén berichtet, dass er über die Mutter aus nächster Nähe erfahren durfte, was authentischer Glaube sein kann, und dass er diese Eindrücke niemals vergessen habe.[62]

Möglicherweise ist die enge Mutterbindung im Falle Dag Hammarskjölds also tatsächlich nicht ohne Einfluss auf seine „Sehnsucht nach dem Göttlichen" und dem Wunsch nach einer „mystischen Gottesvereintheit" geblieben. Jedoch hat sein Glaubensleben gerade in der Lebensmitte auch eine starke Wandlung erfahren, die in seinem „Ja" zu jenem geheimnisvollen „jemandem" oder „etwas" gipfelte und ihm die Gewissheit gab, dass sein Leben, „in Unterwerfung", einen Sinn habe.[63] Und zudem weist sein Glaube, trotz mystischer Anzeichen, doch stark aktive Züge auf, sein religiöses „Bezugssystem" zeigt sich infolge der christlichen Familientradition als eng an die Bibel gebunden, und auch als Person hat er keineswegs zeitlos und ohne Geschichtsbindung agiert, weil dies weder seinem Wesen noch seiner Auffassung von Mystik entsprach.

---

60   R. Otto, ³1971, S. 46ff.
61   E. Neumann, 1978, S. 124.
62   G. Aulén, 1969, S. 14 (englisch im Original).
63   ZW, 2005, S. 196.

2.3.2 Vater-Religion

Die „Vatereindrücke", wie sie „in der Vorstellung des ganz kleinen Kindes" entstanden sind und im Unbewussten fortleben, erscheinen den Brüdern Schjelderup zufolge „als ein Aktives, Forderndes, das zugleich geliebt und gefürchtet wird", und auch noch beim Erwachsenen sei „im Hintergrund des Vaterbildes die Vorstellung von etwas überwiegend Erhabenem, etwas Mächtigem, ungeheuer Großem, das zugleich anziehend und abstoßend wirkt", lebendig.[64]

Eine solche Zwiespältigkeit in der Vaterbeziehung war auch Dag Hammarskjölds Los, und in seiner Antrittsrede in der Schwedischen Akademie in der Nachfolge seines Vaters im Jahr 1954 hat er diesen Vater in Erinnerung der Familientradition innerhalb der schwedischen Geschichte und Kultur geschildert als eigentlich einen Menschen des 17. Jahrhunderts und einer Zeit, als „Thron, Altar und Schwert eine kurzdauernde Triade gebildet haben und die Nation zu ihrer Melodie gefunden hat". Da er in einem Geist und Glauben erzogen worden war, der im Zeitalter der Reformation wurzelte, und weil dieser Geist und Glaube Teil seines eigenen Bewusstseins geworden war, stand er mit unerschütterlicher Treue und durch alle Wechselfälle des Lebens hindurch zu diesem ererbten Glauben und zu den bewährten Überzeugungen, und nur so konnte er präsent sein „als der letzte und überzeugendste Advokat für den Widerstand des Königs gegen die heranbrandenden Wellen einer parlamentarischen Demokratie".[65]

Eine solche Vaterfigur musste auf den kleinen Dag großmächtig und erhaben gewirkt haben, zumal seine eigene Wesensart noch nicht ausgereift war, sich aber doch schon abzeichnete, dass sie derjenigen des Vater durchaus unähnlich war, und er die Erwartungen des teils bewunderten, teils gefürchteten Vaters nicht erfüllen konnte.

In einem Brief an seinen Freund Bo Beskow hat Dag Hammarskjöld sein Verhältnis zum Vater entsprechend der Akademierede denn auch folgendermaßen dargestellt: „Die Akademierede ist kein Angriff auf irgendwelche Mythen. Vielmehr ist sie der sehr ernsthafte Versuch einer subjektiven Gesamtbetrachtung der Motive. Das Bild ist stimmig, von einem früheren Standpunkt aus betrachtet, der ebenso der meinige ist.

---

64 H. und K. Schjelderup, 1932, S. 58.
65 W. Foote, 1963, S. 64ff.

Natürlich habe ich auch andere Sichtweisen, bei denen ich selbst im Zentrum eines ständigen Konfliktes stehe zwischen einer dominierenden Vatergestalt (auf vielerlei Weise völlig gegensätzlich zu mir), deren Druck ich gehasst, deren Schwächen ich deshalb sehr genau gesehen habe. Doch dieses Bild sagt mehr über mich aus als über ihn und steht in diesem Zusammenhang nicht zur Diskussion."[66]

Während also das Kleinkind Dag Hammarskjöld ganz in der Obhut der Mutter stand und ihrer Liebe und Fürsorge schier im Übermaß zuteil wurde, dürfte das Schulkind etwa von seinem sechsten Lebensjahr an, und damit entwicklungspsychologisch durchaus zeitgerecht, die Autorität und Strenge des Vaters und seine Erwartungen in puncto Leistungsbereitschaft und Pflichtgefühl zu spüren bekommen haben, was nach den so behüteten Kindertagen im Schloss zu Uppsala fraglos einschüchternd und furchteinflößend auf den zarten Jungen gewirkt haben muss.

Doch Vaterliebe muss verdient werden, wie Erich Fromm darlegt, und sie „ist bedingte Liebe. Ihr Grundsatz ist: ‚Ich liebe dich, weil du meine Erwartungen erfüllst, weil du deine Pflicht tust, weil du mir ähnlich bist.'" Während die Mutter dem Kind „Lebenssicherheit" bieten muss, hat der Vater „die Aufgabe, das Kind zu lehren und es bei der Auseinandersetzung mit den Problemen jener Gesellschaft zu führen, in die das Kind hineingeboren wurde und der es nun gegenübersteht. Sie sollte dem heranwachsenden Kind ein zunehmendes Gefühl seiner eigenen Kraft und Fähigkeit vermitteln und ihm schließlich erlauben, sich selbst Autorität zu werden", nachdem es „das väterliche Gewissen auf seine eigene Vernunft und Urteilskraft gegründet hat".[67]

Als charakteristisch für die Vater-Religion haben die Brüder Schjelderup Symptome wie „Schuldgefühl, Furcht und Sühneverlangen" und einen zwiespältigen Wunsch, sich dem Vater gegenüber „zu behaupten ... zugleich aber auch, sich ihm zu unterwerfen" beschrieben.[68] Da das „Gefühl des Abstands" gegenüber dem eigenen Vater niemals ganz überwunden wird, liegt auch dem „Erlebnis Gottes als Vater ... das Bewusstsein einer scharfen Trennung von Subjekt und Objekt" zugrunde, was in der religiösen Haltung „anbetender Gotteskindschaft gegenüber

---

66 B. Beskow, 1969, S. 33.
67 E. Fromm, 1979, S. 65ff.
68 H. und K. Schjelderup, 1932, S. 57f.

einer gleichzeitig ‚gefürchteten' und ‚geliebten' Weltmacht" zum Ausdruck kommt.⁶⁹

Exkurs: Martin Luthers Gottesbeziehung

Diese für die Vater-Religion genannten Charakteristika sahen die Brüder Schjelderup beispielhaft in der Gottesbeziehung Martin Luthers verkörpert. Bekanntermaßen war Luther in einem Gewitter durch einen Blitzschlag mit dem Tod konfrontiert gewesen und hatte in Todesangst geschworen, bei seiner Rettung durch den Eintritt in ein Kloster „Gott den großen Gehorsam zu leisten, den er fordert"'⁷⁰, und dadurch seiner eigenen Sündhaftigkeit Abbitte zu tun.

Über das Kindheitsdilemma Martin Luthers gibt Erik H. Erikson in seiner bekannten, ebenfalls psychoanalytisch orientierten Untersuchung „Der junge Mann Luther" Aufschluss: „Er stand einem Vater gegenüber, der von seiner rohen Überlegenheit fragwürdigen Gebrauch machte; der andere dazu bringen konnte, sich moralisch unterlegen zu fühlen, ohne selbst ganz in der Lage zu sein, seine eigene moralische Überlegenheit zu rechtfertigen. Einem Vater, mit dem er nicht vertraut werden und von dem er auch nicht lassen konnte." Und über die Auswirkungen dieses streitbaren und zornigen Vaters auf den kleinen Jungen berichtet Erikson weiter: „Nur ein Junge mit einem frühzeitig entwickelten, empfindsamen und stark ausgeprägten Gewissen wird sich so sehr wie Martin darum kümmern, die Zufriedenheit seines Vaters zu erlangen. Nur ein solcher Junge wird sich einer übergenauen und unbarmherzigen Selbstkritik unterwerfen, anstatt äußeren Druck durch erfinderische Ausreden und Trotz auszugleichen. Martins Reaktion auf den Zwang seines Vaters sind die Anfänge von Luthers Beschäftigung mit Fragen des individuellen Gewissens, einer Erforschung, die weit über die damaligen Anforderungen der Religion hinausging. Die ideologische Gewissensstruktur seiner Eltern hatte sich auf Martin übertragen; er vereinigte in sich die misstrauische Strenge seines Vaters, die

---

69 H. und K. Schjelderup, 1932, S. 90 und 98.
70 H. und K. Schjelderup, 1932, S. 69, zitiert nach Luther.

Hexenfurcht seiner Mutter und beider Interesse, Unheil zu vermeiden und hohe Ziele zu erreichen."[71]

Von der unter ihrem Mann ebenfalls leidenden Mutter konnte Martin wenig Beistand erwarten, und doch hält es Erikson für möglich, dass diese „wohlbegabte und phantasievolle" Frau „ihm ein positiveres, empfänglicheres Verhältnis zur Natur und einen einfachen, in sich geschlossenen Mystizismus vermittelte, wie er ihn später auch bei bestimmten Mystikern beschrieben fand". Auch sei eine „gewisse traurige Isolierung" Kennzeichen des jungen Luther gewesen, was ebenfalls ein mütterlicher Wesenszug gewesen sein soll.[72]

Siebzehnjährig war Martin Luther zum Studium an die Universität zu Erfurt gekommen und hatte dort sein Magisterexamen im Jahre 1505 in den „Sieben freien Künsten" abgelegt. Seinem Vater zufolge sollte er nun Jura studieren, als ihn in jenem schicksalsentscheidenden Gewitter sein in Todesnot abgelegtes Gelübde zur Gehorsamsverweigerung gegen den irdischen Vater zwang, um sich zukünftig ganz der Gehorsamspflicht gegenüber seinem göttlichen Vater zu unterwerfen.

Auf dem Hintergrund dieser „Bekehrung" und im Kampf mit seinen Gewissensqualen „musste das Ringen um einen ‚gnädigen Gott' zum Mittelpunkt seines religiösen Kampfes werden", und erst spät fand er die Lösung durch das Evangelium und in „Jesu Opfertod", und im Vertrauen auf „Gottes Gnade und vergebende Barmherzigkeit".[73]

Im Vergleich zwischen Luther und Dag Hammarskjöld lassen sich nun hinsichtlich der Biografie wie der Religiosität sowohl Ähnlichkeiten als auch Gegensätzlichkeiten feststellen. Beide Kinder werden als empfindsam und beeindruckbar beschrieben, und sicher darf auch bei Dag Hammarskjöld jenes „stark ausgeprägte Gewissen" vorausgesetzt werden, das den jungen Luther dazu veranlasst hatte, sich einer unbarmherzigen und übergenauen Selbstkritik zu stellen, um in Kinder- und Jugendjahren die Beachtung des Vaters zu gewinnen, im späteren Leben aber zu jener schonungslosen Ehrlichkeit und Reinheit zu finden, die insbesondere Dag Hammarskjöld auszeichnete und ihn sagen ließ: „Musst du Erinnerungen an quälende Erniedrigung heraufbeschwören, um die schwelende Selbstbewunderung zu ersticken? Rein-

---

71 E. H. Erikson, 1970, S. 71 und 78.
72 E. H. Erikson, 1970, S. 77f.
73 H. und K. Schjelderup, 1932, S. 71 und 73.

heit ist auch, frei von allen diesen Halbheiten zu sein: einem Tonfall, der dich selber ins Licht rückt; einem verstohlenen Anerkennen der Sinnenlust, vergessend, was vom Geist ist; einer selbstgerechten Reaktion auf die schwachen Stunden der anderen. Blick in diesen Spiegel, wenn du gelobt werden – oder wenn du verurteilen willst. Tu es, ohne zu verzweifeln!"[74]

Weder der eine noch der andere der Jungen konnte eine vertrauensvolle und liebevolle Beziehung zum Vater aufbauen, aber beide konnten auch lange nicht von ihren Vätern „lassen". Luther, der seinem Vater offenbar charakterlich und im Temperament ähnlicher und insofern einem intensiveren „Kampf mit seinen Gewissensqualen", seinen Schuldgefühlen und seiner Furcht vor dem Zorn des Vaters ausgesetzt war, gelang die Rebellion erst mit seinem Eintritt ins Kloster, wozu er die Erlaubnis des Vaters nicht mehr eingeholt hatte. Aber er benötigte noch lange die Möglichkeit einer im „gewissen Grad halluzinatorischen Projektion" in Form des Teufels, um gegen das immer noch in ihm nachwirkende Vaterbild von etwas „Großem, Mächtigem und Erhabenem" innerpsychisch anzugehen. Wirklich davon frei werden konnte er wohl erst durch die „Entdeckung des Evangeliums" und indem er „die Lösung in dem Vertrauen auf Gottes grundlose Gnade und die Rechtfertigung durch den Glauben"[75] fand. Dieses Vertrauen war die „Kehrseite seiner Phobie", aus dem ihm dann aber auch jene „Tapferkeit" entsprang, die ihn vor dem Reichstag zu Worms im Jahr 1521, ähnlich Dag Hammarskjöld 1961 vor der UNO, die nach der Überlieferung so berühmt gewordenen Worte sprechen ließ: „Hier stehe ich, ich kann nicht anders. Gott helfe mir. Amen."

Dag Hammarskjölds Loslösung von dem übermächtigen Vater ereignete sich vermutlich erst zu der Zeit, als er aktiv und erfolgreich für seine eigene Karriere arbeitete, selbst „Autorität" werden konnte, weil er „das väterliche Gewissen auf seine eigene Vernunft und Urteilskraft gegründet" hatte, und spätestens jetzt die Erwartungen des Vaters erfüllte, weil er ihm hinsichtlich Pflichtbewusstsein, Leistungsbereitschaft und Dienst am Vaterland nun tatsächlich „ähnlich" geworden war.

---

74 ZW, 2005, S. 120.
75 H. und K. Schjelderup, 1932, S. 71.

Das Gefühl, wirklich frei zu sein, mag Dag Hammarskjöld aber womöglich erst nach dem Tod des Vaters und bei seiner Ernennung zum Generalsekretär der UNO im Jahr 1953 empfunden haben, denn wie sein Freund Bo Beskow mitfühlend bemerkte: „Ich möchte sagen, dass er gleichsam über Nacht reifte und plötzlich fähig wurde, die ganze Palette seiner ureigenen Qualitäten zu entwickeln und zu nutzen. Unser beider Väter waren in jenem Jahr gestorben, und ich verstand gut Dags Gefühl, ganz frei und er selbst zu sein. Der Beginn eines neuen Lebens bedeutet immer auch, alte Bindungen und schulische Bande zu zerschneiden, um für neue Freundschaften offen zu sein."[76]

Eine „gewisse traurige Isolierung" kann ebenfalls beiden Jungen zugeschrieben werden, wenngleich aus unterschiedlichen Motiven. Bei Luther resultierte sie vermutlich zum einen aus der Identifikation mit der liebevolleren Mutter, die unter dem tyrannischen Vater ebenso litt wie er selbst, zum anderen aber aus seinen überstarken Gewissensqualen und der Furcht, es dem Vater doch nie recht machen zu können. Dies habe sich dann nach Erich Fromm in dem Leitsatz des Protestantismus niedergeschlagen, „dass nichts, was der Mensch täte, die Liebe Gottes hervorrufen könne. Gottes Liebe sei Gnade, und die religiöse Haltung liege darin, Vertrauen in diese Gnade zu haben", und das war dann gewiss nicht mehr nur psychologisch zu verstehen. Die von der Mutter erfahrene Liebe und Zuwendung und das schließlich gefundene Vertrauen Luthers in einen liebenden und gnädigen Gott waren demnach konstitutiv dafür, dass „die lutherische Lehre – trotz ihres patriarchalischen Charakters – ein verstecktes matriarchalisches Element" in sich bewahren konnte.[77]

Dag Hammarskjöld hingegen litt als Kind unter dem Volkszorn gegen den unbeliebten Ministerpräsidenten-Vater und durfte deswegen an den Spielen der Altersgenossen nicht teilnehmen, was ein solcherart ausgeschlossenes, sensibles Kind traurig stimmen musste. Unter seiner Einsamkeit, die jedoch weit mehr war als eine „gewisse traurige Isolierung", litt er sein Leben lang. Sie aber war notwendiges Begleitsymptom seines mystischen Weges, um im zeitweiligen Rückzug aus dem Alltagsleben die innerseelische Reinigung vollziehen und zum innersten Kern seines Selbst und des Göttlichen vorstoßen zu können.

---

76 B. Beskow, 1969, S. 32f.
77 E. Fromm, 1979, S. 93.

2.3.3 Selbst-Religion

Dieser Religionstypus wird nach den Brüdern Schjelderup „durch die kindliche Selbstherrlichkeit bestimmt. Wo die religiöse Einstellung hauptsächlich durch Eindrücke, Phantasien und Ideale geformt wird, die mit dieser kindlichen ‚Selbstherrlichkeit' zusammenhängen, erhalten wir einen Typus des religiösen Erlebens, bei dem die Vorstellung eigener Vollkommenheit sowie die Tendenz zur ‚Vergöttlichung' dominiert".[78]

Das Neugeborene ist am Beginn seines Erdenlebens noch „sein natürliches Zentrum selbst; durch bloßes Schreien erzwingt es die Aufmerksamkeit des Erwachsenen und die Befriedigung seiner Bedürfnisse". Später wird es dann „seiner vollständigen Abhängigkeit von der Umwelt gewahr, wobei anfangs das Verhältnis zur Mutter als das Zentrale und die Mutter selbst als die natürliche Zuflucht in aller Not und Schwierigkeit erscheint. Bei fortschreitender Entwicklung wird dann endlich der Vater als der Einflussstärkere und schließlich als der ‚Allmächtige' und Oberste erkannt."[79] Wird diese Abfolge der kindlichen Entwicklung insbesondere auf der Stufe der Mutterbindung gestört, so kann es, psychoanalytisch gesprochen, zu einem „Zurückziehen der Libido von den äußeren Objekten auf eine narzisshafte Besetzung des eigenen Ichs" kommen und zu einer religiösen Einstellung, die sich „durch kindliche Selbstgenügsamkeit" auszeichnet.[80]

Diese religiöse Einstellung findet den Schjelderups zufolge ihren spezifischen Ausdruck in einer von ihnen so genannten „Selbstmystik", in der „außerhalb des Selbst keinerlei religiöses Objekt" – kein Gott – existiert, und die „bei der reinen Introversion stehen" bleibt.[81] Ein Vergleich mit der „Mystik der Innenschau" nach Rudolf Otto, wie bei der Mutter-Religion beschrieben, liegt hier nahe, zumal die Brüder Schjelderup selbst einen engen „Zusammenhang zwischen Mutter-Religion und Selbst-Religion" gesehen haben, wobei die Unterscheidung von der Intensität der Abwendung des Kindes von der Mutter und der Regression auf sich selbst abzuhängen scheint.[82]

---
78 H. und K. Schjelderup, 1932, S. 57ff.
79 H. und K. Schjelderup, 1932, S. 59.
80 H. Sundén, 1966, S. 277f.
81 H. und K. Schjelderup, 1932. S. 91.
82 H. und K. Schjelderup, 1932, S. 60.

Welchen Grund aber hätte Dag Hammarskjöld gehabt, sich regressiv der Mutter gegenüber zu verhalten? Ihre liebevolle, ja verwöhnende Fürsorge war ihm gewiss, und doch ist seine sehr enge Bindung an sie bis zu ihrem Tod im Jahr 1940 und sein lebenslang unverheirateter Status von einer gewissen Auffälligkeit, die auf eine Störung der libidinösen Entwicklung schließen lassen.

So mag Dag Hammarskjöld in seinen frühen Kinderjahren eine irritierende Differenz im Verhältnis zu seinen Brüdern und in der Wahrnehmung seiner eigenen jungenhaften Empfindungen gespürt haben, während er ihnen in seiner von der Mutter auferlegten Mädchenkleidung gegenüberstand. Zudem hätte die Bindung an eine Frau und die damit verbundene Loslösung von der Mutter einer natürlichen Entwicklung von der Mutterliebe zur erotischen Liebe entsprochen. Doch ist die Möglichkeit nicht ganz auszuschließen, dass Dag Hammarskjölds Mutter diesen jüngsten ihrer Söhne, der immer „ihr getreuer Trabant und fürsorglicher Helfer"[83] gewesen ist, nie wirklich freigeben konnte und ihre Liebe somit, um mit Erich Fromm zu sprechen, „eine Befriedigung ihres [eigenen] Narzissmus"[84] war, die bei dem Sohn die libidinöse Fehlentwicklung ausgelöst haben könnte, und die folglich nicht unmittelbar das Ergebnis einer Selbst-Regression gewesen sein muss.[85]

Auch wenn es möglich ist, dass manche Menschen sich infolge stark narzisstischer Züge in extremer Form mit dem Referenzsystem ihrer religiösen Tradition identifizieren und sich einbilden, Gott oder Christus zu sein, so ist doch Hjalmar Sundén zufolge „Dag Hammarskjölds

---

83 S. Stolpe, 1964, S. 24.
84 E. Fromm, 1979, S. 75.
85 Erich Neumann beispielsweise gibt mit der mythologischen Figur des Jünglingsgeliebten der Großen Mutter eine Deutung für eine solche Entwicklung: Im Erstarken seines Selbstbewusstseins, in Erkenntnis seines männlichen Andersseins, wird der Jüngling, da das Väterlich-Männliche in ihm noch nicht dem Mütterlich-Weiblichen ebenbürtig ist, „beinahe zum Partner des mütterlichen Unbewussten, ist Sohn, aber auch Geliebter". Ein wesentliches Merkmal dieser Stufe des Jünglings-Ich ist, dass das Weibliche in seinem Aspekt als Große Mutter erfahren wird als negativ Faszinierendes. Kann sich ein solcher Jüngling nicht aus dieser Abhängigkeit kindhaften Bezogenseins lösen, verfällt er dem „tragisch-dunklen Verhängnis: er bleibt der gefällige Knabe, dessen narzisstische Selbstbezogenheit deutlich ist". (E. Neumann, ²1974, S. 48ff.).

Narzissmus nicht so extrem gewesen"[86], wie es ihm von manchen seiner agnostischen Zeitgenossen und seitens vieler seiner schwedischen Landsleute postum nach der ersten Veröffentlichung der „Zeichen am Weg" vorgeworfen wurde.

So weist Sundén in seinem Buch „Die Christusmeditationen Dag Hammarskjölds" nach, dass die im Tagebuch „angeführten Texte beweisen, wie wenig berechtigt das Gerede von Christus-Identifikation eigentlich ist", und dass die Tendenz zur Vergottung der eigenen Person im Falle Dag Hammarskjölds absurd ist, weil sie „klar die Nachfolge als das Kernmotiv, engstens verbunden mit der Überzeugung von der Auserwählung", zeigen.[87] Beispielhaft sei hier nur die Eintragung vom 21. 3. 1956 genannt, in der Hammarskjöld aus einer französischen Ausgabe von Thomas von Kempens „Nachfolge Christi" zitiert und es in der deutschen Übersetzung heißt: „Denn dein heiliges Leben ist unser Weg, und deine anbetungswürdige Geduld ist der Pfad, auf dem wir zu dir streben müssen."[88]

Zusammenfassung

Zusammenfassend ist festzustellen, dass einige der Motive der drei Typen einer Mutter-, Vater- oder Selbst-Religion durchaus auf Dag Hammarskjöld zutreffen, und tatsächlich kommt es auch kaum je vor, dass ein einzelner Typus in reiner Form im einzelnen Menschen hervortritt, die Vermischung also quasi die Normalität abbildet.

Ganz offensichtlich jedoch trifft der Typus der Selbst-Religion oder Selbst-Mystik auf Dag Hammarskjöld am wenigsten zu, wenngleich er „offenbar gewisse Kontaktschwierigkeiten hatte" und ihn, besonders in seinen Jugendjahren, „etwas Ungelöstes und Unbefriedigtes kennzeichnete".[89] Auch scheint tatsächlich manches in seiner Persönlichkeit auf gewisse regressive und narzisstisch gefärbte Züge hinzuweisen, die jedoch eher seiner starken Mutterbindung, nicht aber seiner religiösen Grundstimmung zugeschrieben werden müssen. Eine religiöse Ein-

---

86 H. Sundén, 1967, S. 10.
87 H. Sundén, 1967, S. 71.
88 H. Sundén, 1967, S. 73; s. a. ZW, 2005, S. 132.
89 H. Sundén, 1967, S. 10.

stellung, die letztlich auf die Begegnung mit dem Unbedingten und Göttlichen ausgerichtet ist, kann nun mal nicht auf psychische Strukturen reduziert werden, oder, anders gesagt: Religiosität geht nicht in ihren psychischen Erscheinungsformen auf. Und Dag Hammarskjöld hat ja auch um seine narzisstischen Züge gewusst und sich damit auseinandergesetzt, als er schrieb: „Narzissus beugte sich über die Quelle – hingerissen von der eigenen Hässlichkeit, weil er sich mit dem Mut schmeichelte, sie zu erkennen."[90]

Wie auch immer, mit dieser Erkenntnis hatte er einen „Zusammenklang von Haltungen" wie „Fürsorge, Verantwortlichkeit, Respekt und Wissen" erreicht, wie man sie nach Erich Fromm „im reifen Menschen findet, das heißt in dem Menschen, der seine eigenen Kräfte schöpferisch entwickelt, der nur das haben will, was er sich erarbeitet hat, der die narzisstischen Träume von Allmacht und Allwissen aufgegeben und eine Demut erworben hat, die auf der inneren Stärke beruht, wie sie allein die wirkliche und schöpferische Tätigkeit geben kann".[91]

Damit hatte Dag Hammarskjöld aber auch jenes Stadium erreicht, in welchem Vater- und Mutter-Religion für ihn gleichsam in eins fielen, er zur religiösen Tradition seiner Eltern und Voreltern zurückkehrte und sich intensiver mit Bibeltexten wie den Psalmen, den Evangelien und der Person Jesu Christi auseinanderzusetzen begann, zu dem Göttlichen als einem Gegenüber und einem „Du" fand, und in unmittelbarer Hinwendung und Selbstvergessenheit sagen konnte: „Du, den ich nicht kenne, dem ich doch zugehöre. Du, den ich nicht verstehe, der dennoch mich weihte meinem Geschick. Du –."[92]

Gegensätzlich zu dem von ihnen eingeführten Begriff der „Selbst-Mystik" unterschieden die Brüder Schjelderup den Terminus „Vereinigungsmystik", unter den sie nicht nur die Religionstypen von Vater- und Mutter-Religion subsumierten, sondern auch die von Rudolf Otto sogenannten „zwei Wege der Mystik" als einer Einheits- und einer Innenschau, und in Anlehnung an Nathan Söderblom dessen Unterscheidung von „Persönlichkeitsmystik" und „Unendlichkeitsmystik". Zwar schließen die Schjelderups die „zwei Wege" als verschiedene Möglichkeiten mystischen Erlebens nicht aus, führen jedoch die Verschieden-

---

90 ZW, 2005, S. 84.
91 E. Fromm, 1979, S. 53f.
92 ZW, 2005, S. 203.

2. Das geistig-religiöse Erbe der Eltern und Vorfahren

heit auf die beiden Erlebnisformen von Vater- und Mutter-Religion zurück, und indem „die dabei gebrauchten Bilder und Ausdrucksformen" als „natürliche psychologische Motivierung" gesehen werden, gelangen sie zu einer ihrer Meinung nach „einfachen Formulierung der tiefsten Gegensätze dieser zwei typischen religiösen Reaktionsarten" und erklären: „In der mystischen Religionsform wird das Göttliche in Analogie mit dem unbewussten ‚Mutterbilde' erlebt; in der ‚prophetischen' mit dem ‚Vaterbilde'."[93] Damit wird Religiosität allerdings auch der Tiefendimension und Selbsttranszendenz beraubt.

Im verinnerlichten, unbewussten Mutterbild des Erwachsenen lebt demnach der Wunsch nach Sicherheit und Geborgenheit weiter, wird in der Mystik zur „Einheit mit Gott" und „Vereinigung" zum Zentralbegriff.[94] Das Schlagwort der prophetischen Religion aber ist „Glaube"[95], und bei Dag Hammarskjöld heißt es mit Johannes vom Kreuz: „Glaube ist Gottes Vereinigung mit der Seele"[96], und in dieser Formulierung scheinen die beiden religiösen Erlebnisformen von Vater- und Mutter-Religion immerhin noch auf. Doch indem Hammarskjöld unmittelbar anfügt: „Glaube ist – kann daher nicht erfasst werden, noch viel weniger identifiziert werden mit Formeln, in denen wir das umschreiben, was ist"[97], wird deutlich, dass er Zuschreibungen zu seinem Glauben wie die der Schjelderups wohl eher skeptisch gesehen hätte.

Gustaf Aulén weist darauf hin, dass Hammarskjöld hier „Vereinigung" und nicht „Hochzeit" der Seele mit Gott artikuliert[98], während Henry P. van Dusen diese Passage direkt mit „Hochzeit" übersetzt hatte[99]. Damit aber ist eine Unterscheidung angesprochen, die nach Evelyn Underhill zwei Hauptformen des symbolischen Ausdrucks, „das Leben der Einigung zu schildern", darstellen, die jedoch „beide sehr gefährlich, sehr leicht misszuverstehen sind" und nur als Versuche gelten können, „den inneren Charakter eines Zustandes anzudeuten, den das Selbst mehr in seiner Ganzheit empfunden als sich im Einzelnen klar gemacht hat". Die eine Form beschreibt sie als „Vergottung oder

---

93 H. und K. Schjelderup, 1932, S. 88.
94 H. und K. Schjelderup, 1932, S. 86.
95 Ebd.
96 ZW, 2005, S. 110.
97 Ebd.
98 G. Aulén, 1969, S.60.
99 H. P. van Dusen, 1967, S, 184.

gänzliche Umwandlung des Selbst in Gott" und ordnet ihr einen „metaphysischen Mystiker" zu, „für den das Absolute unpersönlich und transzendent ist", nicht zu verwechseln mit der Selbst-Religion bzw. Selbst-Mystik der Brüder Schjelderup, die ganz auf das infantile persönliche Ich bezogen ist und jeglicher Transzendenz entbehrt. Mit der anderen Form aber kennzeichnet sie einen „Mystiker, für den innige persönliche Gemeinschaft der Modus war, unter dem er die Wirklichkeit am besten wahrnahm" und der „die Vollendung dieser Gemeinschaft, ihre vollkommene und dauernde Form, als die geistliche Hochzeit seiner Seele mit Gott" bezeichnet. Das Hauptsächlichste aber, „ja die allein wesentliche Vorbereitung ist die völlige Aufgabe der Selbstheit oder die ‚Selbstvernichtung', auf die die Prüfungen der Dunklen Nacht hinzielten".[100]

Diese „dunkle Nacht der Seele" oder „des Glaubens Nacht", wie Dag Hammarskjöld sie nennt[101], ist nach Evelyn Underhill „die furchtbarste Erfahrung des mystischen Weges. ... Wie in der Reinigung die Sinne geläutert und gedemütigt und die Kräfte und das Interesse des Selbst auf übersinnliche Dinge konzentriert wurden, so dehnt sich jetzt der Reinigungsprozess auf das Zentrum der Selbstheit, den Willen, aus. Das Selbst gibt nun sich, seine Persönlichkeit und seinen Willen vollständig hin".[102]

Auch Dag Hammarskjöld fügt unmittelbar nach der Bestimmung seines Glaubens als „Gottes Vereinigung mit der Seele" und seinen Hinweis, dass Glaube nach dieser Vereinigung nur noch „ist" und nicht mehr mit irgendwelchen Formeln erfasst werden kann, diese Metapher der „dunklen Nacht" ein und notiert in Erinnerung an das Beispiel Jesu: „Es geschieht in der Gethsemane-Nacht, wenn die letzten Freunde schlafen, alle anderen deinen Untergang suchen und Gott schweigt, dass die Vereinigung sich vollzieht."[103]

Über seine eigenen Erlebnisse in „en una noche oscura" wollte oder konnte er nichts weiter aussagen, aber er hatte verstanden, was sich in Gethsemane wirklich ereignet hatte: die Vollendung der Vereinigung und der Vollzug der geistlichen Hochzeit der Seele im Schweigen und

---

100 E. Underhill, 1928, S. 541f.
101 ZW, 2005, S. 110.
102 E. Underhill, 1928, S. 226.
103 ZW, 2005, S. 110.

2. Das geistig-religiöse Erbe der Eltern und Vorfahren   183

im Glauben, und insofern hat Gustaf Aulén zu Recht auf die Differenz zwischen „Vereinigung" und „geistlicher Hochzeit" hingewiesen. Mit Evelyn Underhill gesprochen, war es für Dag Hammarskjöld nur noch „ein Schritt" gewesen, den er erkenntnismäßig bereits vollzogen hatte, als er mit Johannes vom Kreuz sein Glaubenszeugnis formulierte, denn „[d]er mystische Weg ist ein Fortschreiten und Wachsen in der Liebe, eine bewusste Pflege des inneren Triebes der Seele zu ihrem Ursprung hin. ... Aber das Ende der Liebe muss immer Vereinigung sein ... als Verschmelzung zweier Kräfte im Dienste neuer Zwecke –, so bringt auch eine solche geistliche Hochzeit Pflichten und Verbindlichkeiten mit sich. Mit der Erreichung einer neuen Ordnung, dem Einströmen neuer Lebenskraft, kommt eine neue Verantwortlichkeit, der Aufruf zu neuen und größeren Anstrengungen und Ertragungen."[104]

Am Karfreitag des Jahres 1954, als Dag Hammarskjöld zum ersten Mal diese Definition seines Glaubens niederschrieb, war er äußerlich und innerlich schon frei geworden von allen Abhängigkeiten und Bedingtheiten seitens der Eltern, während gewisse Prägungen im Sinne der Vater- und Mutter-Religion in der Wortwahl dieser Definition durchaus noch präsent sind. So weist der Terminus „Vereinigung" ebenso auf seine Mutterbeziehung, wie auf die mystische Seite seiner Religiosität hin, während der Ausdruck „Glaube", aber auch Vokabeln wie „dass mein Leben, in Unterwerfung, Sinn hat"[105] oder „Verzeihen" als „Antwort auf den Kindertraum vom Wunder, wodurch das Zerschlagene heil wird und das Schmutzige rein"[106], einen deutlichen Bezug zu Vaterbeziehung und Vater-Religion zeigt, wie von den Brüdern Schjelderup skizziert.

Als aber Dag Hammarskjölds „Seele zu ihrem Ursprung" gefunden und er begriffen hatte, „dass zu den Stärken des wahren Menschen auch das Verzeihen gehört, das nicht mit Vergessen verwechselt werden darf", wie Günter Barudio schreibt, da konnte auch bei ihm „das ‚Verhasste' in Liebe umschlagen und das ‚Unerwünschte' verborgene Energien freisetzen, die ihn den Sinn seines Daseins verwirklichen lassen"[107] konnten. Denn „Gottes Vereinigung mit der Seele" und die

---
104 E. Underhill, 1928, S. 559.
105 ZW, 2005, S. 196.
106 ZW, 2005, S. 132.
107 G. Barudio, 1990, S. 101f.

„geistliche Hochzeit" bringen, wie Evelyn Underhill aufzeigte, „neue Verantwortlichkeiten" und damit auch „größere Anstrengungen und Ertragungen" mit sich, in denen sich Dag Hammarskjöld noch zu bewähren hatte.

3. Der Einfluss Nathan Söderbloms auf Dag Hammarskjöld Denken und Handeln

Ein mehr oder weniger starker Einfluss von Erzbischof Nathan Söderblom auf Dag Hammarskjöld ist in der Literatur vielfach bezeugt.[108] Hier jedenfalls soll die These vertreten werden, dass der Einfluss Söderbloms insbesondere auf den jungen Dag Hammarskjöld als formend und nachhaltig angesehen werden muss, weil dadurch einerseits die protestantisch-christliche Tradition des Elternhauses fortgesetzt und vertieft wurde und andererseits dem Jungen mancherlei Anregungen vermittelt wurden, die seiner nach einer anderen Weltsicht und einem andersartigen Gottesverständnis hungernden Seele neben dem als seelenlos empfundenen Studium und der belastenden Fürsorge für die häufig kränkelnde Mutter neue Nahrung zu geben vermochten. Zudem hatte er durch Söderblom aus erster Hand dessen intensive Bemühungen um eine geeinte ökumenische Kirche, um Frieden und Gerechtigkeit in der Welt und um Liebe, Brüderlichkeit und Wahrheit unter den Menschen kennen gelernt, Zielvorstellungen, die bei dem jungen Hammarskjöld auf fruchtbaren Boden fielen und in späteren Jahren von ihm selbst mit Nachdruck verfolgt wurden. Auch hat er im Hause Söderblom möglicherweise schon Albert Schweitzer getroffen, als dieser im Jahr 1920 für längere Zeit auf Einladung des Erzbischofs in Uppsala weilte. Und schließlich ist Dag Hammarskjöld durch Söderblom einem Religions- und Mystikverständnis begegnet, das seinen schon in frühen Jugendjahren erworbenen Kenntnissen über die Weisheiten der mittelalterlichen Mystiker wesentliche Impulse vonseiten

---

108 Das Thema haben beispielsweise aufgegriffen: J. P. Lash, 1962; S. Söderberg, 1962; S. Stolpe, 1964; H. P. van Dusen, 1967; G. Aulén, 1969; R. Schäfer, 1970; G. Barudio, 1990; A. Th. Kania, 2000; M. Fröhlich, 2002; R. und K.-H. Röhlin, 2005; P. R. Nelson, 2007.

einer protestantisch-christlichen und von Luther beeinflussten Mystik sowie einer trans- und überkonfessionellen Religionsauffassung hinzufügen konnte, was seinem „einzig richtigen Profil" weitere Gestalt verliehen haben dürfte, aber bislang viel zu wenig beachtet wurde.

3.1 Kurzer Abriss zu Nathan Söderbloms Leben und Werk[109]

Lauritz (Lars) Olof Jonathan (Nathan) Söderblom wurde am 15. Januar 1866 in Trönö in der mittelschwedischen Provinz Hälsingland in eine streng konservative und von pietistischer Frömmigkeit geprägte Pastorenfamilie hineingeboren und ist zusammen mit fünf Geschwistern aufgewachsen. Vom Vater schon früh gefördert, legte der begabte Junge mit 17 Jahren das Abitur ab und studierte von 1883 bis 1892 in Uppsala Theologie, Philosophie sowie klassische, semitische und nordische Sprachen.

Theologisch war er vor allem kirchenhistorisch interessiert und las Adolf Harnack, setzte sich aber auch mit Albrecht Ritschl auseinander, um auf diese Weise Anschluss an die deutsche wissenschaftliche Theologie zu gewinnen und die autoritär-konservative Enge der damaligen wenig attraktiven uppsaliensischen Theologie zu überwinden. Von Ritschl hat Söderblom nach eigenem Bekunden vor allem die Klarheit des wissenschaftlichen Denkens und unbedingte Wahrhaftigkeit gelernt und für seine eigene weitere Arbeit auch Ritschls Verständnis von der Geschichtlichkeit der Offenbarung und dem schöpferischen Wirken Gottes in der historischen Person Jesus als dem Begründer der christlichen Religion übernommen. Auch verdankt er Ritschl eine erste Klärung seines Lutherbildes.

Was er jedoch bei Ritschl vermisste, war „das Enthusiastische, Urchristliche, das rein individuell Religiöse in seinen oft sonderbaren, aber doch ergreifenden Äußerungen", wie er einmal in einem Brief an einen Freund bekannte.[110] Zudem wandte er sich strikt gegen Ritschls Ablehnung von Pietismus und Mystik. Ritschl verkenne seiner Mei-

---
109 Mit dieser Darstellung folge ich insbesondere den Ausführungen zur Biografie Söderbloms in D. Lange, 1/2011; T. Andrae, 1938; L. Thunberg, 1985; TRE ^{31}1998.
110 D. Lange, 1/2011, S. 86, Fußnote 165.

nung nach die Bedeutung der religiösen Innerlichkeit, die allen Religionen gemeinsam ist und bei allen Menschen als gegeben vorausgesetzt werden kann. Hier erwiesen sich der Einfluss seines Lehrers Waldemar Rudin, Professor für Exegese und ein frommer Mystiker, der in ihm den Sinn für die Mystik geweckt hatte, aber auch seine protestantisch-pietistische und von den Erweckungsbewegungen des 19. Jahrhunderts beeinflusste Erziehung und wohl auch seine eigene religiöse Erfahrung als tragender und kamen seinem tiefen Frömmigkeitsempfinden mehr entgegen. Dies zeigte sich nicht zuletzt in seinen späteren religionsgeschichtlichen Arbeiten und in seiner Unterscheidung von Unendlichkeits- und Persönlichkeitsmystik, worauf später noch näher eingegangen wird.

Die kritische Exegese in Auseinandersetzung mit der wissenschaftlichen Theologie seiner Zeit vor dem Hintergrund seiner konservativ-lutherisch-pietistischen Erziehung in seinem Elternhaus führte ihn allerdings zunächst in eine schwere Persönlichkeitskrise, aus der er erst zu Beginn des Jahres 1890 nach einer tiefen religiösen Erfahrung wieder heraus und zu einer Lebenswende und eigenständigem Denken fand.

1893 wurde Nathan Söderblom zum Priester ordiniert und als Krankenhausseelsorger eingesetzt. 1894 heiratete er Anna Forell, die ihm bei seinen zahlreichen Aktivitäten zur Seite stand, seine Publikationen stets kritisch begleitete und ihn bei der Herausgabe unterstützte, ihm zwölf Kinder schenkte und als beliebte und geschätzte Gastgeberin des immer offenen Hauses galt.

Von 1894 bis 1901 war er als Pfarrer in Paris für die skandinavische Gemeide zuständig, wo er sich vorrangig um die sozialen Probleme seiner Gemeindemitglieder zu kümmern hatte. Gleichzeitig setzte er seine Studien an der Sorbonne fort, hörte u. a. Auguste Sabatier und Henri Bergson und promovierte dort 1901 mit einer religionsgeschichtlichen Arbeit. Noch im selben Jahr wurde er dann auf den Lehrstuhl für theologische Enzyklopädie und Propädeutik nach Uppsala berufen und war gleichzeitig als Gemeindepfarrer tätig. In den Jahren 1912 bis 1914 hatte er zusätzlich den neu eingerichteten Lehrstuhl für Religionsgeschichte in Leipzig übernommen.

Überraschend wurde der als liberal geltende Söderblom vom König zum Erzbischof und Oberhaupt der Schwedischen Kirche mit Sitz in

Uppsala ernannt; die Weihe erfolgte am 8. November 1914 in Stockholm. Kurz darauf veröffentlichte er seinen berühmten Friedensappell von 1914 gegen den Beginn des Ersten Weltkriegs und bat um Unterstützung der Kirchen für Frieden und Versöhnung, womit er seinen Ruf als Führer der ökumenischen Bewegung begründete und 1930 mit dem Friedensnobelpreis geehrt wurde.

Als Persönlichkeit war Nathan Söderblom sowohl traditionsgebunden wie liberal, ebenso von tiefer Frömmigkeit geprägt wie der modernen wissenschaftlichen Theologie gegenüber aufgeschlossen, sodass er zu Recht als Erneuerer der schwedischen Theologie und Kirche gesehen wurde. Er galt als begnadeter Rhetoriker und Prediger, wirkte begeisternd und humorvoll, kontaktfreudig und zugewandt, innovativ und weltoffen und war ein ausgezeichneter Organisator. Seine immense Arbeitsleistung konnte er nur aufgrund strengster Selbstdisziplin und schonungslosestem Einsatz bewältigen.

Für seine 1931 in Edinburgh gehaltenen Gifford-Vorlesungen, die als die Zusammenfassung seiner religionsgeschichtlichen Lebensarbeit gelten können, hatte er den Titel „Der lebendige Gott" bestimmt und diese Entscheidung mit den Worten: „Ich weiß, dass Gott lebt. Ich kann es beweisen durch die Religionsgeschichte" seiner Familie noch auf dem Sterbebett mitgeteilt.[111] Nathan Söderblom starb am 12. Juli 1931 in Uppsala und liegt in der dortigen Domkirche begraben.

3.2 Familiäre Beziehungen und prägende Eindrücke

Die Beziehungen zwischen der infolge der Ernennung Hjalmar Hammarskjölds zum Oberpräsidenten des Regierungsbezirks Uppsala seit 1907 dort ansässigen Familie Hammarskjöld und der erzbischöflichen Familie Söderblom waren freundschaftlich und eng, was nicht nur auf den repräsentativen und führenden Stellungen der beiden Männer beruhte, sondern auch darauf, dass sie Geistesverwandte und sich intellektuell ebenbürtig waren.[112] Als Uppsala sich aufgrund der Kirchenpolitik Söderbloms zu einem in religiösen Fragen international anerkannten Zentrum entwickelt hatte, teilten sich die beiden auch noch

---

111 N. Söderblom, ²1966; s. a. D. Lange, 1/2011, S. 99f und Anm. 201.
112 S. Söderberg, 1962, schwedische Ausgabe S. 29.

„mit Vergnügen in die Last der Repräsentation, die diese Entwicklung begleitete; beide hatten ein ausgesprochenes Gefühl für akademischen Pomp und Aufwand".[113]

Als Bindeglied zwischen den beiden Familien Söderblom und Hammarskjöld aber muss Agnes Almquist-Hammarskjöld gelten, und das nicht nur, weil den Erzbischof und sie das gleiche Geburtsdatum einte, sondern auch, weil ihre pietistisch-evangelikale Frömmigkeit, von der auch Söderblom durch seinen Vater geprägt war, und ihr christlich-soziales Engagement die ganz natürliche Basis bildeten, auf der sich eine nähere Beziehung entwickeln konnte. Zudem verstand sich Agnes Almquist-Hammarskjöld gut mit der Frau des Erzbischofs, Anna Söderblom, da beide „begeisterungsfähig und weltoffen" waren und oft zusammen in der Halle des Schlosses, auf einer Holztruhe sitzend und schwatzend, darauf warteten, „dass ihre Ehemänner endlich ihre Diskussionen beendeten".[114]

So blieb es denn auch nicht aus, dass die in etwa gleichaltrigen Kinder Freunde und Spielkameraden wurden, und es muss ein reger Verkehr den Hügel herauf und herunter zwischen Schloss und bischöflichem Palais geherrscht haben, wie Henry P. van Dusen vermutete.[115] Söderbloms Sohn Jon Olof und Dag Hammarskjöld waren außerdem Klassenkameraden, während Tochter Yvonne später mit Dag zusammen die Universität besuchte und seine Partnerin in der Tanzstunde war.

Dag Hammarskjöld war stets ein guter Kamerad bei allen Aktivitäten der Freunde, außer bei den etwas frivoleren Unterhaltungen, und doch schien er sein Innerstes immer gleichsam abzuschirmen gegen allzu intime Kontakte mit einer unergründlichen Zurückhaltung, die von der Familie und den Freunden wohl wahrgenommen wurde. Aber nur wenige hatten, wenn überhaupt, eine Ahnung von der tieferen und wahren Ursache hiervon.[116]

Zu diesen wenigen dürften Nathan Söderblom und seine Frau Anna gehört haben, denn in ihrem Hause bekam Dag Hammarskjöld den ersten Hinweis auf die Werke Pascals, mit denen er sich auch später immer wieder beschäftigt hat und den er noch während der belasten-

---

[113] J. P. Lash, 1962, S. 33; so auch in Englisch bei G. Aulén, 1969, S. 14.
[114] J. P. Lash, 1962, S. 33.
[115] H. P. van Dusen, 1967, S. 22.
[116] H. P. van Dusen, 1963, S. 27.

3. Der Einfluss Nathan Söderbloms auf Dag Hammarskjöld

den Zeit der Suezkrise 1956 in seinem Tagebuch, trostsuchend, mit den Worten zitierte: „Die Tragik des Menschen, dem das Licht leuchtet, dahinter Gott verborgen ist –: nicht länger vermag er auf dem Weg der Mitte zu wandeln, rastlos muss er leben in der Spannung zweier exklusiver Forderungen."[117]

In seinen späten Jahren also sich selbst und seiner Aufgabe voll bewusst, wenngleich unter seiner Einsamkeit leidend, war Dag Hammarskjöld in seinen jungen Jahren doch starken Selbstzweifeln und einem hohen Leistungsdruck ausgesetzt gewesen. Der vielseitig interessierte Student hatte im Hauptfach Nationalökonomie, aber auch die Fächer Philosophie, Literatur und Französisch belegt und war aufgeschlossen für die unterschiedlichsten geistigen Tendenzen seiner Zeit wie „verschiedene literarische Strömungen, die freudianische Psychoanalyse und die positivistische Philosophie seines Lehrers Axel Hägerström, die sich gegen die humanistisch-idealistische Tradition wandte, in der Dag Hammarskjöld erzogen worden war".[118] Besonders die Auseinandersetzung mit Hägerström, der Moral und Religion für irrational und unwissenschaftlich hielt und in einer Vorlesung sich auch kritisch zu Jesus geäußert hatte, „weil er zu individualistisch und zu kompromisslos gewesen sei, ganz auf die Hingabe an Gott fixiert und ohne Sinn für die von Emotionen und Affekten unabhängige Pflicht und für die Selbstachtung der Menschen" und auch noch „die unmögliche Forderung einer allgemeinen Liebe" erhoben habe[119], dürfte viele Fragen und Zweifel in ihm wachgerufen haben.

Auf der Suche nach dem „Gestalten einer Berufung", die schon der junge Dag Hammarskjöld in sich spürte, war er folglich offen für den Hinweis Nathan Söderbloms auf eine Studie Oscar Wildes über „das Geheimnisvolle einer vollkommenen Persönlichkeit" aus dem Jahre 1908, die ihm Söderblom „in eindringlichen und wegweisenden Bildern" beschrieben hatte und deren Inhalt Günter Barudio so wiedergibt: Es bleibt „dem armen Jüngling vorbehalten, sich nach Maßgabe des ‚Erkenne dich selbst' im anstehenden Lebenskampf zu entwickeln. Der reiche Jüngling hingegen – und das deutet auf Hammarskjöld

---
117 ZW, 2005, S. 140 in der französischen Originalfassung; hier wurde die deutsche Übersetzung aus Fußnote 77, S. 218, übernommen.
118 K. E. Birnbaum, 2000, S. 17.
119 D. Lange, 1/2011, S. 45.

selbst – trägt in der Nachfolge Christi sein Kreuz, indem er sich unter dessen Last jeden Tag neu wie eine Blume entfaltet und nach dem Gebot ‚Sei du dein Eigen' stets auf verschiedenen Ebenen in sich selbst kreist."[120]

Söderblom hatte des jungen Dag „Wissensdurst, Hunger nach einem Ideal und Sehnsucht nach Gott"[121] erkannt und ihn auf manch wertvolle religiöse, philosophische oder auch literarische Lebensweisheit hingewiesen, ihn aber wohl mehr noch durch seine Lebensführung, seine Integrität und selbstlose Mitmenschlichkeit beeindruckt. Dag Hammarskjöld wiederum hat seine Verehrung und Wertschätzung anlässlich der Verleihung des Friedensnobelpreises an Söderblom im Jahre 1930 diesem gegenüber in einem Brief ausgedrückt und betont, wie tief dankbar er sei für die „wunderbare Klarheit der Lebenskunst, die zum Ausdruck kommt in all den bezwingenden Wahrheiten", die ihm einmal erläutert wurden, und dass er das, „was Onkel und Tante für die Eltern getan haben", als ganz persönliches „Geschenk" empfunden habe.[122]

Als Nathan Söderblom im August des Jahres 1925 die internationale Konferenz für „Praktisches Christentum" in Stockholm organisierte, war denn auch der damals 20-jährige Dag Hammarskjöld als organisatorische Hilfskraft mit von der Partie und hat dabei einiges über Söderbloms Ideen von Ökumene, Frieden und Versöhnung gelernt.

Söderblom hatte von Anfang an sein erzbischöfliches Amt ökumenisch-kirchenpolitisch aufgefasst. Das Fundament seiner ökumenischen Bestrebungen aber bildete seine Ekklesiologie, wie er sie in seiner 1916 veröffentlichten Schrift „Svenska kyrkans kropp och själ" (Leib und Seele der schwedischen Kirche) dargelegt hat: Der „Leib" der Kirche wird darin gleichgesetzt mit den unterschiedlich gestalteten Institutionen einer Weltkirche, während die „Seele" der in diesen kirch-

---

120 G. Barudio, 1999, S. 104f.
121 G. Barudio, 1999, S. 106.
122 Den Hinweis auf Briefe Hammarskjölds im Nathan-Söderblom-Archiv in Uppsala verdanke ich Herrn Professor Dr. Dietz Lange, Göttingen. Der o. g. Brief mit Datum vom 2. Dezember 1930 wurde mir freundlicherweise von Herrn Håkan Hallberg von der Universität Uppsala/Handskriftsoch musikenheten samt Übersetzungshinweisen per E-Mail übermittelt. Denselben Brief hat auch Paul R. Nelson in anderem Zusammenhang erwähnt (P. R. Nelson, 2007, S. 55).

lichen Institutionen wirksame Geist Gottes ist, dem allein Heilsbedeutung zukommt und der von der Gemeinschaft der Gläubigen getragen wird. Die schwedische Kirche ist demzufolge ein „beseelter Körper" und ein „Zweig der einen, heiligen, allgemein christlichen Kirche" in der Welt, und für diese Einheit der Kirchen fand Söderblom auch den Begriff der „Evangelischen Katholizität", den er später weiterentwickelte.[123]

Auf dieser Grundlage basierte denn auch die von Söderblom ins Leben gerufene Bewegung für Praktisches Christentum „Life and Work", die als Vorhut für Versöhnung, Frieden und Gerechtigkeit unter den Völkern auf der Grundlage einer internationalen Rechtsordnung gedacht war und auf der Stockholmer Konferenz von 1925 ihren Höhepunkt erreichte, wobei Söderbloms kühne gedankliche Verbindung zu dem 1919 neu gegründeten Völkerbund auf der Konferenz allerdings für erhebliche Irritationen bei einzelnen Delegationen sorgte.[124] An diesen politischen Auseinandersetzungen dürfte Dag Hammarskjöld damals zwar kaum Interesse gehabt haben, vielleicht aber hat er sich später als Generalsekretär der Vereinten Nationen bei seinen eigenen Bemühungen um Frieden und Versöhnung unter den Völkern doch einmal an diese Söderblom'sche Initiative erinnert, nachdem sich der Völkerbund 1946 nach Gründung der Vereinten Nationen aufgelöst hatte und er selbst nunmehr dieser Folgeorganisation vorstand.

Dass die Stockholmer Konferenz von 1925 aber auf jeden Fall Spuren hinterlassen hat, zeigte sich einmal viele Jahre später, als er an einem Kongress des Weltkirchenrates in Genf teilnahm und über die Ziele des Ökumenischen Rates der Kirchen, welcher aus der Stockholmer Tagung hervorgegangen war, aufgeklärt werden sollte und nonchalant darauf hinweisen konnte: „Oh, ich weiß alles darüber. Ich bin unter Söderblom aufgewachsen."[125]

Und ein weiteres Mal erwies sich die nachhaltige Wirkung der Stockholmer Konferenz, als Dag Hammarskjöld in seiner Rede vor der zweiten Versammlung des Weltkirchenrates in Evanston/Illinois am 20. August 1954, damals schon als Generalsekretär der Vereinten Nationen, eindringlich an Nathan Söderblom erinnerte und gleichzeitig

---

123 L. Thunberg, 1985, S. 217, 224 und 230.
124 D. Lange, 1/2011, S. 322f.
125 H. P. van Dusen, 1967, S. 22.

seine persönliche Überzeugung und seine Hoffnung in die Worte fasste, dass „ein erneuerter Glaube und die Entschlossenheit der Weltgemeinschaft ihren Ausdruck finden muss in verantwortlichem Handeln für Frieden und Gerechtigkeit", und dass eine solche Friedensarbeit und ein solcher Glaube die Christen befähigen sollte, „die Hand auszustrecken für Menschen anderen Glaubens im Gefühl universaler Brüderlichkeit, von dem wir hoffen, es möge sich eines Tages in einer wahrhaft vereinten Welt der Nationen widerspiegeln".[126]

Dass Dag Hammarskjöld die Söderblom'schen Ideen von Frieden, Versöhnung und Gerechtigkeit längst verinnerlicht und zu seinem eigenen Anliegen gemacht hatte, zeigte sich auch daran, dass er am 10. April 1953, unmittelbar nach seiner Ernennung zum Generalsekretär der UNO, in einer Plenarsitzung der Vollversammlung versichert hatte: „Ich bringe für diese Aufgabe den festen Willen mit, mich rückhaltlos einzusetzen für diese Arbeit, getragen von der Organisation der Vereinten Nationen und in Verfolgung ihrer hohen Ziele. Der Versöhnung und realistischen Konzeptualisierung muss unser aller Bemühen gelten."[127]

Frieden und Versöhnung, aber auch „peace and progress", Frieden und Fortschritt, hatten sich für Dag Hammarskjöld zu Eckpunkten seiner Arbeit entwickelt, und „[s]icher ist, dass Hammarskjöld sein Amt und das Generalsekretariat in den Beziehungen zu den Regierungen in allen Kontinenten als eine ‚weltliche Kirche der Ideale und Prinzipien' betrachtet hat", wie Günter Barudio erklärt.[128] Das UNO-Personal bildete für ihn eine „weltliche Priesterschaft, deren Evangelium die UNO-Charta und deren Kirche die Organisation der Vereinten Nationen ist ... aber sie muss ihre Wurzeln in der Welt behalten, von der sie ein Teil ist".[129] Den Samen dazu hatte nicht zuletzt Nathan Söderblom auf jener berühmten Konferenz 1925 in Stockholm gelegt.

---

126 W. Foote, 1963, S. 57 und 61.
127 W. Foote, 1963, S. 29.
128 G. Barudio, 1999, S. 157.
129 J. P. Lash, 1962, S. 59 und 64.

3.3 „Evangelische Katholizität"

Söderblom hat den Begriff der „evangelischen Katholizität" vor nunmehr beinahe einhundert Jahren erstmalig in zwei Aufsätzen in seiner Schrift „Svenska kyrkans kropp och själ"[130] verwendet, und doch könnte er aktueller nicht sein. Besteht nicht gerade heutzutage in unserer globalisierten Welt eine ganz besondere Dringlichkeit zu einer Ökumene, in der sich die Religionen in „Wettstreit, Verständigung und Zusammenarbeit" einander annähern und in „politischen Auseinandersetzungen durch ihre Verkündigung die Sauerteigwirkung des Evangeliums umsetzen", wie Dietz Lange das Bemühen Söderbloms kommentiert[131], um so ihren Beitrag zum Weltfrieden zu leisten?

Von vielen seiner Kollegen wurde Söderblom missverstanden und konnte sich zu seiner Zeit nicht durchsetzen. Vielleicht braucht es auch wirklich erst andere Menschen, die ihr Denken verändert und ihre Herzen sensibilisiert haben, indem sie das Wagnis des Glaubens eingegangen sind und einen neuen Blick auf die Welt und die notleidende Menschheit entwickelt haben, und die aufrecht und tatkräftig genug sind, die Verhältnisse zum Besseren zu wenden. Gewiss aber kann Dag Hammarskjöld als einer dieser anderen Menschen gelten und mag als Vorbild dienen, weil er die Grundanliegen seines Mentors Nathan Söderblom von Versöhnung und Frieden, Liebe und Wahrheit zu seinen eigenen gemacht und auf seine Weise und mit den ihm zur Verfügung stehenden Mitteln und besonderen Möglichkeiten in der Welt zur Wirkung gebracht hat.

Bei der Frage nach den spezifischen Inhalten von Söderbloms Begriff der „evangelischen Katholizität" sind zunächst einmal drei Grundformen zu unterscheiden: eine orthodoxe, eine römische und eine weniger geläufige evangelische Katholizität. Alle drei Glaubensgemeinschaften beanspruchen Katholizität, verstanden als universale Rechtgläubigkeit aller Menschen in einer pluralistischen Gesellschaft. Dies sollte aber nach evangelischem Verständnis ohne Alleinvertretungsanspruch für die je eigene Lehre, Liturgie und Organisationsform und in

---
130 Deutsch: Leib und Seele der schwedischen Kirche; schwedische Erstveröffentlichung 1916, eine englische Ausgabe erschien bereits 1915. Die Angaben sind entnommen D. Lange, 1/2011, S. 310.
131 D. Lange, 1/2011, S. 315.

Anerkennung der Andersartigkeit anderer Kirchen und Konfessionen geschehen im Sinne einer „Einigkeit in Mannigfaltigkeit", wie Söderblom es formuliert hat.[132] Die „evangelische Katholizität" hat nach Söderblom zudem „ihren Ort allein in Christus und im Heiligen Geist" und zuallererst im persönlichen Glauben des Einzelnen, unabhängig von der Lehre und Institution einer Kirche, jedoch könne der Geist in einem zweiten Schritt eine Gemeinschaft der Glaubenden bewirken, die sich dann ihre eigenen institutionellen Formen erschafft.

Nur eine so geartete „evangelische Katholizität", in der das Wesen des christlichen Glaubens zum Ausdruck kommt, kann nach Söderblom die Grundlage einer Einheit der Kirchen bilden, „und dazu müssten sich alle Kirchen – auch die römische! – bekehren".[133] Dabei dachte Söderblom gar nicht ausschließlich kirchlich-protestantisch, sondern agierte mit seinen Vorstellungen von der Einheit der Kirchen ganz aus der Tradition und universalen Offenheit der Katholizität und der wahren Kirche Christi, getragen von der Liebe und dem Versöhnungswillen Gottes. Umso bedauerlicher mag man es empfinden, dass auch annähernd hundert Jahre später die römisch-katholische Kirche immer noch auf ihrem Alleinvertretungsanspruch für Amt und Lehre beharrt, und nicht wenige Menschen dürften heute mit Söderblom und Bernhard Maurer davon überzeugt sein, „dass die Kirche ihre Katholizität verliert und sektiererische Züge annimmt, wenn sie nicht zugleich die evangelische Weite in sich aufzunehmen" vermag.[134]

Eben dieser Geist evangelischer Weite, der sich an Christi Liebe und Gottes Wort orientiert, und eine katholisch-universale Gesinnung, die allen Völkern, Kulturen und Religionen in Offenheit begegnet, hat auch Dag Hammarskjöld ausgezeichnet. Den Begriff der „evangelischen Katholizität", wie Söderblom ihn kirchenpolitisch gesehen hat, dürfte er zwar kaum in diesem Sinne verstanden haben, aber die Haltung von Herzensoffenheit und Mitmenschlichkeit, verkörpert und bestimmend

---

132 D. Lange, 1/2011, S. 317. Lange weist hier ausdrücklich darauf hin, dass darunter nicht eine „versöhnte Verschiedenheit" nach heutigem Verständnis gemeint ist, was nach Art der *Gemeinsamen offiziellen Feststellung* des Lutherischen Weltbundes und der Katholischen Kirche von 1999 Formelkompromisse zulasse und an entscheidenden Punkten durch Unklarheiten die Unterschiede eher verdecken würden.
133 D. Lange, 1/2011, S. 313–319.
134 B. Maurer, 2009, S. 35.

für das Christentum durch Jesus Christus selbst anstelle starrer Dogmen und Lehrmeinungen kirchlicher Autoritäten, sowie ein Gespür für das Mysterium und die Anbetung in den Religionen, auf deren Bedeutung schon Söderblom hingewiesen hat[135] – eine solche Anschauung von Religion hatte Dag Hammarskjöld bei Nathan Söderblom kennengelernt und als ihm gemäß verinnerlicht.

Nicht zu vergessen auch: In dieser Haltung der „evangelischen Katholizität" sind das lutherisch-protestantische Erbe des Vaters und die evangelisch-pietistische Frömmigkeit der Mutter ebenso gespiegelt wie in der Person des schwedischen Erzbischofs Söderblom, und dieses Erbe wurde von Dag Hammarskjöld in einer Weise verstanden und im eigenen Leben verwirklicht, wie es auch heute noch als zeitgemäß empfunden und richtungweisend gelebt werden kann.

3.4 Nathan Söderbloms Lutherstudien in Relevanz für Dag Hammarskjöld

Um die Relevanz Nathan Söderbloms für Dag Hammarskjölds Denken und Handeln in der Tiefe und entsprechend der Präsenz des Erzbischofs in der Familie Hammarskjöld und seiner Bedeutung im universitären und öffentlichen Lebens in Uppsala zu Beginn des 20. Jahrhunderts deutlicher als bisher in der Literatur geschehen erfassen zu können, erscheint es notwendig, bestimmte Abhandlungen Söderbloms näher zu betrachten, um seine Grundanliegen kennen- und verstehen zu lernen und mögliche Bezugspunkte zu Dag Hammarskjöld herauszuarbeiten.

3.4.1 Das Verhältnis von Religion und Moral und die „soziale Frage"

Mit Luther und seiner Betonung der Werke und der Lehre vom Beruf[136] argumentierte Söderblom für ein aktives und verantwortetes Eingrei-

---
135 Brief von N. Söderblom an F. Heiler vom 14. 1. 1927, in: P. Misner (Hg.), Friedrich von Hügel, Nathan Söderblom, Friedrich Heiler, Briefwechsel 1909–1931, 1981, S. 269.
136 Siehe dazu auch Kap. 2.1.2, in dem bereits auf Söderbloms Betrachtungen zu Luthers Lehre vom Beruf näher eingegangen wurde.

fen des Menschen in die Weltläufe und einen Dienst am Menschen, der sich aus Jesu beispielhaftem Wirken für die Notleidenden dieser Welt und aus dem in Freiheit gewonnenen Vertrauen in die Liebe Gottes und seine lebendige und erfahrbare Gegenwart ergibt. Ein derartiges Handeln in der Welt im Sinne einer Zusammengehörigkeit von christlicher Religiosität und Recht[137] aber, so hatte Söderblom auch erkannt, kann nicht erzwungen werden, vielmehr ist stets der volle Einsatz und Kampf des Einzelnen für eine gerechte und menschengemäße Welt gefordert, wenn sich das Reich Gottes in dieser Welt verwirklichen soll.[138]

Diese „enge Verklammerung religionstheoretischer Reflexion mit aktuellen Lebensfragen, ... die so bezeichnend für Söderbloms gesamtes Wirken gewesen ist", wie Dietz Lange unter Betonung des energischen persönlichen Einsatzes Söderbloms resümiert[139], hatte denn auch zu der „Luther-Renaissance" im damals so konservativen Uppsala beigetragen, und auch der noch suchende junge Hammarskjöld blieb von Söderbloms Gedanken nicht unberührt. Ein „Zeichen" in seinem Tagebuch weist darauf hin, wie er die klugen Einsichten anderer ihm wichtiger Menschen, zu denen Söderblom gewiss zählte, mit seinen eigenen Vorstellungen in Einklang zu bringen suchte: „Unser innerster schaffender Wille ahnt, wie er mit anderen übereinstimmt, er fühlt seine eigene Universalität – und öffnet so den Weg zur Erkenntnis jener Kraft, von welcher er selber ein Funke in uns ist."[140]

---

137 Die Idee Söderbloms von einer freien und vom Prinzip christlicher Liebe geleiteten Rechtsgemeinschaft auf der Grundlage einer internationalen Rechtsordnung lag letztlich auch seiner These vom Christentum als der „Seele" des 1919 noch in Gründung befindlichen Völkerbundes zugrunde. Dies war nicht als „Herrschaft einer christlichen Körperschaft, sondern als Konsequenz aus der Lehre von der Fortsetzung der Offenbarung Gottes gemeint, die nicht nur im Christentum, sondern in allen Religionen eine Kultur des Wettbewerbs und der Kooperation inspiriert" und letztlich der Versöhnung der Völker dienen sollte (D. Lange, 1/2011, S. 323). Dag Hammarskjöld standen bei seiner späteren Tätigkeit als Generalsekretär der UNO mehr Möglichkeiten offen, Söderbloms Grundanliegen, die auch die seinen geworden waren, in der Weltgemeinschaft zur Wirkung zu bringen.
138 D. Lange, 1/2011, S. 92f und 105ff.
139 D. Lange, 1/2011, S. 109.
140 ZW, 2005, S. 49.

3. Der Einfluss Nathan Söderbloms auf Dag Hammarskjöld

Christlicher Glaube, moralischer Sinn und sozialethischer Dienst in der Welt gehörten für Dag Hammarskjöld durch das elterliche Erbe seit je zusammen, und auch die lutherische Berufsethik war ihm schon durch das Vorbild des Vaters vertraut. Doch erfuhr diese durch Söderblom eine Vertiefung und brachte wohl jene besondere Saite des schon früh sich als berufen Empfindenden[141] in ihm zum Klingen, wenn der Erzbischof sich zu den Aufgaben des Genies etwa wie folgt äußerte: „Eine Ausnahme bilden die Fälle, wo das Genie oder besondere Bedürfnisse sich eine Aufgabe schaffen, vielmehr von Gott eine Aufgabe erhalten, die unabhängig ist von den durch das Zusammenleben und den Bau der Gesellschaft gegebenen Stellen."[142]

Als Dag Hammarskjöld aber seine Aufgabe von Gott erhalten und in die Stellung des Generalsekretärs der UNO „berufen" worden war, musste auch er trotz aller Machtfülle in dieser Weltstellung erkennen, was allein hilfreich ist: „I cannot go to cure the body of my patient, but I forget my profession, and call unto God for his soul." Gleichzeitig war er sich aber auch bewusst: „We carry with us the wonders we seek without us." Und er kommentiert diese Sätze im Wissen um die Bedeutung von Gottvertrauen als spiritueller Kraftquelle im eigenen Selbst und zur Stütze seiner Bemühungen um Frieden und Gerechtigkeit in einer aus den Fugen geratenen Welt während der Suezkrise 1956 mit den Worten: „Vieldeutige Sätze, weil sie die Wahrheit enthalten über *alle* Arbeit für den, der Gottes Reich sucht."[143] Als eine Quelle dieser Einsichten darf Söderblom vermutet werden.

---

141 Wenn G. Aulén, 1969, S. 124ff in der Frage der Berufung einen direkten Bezug zwischen Luther und Dag Hammarskjöld erkennt, geht er darin ja nicht fehl. Und doch hat Hammarskjöld diesen Gedanken schon in jungen Jahren in sich selbst gefunden, aber es dürfte eindeutig sein, dass er ein vertieftes Verständnis durch Söderblom dafür entwickelt hat und von ihm darin bestärkt wurde.

142 R. Schäfer, 1970, S. 388, zitiert aus „Worte für jeden Tag", hg. von Anna Söderblom, ²1956.

143 ZW, 2005, S. 141. Die englischen Texte wurden von Hammarskjöld original aus Thomas Brownes „Religio Medici" (1605-1688) übernommen und in der deutschen Ausgabe der „Zeichen" nicht übersetzt, sodass auch hier darauf verzichtet wurde.

3.4.2 Humor und Melancholie als Ausdruck von Glaubenszuversicht und Verzweiflung

In Söderbloms Schrift „Humor och melankoli och andra Lutherstudier" (Humor und Melancholie und andere Lutherstudien) sind weitere Anhaltspunkte zu finden, mit denen sich Züge der Religiosität Dag Hammarskjölds nachweisen lassen und in denen der Einfluss des Erzbischofs erkennbar ist.

Am Beispiel Martin Luthers zeigt Söderblom in dieser Studie den Weg von Verzweiflung, Sündenbewusstsein und Schuld zur Heilsgewissheit in Gott, gewonnen aus der Freiheit persönlicher Glaubenszuversicht und einer Gottesbeziehung, die sich nicht aus guten Werken oder Autoritätsgläubigkeit herleitet, sondern gerade aus dieser Umklammerung befreit werden muss.

In diesem Zusammenhang nimmt Söderblom auch auf William James und dessen Unterscheidung von Einmal-Geborenen und Zweimal-Geborenen oder der „gesunden" und der „kranken" Seele Bezug und hebt hervor, dass die permanente innere Krisenstimmung der Zweimal-Geborenen dazu führt, dass Religion für sie eine dramatische Sprengkraft enthält. Doch dieses Bild sei falsch, denn sicher stehe Gottes Herz beiden gleich nahe, aber es sei eine andere Frage, wie es um die Nähe des Menschen zu ihm stehe.[144]

Dieser Frage geht Söderblom im Weiteren mit Luther nach, der nach James „keineswegs zu dem gesunden Geistestyp der radikaleren Art"[145] gezählt werden kann, und bei dem auch Söderblom trotz allem Humor doch nicht dessen tief melancholische Seite verkennt, die in seinen Anfechtungen zum Ausdruck kommt, wenn er schreibt: „Ich selbst wurde mehr als einmal bis in die abgründigste Tiefe der Verzweiflung angefochten, sodass ich wünschte, niemals als Mensch geschaffen worden zu sein, bis ich erkannte, wie heilsam und wie nahe der Gnade jene Verzweiflung ist."[146]

Die Anfechtungen der melancholisch gestimmten Seele erkennt Luther letztlich also als heilsnotwendige Erfahrung, weil die Vergebung der Sünden nur durch die Gnade Gottes und den Sühnetod Jesu erlangt

---

144 N. Söderblom, 1919, S. 277.
145 W. James, 1997, S. 153.
146 M. Luther, WA 18, 719, 9–12; hier zitiert nach D. Lange, 1/2011, S. 422.

3. Der Einfluss Nathan Söderbloms auf Dag Hammarskjöld

werden kann und nicht abhängig ist von kirchlichen Autoritäten. Diese Glaubensgewissheit als das Neue und Christliche in Luthers Denken arbeitet Söderblom im Unterschied gegen Gesetzesreligion und Mystik heraus, will Luther selbst aber entsprechend seiner eigenen frömmigkeitsgeschichtlichen Sichtweise weder der Tradition der Gesetzesreligionen, „die das Gottesverhältnis ganz oder teilweise auf eigene Leistung gründen", noch der Mystik, die „abseits der Verstrickung in die Weltverhältnisse durch Versenkung in die Innerlichkeit unmittelbaren Gottesgenuss erlangen will", zuordnen.[147] Dabei übersieht er aber nicht den engen Zusammenhang Luthers mit der spätmittelalterlichen Mystik und sieht ihn immerhin noch als „Mystiker eigener Art", als großen „Glaubensmystiker", „Persönlichkeits- und Berufsmystiker".[148]

Als solchen könnte man auch Dag Hammarskjöld bezeichnen, den mit Luther nach Gustaf Aulén zum einen eine Neigung für die mittelalterlichen Mystiker einte. Aber obwohl beide nicht die gleiche Auffassung davon hatten, müsse doch in Erwägung gezogen werden, dass Luther den Glauben ebenfalls als eine Vereinigung mit Gott im Herzen und im Geist verstanden habe, was auch in mystisch gefärbten Worten zum Ausdruck gebracht werden kann. Zum anderen aber sieht Aulén auch Punkte einer unmittelbaren Beziehung zwischen Hammarskjöld und Luther und nennt insbesondere das Sündenbewusstsein, die Freiheit eines Christenmenschen (in Anlehnung an Luthers Freiheitsschrift) und die Auffassung von Berufung oder Erwähltsein.[149]

Nach Hjalmar Sundén war es der Bußtag des Jahres 1957, der „Hammarskjölds Aufzeichnungen über die Erbsünde herausgelockt" habe[150], und es ist die einzige Stelle in seinem Tagebuch, an der das Wort von der Sünde überhaupt auftaucht, wie schon Aulén erkannte[151]. Aber auch wenn Hammarskjöld den Begriff nicht weiter verwende, so Aulén weiter, sei ihm seine wirkliche Bedeutung doch nicht unbekannt

---

147 D. Lange, 1/2011, S. 423.
148 N. Söderblom, Der lebendige Gott im Zeugnis der Religionsgeschichte, 1966, Vorwort, S. XXX.
149 G. Aulén, 1967, S. 126f.
150 H. Sundén, 1967, S. 17.
151 G. Aulén, 1967, S. 126; Aulén bezieht sich hier allerdings auf die englische Ausgabe der „Zeichen", in der nicht mit „Erbsünde" wie in der deutschen und schwedischen (arvsynden) Ausgabe, sondern nur „sin" (Sünde) übersetzt wurde.

gewesen, nur habe sich sein Sündenverständnis, entsprechend Luthers Charakterisierung und lateinischer Formulierung der Sünde als incurvatus in se, in den Begriff von Selbst- oder Ichbezogenheit verdichtet, und nichts habe er in seinem Tagebuch strenger verurteilt, nichts habe ihn mehr verfolgt und sei von ihm unbarmherziger bekämpft worden als seine Egozentrik.[152]

Unter diesem Blickwinkel gesehen, stehen sich Luther und Hammarskjöld tatsächlich sehr nahe, denn beide hatten erkannt, dass Sünden- und Schuldbewusstsein durch Selbstreflexion geradezu eine Voraussetzung von Anfechtungen und somit heilsnotwendig sind, weil dadurch die dunkle Seite der egoistischen Seele aufgedeckt, der Zorn Gottes erfahren und die Frage nach der Sündenvergebung zwangsläufig aufgeworfen wird. Und mit Luther kommt Söderblom zu dem Schluss, dass „Anfechtung geradezu ein Zeichen religiöser Reife sei, weil sie jede Neigung zur Überheblichkeit im Keim erstickt", und zudem seien Anfechtungen für Luther nach Söderblom auch „ein Zeichen göttlicher Erwählung" gewesen[153], ein Zeugnis, dem Hammarskjöld sicherlich ebenfalls zugestimmt hätte.

Dass ein protestantisch-lutherischer Zug in seinen „Zeichen" doch durchscheint und alle oben genannten Erfahrungen einer melancholisch gestimmten Seele zusammengefasst scheinen, und zudem noch Söderbloms Einfluss zu spüren ist, zeigt sich jedenfalls sehr deutlich in jenem ganz besonderen Text dieser „Verhandlungen" Dag Hammarskjölds „mit mir selbst und mit Gott", den er am 24. 2. 1957, dem Bußtag der schwedischen Kirche in jenem Jahr, verfasst hat:

> „Man kommt dahin, die Erbsünde zu erkennen – und zu kennen –, diesen düsteren Kontrapunkt des Bösen, der in unserem Wesen, ja, *von* unserem Wesen, doch nicht unser Wesen ist. Dass jemand die Katastrophe bejaht für das, dem wir zu dienen suchen, und Unglück sogar für die, zu denen wir halten.
>
> Leben in Gott ist nicht Flucht aus dem Leben, sondern der Weg zur vollen Einsicht: Es ist nicht unsere Verdorbenheit, die uns zu einer fiktiven religiösen Lösung zwingt, sondern das Erleben der religiösen Wirklichkeit, welches die Nachtseite ans Licht bringt.

---

152 G. Aulén, 1967, S. 126.
153 D. Lange, 1/2011, S. 420.

Erst dann, wenn wir vor dem allsehenden Licht der gerechten Liebe bleiben, vermögen wir zu sehen, wagen zu erkennen und *bewusst* darunter zu leiden, dass etwas in uns die Katastrophe begrüßt, das Misslingen herbeiwünscht, von der Niederlage stimuliert wird – sobald es sich um eine Sphäre außerhalb unserer engsten Eigeninteressen handelt. So ist eine lebendige Gottesbeziehung eine Voraussetzung für die Selbsterkenntnis, in welcher wir klaren Linien folgen können und, in diesem Sinn, siegen und Verzeihung erhalten – über uns selbst, von uns selbst."[154]

Die innere Reife, zu der die angefochtene melancholische Seele im besten Fall findet, zeigt sich dann an den Früchten, zu denen auch der Humor gezählt werden darf, wie er bei Luther und in späteren Jahren, wenngleich in leiseren Tönen, auch bei Dag Hammarskjöld wahrgenommen werden konnte. Wenn er also in einem Brief an den Freund Bo Beskow im Jahr 1954 darauf hinweist, dass er durch Meister Eckhart und Jan van Ruysbroeck einen „mehr und mehr notwendigen Sinn für Humor" für sein inneres Gleichgewicht erhalte, dann gibt er damit einmal zu erkennen, dass ihm dieser Humor als Frucht der inneren Reife mit den Jahren zugewachsen ist, und dass die Wege zu den grundsätzlichsten Überzeugungen, die im tiefsten Sinne religiös sind, nicht vorhersehbar sind.[155] Zum anderen aber wird auch deutlich, dass ihm der Humor ebenfalls als Sicherheitsventil gegen den starken Druck von außen und als Stütze seiner Selbstsicherheit diente und „letztlich von Liebe getragen" war, weil er, wie Luther – und Söderblom –, durch alle Anfechtungen hindurch zur Glaubensgewissheit in Gott gefunden hatte.

3.5 Mystik und Offenbarungsreligion im Spiegel der Religionsgeschichte

Nathan Söderblom ging es mit seiner Schrift „Offenbarungsreligion"[156] wesentlich darum, eine Orientierung über die Religionen in der Ge-

---

154 ZW, 2005, S. 152.
155 B. Beskow, 1969, S. 32.
156 Erstmals erschienen in schwedischer Sprache unter dem Titel „Uppenbarelsereligion" im Jahr 1903, in 2. erweiterter Auflage 1930; eine englische Übersetzung erschien 1933 in London, eine weitere in den USA 1966; die erste

schichte zu gewinnen und nachzuweisen, dass jede echte Religion nicht das Produkt einer Kultur ist, auch wenn sie kulturell vermittelt wird, sondern als Selbsterschließung der Transzendenz für den Menschen auf göttlicher Offenbarung beruht, ihren Sitz im Innersten des Menschen hat und unabhängig von den Moralvorstellungen eines Volkes oder einer Kultur zu sehen ist.

Bei seinen religionsgeschichtlichen Überlegungen unterscheidet Söderblom zwischen Natur- und Kulturreligionen und den Offenbarungs- oder prophetischen Religionen und ordnet diesen Grundtypen unterschiedliche Formen von Mystik zu, die auf die jeweils andersartige Betrachtungsweise von Gott und Welt vonseiten ihrer Anhänger zurückzuführen sind. Dies soll im Folgenden näher betrachtet und zu Dag Hammarskjölds Sichtweise auf Religion und Mystik in Beziehung gesetzt werden.

3.5.1 Natur- und Kulturreligionen im Verhältnis zu den Offenbarungsreligionen

Den Anlass zu Söderbloms Ausführungen gab der so genannte Babel-Bibel-Streit, der in der wissenschaftlichen Welt auch in Schweden für Aufregung gesorgt hatte. Der deutsche Assyriologe Friedrich Delitzsch hatte 1902 mit zwei Aufsätzen zu beweisen versucht, dass die babylonische Religion lange vor der israelitischen bereits einen Monotheismus und den Gottesnamen Jahwe gekannt habe, und dass sie dieser auch überlegen sei und das Alte Testament nicht als Zeugnis einer göttlichen Offenbarung angesehen werden könne, weil darin moralisch fragwürdige Gebote wie die Blutrache oder die partikularistische Gottesvorstellung eines auserwählten Volkes zu finden seien. Delitzschs Gedankengebäude fußte dabei auf dem moralischen Bewusstsein und dem Rationalismus der Aufklärung bezüglich eines „natürlichen" Religionsverständnisses.[157]

---

deutsche Übersetzung erschien erst im Jahre 2011 von Dietz Lange (Hg.), in: N. Söderblom, Ausgewählte Werke, Band 1: Offenbarung und Religionen, S. 55–163, und wird in der Literaturliste dieser Arbeit geführt und zitiert unter D. Lange 2/2011.

157 D. Lange, 1/2011, S. 141 und 2/2011, S. 13.

Dieser Auffassung stellte Söderblom seine These entgegen, dass alle wirkliche Religion auf Offenbarung beruhe, und Gesetzesvorschriften und sittliche Gebote seien keine religiösen Beurteilungskriterien, denn eine Religion sei kein „du sollst", sondern in ihr würden „Hilfe und Leben" gesucht und eine „religiöse Kraft", die das eigene Leben vor Sinnlosigkeit und Verzweiflung zu bewahren vermag. Eine solche Religion aber sei immer eine Offenbarung Gottes, und diese tritt nicht nur im Monotheismus in Erscheinung, sondern ist Grundlage aller Religionen, auch wenn die Menschen, entsprechend ihrer eigenen Kultur- und Moralvorstellungen, unterschiedlich damit umgehen und aus der Verschiedenheit ihrer jeweiligen Lebensverhältnisse die Verschiedenheit der Religionen entwickeln. „Letztlich leitet sich alle Gewissheit Gottes und des Göttlichen von intuitiver Gotteswahrnehmung her", so Söderblom, und weiter: „Die Religion steht für sich selbst, sowohl in der Geschichte als auch im Leben der Seele", und „ihre Wurzeln liegen tiefer, in einem eigenen Zentralorgan des Menschen, seinem Geist".[158]

Den von Söderblom so genannten Natur- und Kulturreligionen, die an den naturhaften Gegebenheiten der Menschen und ihren kulturellen Entwicklungsstufen ausgerichtet sind, in denen der Dualismus von Natur und Geist bestimmend ist und die auch polytheistische Formen kennen, liegt demnach ebenfalls eine Offenbarung zugrunde, die Söderblom eine allgemeine Offenbarung nennt. Den Offenbarungsreligionen im engeren Sinne aber, und darunter subsumiert er die semitischen Religionen Judentum, Christentum und den Islam sowie die zoroastrische Religion des alten Persiens, eignet nach Söderblom etwas prinzipiell Neues insofern, als sie von großen Stifterpersönlichkeiten gegründet wurden, die sich nicht an den kulturellen Gegebenheiten orientiert, sondern den Sprung in den Glauben gewagt haben, dem lebendigen Gott begegnet sind und dadurch eine besondere Offenbarung erfahren haben.[159]

Zwar habe es, so Söderblom immer wieder herausragende Persönlichkeiten mit Einfluss auf die Religionen ihrer Länder und Kulturen gegeben, und er erinnert an Konfuzius, Buddha oder die bedeutenden Philosophen des frühen Griechenlands in der Zeit zwischen 800 und

---

158 N. Söderblom, Offenbarungsreligion, in: D. Lange, 2/2011, S. 62ff.
159 D. Lange, 1/2011, S. 143.

300 v. Chr.. Doch bei aller Ähnlichkeit des Blickes auf die Geschichte erkennt die religionswissenschaftliche Sichtweise Söderbloms im Glaubenssprung der Propheten Israels noch einmal eine neue Qualität, die für die Natur- und Kulturreligionen nicht signifikant war, denn selbst im alten Griechenland hätten es die großen Geister der höheren Frömmigkeit nicht vermocht, ihre Gotteserfahrung den Menschen mit der begeisternden Überzeugungskraft der Propheten Israels nahezubringen, weshalb selbst Plotins Vereinigung mit dem Einen und Unaussprechlichen nur eine ideale Form von Frömmigkeit mit zuweilen pantheistischen Anklängen bleiben musste.[160]

Erst mit den Propheten Israels sei „ein neuer Strom von tiefgehendem religiösem Lebensinhalt, der selbst auf unmittelbare Berührung mit Gott als seine Quelle hinweist", in die Welt gekommen, der mit seiner höheren Geistigkeit und Sittlichkeit diejenige Babylons weit übertroffen und letztlich zur Vervollkommnung der besonderen Offenbarung Gottes im Christentum geführt habe, so Söderblom, und doch kam dieser neue Strom nicht ohne Voraussetzungen historischer und psychologischer Art, denn „[k]ein Prophet, keine Offenbarung kommt, bevor die Zeit erfüllt ist, bevor die Voraussetzungen gegeben sind"[161], und das war eben zuerst in Israel der Fall bei jenem auserwählten Volk, „das mit Gott durch einen Vertrag verbunden war".[162]

Gegenüber der allgemeinen Offenbarung der Natur- und Kulturreligionen zeigte sich die besondere Offenbarung erstmalig im Gottesgedanken und im Gottesverhältnis Israels, nachdem Mose das absichtsvolle Wirken des göttlichen Willens in der Geschichte beim Auszug der Israeliten aus Ägypten erfahren und als solches erkannt hatte, in diesem besonderen Sinne Jahwe zum Gott Moses geworden war und erstmals und „für alle Zeit einen ergreifenden und kraftvollen Ausdruck im jüdischen Gottvertrauen" fand, weil der Glaube des jüdischen Volkes „sich auf den einzigen, lebendigen, geistigen Gott, der in der Geschichte wirksam und dort offenbart ist", ausgerichtet hatte.[163]

---

160 N. Söderblom, Offenbarungsreligion, in: D. Lange, 2/2011, S. 77f.
161 N. Söderblom, Offenbarungsreligion, in: D. Lange, 2/2011, S. 78ff.
162 D. Lange, 1/2011 S. 144.
163 N. Söderblom, Offenbarungsreligion, in: D. Lange, 2/2011, S. 84, 87 und 88.

3. Der Einfluss Nathan Söderbloms auf Dag Hammarskjöld   205

Es darf als gesichert gelten, dass Dag Hammarskjöld mit Söderbloms „Offenbarungsreligion" weitgehend vertraut gewesen ist und um die Notwendigkeit und die tiefe Bedeutung jenes „Sprungs" in den Glauben an einen lebendigen Gott und in ein befreiendes Gottvertrauen wußte, wie aus einem weiteren „Zeichen" seines Tagebuches herauszulesen ist: „Ob ‚Leben' ist –? Prüfe, und du wirst erleben: ‚Leben' als Wirklichkeit. Prüfe dadurch, dass du den Sprung in eine Unterordnung wagst, *ohne Vorbehalt*. Wage ihn, wenn du herausgefordert bist, denn nur im Licht der Herausforderung kannst du den Scheideweg erblicken und hoffen, dass du klarblickend die Wahl triffst, deinem persönlichen Leben den Rücken zu kehren – ohne das Recht, zurückzuschauen. Du wirst finden, dass du im ‚Muster' befreit bist von dem Bedürfnis, ‚in der Herde zu leben'."[164]

Mit einem Willensakt der Unterordnung hatte Dag Hammarskjöld also den für sein persönliches Leben und Wirken notwendigen Glaubenssprung gewagt, weil auch ihm die Wirklichkeit des lebendigen Gottes zur Erfahrung geworden war. Und wie seinem Lehrer Söderblom, so war auch ihm klar geworden, dass Religion im Leben des Einzelnen nicht „eine poetische Episode in der Prosa des Lebens, sondern vollster Ernst, harter, unbarmherziger Ernst, wirksamer, helfender Ernst" sein kann und muss und nicht „zu einem Festtagskleid für stimmungsreiche Stunden"[165] verkommen darf, eine Notwendigkeit, der sich Dag Hammarskjöld ebenfalls völlig bewusst war, so dass er schreiben konnte: „Gott ist eine bequeme Formel auf dem Bücherbrett des Lebens – stets zu Hand und selten gebraucht. Werden wir aber gezwungen, uns selbst zu sehen Auge in Auge – dann erhebt er sich über uns in furchtbarer Wirklichkeit, jenseits von allen Diskussionen und allem ‚Gefühl', stärker als alles schützende Vergessen."[166]

---

164 ZW, 2005, S. 136. Auch R. Schäfer, 1991, S. 364, Fußn. 40 führt Hammarskjölds „Sprung" und sein „Ja" zum Glauben auf den unmittelbaren Einfluss Söderbloms zurück. Auf die Kierkegaardsche Kategorie des Glaubenssprungs, die wiederum für Söderblom konstitutiv war, wird in Kap. 4 im Zusammenhang mit Hammarskjölds Sinnsuche näher eingegangen.
165 N. Söderblom, ²1926, S. 172.
166 ZW, 2005, S. 49.

3.5.2 Die Artverschiedenheit zwischen Unendlichkeits- und Persönlichkeitsmystik

Auch bei seiner Darstellung der Mystik ging Nathan Söderblom entsprechend dem zu seiner Zeit gängigen phänomenologischen und geschichtsbezogenen Ansatz vor und interpretierte die Mystik als eine Erfahrung von „innerlicher Gottesgemeinschaft", wie sie in jeder lebendigen Religion gefunden werden kann. Diese Vorgehensweise wurde im späten 20. Jahrhundert allerdings kritisch gesehen und mehr „die historische Differenz der Phänomene durch Kontextualisierung der Begriffe in den einzelnen Traditionen hervorgehoben"[167].

Die Innerlichkeit der Gottesbegegnung, die sich für den Menschen aus dem Sprung in den Glauben ergibt, nennt Söderblom in Anlehnung an Pascal auch eine „Religion des Herzens", und für das, was er darunter versteht, verwendet er einen weitgefassten Begriff von Mystik. Dabei unterscheidet er zwei Arten:
- eine Unendlichkeits- oder Übungsmystik, die er den von ihm so bezeichneten Natur- und Kulturreligionen zuordnet, und
- eine Persönlichkeitsmystik, die er den prophetischen Religionen zuweist.[168]

In der ersten Hälfte des 20. Jahrhunderts war die Beschäftigung mit Mystik insbesondere in der Auseinandersetzung mit dem Buddhismus zu einer Modeerscheinung geworden, sodass auch Söderbloms Theorie viel diskutiert wurde und Dag Hammarskjöld schon aufgrund der familiären Verbindung zum Hause Söderblom reichlich Gelegenheit hatte, damit in Kontakt zu kommen, worauf Gustaf Aulén hinweist.[169]

In seiner Schrift „Offenbarungsreligion" differenziert Söderblom den Artunterschied von Mystik nun aus, erkennt: „der Unterschied liegt in der Rolle des persönlichen Lebens", und fragt: „Soll das Persönliche am Ziel und auf der Höhe der Frömmigkeit ruhig gestellt und eingeebnet werden? Oder soll es umgeschaffen und gereinigt werden, sodass das natürliche Ich geopfert und die ewige Liebeseinheit mit Gott, das ‚Ebenbild Gottes' der Dogmatik, das ‚Seelenfünklein' der germani-

---
167 M. v. Brück, in: RGG ⁴2001, Sp. 1652, der hier u. a. auf Bernard McGinn hinweist.
168 D. Lange, 1/2011, S. 145.
169 G. Aulén, 1969, S. 16.

schen Mystik des Mittelalters verwirklicht wird und zu einem neuen Menschen heranwächst, zu einem Gottesmenschen, zu dem konzentrierten und wirksamen Leben der sittlichen Persönlichkeit aus Liebe? Ist der Weg zur Erkenntnis des Göttlichen eine via negationis, die, wie Plotin sagt, ins Jenseits des Seins führt, dorthin, wo ‚die Seele, ohne gut oder böse oder irgendetwas anderes zu sein', ohne Bewusstsein von Leib oder Geist das Göttliche empfängt? ... Oder ist der Weg zu Gott eine via positionis, die durch völlige Selbstentäußerung und Selbstverleugnung hindurch zu einer reicheren und stärkeren persönlichen Lebensbestimmtheit führt, zu einem göttlichen Liebeswillen, der in dem glühendsten, vollendetsten und künstlerisch gestalteten persönlichen Leben, in Jesus Christus, offenbart ist? ... Gott – ist er das große, stille Unendlichkeitsmeer, das sich danach sehnt, die individuellen Splitter ohne Form und Namen in sanftem Schlummer in seinem dunklen Schoß alle wieder zusammenwachsen zu lassen? Oder Gott – ist er die überwältigende, zündende, brennende, heilige Liebe, die persönliches Leben hervorbringt und will?"[170]

Wesentliche Unterschiede erkennt Söderblom aufgrund dieser Fragestellung auch in der persönlichen Autorität der einzelnen Vertreter, in der Frage der Moral und in ihrem Verhältnis zum Leiden. Während etwa die großen griechischen Mystiker wie Sokrates, Platon oder Plotin „um der Reinheit des Gottesverhältnisses willen" jeden Anspruch auf persönliche Autoritätsentfaltung zurückgewiesen haben zugunsten des Aufgehens im namenlosen Einen und Unendlichen oder, wie im Buddhismus, das Verschwinden des menschlichen Ich im Nirwana angestrebt wird, ist die persönliche Autorität nach Söderblom integrierender und anerkannter Bestandteil der Offenbarungsreligion und geradezu die Stärke des evangelischen Christentums, denn „um Gott zu sehen, ist ein reines Herz und eine klare, wahrhaftige Persönlichkeit vonnöten". Bezüglich der Moral kommt dem sittlichen Streben in der Unendlichkeitsmystik als Mittel der Reinigung zwar eine bedeutende Rolle zu, aber die Frage an das Gewissen im Menschen als Entscheidungsinstanz von Gut und Böse stellt sich mit Dringlichkeit erst bei den Propheten und insbesondere für Jesus.[171] Und in Bezug auf das Leiden gilt für Söderblom nur der Buddhismus in seinem Mitleiden

---
170 N. Söderblom, Offenbarungsreligion, in: D. Lange, 2/2011, S. 99/100.
171 N. Söderblom, Offenbarungsreligion, in: D. Lange, 2/2011, S. 101ff.

dem Christentum gleichwertig, wenngleich er in der Zurückweisung des Leidens negativ zu bewerten ist im Gegensatz zum Christentum, das in der Überwindung des Leidens und der Erlösung durch das Kreuz den metaphysischen Dualismus von Natur und Geist durchbrochen hat durch die positive Erfahrung von Gottes erlösendem Liebeswillen.[172]

Kurz gefasst, versteht Söderblom also unter der „Unendlichkeits- oder Übungsmystik" das Streben, der Endlichkeit des irdischen Lebens zu entfliehen, was zugleich bedeutet, dass sowohl das menschliche Ich als auch das göttliche Du als persönliches Du verschwinden und von der Gottheit absorbiert werden, während die „Persönlichkeitsmystik" sich zum einen in einem transmoralischen Sinn an dem Gegensatz von Gut und Böse orientiert[173], zum anderen aber „hört das Gespräch zwischen einem Ich und einem Du niemals auf" und „die Einheit ist eine Gemeinschaft", die durch Freiheit und Ehrerbietung gekennzeichnet ist. [174]

Wie Söderblom übrigens mehrfach betont hat, kommen die von ihm beschriebenen Typen der mystischen Innerlichkeit kaum je in reiner Form vor und könnten besonders im Christentum in „mannigfach nuancierten Mischformen studiert werden", wenngleich gelegentlich eine Seite dominiert wie bei dem Aeropagiten, Bernhard, Meister Eckhart oder Teresa die Unendlichkeitsmystik, in der er auch den Neuplatonismus verortet, während er Augustinus, Pascal, Kierkegaard und vor allem Luther als Persönlichkeitsmystiker klassifiziert, bei denen Glaube und Gottvertrauen als Ausdruck für das Persönlichkeitsverhältnis gelten können.[175]

Welchem Typus von Mystik man nun Dag Hammarskjöld könnte, mag aber zunächst noch offen bleiben, denn erst mit dem Nachzeichnen seiner Suche nach dem Sinn des Lebens und seiner Krise in der Lebensmitte sowie seiner Auseinandersetzung mit den Schriften der mittelalterlichen Mystiker, aber auch durch die Begegnung mit Menschen, die ihn entsprechend beeinflußt haben, dürfte sich sein Verhältnis zur Mystik klarer abzeichnen.

---

172 N. Söderblom, Offenbarungsreligion, in: D. Lange, 2/2011, S. 94.
173 D. Lange, 2/2011, S. 14.
174 N. Söderblom, Offenbarungsreligion, in: D. Lange, 2/2011, S. 112f.
175 N. Söderblom, Offenbarungsreligion, in: D. Lange, 2/2011, S. 106f und 113.

4. Dag Hammarskjöld auf der Suche nach sich selbst und dem Sinn des Lebens

Schon in dem Dokument „Wegweiser für das Leben" aus seinen frühen Jahren vor 1930 hatte Dag Hammarskjöld mit der Leidenschaftlichkeit der Jugend nach dem Sinn seines Lebens und der Bestimmung seines Menschseins gefragt, und wenn er darin zunächst nur ganz allgemein formulierte: „Die Menschenaufgabe ist das Menschwerden", so wird doch rasch die religiöse Dimension seiner Gedankengänge deutlich, wenn er unmittelbar anfügt: „Menschwerden bedeutet zu beginnen, Gottes Willen zu wollen." Dazu gehörte für ihn dann auch, „ein bestimmtes ‚Ich' zu wählen und sich selbst danach zu formen", denn nur „[d]erjenige ist stark, der mit offenen Augen auf das Leben sieht und auf sich selbst. Er vermag treu gegenüber sich selbst zu sein und wird darum des Lebens Freund und des Schicksals Herr".[176]

Dag Hammarskjöld sucht in dieser Zeit nach der „Gesundheit der Seele"[177], und damit folgt er intuitiv einer archetypischen Form des Verhaltens junger Menschen, wie dies in Mythen und Märchen, etwa in Parzivals Suche nach dem Gral, anklingt und deren heilende Wirkung in einem „In-Ordnung-Kommen" durch das „Einswerden mit einem höheren Willen" besteht, wie es Gerhard Wehr ausdrückt. Ob es den Helden der Mythen und Geschichten – und auch Dag Hammarskjöld – allerdings gelingt, dem eigenen Selbst auf die Spur und „auf dem inneren Weg voranzukommen, wie dies die zweite Lebenshälfte als Aufgabe nahelegt"[178], ist eine ganz andere Frage.

Die Mühen und Gefahren auf diesem Weg waren für Dag Hammarskjöld jedoch schon spürbar, als er weiter schrieb: „Die höchste Liebe zu uns selbst, zu uns als Wesen von Gottes Wesen, zu Gott in uns, fordert von uns die Tötung von allem beschränkten Egoismus." Es geht ihm um ein Ziel, „in welches alle Kräfte des Individuums, die intellektuellen und moralischen wie auch die sinnlichen, voll aufgesogen werden", und weil der Wert einer Persönlichkeit für ihn darauf beruht, „wie hoch und allumfassend der für das Individuum zentrale Wert ist",

---

176 K. E. Birnbaum, 2000, S. 59 und 61.
177 K. E. Birnbaum, 2000, S. 59.
178 G. Wehr, 1991, S. 108f.

kann ein solches Menschwerden-Wollen „für manche bedeuten: ‚den Tod zu wollen'".[179]

Wie sehr seine Ahnungen Wirklichkeit werden sollten, fasst er Ende 1960 in kurzen Versen zusammen, die Zeugnis geben von der Schwere der Lasten, die er zu tragen hatte, aber auch von der seelischen Kraft, mit der er ihnen zu begegnen suchte: „Weg, du sollst gehen ihn. Freude, du sollst vergessen sie. Kelch, du sollst leeren ihn. Schmerz, du sollst verbergen ihn. Antwort, du sollst lernen sie. Schluss, du sollst ertragen ihn."[180]

4.1 „Opposing Predispositions" und intellektuelles Denken als Schwierigkeiten auf dem Weg

Dag Hammarskjölds Sprache in seinem Tagebuch zeigt sich nach Paul R. Nelson, eine Formulierung aus seinem Credo „This I Believe" aufnehmend, als eine „Formelsammlung", in der eine wesentliche spirituelle Erfahrung fassbar geworden ist.[181] Diese Ansammung von „Zeichen" offenbart Hammarskjölds innere Kämpfe ebenso wie seine aufrichtige Art zu denken, und ist somit auch ein Bekenntnis seiner inneren Dialektik von immerwährendem Zweifel bei seinen Verhandlungen mit sich selbst und mit Gott und seiner lange währenden Suche nach dem Sinn des Lebens.

Sowohl Paul R. Nelson als auch Gustaf Aulén stimmen darin überein, dass grundsätzlich zwei Phasen in Dag Hammarskjölds Glaubensentwicklung erkennbar sind:
1. eine Zeit des intellektuellen Skeptizismus, der sich allmählich transformierte in
2. ein sehr deutliches Bekenntnis zum Glauben und ein klares Ja zu Gott.[182]

Nach Nelson aber hat Aulén die innere Dialektik Dag Hammarkjölds zu einfach gesehen und sie nicht als einen Konflikt in Hammarskjölds Persönlichkeit selbst erkannt. Bo Beskow, der langjährige Künstler-

---

179 K. E. Birnbaum, 2000, S. 60f.
180 ZW, 2005, S. 194.
181 P. R. Nelson, 2007, S. 228.
182 P. R. Nelson, 2007, S. 43.

4. Dag Hammarskjöld auf der Suche nach sich selbst 211

freund Dag Hammarskjölds, vertrat bezüglich der zweiten Phase allerdings eine gänzlich andersartige Auffassung. In einem Brief[183] an Leif Belfrage, den Herausgeber von Hammarskjölds Tagebuch, berichtete er, dass er beim ersten Lesen der schwedischen Ausgabe von Vägmärken (Zeichen am Weg) im Jahr 1963 „opposing predispositions" wahrgenommen und nach einer, wie Nelson es nennt, sehr einfühlsamen Lesung des Textes in einer kenntnisreichen Interpretation weiter dargelegt habe: „Jede Psyche ist wirklich ein Ameisenhaufen gegensätzlicher Anlagen. Persönlichkeit als etwas fest Zugeschriebenes ist eine Illusion, aber eine notwendige Illusion, wenn wir lieben. Du hast [bezüglich Dag Hammarskjöld] recht: ‚Mut und Lauterkeit des Herzens'."[184]

Mit Beskow und gegensätzlich zu Aulén geht denn auch Paul R. Nelson davon aus, dass Dag Hammarskjöld seinen inneren Zwiespalt von anhaltendem Zweifel hinsichtlich seiner spirituellen Erfahrungen und seinem Mut zum Glauben bis zum Ende beibehalten und antiphonal die Dimensionen dieser schwer fassbaren inneren Erfahrungen zueinander in Beziehung gesetzt habe, und dass diese „opposing predispositions" trotz der Geschlossenheit und Ganzheitlichkeit seiner Biografie und Existenz bestanden.[185] Zum Beweis für die fortdauernden Zweifel, aber auch für seinen Mut zum Glauben fügt Nelson an dieser Stelle Dag Hammarskjölds „Zeichen" vom 2. August 1961 an: „Allmächtiger ... Verzeih meinen Zweifel, meinen Zorn, meinen Stolz. Beuge mich durch deine Gnade. Richte mich auf durch deine Strenge."[186] Man könnte diese Zeilen aus seiner letzten Lebenszeit allerdings auch als den Versuch einer letzten Aussöhnung Dag Hammarskjölds mit sich selbst und mit Gott lesen.

Dag Hammarskjölds Zweifel sind denn auch nicht nur anlagebedingt entsprechend der „opposing predispositions", die Bo Beskow wahrgenommen haben will, sondern wohl auch als ein Relikt seiner Studienjahre bei seinem Lehrer Axel Hägerström zu sehen, der eine

---
183 P. R. Nelson kommt das Verdienst zu, im Rahmen seiner Dissertation erstmals viele der bislang unbekannten persönlichen Briefe Dag Hammarskjölds aufgrund seiner schwedischen Sprachkenntnisse und zeitweiligen Tätigkeit als Priester in Schweden durchforstet und teilweise öffentlich gemacht zu haben.
184 P. R. Nelson, 2007, S. 43.
185 P. R. Nelson, 2007, S. 229.
186 ZW, 2005, S. 205.

extrem positivistische Philosophie vertreten hatte und nur die eine Wirklichkeit zuließ, die mit den Sinnen und dem Verstand wahrgenommen werden kann. Diese Art Philosophie war zur Zeit von Dag Hammarskjölds Studienjahren endemisch in Uppsala[187], eine vorkritische Metaphysik war ebenso verpönt wie Kants Transzendentalphilosophie[188], und Religion galt als eine Sache des Gefühls – allesamt Anschauungen, die Dag Hammarskjöld intellektuelle Schwierigkeiten verursachen mussten und dazu führten, dass er seinen eigenen Erfahrungen gegenüber skeptisch reagierte, weil er sie nicht in klare wissenschaftliche Begriffe fassen und sein inneres Erleben nicht als ebenso real annehmen konnte wie die äußere Wirklichkeit. So etwa, wenn er von einem „Erlebnis von Licht, Wärme und Kraft. Von außen." berichtet und dies als ein „tragendes Element wie die Luft für den Segelflieger, das Wasser für den Schwimmer" empfindet, ihn aber gleichzeitig ein „intellektueller Zweifel, der Beweis und Logik verlangt", daran hindert „zu glauben".[189]

Will man Nelson folgen, dann quälten die Zweifel Dag Hammarskjöld ein Leben lang, und doch hatte er 1954 schon so weit zu einem zuversichtlichen Vertrauen gefunden, dass er sagen konnte: „Glauben – das heißt: nicht zweifeln!"[190] Zudem hatte er bereits in seinem Credo von 1953 dargelegt, dass die Sprache der Religion, in eine Formelsammlung fundamentaler spiritueller Erfahrungen gefasst, „nicht als eine philosophisch genaue Beschreibung und Definition einer Realität, die wir mit unseren Sinnen wahrnehmen und mit logischen Begrifflichkeiten analysieren können", anzusehen ist. Und Gustaf Aulén hat demnach auch nicht zu Unrecht darauf hingewiesen, dass Dag Hammarskjöld unter dem Einfluss Nathan Söderbloms und entgegen der philosophischen Polemik eines Axel Hägerström den Glauben schon früh als eine in erster Linie persönliche und existenzielle Beziehung zu Gott kennengelernt und infolgedessen eine Hilfestellung bei der Klärung seiner Gedanken erfahren hatte, lange bevor ihm die Bedeutung und die Konsequenzen eines solchen Glaubens voll bewusst geworden sind.[191]

---

187 G. Aulén, 1969, S. 28.
188 D. Lange, 1/2011, S. 46.
189 ZW, 2005, S. 102.
190 ZW, 2005, S. 114.
191 G. Aulén, 1969, S. 31.

Ein sehr persönliches Zeugnis mag diese Betrachtung gegensätzlicher Anlagen und Neigungen des jungen Dag Hammarskjöld ergänzen und abschließen. In einem Interview Karl E. Birnbaums mit Elisabet Waldenström, der Ehefrau von Hammarskjölds Jugendfreund Jan Waldenström, kam auch das Dilemma seiner von den sehr unterschiedlichen Eltern ererbten Eigenschaften und wie er diese in sich zu vereinen suchte, zur Sprache, und sie drückte es so aus: er habe „alles in einer kleinen Schachtel haben wollen". Karl E. Birnbaum ergänzte und kommentierte diese Aussage Elisabet Waldenströms dahingehend, „dass er in seinem Wesen zwei schwer zu vereinbarende Kräfte besaß: einerseits einen freudvollen, warmherzigen Enthusiasmus, andererseits eine intellektuelle Schärfe und ein Pflichtgefühl, die manchmal den Eindruck von Gefühlskälte erwecken konnten. Gemeinsame Züge in dieser vielseitigen, aber komplizierten Veranlagung waren moralische Integrität und Opferbereitschaft, aber auch ein eigenwilliges Selbstbewusstsein, das zuweilen in Arroganz ausarten konnte. Es ist darum kaum verwunderlich, dass der innere Kampf dieser Jahre sich bei Hammarskjöld oft in einer rigorosen Abrechnung mit eigenen Gedanken, Gefühlen und Taten abspielte", sich als das Resultat einer strengen Selbstprüfung letztlich als „Kampf um die eigene Individualität", besser: Identität, erwies und „sich sowohl in seinem Verhältnis zur Umwelt als auch in der Suche nach der eigenen Bestimmung manifestierte".[192]

4.2 Die „Generationenfrage" in der ersten Hälfte des 20. Jahrhunderts

Verschiedentlich hat Manuel Fröhlich auf die Parallelität der Denkweisen von Menschen in Dag Hammarskjölds Generation und auf verbindende Elemente zwischen dem Denken Albert Schweitzers, Martin Bubers und der Künstlerin Barbara Hepworth und Hammarskjölds eigenen Gedanken insbesondere hinsichtlich seiner politischen Ethik hingewiesen und darin „eine Art ‚Generationen-Diskurs'" gesehen[193], was es ja tatsächlich auch war. Für alle diese zumeist in der ersten Hälf-

---
192 K. E. Birnbaum, 2000, S. 32 und 28.
193 M. Fröhlich, 2002, S. 211ff und ders., 2001:1, S. 28–32.

te des 20. Jahrhunderts Geborenen galt, was Gerhard Wehr einmal so ausgedrückt hat: „Es ist der Mensch der Weltkriegsgeneration, der Leiden und Tod, Sorge und Bedrohung, nicht spekulativ, sondern als Geängstigter, als ein Erschütterter erlebt hat, und der nun als ein bis in die Methode seines Denkens hinein Gewandelter in die Welt blickt."[194]

Diese Menschen waren nicht unberührt geblieben von den Schrecknissen der beiden Weltkriege und suchten in einer nicht nur intellektuellen Debatte, sondern auch in ihren Handlungen nach neuen Mustern und Grundlagen für eine menschengemäße Gesellschaft und Kultur und nach einem menschenwürdigen Leben. Und wenn solches „früher ein Nachdenken weniger Menschen" war, „so steht seit dem Kriege jedermann in diesem Fragen", so hatte Karl Jaspers befunden, der die geistige Situation jener Zeit als einen „Augenblick der Weltwende" wahrgenommen hatte und dem, wie Dag Hammarskjöld und anderen dieser Generation, deutlich geworden war: „Die Situation als bewusst gemachte ruft auf zu einem Verhalten. Durch sie geschieht nicht automatisch ein Unausweichliches, sondern sie bedeutet Möglichkeiten und Grenzen der Möglichkeiten: was in ihr wird, hängt auch von dem ab, der in ihr steht, und davon, wie er sie erkennt." [195]

Was Dag Hammarskjöld mit anderen damals erkannt hatte, war insbesondere die Notwendigkeit von Solidarität der Menschen untereinander und einem friedlichen Zusammenleben der Völker miteinander, wie dies vor ihm auch schon Nathan Söderblom angemahnt und in ihm grundgelegt hatte, und mit einem Vortrag an der Universität Lund in seinem Heimatland Schweden nutzte er die Möglichkeit seines Amtes als UNO-Generalsekretär zu einem dringenden Appell für eine „neue Synthese auf einer universalen Basis", nachdem die Weltkriegskatastrophe besonders den Europäern den Zusammenbruch aller kulturellen, geistigen, politischen und geografischen Gemeinsamkeit vor Augen geführt und deutlich gemacht habe, dass vor allem beim Blick auf Asien und Afrika für einen Westeuropäer nunmehr eine neue Solidarität und gegenseitiger Respekt im Umgang der Kulturen und Rassen untereinander vonnöten sei.[196]

---

194 Zitiert nach M. Fröhlich, 2002, S. 216, Fußnote 493.
195 K. Jaspers, ⁹1999, S. 5 und 23.
196 D. Hammarskjöld, Universität Lund, Schweden, am 4.5.1959, in: W. Foote, 1963, S. 212–219. Auf diesen Vortrag verweist auch M. Fröhlich, 2002, S. 215f.

4. Dag Hammarskjöld auf der Suche nach sich selbst

Wie bei vielen, so hatte dieser zeitbedingte Konflikt einer Generation auch bei Dag Hammarskjöld zu einer grundlegend veränderten Wahrnehmung der Rolle des Einzelnen in der Gesellschaft und letztlich zu der tiefgreifenden Erkenntnis und Frage geführt, wie Sinn gefunden werden könne in einem Leben ohne Glauben an Gott, wie Paul R. Nelson diesen Generationskonflikt formulierte.[197] Schon Karlmann Beyschlag hatte zu Hammarskjölds Aphorismus: „Sinnlos, was ich fordere: dass mein Leben Sinn haben soll. Unmöglich, wofür ich kämpfe: dass mein Leben Sinn erhalten soll"[198] angemerkt: „Worte dieser Art haben aufgehört, geistiges Eigentum eines Einzelnen zu sein; sie sind vielmehr das erschütternde Bekenntnis für eine ganze, unglaublich spät geborene europäische Generation, deren Ich-Verlassenheit ins Metaphysische durchgebrochen ist."[199] Und auf Dag Hammarskjölds Zusatz zu seinem Aphorismus: „Ich getraue mich nicht, weiß nicht, wie ich glauben könnte: dass ich nicht einsam bin"[200], ist bei Karl Jaspers zur Situation jener Zeit und in Entsprechung zu Hammarskjölds eigener Forderung nach Solidarität und seinem schon in jungen Jahren geäußerten Lebensziel von einem Dasein für andere als Antwort zu finden: „Aus der Einsamkeit befreit nicht die Welt, sondern das Selbstsein, das sich mit den anderen verbindet."[201]

Die Haltung des Selbstseins ist nach Jaspers auch bestimmend für ein „Anderswerden der Zustände" in der Welt, und Selbstsein in diesem Sinne zeigt sich in „erwachender Umsicht des Einzelnen ... wie er sich zur Welt stellt", d. h., ob er „aus einem Sein gegen die Welt [wieder] in die Welt eintritt". Ein erster Weg führt demnach zwangsläufig „aus der Welt in die Einsamkeit", die es jedoch positiv anzunehmen und in Weltgestaltung umzumünzen gilt.[202] Für Dag Hammarskjöld also war seine Einsamkeit Fügung, gegen die er den Kampf nicht gewinnen konnte, war doch nach Jaspers gerade sie der Preis, den er um seines Selbstseins willen zu zahlen hatte.

Mit einer notwendigen Rückwendung zur Welt ist nach Jaspers dann der zweite Weg erreicht, der im tätigen Handeln auch die „Härte

---

197 P. R. Nelson, 2007, S. 63.
198 ZW, 2005, S. 104.
199 K. Beyschlag, 1980, S. 40.
200 ZW, 2005, S. 104.
201 K. Jaspers, ^{9}1999, S. 177.
202 K. Jaspers, ^{9}1999, S. 166.

der Wirklichkeit" zur Erfahrung bringt, womit die Bedingung verbunden ist, „in den Machtkörpern mitzuleben" und in ethischer Verantwortung gegen sich selbst nicht „von ihnen aufgesogen zu werden"[203] – eine Forderung des Selbstseins, vor die sich Dag Hammarskjöld schon während seiner Karrierejahre in seinem Heimatland Schweden gestellt sah, der er aber vor allem in seiner Weltposition als Generalekretär der UNO, die ihm als „Möglichkeit seines Daseins gegeben" worden war, mit der Aufgabe einer „solidarischen Lebensfürsorge für alle"[204] gerecht zu werden hatte.

Zu allem „erblich privilegierten", wie „Macht, Besitz, Erziehung und verwirklichtes Bildungsideal" musste von Dag Hammarskjöld als einem der „Besten" jedoch noch die Entwicklung und „Entfaltung der Persönlichkeit ... im Sinne eines Adels des Menschseins"[205] geleistet werden. Das hieß für ihn dann, den Kampf mit sich selbst in seiner Seele zu führen, und dass er diesen Kampf in absoluter Ehrlichkeit und Schonungslosigkeit gegen sich selbst geführt hat, davon zeugen die Eintragungen in seinem Tagebuch auf vielerlei Weise. Doch noch 1955 sah er sich veranlasst zu bekennen: „Scham mischt sich mit Dankbarkeit: Scham über alle Anläufe zu Eitelkeit, Missgunst und Nachgiebigkeit – Dank für alles, wozu mich vielleicht der Wille, nicht aber die Leistung berechtigen konnte. Manchmal gibt Gott uns die Ehre – für sein Werk. Oder behält sie in seiner Einsamkeit. Zu unseren Bocksprüngen auf der Szene lächelt er ironisch – solange wir nicht mit den Gewichten pfuschen."[206]

Die Frage nach der Weise seines Selbstseins wurde somit zur Herausforderung für Dag Hammarskjöld auf seinem Weg. Wie er aber, „[g]eleitet durch das Lebenslabyrinth vom Ariadnefaden der Antwort" zu einem Leben im Glauben an Gott, zu seinem „Ja" und zur Antwort auf seine Fragen nach dem Sinn und Ziel seines Lebens fand und dabei „Schritt um Schritt, Wort für Wort" lernte, „dass hinter jedem Satz des Helden der Evangelien *ein* Mensch und die Erfahrung *eines* Mannes stehen"[207], diese Spur gilt es nun aufzunehmen.

---

203 K. Jaspers, ⁹1999, S. 167.
204 K. Jaspers, ⁹1999, S. 168.
205 K. Jaspers, ⁹1999, S. 175ff.
206 ZW, 2005, S. 119.
207 ZW, 2005, S. 196.

4.3 Die Krise der Lebensmitte

Mit Hilfe der in seinem Tagebuch in den Jahren 1925 bis 1949 gesetzten „Zeichen" suchte Dag Hammarskjöld im Kampf mit seinen Egoismen, seinem Karrierestreben, seiner Sehnsucht nach Bewunderung und Zuwendung und durch seine innere Leere und Einsamkeit hindurch tastend den Weg zu sich selbst, um inneren Halt zu finden und Gewissheit zu erlangen über den Sinn und das Ziel seines Lebens. All das hat er noch einmal gegen Ende 1949 zusammengefasst in diesen Zeilen: „Für eigene Bequemlichkeit sorgen – und mit Funken der Zufriedenheit belohnt werden, denen eine lange, saugende, beschämende Leere folgt. Um seine Stellung kämpfen – Hinter dem Gerede über den notwendigen Hintergrund eines Einsatzes dürftig verschanzt gegen den selbstentblößenden Ekel. Sich der Aufgabe hingeben – aber im Zweifel über den Wert der Aufgabe und daher ständig auf Anerkennung wartend: vielleicht langsam auf dem Wege, dankbar zu sein, wenn du nicht getadelt wirst; doch weit davon entfernt, Tadel hinzunehmen."[208]

Es sind vor allem die Dreißiger- und Vierzigerjahre im Leben eines Menschen, in denen eine solche Auseinandersetzung erstmalig erfolgt. Dies hat Diether Lauenstein einmal in einer Weise beschrieben, die sich wie ein Kommentar zu Hammarskjölds „Zeichen" liest: „Recht, Besitz und anfängliche Macht spielen in den Dreißigerjahren des Lebens eine wichtige Rolle. Auf sie stützt sich zunächst das irdische Ichgefühl des Menschen. Die Bildung dieses Selbstgefühls ist unumgänglich. Seine Zertrümmerung, zu welcher der materialistische Sozialismus neigt, kann leicht die Zertrümmerung der Menschenseele selbst einleiten. Ebenso wenig aber gereicht die Ausbildung des Ichgefühls allein der Menschheit zu ihrem Heil." Mahnend erinnert Lauenstein deshalb an das Leben Jesu, das in jener Zeit in der Seele des Menschen aufkeimen sollte: „Mit dreißig Jahren gab Jesus alles Persönliche auf, und das Gottes-Ich in ihm begann sein Wirken; mit dreiunddreißig Jahren gab er sein Leben hin. Von ihm wurden die Stufen Ich, Opfer und Gericht in äußerster Kraft, Kürze und Reinheit erfüllt."[209]

---

208 ZW, 2005, S. 63.
209 D. Lauenstein, [4]1978, S. 65.

Zwar fügt Lauenstein tröstend an, dass dem Normalmenschen für diese Entwicklung mehr Zeit zur Verfügung steht, denn die „Nötigung, die Grenze der eigenen Person zu überschreiten, kommt meist erst sieben Jahre später". Dann aber „sollte der Christ verstehen, dass sein Leben ihm nicht nur die Gelegenheit für ein eigenes Reich darbietet, sondern dass es zu seiner inneren Fruchtbarkeit, genauer müssen wir wohl sagen, zur seelischen Gesundheit und zur geistigen Fruchtbarkeit, auch des Opfers bedarf", und wenn er dies begreift, „[d]ann liegt auf ihm ein Schimmer vom Leben Jesu".[210]

4.3.1 Jesus Christus als Herausforderung für Dag Hammarskjöld in der Krise

Es ist also die Krise der Lebensmitte, die den Einzelnen oftmals dazu zwingt, den Blick nach innen zu wenden und das eigene Leben neu zu justieren. Dies ereignete sich bei Dag Hammarskjöld etwa während der Jahre 1945 bis 1952, also etwa zwischen seinem 40sten und 47sten Lebensjahr, und sein letztes "Zeichen" des Jahres 1949 lässt darauf schließen, dass er bereits genau verstanden hatte, als er schrieb: „Um Bürden batest du –. Und wimmertest, als du beladen wurdest. Dachtest du dir eine andere Last? Glaubtest du, das Opfer sei anonym? Das Opfer der Opferhandlung ist, als sein Gegenteil beurteilt zu werden. O Caesarea Philippi: Die Verurteilung als die Frucht und Voraussetzung des Einsatzes hinzunehmen, dies hinzunehmen, wenn man seinen Einsatz erkennt und wählt!"[211]

In diesen vielfach kommentierten Zeilen meinte Gustaf Aulén einen „beredten Schrei" Dag Hammarskjölds zu erkennen, und Hjalmar Sundén fragte sich, ob Hammarskjöld „schon 1949, als er in sein ‚O Caesarea Philippi!' ausbrach, einen Befehl Christi" vernommen haben könnte.[212] Die Frage von Gerhard Wehr, „inwiefern Jesus selbst, der Christus Jesus der Evangelien, als Leitbild für eine Spiritualität der Lebenswende gelten kann", erscheint somit auch in Bezug auf Dag Hammarskjöld berechtigt, und zwar insofern, als das Evangelium, sofern

---
210 D. Lauenstein, ⁴1978, S. 66.
211 ZW, 2005, S. 63; in Fußnote 8 der Hinweis auf Matthäus 16,13–28.
212 G. Aulén, 1969, S. 52 und H. Sunden, 1967, S. 62.

es nicht allein als ein religiöses Dokument gelesen wird, geeignet ist, „ein Licht auf den eigenen Lebensgang fallen zu lassen". Und mit C. G. Jung macht Wehr weiter deutlich: „Das Drama des archetypischen Christuslebens beschreibt in symbolischen Bildern die Ereignisse im bewussten und im bewusstseinstranszendenten Leben des Menschen, der von einem höheren Schicksal gewandelt wird."[213]

Zu den Gesetzmäßigkeiten desjenigen, „der von einem höheren Schicksal gewandelt wird", man könnte mit Johannes Lauten auch sagen, zu den Anforderungen „des natürlich-genialischen Menschen" in der Lebensmitte gehört es also, die Metamorphose „hin zum durchchristeten Menschen zu vollziehen", was erstens bedeutet, „das Ich im Willen bemerken, im Willen zur Arbeit und im Willen zum Leid", was zweitens aber „opfern lernen" heißt und meint, dieses Willens-Ich Gott zu übergeben, sich seinem Willen ganz zu unterstellen und sich so von seiner schöpferischen Liebe durchdringen zu lassen, dass die Wandlung geschehen kann, und dass drittens „das Urteil, das die Welt spricht" anerkannt werden muss, auch wenn dies den Tod bedeutet.[214]

Selbst wenn die menschheitliche Bedeutung von Christi Leben und Wirken in der Nachfolge niemals wirklich erreicht werden kann, so mag es doch für den Einzelnen Aufruf und Orientierung sein, nach dem ihm zugemessenen Maß seines Lebens in Selbstprüfung und Konfrontation mit den eigenen Anfälligkeiten und Schwächen, aber auch mit den eigenen Möglichkeiten ganz er selbst zu werden, und für Dag Hammarskjöld als den genial Begabten und mit vielerlei Privilegien ausgestatteten Menschen galt dies nach eigener Maßgabe in besonderer Weise.

Was also meinte Hammarskjöld mit seinem Ausruf: „O Caesarea Philippi!" wirklich? Und was haben Aulén mit der Deutung als „beredten Schrei" und Sundén unter der Idee eines möglicherweise von Christus vernommenen Befehls verstanden?

Gustaf Aulén begründet seine Aussage zunächst einmal damit, dass Dag Hammarskjöld auf der Suche nach Antworten auf seine brennenden Fragen bei Albert Schweitzer zwar „einen Schlüssel zu der Welt der Evangelien für den modernen Menschen" gefunden habe, wie in seinem Credo vermerkt, dass er in Auseinandersetzung mit Schweit-

---
213 G. Wehr, 1991, S. 63f.
214 J. Lauten, 1977, S. 30ff.

zers Werk zur Leben-Jesu-Forschung[215] aber weder an dessen Theorie einer konsequenten Eschatologie, noch daran interessiert gewesen sei, ob Jesus in der Absicht gestorben ist, das Kommen des Reiches Gottes in der Welt voranzutreiben, sondern dass allein die kritische Betrachtungsweise von Jesus als einem menschlichen Wesen, das gelebt hat und aktiv gewesen ist in einer ganz bestimmten geschichtlichen Situation, für ihn von Bedeutung gewesen ist. Dem Blick auf Jesus als einer Gottheit in Menschengestalt hatte Hammarskjöld immer distanziert gegenübergestanden, nun aber habe er sich Jesus als einem Bruder innerhalb der Menschenfamilie nähern können. Der Mensch Jesus, dies sei zwar nicht Hammarskjölds einzige oder letzte Sicht auf Jesus gewesen, aber es war die zu ihm hinführende und somit entscheidende Sichtweise.[216]

Noch war Dag Hammarskjöld im Jahr 1949 offenbar weit davon entfernt, irgendwelchen „Tadel hinzunehmen"[217], dass aber die Situation Jesu in Caesarea Philippi und die Erkenntnis, dass Jesus seinen Weg von da an ohne Zögern und in vollem Bewusstsein von Opferung und Verurteilung gegangen ist, was im Gegensatz zu seiner eigenen zögerlichen Haltung bezüglich Leidens- und Hingabebereitschaft stand, dies schien Aulén so, als habe er Jesu Stimme als eine starke Anklage vernommen und seinen Ausruf: „O Caesarea Philippi!" deshalb als Herausforderung verstanden.[218]

Ähnlich wie Aulén wurde dieses „O Caesarea Philippi"" auch von Hjalmar Sundén als ein „Kontrasterlebnis zwischen dem Karrierepolitiker Dag Hammarskjöld und dem Menschen Jesus" interpretiert, und wie Sundén ergänzend bemerkt, zeige dieser „erste Niederschlag von Hammarskjölds Christusmeditationen", dass zu dieser Zeit „seine Gedanken um die Seite des Christusmysteriums kreisen", und zwar um eben die Frage nach der menschlichen Natur Christi, den Menschen Jesus.[219] Insofern wird dann auch verständlich, warum Hammarskjöld dieses „O Caesarea Philippi!" als einen Befehl verstanden haben könn-

---

215 Ein Exemplar der Ausgabe des Jahres 1933 von A. Schweitzer, Geschichte der Leben-Jesu-Forschung in deutscher Sprache befindet sich in Hammarskjölds nachgelassener Bibliothek in Stockholm.
216 G. Aulén, 1969, S. 50f.
217 ZW, 2005, S. 63.
218 G. Aulén, 1969, S. 52.
219 H. Sundén, 1967, S. 58.

te, oder auch als eine Anklage, nämlich als eine Aufforderung nach strengerer Selbstprüfung und letztlich zur Entscheidung, sich ganz einem höheren Willen unterzuordnen und in der Nachfolge Jesu die Aufgabe und den Sinn seines Lebens zu erfüllen. Und das heißt eben auch „opfern lernen" und „das Urteil, das die Welt spricht", anzuerkennen, wie Johannes Lauten die Gesetzmäßigkeiten in der Lebensmitte charakterisierte, oder wie Hammarskjöld es selbst schon formulieren konnte: „Die Verurteilung als die Frucht und Voraussetzung seines Einsatzes hinzunehmen, ... wenn man seinen Einsatz erkennt und wählt."

Eine hypertrophe Identifikation mit Christus, wie dies Dag Hammarskjöld postum nach der Veröffentlichung seines Tagebuches teilweise unterstellt wurde, erscheint also schon deshalb absurd, weil im christlichen Kulturkreis die Auseinandersetzung mit Jesus Christus nach übereinstimmender Auffassung verschiedener Autoren Teil der Krisenbewältigung in der Lebensmitte ist, wenn das weitere Leben gelingen soll. Ob Hammarskjöld aber wirklich „von allem Anfang an bewusst" gewesen ist, „dass das, was ihn erwartete, nur Verkennung und Kränkung sein werde, ja sein müsse", weil er sich an das Schicksal seines Vaters erinnert fühlte, wie dies der Jugendfreund Sven Stolpe in Zusammenhang mit dem „O Caesarea Philippi"-Ausruf vermutet hat[220], mag doch bezweifelt werden. In späteren Jahren und selbst in herausragender Stellung tätig, als er wie der Vater Missverständnissen und schonungsloser Kritik ausgesetzt war, werden ihm solche Erinnerungen wohl vor der Seele gestanden haben, das Leiden am Schicksal seines Vaters dürfte aber kaum die tiefere Ursache für die deutlich sichtbare Veränderung seiner Person in den Zeiten der Kongokrise gewesen sein, „dass er darunter fast zusammenbrach", wie dies Sven Stolpe in Vermischung der Ereignisse und Lebensdaten dargestellt hat. Zu jener Zeit lebte Dag Hammarskjöld bereits aus seinem „Ja" und in der Nachfolge, was ja nicht ausschließt, dass die menschlichen Kräfte einmal nicht mehr ausreichen und es dann auch genug sein darf.

---

220 S. Stolpe, 1964, S. 116f.

4.3.2 Wüstenerfahrungen

Seine eigentliche Lebensaufgabe stand Dag Hammarskjöld erst noch bevor, als seine Persönlichkeitskrise zu Beginn der 1950er Jahre ihrem Höhepunkt zustrebte und er unter der Last seiner Einsamkeit leidend in einem Brief an den Jugendfreund Rutger Moll bekannte, dass „man alle Kontakte mit Menschen um der Menschen willen verliert und in einem intensiven Umgang mit vielen lebt – nur im Zeichen der Berufsfragen".[221] Und noch einmal taucht in dieser Selbstverwiesenheit mit aller Macht die Sehnsucht der Jugendjahre auf, endlich einmal „etwas Großes für das Leben zu tun" und unter Hintanstellung aller persönlichen Wünsche und Bedürfnisse und in uneingeschränkter Wahrhaftigkeit zu sich selbst wiederum das aufzunehmen, wozu er sich schon damals in seinem „Wegweiser für das Leben" zu seiner eigenen Menschwerdung aufgerufen gefühlt hatte: „Das einzige Selbst, auf das er bauen kann, ist das im Gotteserlebnis realisierte. Seine Treue zu sich selbst zwingt ihn deshalb, in allem zu Gott vorzudringen; darum ist auch seine Art, das Leben und sich selbst zu sehen, die einzige wahre."[222]

Im Jahr 1951 klang das dann so: „Dass unsere Angst und unser Sehnen tausendfältig sind und in tausendfacher Weise betäubt werden können, ist eine ebenso flache Wahrheit wie die, dass es endlich nur eine Angst und Sehnsucht gibt, die nur auf eine Weise zu überwinden sind. Am nötigsten hast du es, zu erleben – oder zu glauben, du erlebtest es –, dass du gebraucht wirst. Aufgezwungen oder selbst gesucht – die Zukunftsperspektive der Einsamkeit lässt uns schließlich nur die Wahl, entweder in Einsamkeit zu verzweifeln oder hoch auf die ‚Möglichkeit' zu setzen, dass wir uns ein Recht zum Leben in einer Gemeinschaft über den Individuen erobern. Aber fordert diese letztgenannte nicht einen Glauben, der Berge versetzt?"[223]

„Die Selbstprüfung ist nun das Gebot der Stunde", so nennt Gerhard Wehr diese Zeit der Entscheidungsfindung, ehe die Krise der Lebensmitte ihren Höhepunkt erreicht und für den Berufenen zur Schicksalsstunde wird, und Wehr beschreibt die Situation des jetzt ganz auf

---

[221] Brief an R. Moll vom 10. 8. 1952; zitiert nach K. E. Birnbaum, 2000, S. 41/42.
[222] K. E. Birnbaum, 2000, S. 61.
[223] ZW, 2005, S. 90.

sich selbst gestellten Menschen als „die Situation eines Bedrohten von beiden Seiten her, ... wenn Allmachtswahn, Illusion und Irritation an den Menschen herantreten, die auf der Höhe seines Lebensmittags ihre vermeintlichen Trümpfe auszuspielen suchen".[224]

Es ist diese Zeit der Wüstenerfahrung, in der Dag Hammarskjöld hin- und hergerissen ist, aber der Versuchung widerstehen will, weil er gesehen hat: „Silberglanz um den Mann des guten Willens, [und] seiner Sinne Süßigkeit", und weil er auch weiß um den „Geschmack von Tranbeere und Multbeere, von Sonnenbrand und Frost". Und er kann den „Armen" bedauern, „der sich in sein Bild verliebt, wie es die allgemeine Meinung in den öffentlichen Flitterwochen malt!", denn seine Erfahrung zeigte ihm schon: „Das Kostüm für deine Rolle, die Maske, die du mit so viel Sorgfalt angelegt hast, um zu deinem Vorteil aufzutreten, war die Mauer zwischen dir und der Sympathie, die du suchtest. Eine Sympathie, die du an dem Tag gewonnen hast, da du nackt dort standest."[225]

Die „Zeichen" des Jahres 1951 sind voll von Zweifeln und Fragen, von Mutlosigkeit und Verzweiflung, aber auch von dem, was bereits erkannt wurde und nun noch einmal auf den Prüfstand kommt. Dag Hammarskjöld kennt sich aus mit der „Verwischung der Motive" und hat schon verstanden: „Bei einem bedeutenden Entschluss spielt unser ganzes Wesen mit, seine Niedertracht wie seine Güte. Welcher Teil hat den anderen betrogen, wenn wir fühlen, ganz hinter einer Tat zu stehn? – Selbst wenn sich später Mephisto lächelnd als Sieger dieser Wahl offenbart, kann er besiegt werden durch die Art und Weise, wie wir die Folgen auf uns nehmen." Er tut sich nicht leicht, empfindet sich vielleicht schon als „– einer von denen, welchen die Wüste zu Häupten steht und die einen Stern ihren Bruder nennen. Einsam. Aber Einsamkeit kann eine Kommunion sein"[226], und resümiert schließlich: „Der befehlenden Stimme wurde erst gehorcht, als sie in Hilflosigkeit erstickte" und weil es den einen Punkt gibt, „wo alles einfach wird, wo keine Wahl bleibt, weil alles, worauf du gesetzt hast, verloren ist, wenn du dich umsiehst. Des Lebens eigener point of no return."[227]

---

224 G. Wehr, 1991, S. 67.
225 ZW, 2005, S. 86.
226 ZW. 2005, S. 66.
227 ZW. 2005, S. 87.

4.4 Dag Hammarskjölds Jesus-Bild

Jetzt muss Dag Hammarskjöld die Herausforderung annehmen und sich mit Jesus Christus als der Schicksalsgestalt der Lebensmitte ernstlich auseinandersetzen, und es ist nicht der mit exegetischen und dogmatischen Erklärungen überzogene Jesus der Theologen, der nun in sein Blickfeld rückt, sondern der Mann aus Nazareth, der in Caesarea Philippi sein zukünftiges Schicksal erahnte, seine Möglichkeiten abschätzte und in dieser entscheidenden Stunde sein Ja gesprochen und damit seinen Mut zum Glauben unter Beweis gestellt hat. Es ist der Mensch Jesus, die geschichtliche Gestalt, die ihn nun brennend zu interessieren beginnt und an der er sein eigenes Selbst- und Schicksalsverständnis aufgrund seiner bisherigen Lebenserfahrung überprüft. Vermutlich um die Osterzeit 1951 fasste er sein vor allem unter dem Eindruck von Albert Schweitzers Leben-Jesu-Forschung gewonnenes realistisches Jesus-Bild zusammen:

„Ein junger Mann, streng in seiner Lebenshingabe. Der ihm am nächsten war, berichtet, dass er an seinem letzten Abend vom Mahl aufstand, sein Gewand ablegte und die Füße seiner Gefährten und Begleiter wusch – ein junger, strenger Mann, einsam vor seinem endgültigen Geschick.

Er hat das kleine Spiel um seine – seine! – Freundschaft gesehen. Er wusste, dass keiner der Gefährten einsah, warum er so handeln musste, wie er es tat. Er verstand, wie verängstigt sie sein würden und wie sie zweifeln würden. – Und einer von ihnen hatte ihn angezeigt und würde wohl bald der Polizei das Zeichen geben.

Er setzte auf eine Möglichkeit seines Wesens und seines Schicksals, die er erahnt hatte, als er aus der Wüste zurückkam. Wenn Gott etwas vorhatte mit ihm, würde er nicht versagen. Erst seit Kurzem glaubte er klarer zu sehen und hatte verstanden, dass der Weg der Möglichkeit der des Leidens sein könne. Wissend indessen, dass er ihm folgen müsse, zweifelnd, ob er ‚derjenige, welcher‘ sei, war er sich klar, dass die Antwort nur gefunden werden konnte, wenn er dem Weg der Möglichkeit folgte. Das Ende *konnte* ein Tod ohne Bedeutung sein – über das hinaus, dass er das Ende der Möglichkeit war.

Der letzte Abend also. Ein strenger junger Mann: ‚Wisset ihr, was ich mit euch getan habe? Jetzt sag ich es euch, ehe denn es geschieht. –

Einer unter euch wird mich verraten. – Da ich hingehe, kannst du mir diesmal nicht folgen. – Solltest du dein Leben für mich lassen? Wahrlich. – Meinen Frieden gebe ich euch. – Aber auf dass die Welt erkenne, dass ich den Vater liebe und also tue, wie der Vater geboten hat. Steht auf und lasst uns von hinnen gehen.'

Ist der Held in diesem ewigen, brutal einfachen Drama ‚Gottes Lamm, das der Welt Sünde trägt'? Beherrscht vom Glauben an eine geahnte Möglichkeit – im Sinn Gottes, im Sinn eines Opfertiers, im Sinn des Erlösers. Ein junger Mann, streng in seiner Hingabe an das Leben, der den Weg seiner Möglichkeit ohne Selbstbedauern oder ein Bedürfnis nach Mitleid zu Ende geht in das selbstgewählte Schicksal, auch die Gemeinschaft opfernd, als die anderen nicht in eine neue Gemeinschaft folgen.

Auf seine Möglichkeit setzen –. Warum? Opferte er sich für andere doch *um seiner selbst willen* – in einer erhabenen Egozentrik? Oder verwirklicht er sich selbst um anderer willen? Die Scheidelinie verläuft zwischen Nichtmensch und Mensch. ‚Ein neu Gebot gebe ich euch, dass ihr euch untereinander liebet'. Die innere Möglichkeit –. In gefährlichem Wechselspiel mit der äußeren. Der Weg der Möglichkeit führte zum Hosianna-Ruf des Einzugs, der andere Möglichkeiten zuließ, als die er wählte."[228]

4.4.1 Ein junger, strenger, einsamer Mann …

In diese Charakteristik des Menschen Jesus scheint Dag Hammarskjöld viele Parallelen zu seiner eigenen Lebenssituation hineingeschrieben zu haben. Auch er empfindet sich in der Mitte seines Lebens wohl noch relativ jung und voller Dynamik im Leben stehend, streng gegen sich selbst und in dem Wunsch, sich in einem Leben für andere voll einzubringen. Und ganz gewiss fühlte er sich einsam trotz eines Kreises mehr oder weniger enger Freunde, von denen mancher nicht verstand, warum der attraktive Mann keine eigene Familie gründen wollte und sich stattdessen in einem Berufsleben verausgabte, das ihm selbst zunehmend sinnlos und leer erschien. Empfindet er einen „stechenden Schmerz, der eins ist mit der Sehnsucht irdischer Liebe", den er aber in

---

[228] ZW, 2005, S. 89/90.

eine Sehnsucht nach einer „heiligen Hochzeit" projiziert, wie Hjalmar Sundén vermutete?[229] Oder geht es nicht vielmehr um die „Initiierung eines geistig-seelischen Prozesses, ... nämlich durch die Intellektualität und das fragende Denken hindurch zum Verwandeltwerden", also um einen „Akt der Transformation" und eine Lebenswende, wofür dieser „Jesus von Nazareth als Prototyp eines Menschen der Lebensmitte" gelten kann, wie Gerhard Wehr meint?[230]

Wie Jesus, so ahnte auch Dag Hammarskjöld, „dass Gott etwas vorhatte mit ihm", und auch er will „nicht versagen". Doch welche aus den „tausend Möglichkeiten" ist die seinem Schicksal gemäße und könnte „die Kongruenz zwischen dem, der wählte, und dem Gewählten"[231] ergeben? Auch ihm war klar, „dass die Antwort nur gefunden werden konnte, wenn er dem Weg der Möglichkeiten folgte", und ebenso, dass „der Weg der Möglichkeit der des Leidens" und „ein Tod" sein konnte.

Am Ende fragt er aber dann doch nach dem „Warum?". Würde er mutig und stark genug sein, die „Scheidelinie zwischen Mensch und Nichtmensch" für sich klar zu definieren, das Opfer „um anderer willen" anzunehmen und es als die einzige Chance seiner Selbstverwirklichung zu erkennen? Der Weg zum „Hosianna-Ruf" würde schließlich auch „andere Möglichkeiten" bieten, die Ruhm und Ehre verheißen und der Selbstliebe schmeicheln.

Nun also gilt es, sich ganz bewusst zu werden, „was Jesu Worte ‚Seht, wir gehen hinauf nach Jerusalem!' – das heißt: zum Kreuz – in ihrer existenziellen Tiefe meinen, wenn man sie in der gebotenen Weise auf sich selbst bezieht", wie Gerhard Wehr zu Jesu Entscheidung bei Caesarea Philippi für die Nachfolge anmahnt.[232] Jesus trug sein eigenes Kreuz und Dag Hammarskjöld trug das seine, als er mit Bezug auf Jesus schrieb: „Von sich wusste er – wusste ich, was im Menschen ist: an Kleinlichkeit, Gier, Hochmut, Neid – und Verlangen. Verlangen –. Auch nach dem Kreuz ... Wer das Opfer sucht, der wird geopfert – nach dem Maß seiner Reinheit."[233]

---

229 H. Sundén, 1967, S. 65.
230 G. Wehr, 1991, S. 77 und 71.
231 ZW, 2005, S. 51.
232 G. Wehr, 2011, S. 12.
233 ZW, 2005, S. 79.

4.4.2 Leiden und sich opfern – wofür?

„Opfer ist nun das Schlüsselwort" für Dag Hammarskjöld, und er muss jetzt das so erfrischend und menschlich gezeichnete Bild von Jesus in irgendein Verhältnis bringen zu der Botschaft der Bibel und dem, wie der Menschensohn in der christlichen Tradition gesehen wurde[234], d. h., er muss sich dem Messiasgeheimnis insoweit anzunähern versuchen, dass es ihm zur Erfahrung werden kann und eine Nachfolge möglich wird.

Als Jesus den Weg nach Jerusalem wählte, weil er „seit Kurzem glaubte, klarer zu sehen" und verstanden hatte, dass wahrscheinlich Schmähung, Leid und Tod sein Los sein würden, war er da, so fragte sich Hammarskjöld, „in diesem ewigen, brutal einfachen Drama ‚Gottes Lamm, das der Welt Sünde trägt'? Beherrscht vom Glauben an eine geahnte Möglichkeit – im Sinn Gottes, im Sinn eines Opfertiers, im Sinn des Erlösers"?[235] Mithin also Gottes willenloses Lamm, das auserwählte Opfertier, auf das die Menschheit ihre ganze Bosheit projizieren und sich dann befreit, sprich: erlöst fühlen darf? Nein, so einfach ist die Sache nicht, und so wurde sie Dag Hammarskjöld von Nathan Söderblom als dem Hausgeistlichen der Hammarskjölds auch nicht vermittelt.

Auch Söderblom sah Jesus als einen Menschen, „der wirklich versucht wird und in Gethsemane und am Kreuz wirklich unter der Gottferne leidet und nicht souverän ein ungebrochenes Gottesbewusstsein aufrechterhält"[236]. In seinem Passionsbuch „Kristi pinas historia" (Geschichte des Leidens Christi) von 1928 ging Söderblom wiederum von der Religionsgeschichte aus und erklärte bezüglich der letzten Mahlfeier Jesu mit seinen Jüngern, „dass ‚die israelisch-jüdische Tradition auf die Mysterienlegende vom sterbenden und wieder auferstandenen Erlöser' aufgepropft worden sei", dass Jesus dieses Mahl aber mit einem neuen Sinn versehen habe, „indem er durch sein Wort die Austeilung von Brot und Wein zum Gleichnis, zur symbolischen Handlung macht, die sich auf sein stellvertretendes Sterben ‚für euch' bezieht" und seine Selbsthingabe, sein Opfer, „damit an die Stelle des Passa-Opfers – und

---
234 G. Aulén, 1969, S. 53.
235 ZW, 2005, S. 90.
236 D. Lange, 1/2011, S. 294.

aller Opferreligion" tritt. Mit dem gemeinsamen Essen und Trinken hatte Jesus also sowohl der „geahnten Möglichkeit" seiner Gottessohnschaft als auch seinem Glauben und seinem Gottvertrauen Ausdruck verliehen und zugleich „seine Inkarnation symbolisiert"[237] als Zeichen seiner Selbstverwirklichung in der Hingabe „um anderer willen", wie es Dag Hammarskjöld dann formulierte und unter Bezugnahme auf Johannes 13,34 anfügte: „Ein neu Gebot gebe ich euch, dass ihr euch untereinander liebet."[238]

Mit der Inkarnation zeigte sich in Jesus eben auch „die in ihm und durch ihn wirkende Liebe Gottes", und diese Liebe ist wiederum „nach dessen Reden in Sonne und Regen, in der Saat auf dem Feld und anderen natürlichen und menschlichen Gegebenheiten zu entdecken ... Das ganze Dasein ist von Gott dazu ausersehen, ein Sakrament zu werden, das seine Liebe inkarniert. Das Unterpfand dafür ist das Brot und der Wein im Mahl", so zitiert Dietz Lange Söderbloms Auffassung und weist mit ihm darauf hin, „wie dem Glauben anhand des Wirkens Jesu das Geheimnis des universalen göttlichen Liebeswillens aufgeht"[239]. Und dieses Geheimnis der lebensspendenden Liebe Gottes mag auch Dag Hammarskjöld empfunden haben, als ihm in einer seiner Meditationen über Jesus dieses Bild vor der Seele stand: „– ein Kontakt mit der Wirklichkeit, leicht und stark wie die Berührung einer geliebten Hand: Einheit in einer Selbstaufgabe ohne Selbstauslöschung, mit des Gefühles Klarheit und des Verstandes Wärme. Wie nahe in Sonne und Wind, wie fern –", und dies erschien ihm dann doch sehr „anders, als was die Weisen Mystik nennen"[240]. Vielleicht haben Nathan Söderbloms Worte und dessen „Zusammenschau von christlichem Gottesverhältnis und natürlichem Leben, ... von Inkarnation und Passion, von Schöpfung und Erlösung"[241] beim Schreiben dieser Zeilen in ihm nachgewirkt.

Doch Dag Hammarskjöld fragte weiter, ob Jesus sich seiner Auserwähltheit und im Glauben an seine Auferstehung ganz sicher gewesen sei oder doch gezweifelt habe, „ob er ‚derjenige, welcher' sei"?[242] Wäre der Tod am Kreuz nur ein Übergang zur Auferstehung gewesen,

---
237 D. Lange, 1/2011, S. 434 und 437.
238 ZW, 2005, S. 90.
239 D. Lange, 1/2011, S. 440.
240 ZW, 2005, S. 121.
241 D. Lange, 1/2011, S. 440.
242 ZW, 2005, S. 89.

dann hätte das Opfer seine Bedeutung verloren, so mutmaßte Gustaf Aulén[243] ganz im Sinne Dag Hammarskjölds, der sich 1957 noch einmal mit dem Sinngehalt von Jesu Opfertod befasst hatte und seiner Überzeugung folgendermaßen Ausdruck gab: „Besaß die Opferhandlung Hoheit und Sinn, wenn sich der Geopferte unter dem Heiligenschein des Märtyrers sah? Was wir hinzufügen, gab es nicht für ihn. Und dies müssen wir überwinden, um seinen Befehl zu hören."[244]

Was es nach Hammarskjölds Anschauung für Jesus demnach nicht gab und „wir hinzufügen", das ist nach der Interpretation Auléns „der Bezug zu der Auferstehung ‚am dritten Tag' in Verbindung mit Jesu Vorhersage seines Leidens und Sterbens, wie es die synoptischen Evangelien beschreiben"[245] und in der Osterliturgie jeweils erinnert wird. Und auch Söderblom unterstreicht, dass Jesu Todesangst und sein schreckliches Leiden und Sterben in Gethsemane nicht gelindert wurden, wie es der Schrei des Einsamen „in der neunten Stunde" am Kreuz: „Mein Gott, mein Gott, warum hast du mich verlassen?" bezeugt. „Nein", so Dietz Lange mit Bezug auf Söderblom, „die Verzweiflung Jesu angesichts der Tatsache, dass man ihm diese grausame Strafe aus den besten Motiven aufgebürdet hat und dass er unter der Sünde des ganzen Menschengeschlechts leiden muss, ist echt", und man sollte „die Härte der Anfechtung" nicht „in seliger Harmonie" auflösen oder „durch einen dogmatischen Triumphalismus" kompensieren. Aber Söderblom vertritt in seinem Passionsbuch auch die Auffassung: „Das stellvertretende Leiden, das Gott am Kreuz Jesu auf sich nimmt, entlarvt einerseits die menschliche Sünde in ihren vielfältigen Gestalten ... und offenbart andererseits die Barmherzigkeit Gottes, mit der dieser die Menschen trotz allem in seine Liebe einschließt", und das Ertragen des Leidens kann nur dann als „tiefstes Geheimnis des Lebens" und als Heilshandeln Gottes erfahren werden, wenn man „selbst sich dem Leiden ausliefert" und es sich zur „Richtschnur für die eigene Nachfolge Christi" aneignet, „ohne der Sentimentalität mancher Entstellungen christlicher Frömmigkeit anheimzufallen".[246]

---

243 G. Aulén, 1969, S. 55.
244 ZW, 2005, S. 154.
245 G. Aulén, 1969, S. 55.
246 D. Lange, 1/2011, S. 441ff.

In gewisser Weise konnte Dag Hammarskjöld in der biblischen Darstellung von „Gottes Lamm, das der Welt Sünde trägt" also wohl insoweit einen Sinn erkennen, als ihm unter dem Einfluss Nathan Söderbloms sicherlich ein Sünden- und mit der Liebe Gottes ein Sühneverständnis nahegebracht worden war, das in der Passionsgeschichte Jesu und in seinem Leiden und Sterben ebenso wurzelt wie in der unbedingten Treue und Hingabe an das „selbst gewählte Schicksal". Nicht im Sinn eines willenlosen Opfertiers ging Jesus seinen Weg, sondern im stellvertretenden Leiden sich opfernd und die Sündhaftigkeit der Menschheit mittragend mit Hilfe der ihm aufgrund seines vertrauensvollen Glaubens verliehenen göttlichen Kraft. Und dieser „Christus des Glaubens ist keine Fotografie des historischen Jesus der wissenschaftlichen Forschung", wie Söderblom es plastisch formulierte[247], doch der historische Jesus war ja auch nicht Hammarskjölds einzige Sicht auf Jesus gewesen, worauf schon Aulén hingewiesen hatte.[248]

Um Jesu Befehl zur Nachfolge zu hören und anzunehmen, musste Hammarskjöld aber „fern von der als selbstisch-ästhetisches Mitgefühl gekennzeichneten Liturgie erst zu einem realistischen Christusbild"[249] ohne Pathos finden, wie er es zur Bewahrung seiner eigenen Selbstachtung brauchte und 1957 so darlegte: „Wie selbstsüchtig ästhetisch unser ‚Mitgefühl' gewöhnlich ist, erkennen wir in dem Augenblick, da wir vorübergehend den Grund legen können für eines anderen – immer bedrohtes – Lebenszutrauen zu unserem eigenen; also wenn wir das geben können, was es ihm ‚fortzusetzen' erlaubt als Grundlage für unsere eigene, lebensbewahrende Selbstachtung. In diesem – wie in anderem – ist Realismus das Gegenteil von Profanierung. Jene Wahrheit, die wir ertragen müssen, ist die Wirklichkeit ohne die Versöhnung der Zeit."[250]

Das, was Jesus die „Fortsetzung" erlaubte, zum Opfer Ja sagen ließ und uns die „lebensbewahrende Selbstachtung" ermöglicht, wenn wir seinem Vorbild folgen, das erkannte Dag Hammarskjöld endlich in Jesu Treue und Hingabe an den Weg seiner Möglichkeit und in der Liebe und im Gottvertrauen des Gekreuzigten, nachdem er selbst diesen

---

247 D. Lange, 1/2011, S. 159/160.
248 G. Aulén, 1969, S. 51.
249 H. Sundén, 1967, S. 62.
250 ZW, 2005, S. 153/154.

Weg eingeschlagen und 1957 schon aus eigener Erfahrung schreiben konnte: „Für den Geopferten – den *Opfernden* – gilt nur eines: die Treue – einsam unter Feinden und Zweiflern –, Treue trotz der Erniedrigung, welche die Folge und die Voraussetzung der Treue bleibt, Treue ohne jede Stütze als die Hoffnung auf Rechtfertigung, die er finden kann in dem Glauben, welchen die Wirklichkeit so gründlich zu widerlegen scheint."[251]

Nachdem Jesus sich seiner Aufgabe gestellt und einsam, aber in Treue und im Glauben den einmal gewählten Weg fortgesetzt hatte, folgte sein Leben anderen Gesetzmäßigkeiten, denn „[d]as Christus-Ich, d. h. sein wahres Selbst, das Verbundensein mit dem Vater, ist die neue Instanz seines Lebens und Tuns. Aus ihr schöpft er die Vollmacht, die andere an ihm wahrnehmen. Furchtlosigkeit beseelt ihn, dass er mit letzter Konsequenz den Weg zum Kreuz gehen kann", so beschreibt Gerhard Wehr[252] die Wandlung von Jesus zu Christus.

Dag Hammarskjöld hatte dies offenbar auch als eigene „innere Möglichkeit" gesehen und angenommen und deshalb 1955, nach der Rückgabe der amerikanischen Gefangenen durch die Chinesen und nachdem er in den Verhandlungen mit Peking alle bis dahin geltenden Regeln für den Generalsekretär der Vereinten Nationen außer Kraft gesetzt und damit Erfolg gehabt hatte[253], sich dieses Bild von der „wahren Menschlichkeit Jesu"[254] zum „Zeichen" gesetzt: „Er bahnte einen neuen Weg – darum, und nur darum hatte er den Mut, weiterzugehen und nicht zu fragen, ob andere folgten oder auch nur verstanden. Er hatte kein Bedürfnis nach dem Schutz gegen Lächerlichkeit, den andere in geteilter Verantwortung suchen – weil er einen Glauben besaß, der auf Bestätigung verzichtete"[255]. Dies war denn auch Dag Hammarskjölds „neuer Weg" von Versöhnung, Vergebung und Frieden, nachdem er die Grenze des Unerhörten überschritten und sein „Ja" gesprochen hatte.

---

251 ZW, 2005, S. 154.
252 G. Wehr, 1991, S. 70.
253 H. P. van Dusen, 1967, S. 133.
254 G. Aulén, 1969, S. 51.
255 ZW, 2005, S. 121.

4.5 Kairos – der schicksalhafte Augenblick

Mitte oder gegen Ende des Jahres 1951 allerdings befindet Dag Hammarskjöld sich noch vor oder „an der Grenze des Unerhörten"[256], und „[h]ier endet das Bekannte", auch wenn er schon dokumentiert: „Jetzt. Da ich die Furcht überwunden – vor den anderen, vor dem Dunkel darunter" und bereits spürt: „Aber vom Jenseits her erfüllt etwas mein Wesen mit seines Ursprungs Möglichkeit."[257]

Die enthusiastische Seele drängt nun zum „Selbstwerden in Selbsthingabe", zur „Selbstgestaltung des Heiligen" in der „Aufopferung des Ich", wie Jaspers diesen Einschnitt im Seelenleben eines Menschen nennen würde.[258] Jetzt liegen für Hammarskjöld in „Satans Kartenspiel" die „Karten des Fluchs und der Zerstörung Kante an Kante mit der Karte der Vollendung. Nur die Liebe fehlt"[259], und genau Letzteres ist der Punkt, denn damit ist nicht die Liebe zwischen Menschen gemeint, sondern „etwas Universales ... eine Bewegung in und durch alles Konkrete hindurch in das Absolute und Ganze", wie es der Philosoph[260] beschreibt, der Theologe aber Gottesliebe nennt. Jetzt muss alles auf eine Karte gesetzt werden – auf die Karte der Vollendung.

„Bald naht die Nacht" – von 1950 bis 1954 und noch einmal 1957 leitet Dag Hammarskjöld jedes Jahr mit dieser aus einer Hymne des schwedischen Bischofs Franzén stammenden Zeile seine Tagebuchaufzeichnungen ein. In der „dunklen Nacht" seiner Seele sucht er den Weg, doch der führt 1951 noch vor ihm „vorbei", und nur in symbolischen Vergleichen kann er seine Wegsuche ausdrücken: „Hinter mir der Bogen des Pfades zum Haus empor, wie eine Lichtung im Dunkel unter den mächtigen Bäumen des Parks", aber er „[w]eiß, dass von Nacht verborgen Leben um mich bebt. Weiß, dass jemand im Haus auf mich wartet" und beschließt, dem einsamen Vogelruf aus dem Park zu folgen: „ ... ich geh – dort hinauf".[261] Ganz hingegeben an die Natur

---

256 Nach P. R. Nelson prägt Nathan Söderblom den Begriff in seiner Schrift „Kristi pinas historia" (Nelson, 2007, S. 157); A. Specker dagegen rückt ihn in die Nähe zu Rudolf Ottos Begriff des Numinosen in seinem Buch „Das Heilige" (Specker, 1999, S. 88).
257 ZW, 2005, S. 95.
258 K. Jaspers, ⁶1971, S. 120.
259 ZW, 2005, S. 96.
260 K. Jaspers, ⁶1971, S. 123.
261 ZW, 2005, S. 94.

und das, was sie ihm ahnend und in das Symbol gekleidet vermitteln kann, erkennt er aber auch, was vonnöten ist: „Demut vor den Blumen der Baumgrenze öffnet den Weg zum Gipfel."[262]

Auch 1952 leitet Dag Hammarskjöld das Jahr mit der genannten Hymne ein, fügt aber jetzt hinzu: „Wie lang ist der Weg, aber wie nötig hatte ich nicht die Zeit, die er schon dafür brauchte, mir beizubringen, wo er – vorbeiläuft." Er weiß also, dass er geführt wurde und weiter geführt wird, und muss doch noch bekennen: „Ja, ja – aber warst du nicht blind für die Chancen?"[263]

Den Gipfelpunkt der Krise und zugleich die Wende in Dag Hammarskjölds Sinnsuche sah Henry P. van Dusen mit der Jahreswende 1952/1953 gekommen. Zu Weihnachen und Neujahr befand Hammarskjöld sich zusammen mit seinem Freund und Kollegen Henrik Klackenberg in Abisko im nördlichsten Teil Schwedens, und Klackenberg berichtete van Dusen auf dessen Frage, ob er da irgendeine Veränderung in Hammarskjölds sonstigem Verhalten und in seiner Stimmungslage festgestellt habe: „Während der Ferienwoche verging die Zeit, die ich mit Dag Hammarskjöld zubrachte, mehr oder weniger auf die gleiche Art wie während unserer sonstigen Ausflüge in die Berge. Ich konnte damals nichts besonders Auffälliges an ihm bemerken. Unsere Gespräche und Diskussionen waren wie üblich auf Ereignisse, Personen und Probleme literarischer, philosophischer und politischer Art bezogen, und die meiste Zeit führte er in seiner gewandten und brillanten Redeweise die Gespräche an und ich hörte zu. Zu dieser Zeit konnte ich nichts bemerken, was auf einen entscheidenden Abschnitt in seinem Leben hätte schließen lassen. Wie auch immer, ich war jedoch ziemlich erstaunt über das Faktum, dass er abends zeitweise in der Bibel zu lesen pflegte. Doch darüber wurde nicht gesprochen." Letzteres war auf vorherigen gemeinsamen Reisen offenbar nicht Hammarskjölds Art gewesen, und so fuhr Klackenberg fort: „Ich habe mich zu erinnern versucht, ob irgendetwas Ungewöhnliches in Dag Hammarskjölds Verhaltensweise gewesen ist, das auf Schwierigkeiten in seinen persönlichen

---

262 ZW, 2005, S. 97; hier bezogen auf eine Lappland-Wanderung. Demut wird aber auch von Teresa von Avila als ein Hin- und Herschwanken in der vierten Wohnung als Lösung angemahnt: „Demut, Demut. Durch sie lässt sich der Herr alles abringen, was wir von ihm wollen." (Teresa von Avila, 1979, S. 70.)
263 ZW, 2005, S. 99.

Angelegenheiten hätte hinweisen können. Ohne zu wünschen, diesen Erinnerungen eine entscheidende Bedeutung beizumessen, konnte ich doch eine bestimmte Weise persönlicher Verletzlichkeit beobachten, eine Art noli me tangere, die ich früher bei unserem Zusammensein nie hatte feststellen können." Und, sich auf einen bestimmten Teil ihres Gesprächs beziehend, ergänzte Klackenberg: „Dag Hammarskjöld wurde still, und ohne unfreundlich zu sein, zog er sich in sein Schneckenhaus zurück."[264]

Erstaunlicherweise lässt van Dusen diesen Abschnitt, den er als „Note" seinen Ausführungen über den Wendepunkt (The Turning Point) in Hammarskjölds Leben angefügt hatte, unkommentiert stehen, während er im unmittelbar voranstehenden Text ausführlich über dessen „Ja" unter Einbeziehung diverser Tagebuchtexte referiert und noch einmal hervorgehoben hatte, dass in diesen Tagen um die Jahreswende 1952/1953 „Dag Hammarskjölds geistige Haltung einer Krise ausgesetzt gewesen sei, die er selbst als absolut entscheidend für sein Leben angesehen habe. ... Damit war etwas konstituiert worden, was eine traditionelle Frömmigkeit als Vorsehung bezeichnet hätte. Hammarskjöld selbst mag es sich, entsprechend seiner Überzeugung vom Einfluss des Göttlichen auf das menschliche Leben, ebenso erklärt haben. Wie immer man es aber interpretieren will, es ist schlicht eine Tatsache, dass er wenige Monate vor seiner Wahl in höchste Verantwortung auf neue und entscheidende Weise einen Beistand erfahren durfte, wie er ihn lange gesucht hatte."[265]

In der bislang vorliegenden deutschsprachigen Literatur zu Dag Hammerskjöld hat meiner Kenntnis nach nur Andreas Specker diese „Note" van Dusens aufgegriffen, aber m. E. unzureichende Schlüsse gezogen, indem er zum einen „besonders das Faktum, dass Hammarskjöld viel in der Bibel gelesen habe", für interessant hielt, weil die Bibellektüre für ihn der Versuch gewesen sein könnte, „diesen Jesus von Nazareth immer besser kennenzulernen, um ihm ähnlich zu werden", zum andern aber nun endlich der Punkt erreicht schien, „an dem die Glaubenserkenntnis aus dem Kopf ins Herz gesickert ist".[266] Dem noli me tangere als der von Klackenberg beobachteten auffälligen Verhal-

---

264 H. P. van Dusen, 1967, S. 102/103.
265 H. P. van Dusen, 1967, S. 102.
266 A. Specker, 1999, S. 68.

4. Dag Hammarskjöld auf der Suche nach sich selbst

tensweise Hammarskjölds hatte auch er weiter keine Bedeutung zugemessen.

In neuerer Zeit hat sich jedoch Paul R. Nelson noch einmal mit van Dusens „Note" auseinandergesetzt und konnte aufgrund eines eigenen Interviews mit Henrik Klackenberg dessen Aussage dahingehend präzisieren, dass es nicht die Bibel, sondern Albert Schweitzers Buch „Von Reimarus zu Wrede. Geschichte der Leben-Jesu-Forschung" gewesen sei, das Dag Hammarskjöld leidenschaftlich studiert habe, und dieses Buch, so befindet Nelson wie schon Aulén vor ihm, habe „ihm den Weg gewiesen zu einem konkreten und realistischen Verständnis von Jesus von Nazareths ‚wahrer Menschlichkeit' und sei zum Impetus für eine neue Kette von Beziehungen geworden".[267]

Sieht man sich Schweitzers Leben-Jesu-Buch einmal genauer an, so ist es nicht der historische Jesus allein, dessen literarische Darstellung er durch die Geschichte verfolgt und dazu Stellung genommen hat. Vielmehr erkannte er als Resümee seiner Forschung, dass die historische Betrachtung des Lebens Jesu dem Menschen von heute nicht genügen kann, denn: „Jesus ist unserer Welt etwas, weil eine gewaltige geistige Strömung von ihm ausgegangen ist und auch unsere Zeit durchflutet. Diese Tatsache wird durch eine historische Erkenntnis weder erschüttert noch gefestigt." Und weiter: „Um Jesus zu erkennen und zu erfassen, braucht es keiner gelehrten Bevormundung. Es ist auch nicht erforderlich, dass der Betreffende die Einzelheiten der öffentlichen Wirksamkeit Jesu begreife und sie zu einem Leben-Jesu zusammenstellen könne. Sein Wesen und das, was er ist und will, drängt sich ihm schon aus einigen lapidaren Aussprüchen auf."[268] In diesen scheinbar so „lapidaren Aussprüchen" aber zeigte sich Jesu mitfühlende Menschlichkeit, und wie Schweitzer, so mag auch Hammarskjöld

---

[267] P. R. Nelson, 2007, S. 80 und 81 mit Hinweis auf das Interview mit Henrik Klackenberg im September 1974 in Stockholm.
[268] A. Schweitzer, ²1913, S. 632 und 634. Diese zweite Auflage wurde gegenüber der ersten von 1906 von Schweitzer neu bearbeitet und erweitert und mit dem Titel „Geschichte der Leben-Jesu-Forschung" versehen, während die Ausgabe von 1906 noch den Titel „Von Reimarus zu Wrede. Geschichte der Leben-Jesu-Forschung" trug. Bei der in Hammarskjölds Bibliothek befindlichen Ausgabe von 1933 handelt es sich um den fünften fotomechanischen Nachdruck dieser zweiten Auflage, sodass davon ausgegangen werden kann, dass er diesen Text kannte.

empfunden haben, und ebenso verstanden die Menschen zu Jesu Zeit diese Worte, ohne auch nur etwas von seinem Leben zu begreifen.

Sätze wie diese müssen es wohl gewesen sein, die Dag Hammarskjöld damals in Abisko im Norden Schwedens und in einer „Landschaft", die „von Gott singen"[269] kann, begeistert in sich aufgenommen hat und die ihn tief berührt haben müssen, so dass er später einmal schreiben konnte: *„Achtung vor dem Wort* ist die erste Disziplin, durch welche ein Mensch zur Reife erzogen werden kann – intellektuell, im Gefühl und sittlich. Achtung vor dem Wort – seinen Gebrauch in strengster Sorgfalt und in unbestechlicher innerer Wahrheitsliebe –, das ist auch die Bedingung des Wachstums für Gemeinschaft und Menschengeschlecht. Das Wort missbrauchen heißt die Menschen verachten. Das unterminiert die Brücken und vergiftet die Quellen. So führt es uns rückwärts auf der Menschwerdung langem Weg. ‚Wahrlich, ich sage euch, über ein jegliches unnütze Wort.'"[270]

Es dürften aber vor allem Schweitzers Schlussbemerkungen gewesen sein, die Dag Hammarskjöld zum Nachdenken veranlasst und still haben werden lassen: „Diejenigen, die sehen, wohin wir treiben, und sich nicht abstumpfen lassen, sondern die Angst und das Weh um die Zukunft der Welt immer wieder von Neuem erleben, sind bereitet, den historischen Jesus zu begreifen und zu verstehen, was er bei aller Fremdheit seiner Sprache uns zu sagen hat. Sie erfassen mit ihm, der in der Erkenntnisweise seiner Zeit ähnliche Angst und ähnliches Weh erlebt hat, dass wir uns aus den gegenwärtigen Zuständen durch ein gewaltiges, den Dingen, die wir sehen, Hohn bietendes Hoffen und Wollen des Reiches Gottes erlösen, in dem Glauben an die unüberwindliche Macht des sittlichen Geistes Halt, Freiheit und Frieden finden, diesen Glauben und die ihm entsprechende tätige Gesinnung um uns herum verbreiten, in dem Reich Gottes das höchste Gut finden und dafür leben müssen."[271] Und vielleicht waren Schweitzers Abschlussworte der letzte Aufruf, dessen es noch bedurft hatte, um bei Hammarskjöld die Lebenswende einzuleiten: „Er [Jesus] sagt dasselbe Wort: Du aber folge mir nach! und stellt uns vor die Aufgaben, die er in unserer Zeit lösen muss. Er gebietet. Und denjenigen, welche ihm

---

269 ZW, 2005, S. 108.
270 ZW, 2005, S. 122.
271 A. Schweitzer, ²1913, S. 638.

4. Dag Hammarskjöld auf der Suche nach sich selbst 237

gehorchen, Weisen und Unweisen, wird er sich offenbaren in dem, was sie in seiner Gemeinschaft wirken, kämpfen und leiden dürfen, und als ein unaussprechliches Geheimnis werden sie erleben, wer er ist ..."²⁷²

Damals in Abisko mag Dag Hammarskjöld Jesu Sterben und Tod in der vollen Bedeutung auch für sein eigenes Leben bewusst geworden sein, er brachte dies aber erst 1956 zu Papier, als er in weltweiter Verantwortung stand und die ganze Tragweite des Geschehens in seiner Bedeutung für die eigene Person voll erlebte: „Die dritte Stunde. Und die neunte –. Das ist *jetzt*. Und *jetzt* –. Das *ist* jetzt! ‚Jesus wird das Kreuz tragen bis ans Ende dieser Welt; wir dürfen nicht ruhen in dieser Zeit.' Und für den Wachenden ist das Ferne gegenwärtig – gegenwärtig auch in Verbindung mit dieser Menschheit, in welcher Jesus jeden Augenblick stirbt in irgendeinem, der dem Weg der inneren Zeichen folgte bis zum Ende.²⁷³

Auch Paul R. Nelson war die doch nachdenklich stimmende Redewendung des noli me tangere Klackenbergs keine weitere Erwähnung wert gewesen. Wäre es aber vermessen anzunehmen, dass gerade darin ein Hinweis verborgen liegt und Dag Hammarskjöld damals in Abisko tatsächlich seine schicksalhafte Stunde erlebt hat und Christus in seiner Geistgestalt begegnet ist, wie es Maria Magdalena vor dem leeren Grab geschah?

Dag Hammarskjölds symbolsprachliche Naturbilder etwa zeigen zur Genüge, und die Lektüre von Schweitzers Leben-Jesu-Buch mag das Übrige dazu beigetragen haben, dass seine seelische Verfassung eine Aufnahmebereitschaft erreicht hatte und durchlässig geworden war für das, was man „einen Eingriff von jenseits"²⁷⁴, eine Gotteserfahrung, oder mit Richard Schaeffler „das Ereignis" nennen kann, jenes „Moment einer Herausforderung, vor der sich unsere Antwort immer schon und immer wieder als unzulänglich erweist, sodass wir nach immer neuen Weisen suchen, wie wir uns – im neuen Hinblick des Anschauens und in der neuen Anstrengung des Denkens – deutlich machen können, was das sei, das uns in solcher Weise in Anspruch

---

272 A. Schweitzer, ²1913, S. 642.
273 ZW, 2005, S. 133; Mit der in halben Anführungszeichen aufgeführten Stelle bezieht Hammarskjöld sich auf ein Zitat aus Pascals „Pensées", die im Original in Französisch wiedergegeben ist. Hier wurde die deutsche Übersetzung aus ZW, Fußnote 58, S. 218, eingefügt.
274 K. Beyschlag, 1980, S. 39.

nimmt, und wie dieser Anspruch zu verstehen sei" und wodurch „der, der die Erfahrung macht, für eine Verwandlung seiner Anschauungs- und Denkformen geöffnet" wird, hin zum „horizontverändernden Charakter besonderer, transzendentaler Erfahrungen, die uns nötigen, für unseren Dialog mit der Wirklichkeit nach einer neuen ‚Sprache' (einer anderen Weise des Anschauens und Denkens) zu suchen".[275]

In solch einem entscheidenden schicksalhaften Augenblick fände das noli me tangere somit seinen Sinn und seine Erklärung. Ein tiefgreifendes religiöses Erlebnis kann einen Menschen sehr wohl in eine Stimmungslage versetzen, die Außenstehende zu einer derartigen religiösen Zustandsbeschreibung veranlassen und eine solche Zuschreibung von Unberührbarkeit rechtfertigen würde.[276] Und solange der Betreffende sich nicht dazu äußert und sich, wie Dag Hammarskjöld, „in sein Schneckenhaus" zurückgezogen hat, also zwar in der Welt anwesend, aber nicht wirklich präsent ist, weil seine Seele noch in einer anderen Sphäre verweilt und das Ereignis auf sich wirken lassen muss, um es ganz in sich aufzunehmen und verstandesmäßig zu begreifen und dann auch danach handeln zu können – in einer solchen Zwischenzeit mag bei einem zufällig Anwesenden durchaus der Eindruck von einem „Rühr' mich nicht an" entstehen, was für eine kluge Beobachtungsgabe sprechen würde.

Exkurs: Der „Augenblick" des Sören Kierkegaard und der „Sprung" in den Glauben

Das, was Richard Schaeffler „das Moment einer Herausforderung" in einer transzendenten Erfahrung mit den Folgen einer Verwandlung der „Anschauungs- und Denkformen" nennt, liest sich bei Sören Kierkegaard in seinen „Philosophischen Brocken" so: „Wofern denn also

---

275 R. Schaeffler, 1995, S. 318ff.
276 Aufgrund eigener Erfahrung und auf Nachfrage bei Willigis Jäger, ob er, wenn ihm beim bloßen Anblick eines Menschen die Worte von noli me tangere in den Sinn kämen, auf einen sog. Durchbruch und die Erfahrung von einem Göttlichen, in welcher Form auch immer, schließen würde, antwortete mir dieser erfahrene Meditationslehrer, Zen-Meister und Benediktinermönch, der viele Menschen in einem derartigen Zustand gesehen und begleitet hat, spontan: „Aber sicher."

der *Augenblick* entscheidende Bedeutung haben soll ... so ist der Bruch geschehen, und der Mensch kann nicht zum Alten zurück, und soll nicht Lust daran haben, sich dessen zu erinnern, was das mahnende Gedächtnis ihm in Erinnerung bringen will, und noch weniger soll er es vermögen, aus eigener Kraft den Gott aufs Neue auf seine Seite hinüberzuziehn."[277]

Das Resultat eines solchen „Augenblicks" oder „Moments" ist jedoch in jedem Fall, dass es für den Betroffenen ein Vorher und ein Nachher gibt, weil eine „Wiedergeburt" stattgefunden hat und es zu einer „Umkehr"[278] gekommen ist, oder, wie nach William James, zu einer „zweiten Geburt" oder zu dem, was Meister Eckhart die „ewige Geburt" genannt hat. Und eben dies muss Dag Hammarskjöld in jenen Tagen in Abisko erlebt haben, da es deutlich an dem so auffälligen Wechsel in der Tonlage seiner Tagebuchaufzeichnungen zu Beginn des Jahres 1953 ablesbar ist, worauf viele seiner Interpreten hingewiesen haben.[279]

Doch zurück zu Kierkegaard und seiner Auseinandersetzung zwischen Philosophie und Glaube, die er als eine Auseinandersetzung zwischen Sokrates und Christus mit der Frage nach der wahren Erkenntnis und damit dem Wissen um die ewige Seligkeit gestaltet hat, und er eröffnete diesen Diskurs mit der Anfangsfrage: „Inwiefern kann die Wahrheit gelernt werden?", welche die Folgerung nach sich zieht: „Insofern Wahrheit gelernt werden soll, muss ja ihr Nichtsein vorausgesetzt werden", wodurch nach Kierkegaard der Mensch veranlasst wird, nach ihr zu suchen, sofern er überhaupt einen derartigen Mangel in sich verspürt und „auf das Unbedingte reflektiert und nicht mit dem Zufälligen tändelt".[280]

Folgt man nun aber mit Kierkegaard zunächst der sokratischen Erkenntnis, „dass alles Lernen und Erkennen nur ein sich Erinnern ist, sodass der Unwissende bloß erinnert zu werden braucht", dann wird die Wahrheit „solchermaßen nicht in ihn hineingebracht, sondern ist

---

277 S. Kierkegaard, 1952, S. 18.
278 S. Kierkegaard, 1952, S. 17.
279 Dag Hammarskjöld hat Kierkegaard mit Sicherheit gekannt, was aus einem „Zeichen" in seinem Tagebuch geschlossen werden kann, das auf Kierkegaards „Krankheit zum Tode" Bezug nimmt: „Die Einsamkeit ist keine Krankheit zum Tode. Nein, aber wird sie nicht erst durch den Tod überwunden? Und wird sie nicht schwerer, je näher wir ihm kommen?" (ZW, 2005, S. 104)
280 S. Kierkegaard, 1952, S. 7f.

in ihm gewesen", ein Gedankengang, der in der griechischen Philosophie dann zu einem „Beweis für die Unsterblichkeit der Seele" weiterentwickelt wurde.[281]

Geschichtliches Bewusstsein war in der griechischen Philosophie noch nicht entfaltet, denn nach Jaspers ist geschichtliches Bewusstsein gekennzeichnet durch „die Helligkeit der faktischen Geschichtlichkeit der Existenz im Dasein", und der Mensch wird sich seiner selbst „und darin der Transzendenz nur gewiss im Dasein". Somit ist Geschichtlichkeit zwar zugleich die Einheit von Zeit und Ewigkeit, aber die menschliche „Existenz ist weder Zeitlosigkeit noch die Zeitlichkeit als solche, sondern das eine im anderen". Letztlich geht es für den Menschen also um die Unbedingtheit der Wahrheit in der „Vertiefung des faktischen Augenblicks zur ewigen Gegenwart"[282], und Kierkegaards eigentliche Fragestellung in den „Philosophischen Brocken" gilt genau diesem Sachverhalt, den er so vorbringt: „Kann es einen geschichtlichen Ausgangspunkt geben für ein ewiges Bewusstsein; inwiefern mag ein solcher mehr als bloß geschichtlich zu interessieren; kann man eine ewige Seligkeit gründen auf ein geschichtliches Wissen?"[283]

Wenn es aber nun darum geht, wie der Augenblick in der Zeit entscheidende Bedeutung haben soll für die Wahrheit und die ewige Seligkeit des Menschen, so muss Kierkegaard eine andere Lösung finden als die von Sokrates gefundene des bloßen Sich-erinnern-Könnens. Folglich bestimmt er diesen Augenblick als „außerhalb der Wahrheit" befindlich „oder als Unwahrheit", weil der Mensch sich selbst der Wahrheit „beraubt" hat, und zwar durch seine eigene Sündhaftigkeit, mit der er sich „unfrei, gebunden und ausgeschlossen" hat. Die Wahrheit könne ihm folglich auch nicht von einem Lehrer gebracht oder durch einen Willensakt wiedererlangt werden, denn durch sein Ausgeschlossen- und Gebundensein und seine Unfreiheit infolge seiner Sündhaf-

---

281 S. Kierkegaard, 1952, S. 7f. Zu der von Kierkegaard selbst angefügten Fußnote Nr 23, die auf die platonischen Dialoge verweist, fügt der Übersetzer Emanuel Hirsch als Erklärung an, dass für Kierkegaard in den erkenntnistheoretischen Fragen Sokrates und Plato unterscheidbar zusammenfallen, und da dieses Verständnis auch Hegel übernommen habe, habe Kierkegaard mit der Abgrenzung des Christlichen gegen das Sokratische auch eine Abgrenzung gegen die hegelische Philosophie vollzogen (S. 168, Fußnote 22).
282 K. Jaspers, 1956 (Philosophie II – Existenzerhellung), S. 120f und S. 126.
283 S. Kierkegaard, 1952, S. 1.

tigkeit hat er sich ja auch der Bedingung beraubt, die Wahrheit überhaupt zu erkennen und zu verstehen, „und der Augenblick bekäme keinerlei entscheidende Bedeutung".[284]

Der Lehrer muss den Sucher bzw. Schüler also erst einmal „umschaffen" und eine „Umkehr" in seiner Seele bewirken, aber weil dies kein Mensch vermag, „so muss es durch den Gott selber sein", den Kierkegaard auch „einen Heiland, einen Befreier" nennt, „denn er macht den Lernenden ja aus der Unfreiheit frei, macht ihn von sich selber frei", und er nennt ihn „einen *Erlöser*, denn er löst ja den, der sich selber gefangen gesetzt hatte". Und weil der Schüler mit der Unfreiheit sich ja auch schuldig gemacht hatte und ihm „also jener Lehrer die Bedingung und die Wahrheit" wiedergibt, „so ist er ja ein *Versöhner*, der den Zorn fortnimmt, der über der Verschuldung lag". Und weil dieser göttliche Lehrer im Gegensatz zu einem menschlichen auch die Fortschritte, die der Schüler in der Selbsterkenntnis und damit in der Erkenntnis seiner Sündhaftigkeit gemacht hat, sehr wohl beurteilen kann, ist er auch ein „*Richter*".[285]

Der entscheidende Augenblick der Umwandlung und Wiedergeburt des Suchenden oder Schülers ist mithin die Tat dieses göttlichen Lehrers, und ohne den Christus beim Namen zu nennen, ist damit von Kierkegaard doch jener von Gott in die Geschichtlichkeit gegebene Jesus Christus gemeint, der während seinem Erscheinen und Wirken in dieser Welt eben diese Fähigkeiten eines Erlösers, Versöhners und Richters gezeigt und von seinen Anhängern zugesprochen bekam, und der bis heute als solcher zu wirken und den in seiner Sündhaftigkeit befangenen Menschen zu erlösen vermag.

Das Paradoxon für den Schüler liegt allerdings in der historischen Tatsache begründet, dass Gott sich in Jesus in „*Knechtes* Gestalt" als ein Leidender und sich Opfernder gezeigt hat, was schwer vorstellbar und noch schwerer zu verstehen und anzunehmen ist. Doch „die Knechtsgestalt ist kein bloßer Umhang gewesen", so Kierkegaard weiter, denn um „schlechthin gleich dem Geringsten zu sein" und mit ihm „alles leiden, alles dulden", so ist es doch „die Liebe, die all dies Leiden erzeugt, eben weil der Gott nicht neidisch sich selbst behält, sondern in Liebe dem Geringsten gleich sein will", auch wenn „der Lernende es

---

284 S. Kierkegaard, 1952, S. 11ff.
285 S. Kierkegaard, 1952, S. 13 und 15f.

nicht gleich verstünde" und lieber den leichteren Weg der Selbstliebe und Selbsttäuschung gehen will, weil die Erkenntnis der eigenen Schuld- und Sündhaftigkeit ja doch ein „Schrecknis" ist.[286]

Deshalb aber ist der Gott dem Menschen auch „das Unbekannte", was dem Verstand ein „Ärgernis" sein muss, weil „Gottes Dasein" nun einmal nicht zu „beweisen" und das Unbekannte „die Grenze" ist, an der sich die „paradoxe Leidenschaft des Verstandes stößt".[287] Und es ist diese Grenze, an die auch Dag Hammarskjöld immer wieder gestoßen ist, bis er erfahren durfte: „Leben in Gott ist nicht Flucht aus dem Leben, sondern der Weg zur vollen Einsicht: Es ist nicht unsere Verdorbenheit, die uns zu einer fiktiven religiösen Lösung zwingt, sondern das Erleben der religiösen Wirklichkeit, welche die Nachtseite ans Licht bringt."[288]

Wenn Gott aber nicht bewiesen werden kann, dann bleibt allein das Vertrauen darauf, dass es ihn gibt, und nur „indem ich den Beweis loslasse, ist das Dasein da". Dieses Loslassen aber ist „meine Zutat", deren es unbedingt bedarf, damit der kurze Moment des Loslassens zu dem entscheidenden Augenblick werden und der *Sprung*, aus dem „das Dasein selbst hervorgeht", gelingen kann und das Paradox im Glauben aufgeht, d. h. „in jener glücklichen Leidenschaft, die wir den Glauben nennen, deren Gegenstand das Paradox ist, aber das Paradox macht gerade das Widersprechende eins, ist die Ewigsetzung des Geschichtlichen und die Geschichtlichsetzung des Ewigen".[289]

Dieser Glaube jedoch ist weder Erkenntnis noch einem Willensakt zu verdanken, sondern dass das Ewige verstanden werden kann, ist nur möglich aufgrund der Bedingung, dass der Jünger, oder allgemein der Mensch, „in dem verlässlichen Bilde der Erinnerung" an die geschichtliche Menschen- und Knechtsgestalt des Jesus von Nazareth den Gott sehen kann, und dies wiederum kann er nur, weil dieser Gott oder Lehrer in jenem entscheidenden Augenblick das „Wunder" geschehen ließ und ihm „das Auge des Glaubens" aufgetan und somit die Bedingung gegeben hat, das Ewige zu sehen in der Zeit.[290] Und als sich auch für Dag Hammarskjöld das „Wunder des Glaubens" aufgetan hatte und

---

286 S. Kierkegaard, 1952, S. 29–32.
287 S. Kierkegaard, 1952, S. 37, 42 und 46.
288 ZW, 2005, S. 152.
289 S. Kierkegaard, 1952, S. 40f und 58.
290 S. Kierkegaard, 1952, S. 58f und 61f.

er daraus seine Zuversicht im Handeln schöpfte, war ihm gleichermaßen bewusst geworden: „Wir handeln im Glauben – und es geschehen Wunder. So werden wir versucht, das Wunder zum Glaubensgrund zu machen. Und bezahlen unsere Schwäche mit dem Verlust der Glaubenszuversicht."[291]

Der Philosophengott des Sokrates vermag dem lebendigen Gott des Christentums bei Kierkegaard letztlich nicht standzuhalten, denn seit seinem Erscheinen in der historischen Gestalt Jesu Christi ist konkret jedem Menschen die Möglichkeit gegeben, ihn zu erkennen und Trost und Beistand zu erhalten, um im vertrauenden Glauben und in der Hoffnung auf die „ewige Seligkeit" in der Zeitlosigkeit und Liebe des ewigen Gottes im jeweiligen Jetzt die existenziellen Probleme von Schuld, Leid und Tod zu ertragen.

4.6 Glauben – Nachfolgen – Mensch sein

Nachdem Dag Hammarskjöld seine ganz persönliche Zeit des Schülerseins durchlaufen, die Lektion der Lebensmitte gelernt und an den Punkt gelangt war, an dem er den Sprung in den Glauben wagen konnte und der Augenblick sich für ihn als ein glücklicher erwies, hatte auch er erfahren dürfen: „Glaube ist, er schafft und trägt. Er wird nicht hergeleitet, nicht geschaffen, nicht getragen von irgendetwas anderem als seiner eigenen Wirklichkeit", und er durfte von da an leben aus und „[m]it der Liebe dessen, der alles weiß, mit der Geduld dessen, dem das Jetzt ewig ist, mit der Gerechtigkeit dessen, der niemals enttäuschte, mit der Demut dessen, der alle Falschheit erfuhr".[292]

Glauben

Zwar eröffnet Dag Hammarskjöld seine Tagebucheintragungen im Jahr 1953 noch einmal mit der Zeile „… bald naht die Nacht", doch fügt er hinzu: „Dem Vergangenen Dank, dem Kommenden: Ja!"[293] Und

---
291 ZW, 2005, S. 148.
292 ZW, 2005, S. 140.
293 ZW, 2005, S. 105. R. Schäfer (1970, S. 364f, Fußnote 40) weist in diesem Zusammenhang auf Nathan Söderbloms Auslegung von II. Kor 1,19f hin, wo

dieses „Ja" ist jetzt ein vertrauensvolles Ja des Glaubens, über das der intellektuelle Zweifel keine Macht mehr haben kann, so er sich denn regen sollte, und wofür Hammarskjöld sich zum „Zeichen" setzte: „Glauben – das heißt: nicht zweifeln!"[294] Er war gekommen, „der Tag, da die Sorge klein ward", und die Losung heißt von nun an: „Ncht ich, sondern Gott in mir." Das bedeutete dann auch: „Frei sein, aufzustehen und alles zu lassen – ohne einen Blick zurück. *Ja* zu sagen –", und sein Dank gilt ebenso „den Menschen, die mich dies lehrten. Dank den Tagen, die mich dies lehrten." In vielfacher Weise wird dieses „Ja" in den Folgejahren wiederholt und bekräftigt als ein „Ja zu Gott: ja zum Schicksal und ja zu dir selbst. Wenn das Wirklichkeit wird, dann mag die Seele verwundet werden, aber sie hat die Kraft, zu genesen", und auch die Frage nach dem Sinn des Lebens findet eine Antwort: „Du wagst dein Ja – und erlebst einen Sinn. Du wiederholst dein Ja – und alles bekommt Sinn. Wenn alles Sinn hat, wie kannst du anderes leben als ein Ja."[295]

Hammarskjölds „Ja" zu Jahresbeginn 1953 muss jedoch in engem Zusammenhang gesehen werden mit jener Tagebucheintragung zu Pfingsten 1961, wo er noch einmal auf den Moment seiner Glaubensentscheidung zurückblickt und diesen wiederum mit dem Passionsgeschehen verbindet: „Ich weiß nicht, wer – oder was – die Frage stellte. Ich weiß nicht, wann sie gestellt wurde. Ich weiß nicht, ob ich antwortete. Aber einmal antwortete ich *ja* zu jemandem – oder zu etwas. Von dieser Stunde her rührt die Gewissheit, dass das Dasein sinnvoll ist und dass darum mein Leben, in Unterwerfung, ein Ziel hat. Seit dieser Stunde habe ich gewusst, was das heißt, ‚nicht hinter sich zu schauen',

---

Paulus vom Ja in Jesus Christus spricht und Söderblom „das Ja als den kühnen Sprung des Glaubens" erklärt habe (N. Söderblom, Worte für jeden Tag, hg. v. A. Söderblom, ²1956, S. 343). K. Beyschlag hat diesen Kommentar Schäfers aufgenommen und als „die einzig richtige Antwort" auf Hammarskjölds Ja gewertet (K. Beyschlag, 1980, S. 48f) und damit auch noch einmal auf die enge Verbindung der Hammarskjölds zu dem Erzbischof Söderblom aufmerksam gemacht.

294 ZW, 2005, S. 114. Erinnert sei hier an P. R. Nelsons Ausführungen bez. G. Auléns These, dass mit diesem Ja Hammarskjöld alle Zweifel überwunden habe (s. o. Abschnitt 4.1). Und als kleine Anmerkung sei angefügt, dass auch Hildegard von Bingen einmal geäußert haben soll: „Wo der menschliche Zweifel nicht ist, da ist nicht die Anwort des Geistes." (Literatur nicht bekannt, da einmal aus einem Zeitungsabschnitt entnommen.)

295 ZW, 2005, S. 105, 106, 107, 109, 132 und 159.

‚nicht für den anderen Tag zu sorgen'."²⁹⁶ Und durch den „Helden der Evangelien" ausgesöhnt mit seinem Schicksal, fügte er an: „Geleitet durch das Lebenslabyrinth vom Ariadnefaden der Antwort, erreichte ich eine Zeit und einen Ort, wo ich wusste, dass der Weg zu einem Triumph führt, der Untergang, und zu einem Untergang, der Triumph ist; dass der Preis für den Lebenseinsatz Schmähung und dass tiefste Erniedrigung die Erhöhung bedeutet, die dem Menschen möglich ist. Seither hat das Wort Mut seinen Sinn verloren, da mir nichts mehr genommen werden konnte. Auf dem weiteren Weg lernte ich, Schritt um Schritt, Wort für Wort, dass hinter jedem Satz des Helden der Evangelien *ein* Mensch und die Erfahrung *eines* Mannes stehen. Auch hinter dem Gebet, es möge der Kelch von ihm genommen werden, und dem Gelöbnis, ihn zu leeren. Auch hinter jedem Wort am Kreuz."²⁹⁷

So war der historische Mensch Jesus für Dag Hammarskjöld zum Leitbild seines Lebens geworden und hatte ihm über die Jahre hinweg zu immer klareren Einsichten über den Sinn und das Ziel seines Lebens verholfen. Durch ihn war ihm auch Gott selbst zu einem „inneren Gast" geworden, wie es sein Mentor Erzbischof Söderblom beschrieben hatte: „Die Vorstellung vom Göttlichen bekam einen neuen Haltpunkt in Christus", und „je inniger ich mit dem inneren Gast vereint werde, desto klarer wird es, dass es ein Umgang ist, eine Zuflucht, eine Vereinigung, eine Hingabe", und dass der Mensch durch diesen Umgang „sein innerstes Selbst" gewinnt, denn seine „Innerlichkeit, d. h.

---

296 ZW, 2005, S. 196; Henry P. van Dusen (1967, S. 100) erkennt in seiner Interpretation dieser ersten Zeilen des „Zeichens" zwar an, dass Dag Hammarskjöld eine entscheidende Stunde erinnere, in welcher seine inneren Kämpfe aufgehoben wurden und sich ihm eine andere Blickrichtung eröffnete, aber dennoch habe er in der Erinnerung diesen „Moment" zeitlich nicht präzise einordnen können, wobei er Letzteres als Beweis dafür sieht, dass Hammarskjöld das Manuskript seines Tagebuches über einen längeren Zeitraum hinweg abgefasst habe. Diese Interpretation erscheint jedoch insofern fragwürdig, als ein so einschneidendes Erlebnis wie die von Hammarskjöld benannte „Stunde" wohl jedem Menschen, und so auch ihm, auch nach Jahren noch sehr genau erinnerlich ist. Vielleicht aber muss unterschieden werden zwischen der „Frage" und Hammarskjölds Antwort mit seinem „Ja", das er sehr wohl jener „Stunde" zuordnen konnte, ohne diese jedoch zeitlich zu benennen, weil für eine Schicksalsstunde eben weniger der Zeitpunkt, sondern das Ereignis als solches von entscheidender Bedeutung ist, auch wenn der Zeitpunkt für Außenstehende durchaus interessant wäre.
297 ZW, 2005, S. 196.

Persönlichkeit im eigentlich christlichen Sinne schließt in sich das Teilhaben an einer höheren Wirklichkeit, am göttlichen Leben".[298]

Dag Hammarskjöld hatte seine Neu- oder Wiedergeburt im Glauben erlebt und Ja gesagt auch zu Leid und Tod. Ausdruck dafür ist das innige Gebet zu dem neu gefundenen „Du", wie er es nun formulieren konnte: „Erbarme dich unser. Erbarme dich unseres Strebens, dass wir vor dir, in Liebe und Glauben, Gerechtigkeit und Demut dir folgen mögen, in Selbstzucht und Treue und Mut und in Stille dir begegnen."[299]

Nachfolgen

Die Wahrheit seines Glaubens zeigte sich bei Dag Hammarskjöld in der Konsequenz, mit der er den Ruf in die Nachfolge angenommen hat und Jesu Liebes- und Versöhnungswerk in seinem Leben, in der Welt und im Dienst für andere fruchtbar zu machen suchte. Nun sollte wahr werden, was er schon in seiner Jugend in Vorausahnung seines Berufenseins niedergelegt hatte: „Zu leben mit Gott als Ziel in allem –."[300]

Hjalmar Sundén erinnerte noch einmal daran, dass „Hammarskjölds Christusnachfolge" dem Menschen Jesus galt, „erlebt als ‚Bruder' – jedoch eingeschlossen in das Mysterium der Dreieinigkeit", wie er es zu Beginn des Jahres 1956 dargelegt hat: „Vor dir, Vater, in Gerechtigkeit und Demut, mit dir, Bruder, in Treue und Mut. In dir, Geist, in Stille."[301] Wer sich aber so unter den Willen Gottes gestellt und den Sinn des Opfers verstanden hat, der muss seine „Arbeit in Beziehung setzen zur Welt", der muss „schöpferisch werden" und „die Gedanken so denken, dass sie für die Welt sinnvoll gedacht sind", woran Johannes Lauten den Menschen nach den Prüfungen der Lebensmitte noch

---

298 N. Söderblom, 1931, S. 289ff. Auch R. Schäfer bezieht Hammarskjölds Glauben auf Söderblom zurück, indem er bemerkt: „Was Hammarskjöld als selbstgefundene Erfahrungen seines Glaubens aufgezeichnet hat, lässt sich Punkt für Punkt bei dem lutherischen Erzbischof nachweisen", und er erinnert zugleich an Hammarskjölds Aussage in seinem Credo, dass er die Glaubenssätze, die ihm in seiner Jugend von der älteren Generation vermittelt worden waren, später in freier Wahl als seine eigenen anerkennen konnte (R. Schäfer, 1970, S. 387f.).
299 ZW, 2005, S. 203.
300 K. E. Birnbaum, 2000, S. 62.
301 H. Sundén, 1967, S. 71 und ZW, 2005, S. 131.

4. Dag Hammarskjöld auf der Suche nach sich selbst

einmal erinnert, denn jetzt kommt es darauf an, wie er sich verhält „zu sich selbst, zur Mitwelt, in der er lebt, zur Gottwelt".³⁰²

Es mag erstaunlich sein und erscheint von einer höheren Warte aus doch folgerichtig, dass sich die richtige Aufgabe für Dag Hammarskjöld mit der Berufung an die Spitze der Vereinten Nationen nur wenige Wochen nach seinem Glaubensentscheid zeigte.³⁰³ Entsprechend ist auch der Eintrag in sein Tagebuch am Tag seiner Amtseinführung am 7. April 1953 der „Nachfolge Christi" des Thomas von Kempen entnommen und wirkt wie ein Gelöbnis: „Weil sie alles Gute, das sie empfangen haben, Gott allein zuschreiben, suchen sie keine Ehre voreinander. Sie wollen nur die Ehre, die von Gott allein kommt, wollen nichts anderes, als dass Gott in ihnen und in allen Heiligen über alles gelobt werde. Dies ist das einzige Ziel, nachdem sie allzeit streben"³⁰⁴.

Mit Hans Küng gesprochen, bedeutet ein solcher Lebensweg „eine echte Berufung" und „eine wahre Gnade, die nichts voraussetzt als das eine, dass man sie vertrauend ergreift und sein Leben danach einstellt", und Nachfolge heißt dann: in Beziehung zu Jesus sein, „sich auf ihn und seinen Weg einlassen und nach seiner Wegweisung seinen eigenen Weg gehen", und wie er zeichenhaft „gegen die Mächte des Bösen, der Krankheit und des Todes in der so gar nicht heilen Welt" vorgehen, „im Risiko der eigenen Situation und in der Ungewissheit der Zukunft".³⁰⁵ Für Dag Hammarskjöld selbst bedeutete seine neue Lebenssituation: „Dein –'. Opfer – und Befreiung –, unter einem Willen zu stehen, für welchen ‚ich' im Nichts ein Ziel bin! ‚Geweiht –'. Der Lohn – oder Preis – dafür: von jenem Willen an eine Aufgabe gebunden zu sein, vor der nichts, was ich selbst hätte suchen können, von Wert ist."³⁰⁶

---

302 J. Lauten, 1977, S. 25ff.
303 Hammarskjöld selbst notierte einmal in sein Tagebuch: „Der Einsatz sucht uns, nicht wir den Einsatz. Darum bist du ihm treu, wenn du wartest, bereit. Und handelst, wenn du vor der Forderung stehst (ZW, 2005, S. 128).
304 ZW, 2005, S. 106 bzw. hier in der deutschen Übersetzung des französischen Textes auf S. 213.
305 H. Küng, 2012, S.278 und 280; teilweise so auch schon in H. Küng, ²2000, S. 536.
306 ZW, 2005, S. 119.

Mensch sein

Mit seinem Eintreten in die Nachfolge war Dag Hammarskjöld auch noch bei einer weiteren Zielvorstellung seiner Jugendjahre angekommen. Damals hatte er in seinem „Wegweiser für das Leben" formuliert: „Die Menschenaufgabe ist das Menschwerden." Und er hatte damals schon geahnt: „Das einzige Selbst, auf das er [der Mensch] bauen kann, ist das im Gotteserlebnis realisierte. Seine Treue zu sich selbst zwingt ihn deshalb, in allem zu Gott vorzudringen; darum ist auch seine Art, das Leben und sich selbst zu sehen, die einzig wahre."[307]

Um noch einmal mit Hans Küng zu sprechen und wie schon oben gezeigt werden konnte: „Auf die Lebens-Einstellung kommt es an." Und er rechtfertigt dies mit dem Blick auf Jesus Christus, weil sich mit seiner maßgebenden historischen Gestalt „die Grundeinstellung und die Grundorientierung eines Menschen" sowie „Lebensform, Lebensstil und Lebensweg ebenso umfassend wie konkret umschreiben" lassen und es keine Frage ist, „dass die ganze christliche Botschaft nicht nur auf bestimmte Entscheidungen, Aktionen, Motivationen, Dispositionen zielt, sondern auf eine völlig neue Lebenseinstellung. ... Und da vermag nun eine historische Gestalt zweifellos ganz anders zu überzeugen als eine unpersönliche Idee ... Jesus von Nazaret ist selbst die Verkörperung dieses neuen 'way of life'".[308]

Dieser neue 'way of life' hatte sich für Dag Hammarskjöld tatsächlich in der konkreten Auseinandersetzung mit dem Menschen Jesus ergeben und ihn zu einem Menschsein und Christsein motiviert, wie er es in seinen „Zeichen" auf vielfache Weise dargelegt und an weltentscheidender Stelle ganz konkret gelebt und bestmöglichst in die Tat umgesetzt hat. Und vielleicht war dabei immer noch eine Vorstellung in ihm lebendig, die er in seiner Jugend ebenfalls schon in Worte gefasst hatte: „Hinter der Geschichte ist Gott. Die Welt würde darum nicht gezwungen sein, Not und Krieg zu durchleiden, wenn die Welt es nicht müsste. Gott hat das Geschehen nicht für alle Zukunft abgesteckt. Wie er im nächsten Augenblick handelt, beruht gänzlich darauf, wie die Menschen sich in ihm verhalten."[309]

---

307 K. E. Birnbaum, 2000, S. 59 und 61.
308 H. Küng, ²2000, S. 536f.
309 K. E. Birnbaum, 2000, S. 61.

Dag Hammarskjölds Einsatz für Frieden und Versöhnung, Recht und Gerechtigkeit sind bis heute in der UNO legendär. Bei allem Erfolg aber blieb er sensibel gegenüber seinen Mitmenschen und selbstkritisch genug, um zu erkennen: „Der ‚große' Einsatz ist so viel einfacher als der alltägliche – aber er verschließt so leicht unser Herz gegen diesen. So kann der höchste Opferwille sich vereinen mit – und führen zu – der Härte des großen Helden", und er fügt eine kleine Episode von berührender Menschlichkeit an, in der ihm dies bewusst wurde: „Du glaubtest dich unberührt von einer Achtung, die du dir eigentlich nicht zugute halten durftest und die ... weit das übersteigt, was deine Taten gerechtfertigt haben. Du glaubtest dich unberührt – bis du Eifersucht aufflammen fühltest über seinen kindlichen Versuch, ‚sich bemerkbar zu machen', und deine Eigenliebe war bloßgestellt." Doch diese Entdeckung von „des Herzens Härte – und Kleinheit" ergänzt er unmittelbar um die Bitte an den, dem er sich untergeordnet hatte: „Lass mich mit offenen Augen in dem Buch lesen, das meine Tage schreiben – und lernen."[310]

„Der Heldenweg aktiver Lebensgestaltung und verantwortlicher Weltbewältigung", so könnte man mit Gerhard Wehr fortschreiben, „verläuft ‚jenseits von Eden'", doch dies auszuhalten und gegebenenfalls dagegen anzukämpfen ist die Aufgabe des Helden und der „Befreiungskampf des Ich gegen die dunklen und destruktiven Aspekte seiner Persönlichkeit". Den „spirituellen Heldenweg" zu gehen bedeutet letztendlich aber auch „heimzukommen" und „sein eigentliches Selbst zu finden"[311], und was heißt das anderes, als zu seinem eigentlichen Menschsein zu finden.

Der Kreis von Dag Hammarskjölds Frage nach dem Sinn des Lebens war somit zu seinem Ende und zu seiner Vollendung gekommen, und der von ihm durchlaufene und durchlebte Zyklus kann abschließend noch einmal mit Ludwig Wittgenstein folgendermaßen zusammengefasst werden: „An einen Gott glauben heißt, die Frage nach dem Sinn des Lebens verstehen. – An einen Gott glauben heißt sehen, dass es mit den Tatsachen der Welt noch nicht abgetan ist. – An Gott glauben heißt sehen, dass das Leben einen Sinn hat."[312]

---

310 ZW, 2005, S. 137.
311 G. Wehr, 1991, S, 98, 111 und 116.
312 L. Wittgenstein, Tagebücher, in: Schriften, Bd. 1, Frankfurt a. M., 1960, S. 166f; hier zitiert nach R. Wimmer, 1992, S. 127.

5. Wegbegleiter

In seinem Credo „This I Believe" blickt Dag Hammarskjöld zurück auf seine Glaubensentwicklung und die Menschen, die ihn dabei begleitet und ihm hilfreich zur Seite gestanden haben. Vor allem waren dies, wie schon gezeigt wurde, seine Eltern, deren Vorbilder des selbstlosen Dienstes am Vaterland vonseiten seines Vaters und des vorbehaltlosen Miteinanders der Menschen im Sinne der Evangelien vonseiten seiner Mutter sich ihm unauslöschlich eingeprägt hatten. Diese beiden Ideale seiner Kindheit waren ihm dann nach eigenem Bekunden noch einmal in der Ethik Albert Schweitzers begegnet, und bei ihm hatte er auch „den Schlüssel zum Evangelium für den modernen Menschen gefunden" und dadurch Gewissheit über sein Jesusbild gewinnen können, was letztendlich zur Klärung seiner Frage nach dem Sinn des Lebens und der Konfrontation mit dem eigenen Selbst geführt hat.

„Aber Aufklärung darüber, wie man ein Leben des aktiven sozialen Dienstes in voller Harmonie mit sich selbst und als Mitglied der Gemeinschaft des Geistes führen kann"[313], hatte Dag Hammarskjöld in den Schriften der großen Mystiker des Mittelalters gefunden, und wie für sie, so war auch für ihn die Selbsthingabe zum Weg der Selbstverwirklichung geworden. Und wie sie hatte er zum „Ja" seines Schicksals gefunden – einem Schicksal, welches das Leben für diejenigen bereithält, die dem Ruf der Pflicht in der Gewissheit der Liebe Gottes folgen. Und als er Mut, Treue und Standhaftigkeit gegenüber den eigenen Überzeugungen am Beispiel des Menschen Jesus noch einmal durchdacht und vertieft hatte, galt es, diese Tugenden in der Welt zur Wirksamkeit zu bringen. Doch wie dies in der Nachfolge Jesu geschehen könne, wurde ihm wiederum durch die Schriften der Mystiker und durch ihre Art zu leben beantwortet.

5.1 Lebensgestaltung im Zeichen der Mystik

Schon früh hatte Dag Hammarskjöld damit begonnen, sich in mystische Literatur einzulesen, allerdings noch ohne ihr in seiner Jugend tiefere Bedeutung zuzumessen. „Nur reine Erbauungsliteratur" nann-

---

[313] Aus D. Hammarskjölds Credo „This I Believe".

te er dies in einem Brief an den Jugendfreund Rutger Moll aus dem Jahre 1928, „ein bisschen ... Thomas a Kempis und Eckhart – äußerst sporadisch und äußerst fragmentarisch".[314] Dies sollte sich in späteren Jahren ändern, je mehr sich sein seelisch-geistiger Horizont in mystischer Natur- und Selbsterfahrung geweitet und er schließlich in „Gottes Vereinigung mit der Seele" zur Einheit mit sich selbst und mit Gott gefunden und sich entsprechend dem Beispiel Jesu für die Nachfolge und einem Wirken nach dem Willen Gottes in dieser Welt entschieden hatte.

Mit Bezug auf Thomas a Kempis' „Nachfolge Christi" hat der Jesuit Josef Sudbrack einmal bemerkt, „man müsse vielleicht besondere Grenzerfahrungen gemacht haben, um mit dem Geist der Christus-Nachfolge und mit dieser zur Meditation anregenden Schrift vertraut zu werden"[315], und ganz gewiss hat Dag Hammarskjöld solche Erfahrungen durchlebt und durchlitten und dadurch Einsichten gewonnen, die ihm die Weisheit dieser kleinen Schrift erschlossen haben.

Doch auch Meister Eckhart hat für Dag Hammarskjöld in seinem späteren Leben besondere Bedeutung erlangt, weil er bei ihm eine tätige und ethischen Grundsätzen verpflichtete Mystik kennengelernt hat und von ihm lernen konnte, wie man mit beidem in der Welt bestehen und einen Beitrag zum Wohle der Menschen leisten kann.

Der dritte für Dag Hammarskjöld bedeutsame Mystiker war der Spanier Johannes vom Kreuz, den er mehrfach in seinem Tagebuch mit dem Satz von „Gottes Vereinigung mit der Seele" zitiert und ebenso auf „des Glaubens Nacht" verweist, die er entsprechend seinem persönlichen Glaubensweg in Beziehung setzt zu „der Gethsemane-Nacht, wenn die letzten Freunde schlafen, alle anderen deinen Untergang suchen *und Gott schweigt*"[316]. Johannes vom Kreuz aber hatte in seinem im Jahre 1586 entstandenen berühmten Werk „Die Dunkle Nacht" seinen eigenen Leidenserfahrungen Ausdruck verliehen und beschrieben, wie der Mensch durch eben diese dunkle Nacht hindurchgehen und „Trockenheit und Leere" erfahren muss, „um zu Gott im puren Glauben zu gehen, der das Mittel ist, durch das der Mensch mit Gott geeint wird"[317].

---

314 K. E. Birnbaum, 2000, S. 24.
315 Zitiert nach G. Wehr, 2011, S. 10.
316 ZW, 2005, S. 110.
317 J. v. Kreuz, [8]2007, S. 73 und 75.

Dag Hammarskjöld nennt aber auch Jan van Ruysbroeck, der ihm neben Eckhart zu „innerer Balance und einem mehr und mehr notwendigen Sinn für Humor" verholfen habe.[318] Und nicht zuletzt verleiht er auch Mystikern anderer Länder und Religionen eine Stimme, indem er in seinem Tagebuch z. B. den islamischen Mystiker Rumi mit den Worten zitiert: „The lovers of God have no religion"[319], oder Texte aus dem Tao Te King des Laotse entnimmt, und auch Konfuzius und dessen Enkel Tsi Si zu Gehör bringt und damit gleichzeitig auf die Interkonfessionalität und das Universelle im Erleben der Mystik hindeutet. Letzteres war ihm aber auch schon von Nathan Söderblom mit dem Beispiel des Inders Sundar Singh und dessen „opferbereitem Asketismus" nahegebracht worden, was nach Günter Barudio „auf Dag Hammarskjöld mindestens ebenso stark eingewirkt" habe „wie das christliche und europäische Erbe".[320]

5.1.1 Welche Mystik?

Die Definitionen von Mystik sind unzählbar und variieren erheblich in Abhängigkeit von den Bezugslinien und Kontexten, in denen der Begriff verwendet wird, etwa wenn religions-wissenschaftlich die Dokumente der Mystik vor dem Hintergrund ihrer jeweiligen Tradition untersucht und interpretiert, oder wenn historisch argumentiert und die frömmigkeitsgeschichtlichen Strömungen in verschiedenen Zeitabschnitten beleuchtet werden. Im ersten Drittel des 20. Jahrhunderts wurde der Begriff modisch aktualisiert und im Zusammenhang mit außereuropäischen Kulturen interreligiös neu interpretiert, und von Letzterem war auch Dag Hammarskjöld nicht unberührt geblieben. Bei allen diesen Untersuchungen wurde der Begriff aber teilweise theologisch oder religionspsychologisch überhöht und emotional aufgeladen oder literarisch-ästhetisch recht willkürlich verwendet, was dem Verständnis der Mystik neue Akzente hinzufügen konnte, ihr aber nicht in jedem Fall förderlich war.

---

318 B. Beskow, 1969, S. 32.
319 ZW, 2005, S. 115.
320 G. Barudio, 1990, S. 105f.

Wer als Mystiker gelten soll, ist allerdings wiederum abhängig von einer Definition von Mystik, die unterschiedliche Aspekte zum Inhalt haben kann und nicht auf ein biografisches Erlebnis möglichen mystischen Inhalts reduziert wird, aber dennoch auf ein „konsensfähiges Zentrum" einzugrenzen ist. Dementsprechend greife ich auf eine Definition zurück, die Susanne Köbele als zwar „nicht neu", aber „brauchbar" im Sinne einer „interpretatorisch leistungsfähigen Kategorie" bezeichnet hat, und die in eben diesem Sinn einen Rahmen für Dag Hammarskjölds Mystikverständnis abgeben kann.[321] Im Zentrum dieser Definition steht die „Unio, die Einheit der Seele mit Gott", denn „[m]ystische Texte lassen sich" nach Susanne Köbele „einheitlich interpretieren als Uniozentrierte Texte", und diese „Unio" ist „erstens thematisch, sie ist zweitens als Rezeptionshaltung (Verstehen unter der Bedingung der eigenen Verwandlung) und drittens als Sprechhaltung (Sprechen unter der Einheit) in allen mystischen Texten geltend gemacht".[322]

Genau dieselben Aspekte wurden auch von Gustaf Aulén verfolgt, als er die Bedeutung der mittelalterlichen Mystiker für Dag Hammarskjöld untersucht und erkannt hatte, dass dieser in seinem Credo von 1953 „This I Believe" zwei Dinge betonte: „erstens, die Art und Weise, wie die Mystiker den Glauben als Gottes Vereinigung mit der Seele beschrieben, und zweitens, wie sie ihr gelebtes Leben in der Vereinigung mit Gott charakterisiert haben". Aber auch der von Köbele genannte dritte Punkt, die Sprechhaltung, wurde von Aulén aufgegriffen und im Weiteren herausgearbeitet, inwiefern die Sprache der Mystiker für Hammarskjöld hilfreich gewesen ist und ihm neue Einblicke in den Charakter der religiösen Sprache vermittelt hat.[323]

Hinsichtlich Punkt eins zeigt Aulén, dass Dag Hammarskjöld mit seiner Thematisierung des Glaubens als eines Zustandes „des Geistes und der Seele" in seinem Credo dasselbe ausgedrückt hat, was

---

321 S. Köbele, 1993, S. 29.
322 S. Köbele, 1993, S. 30; als vierter Aspekt wird noch das Sprachprinzip genannt, das in der Auflistung nicht berücksichtigt wurde und eigentlich auch nur als Fortführung der Sprechhaltung und des Sprechens aus der Einheit zu sehen ist. Ebenso wurde auf die Darstellung der weiteren von Köbele angeführten Kriterien zum Erklärungswert des Mystikbegriffs verzichtet, weil sie hier nicht weiter von Nutzen erscheinen.
323 G. Aulén, 1969, S. 41 und 43.

Johannes vom Kreuz als „Glaube ist Gottes Vereinigung mit der Seele" formulierte.[324] Entgegen theologischen Aussagen entsprach diese Formulierung genau Hammarskjölds persönlicher Glaubensüberzeugung und erweist sich, obwohl mit Jesu Leidensweg in der Gethsemane-Nacht in Verbindung gebracht, im Wesentlichen als Gottes-Mystik[325], weil sich die Vereinigung der Seele mit Gott nur ereignen kann, wenn die Leidenserfahrung Christi in der eigenen Seele existenziell bedeutsam nachvollzogen wird, und dies im Vertrauen auf die umfassende Gottesliebe zu einem „Umformungsprozess" führt, der sowohl eine gnadenhafte Hinwendung Gottes zu dem Menschen als auch die volle Hinwendung des Menschen zu Gott erst ermöglicht.[326]

Was Dag Hammarskjöld unter dem Terminus von „Gottes Vereinigung mit der Seele" mit Bezug auf sein eigenes Leben verstanden hat, und was Susanne Köbele die Rezeptionshaltung nannte, lässt sich paradigmatisch an dem „Zeichen" ablesen, das er anlässlich seiner Wiederwahl als Generalsekretär der UNO am 10. April 1958 in seinem Tagebuch notierte: „In dem Glauben, der ‚Gottes Vereinigung mit der Seele' ist, bist du *eins* mit Gott und Gott ganz in dir, gleich wie er ganz für dich ist in allem, was dir begegnet. In diesem Glauben steigst du im Gebet hinab in dich selbst, um den anderen zu treffen, im Gehorsam und Licht der Vereinigung; [so] stehen für dich alle, gleich dir, einsam vor Gott; ist unser Tun ein fortwährender Schöpfungsakt – bewusst, weil du eine menschliche Verantwortung hast, und gleichwohl gesteuert von der Kraft jenseits des Bewusstseins, die den Menschen schuf, bist du frei von den Dingen, aber begegnest ihnen in einem Erlebnis, das die befreiende Reinheit und die entschleiernde Schärfe der Offenbarung besitzt. In dem Glauben, der ‚Gottes Vereinigung mit der Seele' ist, hat darum *alles* einen Sinn. So leben, so nutzen, was in deine Hand gegeben wurde ... "[327]

Ergänzend dazu können jene Zeilen gelesen werden, die Hammarskjöld gegen Ende 1957 zu Papier brachte: „‚Gottes Vereinigung mit der Seele' – ihre Frucht ist Vereinigung mit den Menschen, die sich nicht

---

324 G. Aulén, 1969, S. 42.
325 Hier wurde der Ausdruck „Gottes-Mystik" von Aulén (S. 40) übernommen, aber in andere Zusammenhänge überführt, um den Schwerpunkt der Bedeutung der Unio für Hammarskjöld zu betonen.
326 J. v. Kreuz, ^{8}2007, S. 16.
327 ZW, 2005, S. 165.

aufhalten lässt vor der restlosen Selbsthingabe".[328] Hammarskjölds Hinwendung zu den Menschen als Frucht seiner mystischen Verbindung mit Gott hat zwar nicht seine Einsamkeit gemindert, sondern im Gegenteil in der dünnen Luft seiner außergewöhnlichen Position als Generalsekretär der UNO und durch die auf ihm lastende Verantwortung eher verstärkt, aber im Licht dieser Erfahrung und am Beispiel der Mystiker hatte er lernen können, dass „Selbsthingabe" zur Verwirklichung des eigenen Selbst und zu einem Leben des aktiven, sozialen Dienstes für andere führen kann, worin er den Sinn seines Lebens erkennen und in Vollendung erfahren durfte.

Als beredtes Zeugnis für das, was unter einem Leben des aktiven, sozialen Dienstes und Einsatzes für andere zu verstehen sei, mag auch ein Satz aus Thomas von Kempens „Nachfolge Christi" gelten, den sich Dag Hammarskjöld anlässlich seines 50. Geburtstags am 29. Juli 1955 in Erinnerung gerufen hat: „Warum willst du Ruhe haben, da du doch zur Arbeit geboren bist?"[329]

Für die aktive Seite seines Lebens hat Dag Hammarskjöld aber auch bei Meister Eckhart Bestätigung gefunden, den er zu Beginn des Jahres 1958 mit diesen Worten zitierte: „Glaubt mir: zur Vollkommenheit gehört auch dies, dass einer also sich empormache in seinem Wirken, dass alle seine Werke zusammengehen in einem Werk. Das muss geschehen im Gottesreich. – Denn ich sage euch fürwahr: alle die Werke, die der Mensch zustande bringt außerhalb des Gottesreiches, das sind alles tote Werke, aber die er vollbringt im Gottesreich, das sind lebendige Werke."[330]

Bernhard Erling macht die Zusammenhänge deutlich, die Hammarskjöld zu diesem Eintrag in sein Tagebuch veranlasst haben und verweist auf die Aktivitäten der UNO, deren Aufmerksamkeit in diesen ersten Wochen des Jahres 1958 insbesondere Abrüstungsgesprächen galt. Dabei kam auch ein Streit zur Sprache, der sich infolge einer tunesischen Blockade französischer Truppen ergeben hatte: Es musste eine Übereinkunft darüber erreicht werden, wie die Zufuhr von Nah-

---

328 ZW, 2005, S. 161.
329 ZW, 2005, S. 119; im Original auf Französisch und hier zitiert nach Fußnote 44 auf S. 214 in der deutschen Fassung und entsprechend Thomas von Kempen, Nachfolge Christi, Buch II, Kap. 10.
330 ZW, 2005, S. 163; Hammarskjöld zitierte hier aus der Büttner-Ausgabe von 1934, S. 309.

rungsmitteln und anderen Versorgungsgegenständen für diese Truppen gesichert werden könne.[331] Es handelte sich also gerade in diesem Fall um „lebendige Werke" im Zeichen der Menschlichkeit, die Dag Hammarskjöld zu vollbringen hatte, um so seinen ganz persönlichen Beitrag zum Gottesreich zu leisten.

Das „mystische Erlebnis" selbst jedoch war für Hammarskjöld eines, das sich jederzeit ereignen konnte „im Schweigen, das aus Stille kommt"[332], und mit diesen beiden Begriffen von „Schweigen" und „Stille", dem Vokabular der mittelalterlichen Mystiker entnommen, ist ein erster Zugang möglich zu dem, was Susanne Köbele als Sprechhaltung oder Sprechen unter der Einheit versteht, und was Gustaf Aulén als Manifestation der eigenen Erfahrungen Hammarskjölds wertet.[333] Dies wird besonders dann deutlich, wenn Hammarskjöld das „noche oscura" des Johannes vom Kreuz mit persönlichen Erfahrungen verbindet und schreibt: „Lauschen und sehen können bis zu dem in uns, das im Dunkel ist. Und schweigen."[334] Oder wenn er in Rückbesinnung auf Eckharts „ewige Geburt" und seinen eigenen Weg zu der Erkenntnis kommt, dass diese sich nur in einem „auferhobenen Gemüt" ereignen kann, „in dem doch eine ungetrübte *schweigende* Stille herrscht".[335]

In diesen beiden Begriffen von „Schweigen" und „Stille" hat Hammarskjöld nach Gustaf Aulén drei wesentliche Kriterien der Mystik zusammengefasst: Erstens beschreibt er mit der „dunklen Nacht" seine Erfahrung des vollkommenen Alleinseins in der Zeit seiner Konfrontation mit sich selbst und seiner tiefsten existenziellen Kämpfe, zum Zweiten wird deutlich, dass diese Erfahrung nicht aktiv durch ihn befördert werden konnte und ihm nur aufgegeben war, zu lauschen, zu sehen und zu schweigen mit einem „auferhobenen Gemüt", und drittens zeigt sich, dass diese Erfahrung ein Mysterium ist, in diesem Fall akzentuiert mit der Beschreibung des schweigenden Gottes.[336]

Es ist eine Realität seiner inneren seelischen Welt, die Hammarskjöld mit diesen beiden Begriffen angedeutet und die keine Entsprechung in der äußeren Welt hat, ihm darum aber nicht minder wirklich

---

331 B. Erling, 1999, S. 202.
332 ZW, 2005, S. 129.
333 G. Aulén, 1969, S. 60.
334 ZW, 2005, S. 110.
335 ZW, 2005, S. 147.
336 G. Aulén, 1969, S. 60.

und wahr erscheint. Wittgenstein etwa hat diese Tatsache philosophisch in die Sätze gekleidet: „Die Anschauung der Welt sub specie aeterni ist ihre Anschauung als – begrenztes – Ganzes. ... Wir fühlen, dass selbst, wenn alle möglichen wissenschaftlichen Fragen beantwortet sind, unsere Lebensprobleme noch gar nicht berührt sind. ... Es gibt allerdings Unaussprechliches. Dies zeigt sich, es ist das Mystische." Während aber Wittgenstein am Schluss apodiktisch befindet: „Wovon man nicht sprechen kann, darüber muss man schweigen"[337], so haben doch die Mystiker aller Zeiten versucht, ihre Erfahrungen sprachlich zu fassen und symbolisch in Bildern und Gleichnissen oder in Paradoxien auszudrücken.

Dag Hammarskjöld hat sich oftmals dieser symbolischen Sprache bedient, um seine innere Wandlung auszudrücken, und er hat dabei Metaphern gefunden, mit denen er jenseits der „dunklen Nacht" durchaus auch freudvolle Erkenntnisfrüchte beschreibt: „Alle Kraft des Körpers in der Hand am Ruder, – die Sinne ganz gesammelt auf das Ziel hinter dem Horizont, fängst du lachend salzbespritzte Sekunden der Ruhe vor einer neuen Woge – teilend des Augenblicks glückliche Freiheit mit dem, der deine Verantwortung teilt. So – in der Sammlung Selbstauslöschung – erschließt sich der Lebensnähe gesunde Vollendung, geteiltes, zeitloses Glück, durch eine Handbewegung, durch ein Lächeln vermittelt."[338] Oder nachdenklicher und eine „heilige Unabhängigkeit" des Selbst gegenüber den äußeren Realitäten betonend: „Im Zentrum unseres Wesens ruhend, begegnen wir einer Welt, in der alles auf gleiche Art in sich ruht. Dadurch wird der Baum zu einem Mysterium, die Wolke zu einer Offenbarung und der Mensch zu einem Kosmos, dessen Reichtum wir nur in Bruchteilen erfassen."[339]

Durch sein zunehmendes Vertrautwerden mit der mystischen Sprache erreicht aber auch Dag Hammarskjölds Interesse an Kunst und Poesie eine neue Stufe ästhetischer Sensibilität, sodass er in glücklichen Stunden formulieren kann: „Du nimmst die Feder – und die Linien tanzen. Du nimmst die Flöte – und die Töne schimmern. Du nimmst

---
337 L. Wittgenstein, 2003, S. 110f (§§ 6.45, 6.52, 6.522, 7).
338 ZW, 2005, S. 109. Bernhard Erling verweist bei diesem „Zeichen" auf einen Segelausflug, den Hammarskjöld mit seinen Mitarbeitern unternommen habe.
339 ZW, 2005, S. 171.

den Pinsel – und die Farben singen. So wird alles sinnvoll und schön in dem Raum jenseits der Zeit, der du bist. Wie kann ich da irgendetwas zurückhalten von dir."[340]

In solchen Sätzen zeigt sich bei Hammarskjöld eine Naturmetaphorik, in der die „Natur als Schöpfung ein Gleichnis" wird, „das von sich weg auf die Geheimnisse Gottes verweist", wie Dietmar Mieth in seiner Deutung der mystischen Sprachelemente aufzeigt[341], und worauf auch Gustaf Aulén hinweist, wenn er „Schöpfung" als eines der bedeutsamsten Worte im Tagebuch bezeichnet und dazu bemerkt: „Hammarskjölds Anteilnahme an der Schöpfung ist vor allem dadurch akzentuiert, dass Gottes Schöpfung immerwährend und in ihrem stetigen Werden als der Gegensatz zum Chaos zu verstehen ist."[342]

Interessant ist hierzu auch Auléns Bemerkung, dass bei der Gottesmystik, und als solche wurde Hammarskjölds Auffassung von Mystik thematisch bereits eingekreist, manchmal eine dualistische Sichtweise hinsichtlich der Existenz des Menschen aufrechterhalten werden müsse, denn Gottesmystik impliziere durchweg eine monistische Sicht der Existenz. Aber Schöpfung, und auch der schöpferische Wille, ist amoralisch, und wenn man nun eine Beziehung rechtfertigen wolle zwischen „Einheit" oder „dem Einen" und der Schöpfung oder dem schöpferischen Willen, führe dies zwangsläufig zur Resignation und nicht zu ethischer Aktion. In einer dualistischen Konzeption aber könne sowohl die Vorstellung von einem amoralischen schöpferischen Gotteswillen als auch von Gottes universalem Liebeswillen, der im menschlichen Leben aufscheint, miteinander in Beziehung gebracht werden.[343] Und so wurde beides auch von Dag Hammarskjöld gesehen, der diese Gedanken in einem „Zeichen" zu Beginn des Jahres 1958 so zusammenfaßt: „So wird die Welt jeden Morgen neu geschaffen, *verziehen* in dir, von dir."[344]

Im Übrigen hat auch Friedrich Heiler auf den Monismus der Mystik hingewiesen und dazu erklärt: „Die Schranken zwischen Gott und Mensch fallen im ekstatischen Erleben: der Mensch geht in Gott auf,

---

340 ZW, 2005, S. 126.
341 D. Mieth, 2006, S. 710.
342 G. Aulén, 1969, S. 149.
343 G. Aulén, 1969, S. 40f.
344 ZW, 2005, S. 163.

verliert sich in ihm oder verschmilzt mit ihm zur völligen Einheit. Alle Gegensätze, alle Mannigfaltigkeit, aller Dualismus löst sich in der mystischen Erfahrung auf." Mit Heiler ist somit der monistische Aspekt der Gottesmystik Auléns bestätigt, doch zu Recht weist auch er darauf hin, dass dieses monistische Moment ausschließlich für das ekstatische Erleben gelte, „das aller dualistischen Spannung und Gegensätzlichkeit" entbehrt. Das dualistische Spannungsverhältnis, in dem der Mensch jedoch zwangsläufig durch sein Leben in der Welt steht und sich mit seinen Zweifeln, Ängsten und Hoffnungen ebenso auseinandersetzen muss wie mit seinen ethischen Wertvorstellungen, ist der Mystik zwar nicht unbekannt, doch sieht Heiler diesen Dualismus vor allem in der prophetischen Religion lebendig[345] und kommt damit wiederum Söderblom nahe, der diesem Dualismus in seiner Unterscheidung von Unendlichkeits- bzw. Persönlichkeitsmystik Rechnung getragen und den Typus der Persönlichkeitsmystik ebenso mit der prophetischen Religion wie mit dem Protestantismus in Verbindung gebracht und damit die Universalität des prophetischen Dualismus in gleicher Weise wie Heiler herausgestellt hat.

Dietmar Mieth sieht den prophetischen Dualismus in der mystischen Sprache ebenfalls lebendig und allgemein anerkannt und findet dazu die Begrifflichkeiten von „Unmittelbarkeit" für die Erfahrung der Einheit mit Gott und einer „Mittelbarkeit" von Erfahrung, die darin besteht, „dass die in der Erfahrung anwesende Vermittlung der Psyche, der Schöpfung, der Sozialität in dieser vermittelnden Rolle analysiert und damit überstiegen wird". Dabei verwende die Mystik die Sprache gegen sich selbst, indem nämlich die Unmittelbarkeit der Gotteserfahrung „unter der Perspektive einer Offenbarung Gottes" eine Umkehrung erfahre, „insofern hier von einem Gott die Rede ist, der sich selbst gibt, der zum Menschen eine größere Nähe hat, als dieser sie zu sich selbst erfahren kann". Dadurch habe auch die „Negativität des Schweigens" in der dunklen Nacht nicht das letzte Wort, sondern werde, entsprechend dem Beispiel von der „Gottesgeburt im Herzen des Menschen" und mit Blick auf das Christentum und Jesu Erscheinen in der Welt, zu einer „Sprache der Annahme, die durch menschliches Wort hindurchdringen kann, weil sich Gott selbst dieser Sprache be-

---

345 F. Heiler, ⁵1923, S. 281f.

dient", was sich dann in einer Verhaltensänderung des Menschen und in seinem ethischen Tun niederschlage.[346]

In ähnlicher Weise hat auch Aulén eine Dialektik in Dag Hammarskjölds Beziehung zu den Mystikern und hinsichtlich Hammarskjölds eigener Erfahrungen ausgemacht, indem er zum einen auf die Bedeutung der Innenschau und damit auf die Psyche der Mystiker verweist und dazu aus Hammarskjölds Tagebuch zitiert: „Nur wenn du in dich selber hinabsteigst, erlebst du in der Begegnung mit dem anderen das Gute als die äußerste Wirklichkeit – gereinigt und lebendig, in ihm und durch dich."[347] Zum anderen aber macht Aulén noch einmal auf die Sprechweise der Mystiker aufmerksam, die mit abstrakten Begriffen wie Einheit oder Ganzheit die Unmittelbarkeit ihrer Beziehung zur Gottheit beschreiben, wenn aber Hammarskjöld sich dieser Terminologie bediene, so beschriebe er die Gottheit doch nicht als ein unqualifiziertes Wesen, sondern als ein Du, dem er sich im Gebet zuwendet, dessen Geheimnis aber bewahrt bleibt: „Du, den ich nicht kenne, dem ich doch zugehöre. Du, den ich nicht verstehe, der dennoch mich weihte meinem Geschick. Du –."[348]

Wenn die Mystik in der Metaphorik des Lichtes ausdrückt, dass die Welt zu sehen ist als im Lichte Gottes stehend und in Gott „das Geheimnis der Welt beschlossen liegt und entborgen werden kann" durch den Menschen, dann kann diese Welt auch im positiven Sinne, wenngleich unter Vorbehalt, als „Ort der Heiligung" erscheinen, worauf Dietmar Mieth noch hinweist und was auch Dag Hammarskjöld so gesehen haben muss, als er schrieb: „Du bist nicht Luft noch Öl – nur der Verbrennungspunkt, der Brennpunkt, wo das Licht geboren wird. Du bist nur die Linse im Lichtstrom. Nur so kannst du das Licht entgegennehmen und geben und besitzen ... Heiligung – Licht oder im Licht zu sein, vernichtet, damit es entstehe, vernichtet, damit es sich sammle und verbreite."[349] Den Weg zur Heiligung wusste Ham-

---

346 D. Mieth, 2006, S. 711f. Hierzu sei angemerkt, dass auch Mieth durch die Wirksamkeit der Offenbarung einen „qualitativen Sprung" in der Glaubenserfahrung und im mystischen „Durchbruch" zum Wesen des Menschen (nach Eckhart) auch einen Sprung „in der Bedeutsamkeit von Menschsein" sieht, ähnlich Söderblom oder Kierkegaard.
347 G. Aulén, 1969, S. 118 mit Bezug auf ZW, 2005, S. 165.
348 G. Aulén, 1969, S. 121 mit Bezug auf ZW, 2005, S. 203.
349 ZW, 2005, S. 158.

marskjöld zudem genau anzugeben: Er „geht in unserer Zeit notwenig über das Handeln".350

5.1.2 Mit Johannes vom Kreuz durch die „dunkle Nacht"

Obwohl nicht einer der für Dag Hammarskjöld wichtigen Mystiker, ist der Spanier Johannes vom Kreuz351 doch so bedeutsam für ihn gewesen, dass er ihn als Einzigen namentlich in seinem Credo „This I Believe" erwähnte. Aus den Texten des Johannes vom Kreuz hatte er für sich die Definition von „Glaube ist Gottes Vereinigung mit der Seele" herausgefiltert und in dieser Weise mehrfach in seinem Tagebuch zitiert.352 Tatsächlich findet sich diese Formulierung so nicht in den Schriften des Johannes vom Kreuz, vielmehr hat dieser den Glauben immer als ein „Mittel" zur Vereinigung der Seele mit Gott, den mystischen Weg aber als „einen Aufstieg der Seele zu Gott" beschrieben353, während Hammarskjölds Formulierung von „Gottes Vereinigung mit der Seele" in einer Umkehrung bereits auf den Aspekt der Hinwendung Gottes zum Menschen hindeutet, was nicht nur seiner persönlichen Erfahrung entsprach, sondern auch in der Darstellung des Johannes vom Kreuz zu finden ist.

Durch Johannes vom Kreuz hatte Hammarskjöld auch gelernt, dass Glaube „ein Zustand des Intellekts und der Seele" ist, weil er ganz offensichtlich einen ähnlichen Leidensweg der Glaubenserkenntnis

---
350 ZW, 2005, S. 129.
351 J. v. Kreuz, geb. 1542 in Kastilien/Spanien als Juan de Yepes, dem Orden der Karmeliten seit 1563 zugehörend und 1568 zum Priester geweiht, stirbt Fray Juan de la Cruz am 14. Dez. 1591, aller seiner Ordensämter enthoben; dennoch erfolgt 1675 die Selig- und 1726 die Heiligsprechung.
352 ZW, 2005, S. 110, 116, 138, 165; z. B. nach J. v. Kreuz, „Die dunkle Nacht", Buch 1, Kap. 11. Hammarskjöld nannte verschiedene Werke des J. v. Kreuz sein eigen: „Les Œuvres spirituelles, 1928; Poesías completas, 1947; The poems of St. John of the Cross, 1951; Vida y obras de San Juan de la Cruz, 1955; und M. Muños Garnica, San Juan de la Cruz, 1875.
353 Darauf weist M. Fröhlich (2000, S. 156) hin, bezieht sich aber auf J. Huls (1991, S. 884), der genau diesen Sachverhalt beschreibt und in seinem Text dazu ausführlich Stellung nimmt. P. Nelson (2007, S. 160f) allerdings konnte nach ausführlichen Recherchen zeigen, dass Hammarskjöld seine Formulierung offenbar exakt aus einer Übersetzung der „Dunklen Nacht" des schwedischen Poeten Hjalmar Gullberg übernommen hat, mit dem er in einer lebendigen Diskussion über das Thema gestanden habe.

durchlaufen und Ähnliches erfahren und die intellektuelle Beschäftigung mit den Werken des Mystikers in ihm eigene Seelenfrüchte zur Reife gebracht hatte, so wie auch bei Edith Stein, die in ihrer „Kreuzeswissenschaft" sich nicht mehr nur mit der intellektuellen Haltung „des ausschließlich einfühlenden Nachschaffens" begnügen konnte, sondern in tiefempfundenem Wiederkennen der Wahrheit des von Johannes Dargelegten „seine Kreuzeslehre zu einer Philosophie der Person" ausgestaltet hat und so auf ihre Weise das Unbegreifliche in Worte zu fassen gesucht hatte.[354]

Dass jeder entsprechend der Charakteristik und Reife der eigenen Seele handeln und in der eigenen Lebenszeit sein persönliches Kreuz tragen muss, auch wenn dieser Kreuzweg zum Tod führt, das hatte Dag Hammarskjöld, ebenso wie Edith Stein, in Orientierung an Jesu Leidensgeschichte erkannt und durch die Erfahrungen des Johannes vom Kreuz bestätigt bekommen, sodass er schreiben konnte: „Keine Wahl ist unabhängig davon, wie die Persönlichkeit ihr Schicksal auffasst, der Körper seinen Tod. Auf der Ebene des Opfergedankens fallen am Ende die Entscheidungen über alle Fragen, die das Leben stellt. Darum verlangt es seinen Platz und seine Zeit – wenn nötig mit Vortrittsrecht. Darum die Notwendigkeit, bereit zu sein."[355]

Über wessen Schicksalsweg aber das Zeichen des Kreuzes steht, der braucht eine mutige Seele und Vertrauen in die Liebe Gottes, und weil Dag Hammarskjöld auch dies schon in seiner Auseinandersetzung mit der historischen Gestalt Jesu gelernt hatte, konnte er sagen: „Mut und Liebe: gleichwertiger und verbundener Ausdruck für deine Auseinandersetzung mit dem Leben. Du bist gewillt, zu ‚bezahlen', was dein Herz dir gebietet, zu geben. Zwei zusammengehörige Reflexe des Opfers als aktiver Einsatz, bedingt durch die selbstgewählte Auslöschung der Persönlichkeit in dem Einen."[356] In Johannes vom Kreuz aber hatte er einen kundigen Wegbegleiter gefunden, der ihm gezeigt hat, „dass ehrliche, existenzielle Hinkehr zu Gott Leben ist, vertieftes und fruchtbares Dasein für die Mitmenschen bewirken kann und den wirklichen

---

354 E. Stein, 1983, S. 285.
355 ZW, 2005, S. 161.
356 ZW, 2005, S. 161.

Weg nach vorn bedeutet"357. Und so konnte er durch ihn Antworten auf seine Frage erhalten, wie ein Leben des aktiven, sozialen Dienstes in voller Harmonie mit sich selbst und als Mitglied der Gemeinschaft des Geistes zu führen sei, ganz so, wie er es in seinem Credo thematisiert hatte.

In verschiedenen Stufen legt Johannes vom Kreuz den mystischen Weg des Aufstiegs der Seele und ihre Vorbereitung und Reinigung auf die Vereinigung mit Gott hin dar. Dazu wählte er das Bild von der dunklen Nacht358, die durchschritten und durchlitten werden muss, ehe diese „Unio" geschehen kann. Dabei unterscheidet er zwischen einer „Nacht des Sinnenbereiches", in welcher der Mensch sich von allen seinen Neigungen und seinem natürlichen Verlangen nach der Welt und dem Angenehmen, das sie ihm an Schönem, Freudigem und seine Sinne Befriedigendem geben kann, freimachen und sich aufraffen und danach sehnen muss, dass Gott ihn „in diese Nacht hineinstellt", damit er „in den Tugenden" wie Wahrhaftigkeit, Gerechtigkeit, Bescheidenheit und Hilfsbereitschaft und ebenso in den „gottgewirkten Tugenden Glaube, Hoffnung und Liebe", die ihm nicht als Ergebnis seiner moralischen Anstrengungen, sondern als Folge seiner wachsenden Hinwendung zu Gott von ihm zukommen, „erstarke".359

Einen Teil der „dunklen Nacht" hatte Dag Hammarskjöld bereits durchlaufen, als er in seinen Krisenjahren am Erfolg müde geworden war und sich sagen musste: „Lass nie den Erfolg seine Leere verbergen, die Leistung ihre Wertlosigkeit, das Arbeitsleben seine Öde. So behalte den Sporn, um weiterzukommen, den Schmerz der Seele, der uns über uns selber hinaustreibt." Doch er fügte noch hinzu: „Wohin? Das weiß ich nicht. Das begehre ich nicht zu wissen"360. Offenbar war seine Seele im Jahr 1950 noch nicht geläutert und reif genug, um sich der Einsamkeit und den Leiden des Kreuzweges auszusetzen, sodass

---
357 U. Dorban OCD und R. Körner OCD in ihrer Einführung zu J. v. Kreuz, ^{8}2007, S. 17.
358 M. Fröhlich merkt nicht zu Unrecht an, dass zwischen der „dunklen Nacht" des J. v. Kreuz und den Eingangszeilen des von Hammarskjöld leitmotivisch während seiner Krisenjahre jeweils zu Jahresbeginn zitierten Chorals „Bald naht die Nacht" eine enge Verbindung besteht, und zwar insofern, als die Nacht eine Metapher für den Prozess der Vereinigung von Gott und Mensch darstellt und somit ein Weg ist, den Hammarskjöld für sich bereits ahnte.
359 J. v. Kreuz, ^{8}2007, S. 32, 210 und 218.
360 ZW, 2005, S. 79.

er das Ziel des Weges damals noch nicht zu wissen begehrte. Dennoch trieb ihn etwas zum weiteren Nachdenken und zum Ankämpfen gegen seine Überheblichkeit, die Johannes vom Kreuz eine „geistliche Unvollkommenheit des Anfängers"[361] nennt, und er notierte: „Wenn man den Grundsatz nicht anerkennt, dass derjenige, der einen Weg einschlägt, auf die anderen Wege verzichten muss, dann muss man sich wohl überzeugen, dass es dienlich sei, am Kreuzweg stehen zu bleiben. – Aber tadle nicht den, der geht – tadle weder noch lobe."[362]

Zwar hatte Hammarskjöld schon gelernt, diese „Unvollkommenheit" des Anfängers bei sich zu erkennen und zu bekämpfen, aber noch immer ist das, was er sucht, nicht erreicht, und er ruft einsam und verzweifelt: „Sei im Nichts, schlaf im Schweigen, weine im Finstern – kleiner Incubus, wann, *wann?*"[363] Seine Seele ist in die „dunkle Nacht" gehüllt und ihm ist, als müsse er trotz aller Anstrengungen „versinken und vergehen", wie Edith Stein diesen Zustand erklärt und beruhigend anmerkt: „Aber dem ist nicht so. In der Tat werden wir auf einen sicheren Weg gestellt ... den Weg des Glaubens", und „er führt zum Ziel der Vereinigung. Aber es ist ein nächtlicher Weg, denn im Vergleich mit der klaren Einsicht des natürlichen Verstandes ist der Glaube eine dunkle Erkenntnis: er macht uns mit etwas bekannt, aber wir bekommen es nicht zu sehen."[364]

Dag Hammarskjöld ist also angefragt, nicht nur „sein Kreuz auf sich zu nehmen", was nach Edith Stein heißt, „aktiv in die dunkle Nacht eingehen", sondern in einem zweiten Schritt muss der Mensch bereit werden, sich der Kreuzigung auch auszuliefern, und dies geschieht in der „passiven Nacht" durch Gott selbst, indem er ihn in den Zustand einer „reinigenden Trockenheit" versetzt, um zu prüfen, inwieweit er wirklich bereit ist zur Läuterung, um endlich zur „Freiheit des Geistes" zu reifen.[365] Für Dag Hammarskjöld stellte sich die „Trockenheit" dar, wie er sie symbolisch im Jahr 1950 in folgende Worte gefasst hat: „Staub lagert schwer, Luft stirbt, Licht wird glanzlos in dem Raum, den zu verlassen wir nicht ständig bereit sind. Unsere Liebe verarmt, wenn

---

361 J. v. Kreuz, ⁸2007, S. 34.
362 ZW, 2005, S. 88.
363 ZW, 2005, S. 102.
364 E. Stein, 1983, S. 39.
365 E. Stein, 1983, S. 41ff.

wir nicht den Mut haben, ihren Gegenstand zu opfern. Nur so lange lebt unser Lebenswille, als wir das Leben wollen, ohne daran zu denken, ob es unser ist." Und er wusste um die Bedeutungsschwere seiner Situation, als er schrieb: „Dies ist *jener* Augenblick, da ich für das bezahle, was ich erhielt. Das Vergangene ist archiviert, die Schuld ausgeglichen bis auf das Jetzt. Und auf die Zukunft habe ich kein Recht."[366]

Wenn Gott einen Menschen in der zweiten, der passiven Nacht des Geistes zur Kontemplation führen will, und dazu sind durchaus nicht alle auserwählt, so muss er jetzt „auf den Weg des dunklen und puren Glaubens gebracht werden, der das eigentliche und angemessene Mittel ist, durch das der Mensch mit Gott geeint wird", wie Johannes vom Kreuz selbst schreibt.[367] Das bedeutet aber, dass er dem letzten natürlichen Verlangen der Sinne ebenso entsagen muss wie seinem Intellekt, und dass er durch sein Eintauchen in den „tiefinnerlichen Läuterungsprozess" der zweiten Nacht allein dem Licht des Glaubens folgen und zu einem Erwachsenenglauben finden muss, indem er den Kreuzweg Christi in seinem Innern selbst nachvollzieht und frei wird von dem, was „er früher bei geistlichen Gütern verspürte"[368]. Lange ehe er diesen Weg selbst beschritt, hatte Dag Hammarskjöld aber doch schon eine Ahnung von dem, was Glauben einmal für ihn bedeuten sollte, als er 1941–1942 schrieb: „Erst durch die Einsicht, die wir gewinnen, wenn wir dem fliehenden Licht des Innersten folgen, vermögen wir zu erfassen, was Glaube ist. Wie viele wurden nicht durch das leere Gerede vom Glauben als einem Für-wahr-Halten in das Dunkel getrieben!"[369]

Es ist der „schmale Weg", der nur von wenigen gefunden wird[370] und für den Hammarskjöld sich entschied, als er sein „Ja" gesprochen hatte nach dem Vorbild Christi und in seiner Nachfolge. Es ist ein Weg, der nach Johannes vom Kreuz „für den Menschen nicht nur schmerz-, sondern auch qualvoll ist", obwohl Gott ihn nun mit der „Vollkommenheit der Liebe" vertraut machen will und das göttliche Licht in ihm aufzuscheinen beginnt. Aber auf dieser Stufe wird er noch einmal mit „der moralischen und geistlichen Schwäche seiner natürlichen Veran-

---

366 ZW, 2005, S. 80.
367 J. v. Kreuz, [8]2007, S. 67 und 98.
368 J. v. Kreuz, [8]2007, S. 93 und 100.
369 ZW, 2005, S. 49.
370 in Anlehnung an Matth. 7,14.

lagung" konfrontiert und mag am Beispiel Hiobs lernen, dass Mitleid nicht angezeigt ist, wenn Gottes Hand streng und dennoch voller Erbarmen und Gnaden schenkend auf ihm ruht.[371] Und diesen Schmerz hat auch Dag Hammarskjöld erfahren müssen, ehe er, wissend geworden, formulieren konnte: „Wer einmal unter Gottes Hand war, hat seine Unschuld verloren: er allein kennt die furchtbare Sprengkraft der Nachgiebigkeit. Aber wie stark ist er in der Sammlung, außerhalb und über, die er gewinnt, wenn Gott darum in ihm ist, weil er in Gott ist. Stark und frei, weil er selbst nicht mehr ist."[372]

Wer aber die Stufen der „Treppe der Liebe" so weit emporgestiegen ist, dass er mit der Kraft dieser Liebe an Wärme, Mitgefühl, Duldsamkeit und Mut gewonnen und damit begonnen hat, sich in der Welt für andere einzusetzen, wie Johannes es beschrieben hat[373] und wie es Dag Hammarskjöld zuteil wurde, der mag sich zu Recht einer „Gemeinschaft der Heiligen" nahe fühlen und „in dieser – ein ewiges Leben" finden, wie er es 1952 in seiner „Vision von einem seelischen Kraftfeld, geschaffen in einem ständigen Jetzt von den vielen, in Wort und Tat ständig Betenden, im heiligen Willen Lebenden"[374] vorausgeahnt hatte.

Es sind dies wohl jene Heiligen, die ihm die letzten der zehn von Johannes vom Kreuz genannten Stufen noch vorausgegangen sind und schon die „Stufe der Vollkommenen" erreicht haben, die „aufgrund der klaren Schau Gottes ... aus dem Fleisch" hinausgegangen und „durch die Liebe schon gänzlich geläutert" sind[375], wie es etwa einem Plotin und anderen großen Mystikern geschah und die, wie auch schon Henri Bergson wusste, „zusammen eine geistige Gemeinschaft bilden" und den „mystischen Schwung" erhalten und „fortsetzen bis zu dem Tage, wo ein tiefer Wandel der materiellen Bedingungen, die der Menschheit von der Natur auferlegt sind, eine grundlegende Umbildung von der geistigen Seite her gestatten würde".[376] Dag Hammarskjöld jedenfalls hatte alle ihm gnadenhaft erlaubten Stufen in der „dunklen Nacht" erklommen und an herausragender Stelle und in Anspannung aller ihm

---

371 J. v. Kreuz, [8]2007, S. 103 und 107.
372 ZW, 2005, S. 116.
373 J. v. Kreuz, [8]2007, S. 174 bis 180.
374 ZW, 2005, S. 102.
375 J. v. Kreuz, [8]2007, S. 181.
376 H. Bergson, [1-3]1933, S. 234.

5.1.3 Mit Meister Eckhart gelernt, wie zu leben sei

Wenn nach Henri Bergson die „mystischen Seelen" es sind, deren Wirken sich „im Gedächtnis der Menschen niedergeschlagen" hat und die den „mystischen Schwung" in der Welt noch immer in Gang halten, dann mag es auch richtig sein, dass jeder von uns die Erinnerung daran in sich wiederbeleben kann, „besonders wenn er sie dem – in ihm lebendig gebliebenen – Bilde einer Person annähert, die dieser Mystik teilhaftig war, und sich mit ihrem Glanze umgeben hat".[377] In diesem Sinne scheint Dag Hammarskjöld sich tatsächlich den Mystikern angenähert und von ihnen sowohl für seine Art zu leben wie für sein Moralverständnis Entscheidendes gelernt zu haben. Und wenn Eckhart eine mögliche „Wirkeinheit des Menschen mit dem in die Welt hineinströmenden Gott" und ein daraus erwachsendes Engagement eines Menschen, der einerseits ganz bei sich selbst und andererseits ganz beim anderen Menschen ist, also sowohl konkrete Hilfe leistet als auch aus Selbstverschwendung wirkt, gesehen hat, wie von Dietmar Mieth dargestellt[378], dann ist das eigentlich nichts anderes, als was Bergson für die Mystiker früherer Zeiten beschrieben und Dag Hammarskjöld in neuerer Zeit zu erkennen und nachzuleben versucht hat.

Der mystische Weg aber verändert den Menschen von innen heraus. Innere Sammlung, Selbstlosigkeit und ethisches Verhalten erwachsen ihm ebenso aus diesem inneren Wandlungsprozess, wie eine klare Sinndeutung des eigenen Lebens. Um wiederum mit Dietmar Mieth zu sprechen, ist Eckharts Mystik „in diesem Sinne immer auch Anweisung zum guten Leben" gewesen, worunter eben nicht nur „Gutheit, sondern auch alle perfectiones spirituales (Abgeschiedenheit, Freiheit, Armut, Gelassenheit, Fruchtbarkeit)" zu subsumieren sind, die der Mensch mittels der in ihm angelegten „natürlichen Vernunftgründe" im Glauben als von Gott in ihm gewirkt erkennen und somit alle sei-

---

377 H. Bergson, $^{1-3}$1933, S. 80f.
378 D. Mieth, 2011, S. 125.

ne Handlungen auf Gott als das „Ziel seiner Intentionen" ausrichten muss, wie Eckhart es gelehrt hat.[379]

Auch Meister Eckhart ging es, wie Mieth weiter ausführt, „um die schmale Spur, um den Einschnitt, um den Riss, in welchem wir unser ‚Woraus', woher wir kommen und wohin wir gehen, wahrnehmen, in Bewusstseinszustände und Lebensumstände hineintreiben", und erst so zeigt sich für den Menschen, was Leben nach Eckhart wesentlich ist und wie es, gleich ihm und unter seinem Einfluss, auch Dag Hammarskjöld verstanden hat: „[D]er lebt, der aus Gott das Leben in sich schöpft."[380]

Während Dag Hammarskjöld in den 1920er Jahren in seiner Studienzeit die Schriften Meister Eckharts nur sporadisch und vermutlich angeregt durch seinen Philosophielehrer Axel Hägerström[381] gelesen hat, soll er bereits während der 1930er Jahre ein emsiger Eckhart-Leser gewesen sein. Aber wie, wann und wo auch immer Dag Hammarskjöld mit Meister Eckhart in Berührung gekommen ist, für Bertil Brisman stand jedenfalls fest, dass er durch Meister Eckhart mit der mystischen Erlebnis- oder Lebensweise vertraut gemacht wurde, und da er mit einer intuitiven Einfühlung in die Welt der Evangelien begabt gewesen sei, war es eben Eckharts philosophische, spekulative Mystik, von der er die tiefsten Eindrücke empfangen habe.[382]

---

379 D. Mieth, 2011, S. 116ff mit Bezug auf Eckharts Johannes-Kommentar. (s. hierzu z. B. von N. Lagier (Hg.), Meister Eckhart Werke II, S. 535f, wo es heißt: „Für unser sittliches Verhalten ergibt sich die Lehre, dass der Ursprung all unseres Strebens und Tuns Gott sein muss. Denn *im Anfang war das Wort, und Gott war das Wort*. Ferner, willst du von all deinem inneren und äußeren Tun wissen, ob es göttlich ist oder nicht, und ob Gott es in dir wirkt, so sieh zu, ob das Ziel deines Strebens Gott ist. Wenn er es ist, dann ist dein Tun göttlich, denn Ursprung und Ziel sind dasselbe. Zudem aber erhalten wir die Lehre, dass unser Werk vernünftig sein und dem Spruch und der Anordnung der Vernuft folgen muss, die das Werk entspringen lässt. Denn er sagt: *Im Anfang war das Wort*, das heißt die Vernunft.")
380 D. Mieth, 2011, S. 127.
381 Bertil Brisman (1970, S. 220) weist darauf hin, dass Hägerström in seinen Vorlesungen 1920 und 1930 zum Thema „Mysticismen in Eckeharts Scholastik" gelesen und dabei von dessen Predigt „Von der ewigen Geburt" ausgegangen sei. Auch Paul R. Nelson weist auf diesen Sachverhalt hin (P. R. Nelson, 2007, S. 107).
382 B. Brisman, 1970, S. 223. Interessant ist auch die folgende Bemerkung Brismans (ebenfalls S. 223), dass Mystik sich nicht einfach im Menschen selbst finde, sondern dass es immer einen Bezugspunkt zu einer Mutterreligion oder die Voraussetzung einer solchen gäbe, von deren Kern aus der mystische

5.1.3.1 Von der „ewigen Geburt", einem „gewöhnten Wollen" und anderen „Unterweisungen" für ein gelingendes Leben

Dag Hammarskjöld scheint sich insbesondere mit Eckharts vier Predigten zur „ewigen Geburt", mit seinen „Reden der Unterweisung", seinem „Buch der göttlichen Tröstungen" und „Vom Gottesreich" befasst zu haben, aber entgegen manchen anderslautenden Hinweisen und Mutmaßungen[383] entstammen alle neun Zitate Eckharts, die Hammarskjöld in deutscher Sprache als „Zeichen" für sich selbst in sein Tagebuch aufgenommen hat, wortwörtlich der von Hermann Büttner im Jahre 1934 herausgegebenen Jenaer Volksausgabe[384], die lt. Uno Willers, seinem Freund und Bibliothekar der Königlichen Bibliothek in Stockholm, zu dem Teil seiner Büchersammlung gehörte, die er bei seinem Wegzug nach New York mitgenommen habe.[385]

Auffällig ist, dass Dag Hammarskjöld vor allem in den Jahren zwischen 1955 und 1958 aus Eckhart zitiert hat, davon fünfmal im Jahr 1956, während sich 1955 und 1957 jeweils ein Zitat und 1958 zwei weitere finden lassen, und die Frage ist, was ihn gerade in diesen Jahren dazu bewogen haben mochte, sich intensiver mit Meister Eckhart auseinanderzusetzen. Sicher dürfte jedoch sein, dass er Eckhart nicht vor dem historischen Hintergrund seiner Zeit gelesen, sondern allein das herausgefiltert und als Zitate seinem Tagebuch anvertraut hat, was ihm ganz persönlich wichtig war und auch für seine Zeit gültig erschien. Dem kam die Büttnersche Volksausgabe von 1934 entgegen, die nach

---

„Funke" sich entwickle. Dies erinnert stark an die Ausführungen der Brüder Schjelderup zu Vater-, Mutter- und Selbstreligion (s. Teil III, Kap. 2. 3).

383 A. Specker (1999, S. 97) hat die Herkunft der Zitate noch nicht identifizieren können; auch R. van den Brandt (1995, S. 222) hat gänzlich auf eine Zuordnung verzichtet. B. Brisman (1970, S. 221–222) listet 13 weitere Eckhart-Stellen auf, denen er eine Nähe zu einigen „Zeichen" aus Hammarskjölds Tagebuch zuweist, was aber nicht eindeutig und im Wortlaut nicht nachweisbar ist, da Brisman aus einer eigenen Eckhart-Übersetzung zitiert.

384 Der Band enthält Auszüge verschiedener Schriften Meister Eckharts aus der Büttnerschen Erstausgabe von 1903. Die Volksausgabe von 1934, die Hammarskjöld sein Eigen nannte, befindet sich heute in der Königlichen Bibliothek in Stockholm. Hammarskjöld soll aber weitere Ausgaben der Werke Meister Eckharts besessen haben, die sich z. T. auf seinem Landsitz Bakåkra befinden sollen (so z. B. B. Brisman, 1970, S. 219; auch R. van den Brandt, 1995, S. 222).

385 B. Brisman, 1970, S. 220.

Ingeborg Degenhardt vor allem die Lesbarkeit der Eckhart-Zitate zum Ziel hatte, und zudem war die Übersetzung so abgefasst, „dass sie dem Zeitgeist des beginnenden 20. Jahrhunderts mit seiner Neigung zu einer undogmatischen Spiritualität" entsprach.[386]

Im Jahr 1955 errang Dag Hammarskjöld in der UNO seinen ersten Achtungserfolg, als er von China die Rückgabe der im Jahr zuvor über dem koreanischen Kriegsgebiet abgeschossenen und seither von den Chinesen als Spione gefangen gehaltenen amerikanischen Soldaten erwirken konnte. Bei den Gesprächen in Peking hatte sich bald gezeigt, dass Hammarskjöld mit dem damaligen chinesischen Ministerpräsidenten Tschou En-lai ein überaus geschickter Verhandlungspartner, aber auch ein Mensch gegenüberstand, mit dem ihn manches Gemeinsame hinsichtlich Herkunft und Bildung verband, vor allem aber eignete beiden neben gemeinsamen intellektuellen und künstlerischen Interessen eine „indirekte Ausdrucksweise", die eine „günstige Atmosphäre" für die komplizierten Verhandlungen schuf und letztlich den Erfolg ermöglichte.

Nach dieser „Chinoiserie", wie er den Einsatz in China genannt hatte, fühlte Dag Hammarskjöld sich zwar „in gewisser Weise ... jetzt erwachsener als vorher", wie er Bo Beskow gegenüber in einem Brief bekannte[387], und doch hatte er im Innersten seiner Seele gewahren müssen: „Es ist nicht genug, sich täglich unter Gott zu stellen. Darauf kommt es an, nur unter Gott zu stehn: jede Zersplitterung öffnet die Tür für Tagtraum, Geschwätz, heimliches Selbstlob, Verleumdung – alle diese Aftertrabanten des Zerstörungstriebs."[388] Und unmittelbar anschließend fügt er das erste Eckhart-Zitat ein: „Wie aber soll ich denn Gott lieben? Du sollst ihn lieben, wie er ein Nichtgott, ein Nichtgeist, eine Nichtperson, ein Nichtgestaltetes ist: vielmehr nur lautere, pure, klare Einheit, aller Zweiheit fern. Und in diesem Einen sollen wir ewiglich versinken vom Sein zum Nichts. Dazu helfe uns Gott."[389]

Dag Hammarskjöld wusste also bereits, dass er sich in jeder Hinsicht Gott unterstellen muss, wenn ihm sein Tun gelingen soll, und dass ein Versinken „vom Sein zum Nichtsein" und damit die vollstän-

---

386 Zitiert nach R. van den Brandt, 1995, S. 223.
387 S. Söderberg, 1962, S. 62f.
388 ZW, 2005, S. 120.
389 ZW, 2005, S. 120 (Büttner, 1934, S. 147).

dige Auslöschung und Hingabe des eigenen Selbst an Gottes Willen und Ziele von ihm gefordert ist, wie Bernhard Erling dieses „Zeichen" kommentiert.[390]

Eckhart selbst verband mit seiner Forderung nach Selbstauslöschung, dass die Seele sich von allen Bildern lösen und alle Begriffe aufgeben, also „alle Zweiheit" hinter sich lassen und zu einem geistlosen Sein finden muss, was aber nur gelingt, „wo sie vom ‚Etwas zum Nichts', vom ‚Geist zum Nicht-Geist', von der Person zur ‚Nicht-Person'" wird.[391] Und dass er eben dies verstanden hatte, wollte Dag Hammarskjöld wohl an dieser Stelle und mit diesem Verweis auf Eckhart zum Ausdruck bringen.

Dennoch mag man sich über die Gründe wundern, warum Hammarskjöld diesen für die via negativa und den Neuplatonismus sehr typischen Ausdruck gewählt hat, wie Gustaf Aulén zu diesem Zitat bemerkt und meint, er habe hier Eckhart nicht zitiert, weil er diesen Weg für sich als angemessen empfunden, sondern weil er entdeckt habe, dass alle Bezeichnungen Gottes letztendlich unzureichend sind und ihm daran gelegen war, deutlich zu machen, dass das letzte Wort für Gott mystery, also ein „Geheimnis" ist.[392] Und dies ist dann doch auch eine sehr schöne Interpretation für die Einfügung des Eckhart-Zitats durch Hammarskjöld an dieser Stelle und in Zusammenhang mit seiner China-Mission, denn der Wille Gottes und seine Absichten und Wege bleiben für den Menschen stets unerforschlich und können nur angenommen und befolgt werden in absolutem Vertrauen und vollkommener Hingabe.

Das Jahr 1956 war dann das Jahr des Volksaufstandes in Ungarn und der Suezkrise gewesen. Beide Ereignisse hatten für Dag Hammarskjöld eine besondere Herausforderung in Sachen Friedensvermittlung bedeutet und waren mit der Gründung einer „Internationalen Friedens- und Polizeitruppe" und einer kurzfristigen Rekrutierung und Stationierung dieser ersten Blauhelm-Soldaten am Suezkanal verbunden gewesen. Als am 22. Dezember 1956 diese Krise mit dem Abzug der englischen und französischen Truppen vom Kanal vorerst gelöst war, Hammarskjöld aus diesem Suez-Konflikt gestärkt hervorging und

---

390 B. Erling, 1999, S. 123.
391 N. Largier, 2008, Bd. II, S. 732 (Stellenkommentar zu Predigt 83).
392 G. Aulén, 1969, S. 70.

die Weihnachtstage noch auf der Sinai-Halbinsel verbrachte[393], hielt er am 24. Dezember 1956 rückblickend in seinem Tagebuch fest: „Dein eigener Einsatz ‚bewirkte das nicht', nur Gott – doch freue dich, dass Gott deinen Einsatz brauchte in seinem Werk. Freue dich, wenn du fühlst, dass, was du tatest, ‚notwendig' war, doch erkenne, dass du auch nur so ein Werkzeug warst für ihn, der durch dich ein Stückchen zu dem Ganzen fügte, das er gestaltet zu seinem Ziel." Und von Meister Eckhart fügte er hinzu: „Ist, ohne Nebenblick, Gott unser Ziel, fürwahr, so muss e r der Täter unserer Taten sein."[394]

Am 25. Dezember 1956 zitiert Dag Hammarskjöld weiter aus Eckhart: „‚Von der ewigen Geburt' – damit ist jetzt für mich alles gesagt, was ich lernte und lernen muss." Was er aber lernte und noch lernen muss, hatte er schon am Tag zuvor niedergeschrieben: „Dieser Mensch sucht nicht die Ruhe: ihn stört keine Unruhe – er muss eine innerliche Einsamkeit lernen, wo und bei wem's auch sei: er muss lernen, durch die Dinge durchzubrechen, muss seinen Gott *darinnen* ergreifen." Und wie dies geschehen soll, hat er wiederum am 25. Dezember 1956 vermerkt: „So muss die Seele, in der die Geburt geschehen soll, ganz vornehm leben: ganz einig und ganz innen. – Ein auferhobenes Gemüt musst du haben, ein *brennendes* Gemüt, in dem doch eine ungetrübte *schweigende* Stille herrscht."[395]

In seinen Predigten zur „ewigen Geburt" betont Eckhart mit Nachdruck, dass diese Geburt „ohne Unterlass" geschieht, und dass sie „in mir geschehe, darauf kommt alles an!". Gott gebiert seinen Sohn in Ewigkeit, weil ihm „ein vollendeter Einblick in sich selber, ein abgründiges Durchdenken seiner selbst – nur mittels seiner selbst, nicht eines Bildes" eignet.[396]

Diese Geburt also, so interpretiert Kurt Flasch, „ist keine Geburt, sondern fortdauerndes Gebären und ständiges Neuwerden. Es findet in der Ewigkeit statt, aber was geboren wird ... denkt Eckhart gerade nicht in biologischen Metaphern, sondern als intellektuelle Selbstdurchdringung".[397] Um dies zu erklären, will sich Eckhart einer „natürlichen Be-

---

393 S. Söderberg, 1962, S. 21.
394 ZW, 2005, S. 147 (Büttner, 1934, S. 175).
395 ZW, 2005, S. 147 (Büttner, 1934, S. 57, 79 und 176).
396 H. Büttner, 1934, S. 57f.
397 K. Flasch, 2010, S. 82.

weisführung" bedienen und appelliert dabei an Vernunft, Gedächtnis und Willen seiner Zuhörer, und doch gilt seine Rede nur dem „vollkommenen Menschen, der in den Wegen Gottes gewandelt ist"[398], oder einem, der wie Dag Hammarskjöld sich intensiv mit dem Leben, Leiden und Sterben Jesu Christi auseinandergesetzt und im innerlichen Nachvollzug dieses Geschehens selbst etwas von der Gottesgeburt in der eigenen Seele erfahren hatte und deshalb wissen konnte, worum es Eckhart in diesen Predigten wirklich ging.

Durch die weltlichen Geschehnisse „durchzubrechen", Gott als den immerwährenden Schöpfer aller Dinge und somit auch als „den Täter unserer Taten" zu erkennen und in seinem Namen zu wirken, das war Dag Hammarskjöld durch die Lektüre der Eckhartschen Texte voll bewusst geworden, und von ihm hatte er auch gelernt, was dazu vonnöten ist: das „brennende Gemüt" einer enthusiastischen Seele, die aber zu einer „schweigenden Stille" finden und aller Unruhe und Unrast Herr werden muss, um die Stimme Gottes auch in dem Ansturm der Aufgaben und Verpflichtungen dieser Welt zu vernehmen und in die Konflikte klärend eingreifen zu können. Noch mitten in der Suezkrise hatte er geschrieben: „Unrast, Unrast, Unrast – Darum: weil – wo die Gelegenheit dich verpflichtet, zu schaffen – du dich begnügst, die Forderungen der Stunde zu erfüllen, von Tag zu Tag; weil – bedacht auf die Anerkennung von anderen und eifersüchtig auf ihre Gelegenheiten, ‚Ehre' zu gewinnen – du dich herablässt, neugierig zu sein auf das Schicksal, das dem widerfahren wird, was du tatest und warst. Wie tot kann ein Mann sein hinter einer Fassade von großer Tüchtigkeit, Pflichttreue und – Ehrgeiz! Gelobt sei die Unrast als Zeichen, dass noch Leben vorhanden ist." Weil er aber schon von Eckhart gelernt hatte, fügte er hinzu: „– ‚mit Dir: in Treue und Mut'. Nein – ‚in *Selbstzucht, Treue und Mut*'."[399]

Neben allem äußeren Wirken ist also auch ein „inwendiges Wirken" gefordert[400], um alle störenden Gedanken und Bilder, die der Seele aus den drei Kräften Vernunft, Wille und Gedächtnis zufließen, zu bannen und zum eigenen Wesensgrund zu gelangen. Dort aber „muss Gott dich anrühren mit seinem einfachen Wesen" und „sein Wort in der

---

398 H. Büttner, 1934, S. 58f.
399 ZW, 2005, S. 141.
400 K. Flasch, 2010, S. 91.

Seele sprechen", ein „verborgenes Wort", das „inmitten der Nacht in tiefer Stille" gesprochen wird, ein Gnaden-Wort sozusagen, das nach Eckhart aber „ohne jedes Mittel" im Seelengrund erscheint.[401] Dies erfordert jedoch nicht Passivität, sondern Widerstand und aktive Abkehr der Seele von allem „äußeren Werke" und dem „Gestürme inwendiger Gedanken", also eine innere Umkehr, was aber gerade nicht heißt, dass alles äußere Welthandeln zu vermeiden ist.[402] Eckhart unterscheidet, wie auch Dag Hammarskjöld, genau zwischen einer „Ruhe", die der Mensch nicht suchen soll, weil es den Rückzug von allen Aufgaben und Tätigkeitsfeldern bedeuten würde, vor die sich der Mensch in dieser Welt gestellt sieht und die er als „Werkzeug" Gottes und „zu seinem Ziel" zu vollbringen hat, und jener „Unruhe", die ihn nicht mehr stören soll, weil sie „beruht auf dem Gemüt und einer innigen vernünftigen Hinwendung und Willensausrichtung auf Gott".[403]

„Der Mensch, der nun so im Willen Gottes steht, der will nichts anderes, als was Gott ist und was Gottes Wille ist", schreibt Eckhart[404], und diesen Gedankengang greift Dag Hammarskjöld im Jahr 1956 mit einem Beispiel Eckharts noch einmal auf: „Soll das Auge die Farben gewahren, so muss es selber zuvor aller Farben entkleidet sein."[405] Damit will Eckhart sagen – und so hat es auch Dag Hammarskjöld verstanden –, dass die Seele, um für Gottes Willen offen und empfangsbereit zu sein, frei sein muss von allem bildhaften und störenden Denken, so wie auch das Auge selbst farblos ist und deshalb alle Farben wahrnehmen kann oder, um es mit Niklaus Largier zu kommentieren: „So muss das Auge frei von Farbe sein", gleichzeitig aber, „um die Farbe wahrzunehmen, in dieser Offenheit der Möglichkeit nach alle Farbe sein und, um etwas wahrzunehmen, konzentriert und in sich gesammelt sein".[406]

Um die Hinwendung und Willensausrichtung auf Gott geht es Dag Hammarskjöld ein weiteres Mal, wenn er Eckhart zitiert: „Es gibt ein zufälliges und wesenloses Wollen; und es gibt ein schicksalmäßiges und schöpferisches, ein ‚gewöhntes' Wollen. – Nie und nimmer gibt

---

401 H. Büttner, 1934, S. 60ff.
402 K. Flasch, 2010, S. 91.
403 ZW, 2005, S. 147 (Büttner, 1934, S. 176).
404 N. Largier, 2008, Bd. I, S. 149 (Deutsche Werke I, Predigt 12).
405 ZW, 2005, S. 134 (Büttner, 1934, S. 111).
406 N. Largier, 2008, Bd. I, S. 878f.

Gott sich einem fremden Willen: wo er seinen Willen findet, da gibt er sich."⁴⁰⁷

Mit dem „zufälligen und wesenlosen Wollen" zielt Eckhart auf den Eigenwillen des Menschen, mit dem dieser sich „verkehrt zu den Dingen stellt"⁴⁰⁸ und entgegen dem Willen Gottes handelt, wie beispielsweise Dag Hammarskjöld, als ihm die eigene Tüchtigkeit und Pflichttreue und der sich daraus ergebende Ehrgewinn wichtiger waren.⁴⁰⁹ Mit dem „schicksalsmäßigen und schöpferischen Wollen" aber geht es Eckhart um etwas ganz Entscheidendes⁴¹⁰, nämlich dass sich der Mensch in „wohlgeübter Abgeschiedenheit" daran gewöhne, „in nichts das Seine zu suchen und zu erstreben, vielmehr in allen Dingen Gott zu finden und zu erfassen" und dabei seines eigenen Willens zu „entwerden", um in Gottes Willen wahrhafter zu „werden"⁴¹¹, denn erst dann kann sich Gott auch dem Menschen ganz geben und durch ihn und mit ihm seinen Willen in der Welt zur Wirkung bringen.

Während es für Dag Hammarskjöld also wichtig war, sich dem göttlichen Willen zu fügen und ein „Empfangender [zu] bleiben – und danken. Dafür: horchen, sehen, *verstehen* zu dürfen"⁴¹², ist er sich doch auch einer schicksalsbedingten Fügung seiner Handlungen bewusst, als er in der Mitte des konfliktreichen Jahres 1956 notiert: „Unmerklich werden unsere Finger so gelenkt, dass ein Muster sich bildet, wenn der Faden ins Gewebe schießt."⁴¹³ Und in der Zeit des Nachsinnens während der Weihnachtstage desselben Jahres ergänzt er in Erinnerung

---

407 ZW, 2005, S. 133 (Büttner, 1934, S. 198).
408 N. Largier, 2008, Bd. II, S. 339 (Traktat 2 – Reden der Unterweisung).
409 ZW, 2005, S. 141.
410 Ria van den Brandt weist hier zu Recht auf den Unterschied in der Übersetzung der Eckhartschen Werke durch Büttner und Quint hin, und dass Quint an dieser Stelle von einem „*entscheidenden* und schöpferischen und eingewöhnten Willen" spricht, während Büttner mit einem „*schicksalsmäßigen* und schöpferischen Wollen, einem ‚gewöhnten' Wollen" übersetzt und damit der Idee Vorschub leiste, „die Bejahung des göttlichen Willens sei identisch mit der Bejahung des Schicksals", was Dag Hammarskjöld durchaus auch so verstanden hat. (R. van den Brandt, 1995, S. 224f). Den Zitaten dieser Arbeit, ausgenommen die von Hammarskjöld zitierten Texte aus Büttner, liegt jedoch im Wesentlichen die Übersetzung nach Largier zugrunde, die allerdings der Quintschen wiederum näher steht als der von Büttner.
411 N. Largier, 2008, Bd. II, S. 409ff.
412 ZW, 2005, S. 128.
413 ZW, 2005, S. 144.

eines Textes von T. S. Eliot: „Es widerfährt nur einem Menschen und keinem anderen, doch er kann sich die Aufgaben und die Verantwortung nicht als eigenes Verdienst anrechnen. – Seinem Schicksal jagt man nicht nach noch weicht man ihm aus – es ist ein Geheimnis, der Vernunft nicht zuwider, denn es bedeutet, dass die Welt und der Gang der Menschengeschicke ihren Sinn besitzen."[414]

Ganz offensichtlich hat Dag Hammarskjöld sein Schicksal als Berufung und insofern als ein von Gott gelenktes Geschehen erlebt und nicht als Ausgeliefertsein an etwas Dämonisches und Bedrohliches oder zufällig sich Ereignendes. Er empfand sehr deutlich sein Aufgerufensein zum Reifwerden für ein außergewöhnliches Schicksal, denn „Reife" verstand er sinngemäß als „eine neue Unbewusstheit, die du erst erlangst, wenn du dir selbst vollkommen gleichgültig geworden bist durch bedingungsloses Bejahen des Schicksals".[415] Und in diesem Schicksal hatte er sich zu bewähren und Verantwortung zu tragen im Hier und Jetzt seines Lebens nach Wahl und freier Entscheidung.

Wenn sich Hammarskjöld aber noch einmal fragt: „Erfolg – zu Ehre Gottes oder zu deiner eigenen, für den Frieden der Menschen oder deinen eigenen?", dann weiß er doch inzwischen die Antwort, und dass sie „entscheidet über den Ausgang deines Strebens".[416] Und längst hatte er mit Eckhart erkannt: „Das Beste und Herrlichste, wozu man in diesem Leben gelangen mag, ist, dass du schweigst und Gott da wirken und sprechen lässt"[417], auf dass das eigene Tun zu jenem Eckhartschen „gewöhnten Wollen" und zu einem „fortwährenden Schöpfungsakt" finde, „gesteuert von der Kraft jenseits des Bewusstseins, die den Menschen schuf"[418].

Schöpferisches Wirken mit „lebendigen Werken" in der „Mannigfaltigkeit" der Welt wurde für Dag Hammarskjöld mit Eckharts Hilfe

---

414 ZW, 2005, S. 147; im Original englisch und hier in der deutschen Übersetzung wiedergegeben lt. Fußnote 92. In dieser Ausgabe und der gen. Fußnote ist noch nicht der Hinweis aus T. S. Eliot als Verfasser angegeben, Erst die neueste Ausgabe des Tagebuches (Verlag Urachhaus, Stuttgart, 2011) enthält folgenden Vermerk auf Seite 234 in Fußnote 110: „Bjurström/Dumaine/Ossola haben diese Stelle in T. S. Eliot ... 'Virgil and the Christian World' (1951) lokalisiert."
415 ZW, 2005, S. 106.
416 ZW. 2005, S. 153.
417 ZW, 2005, S. 159 (Büttner, 1934, S. 61).
418 ZW, 2005, S. 165.

immer mehr zu einem Mitwirken am „Gottesreich" und „aus der Ordnung des Reiches Gottes", wie er mit zwei längeren Eckhart-Zitaten im Jahr 1958 noch einmal bezeugt[419], um dann aber mit einem Psalmwort, und damit an die Liebe Gottes zu den Menschen appellierend, zu ergänzen: „Lass dein Angesicht leuchten, dann ist uns geholfen."[420]

5.1.3.2 Maria und Martha oder: Von der vita passiva und vita activa

Keines der von Dag Hammarskjöld in sein Tagebuch übernommenen Eckhart-Zitate steht in direktem Bezug zu einer Predigt Eckharts nach dem biblischen Maria- und Martha-Text. Eine gewisse Verbindung besteht allerdings insofern, als zwischen den beiden Zitaten zum „Gottesreich", die Hammarskjöld übernommen hat, bei Hermann Büttner ein Hinweis auf Marthas alltägliche Sorgen eingefügt und mit der Mahnung Christi verbunden ist, die Hammarskjöld dann zitiert: „Glaubt mir: zur Vollkommenheit gehört auch dies, dass einer also sich empormache in seinem Wirken, dass alle Werke zusammengehen zu einem Werk. Das muss geschehen im Gottesreich."[421]

Könnte die Auslassung des Hinweises auf Martha durch Hammarskjöld möglicherweise so gedeutet werden, dass er, der im Jahr 1958 durch die Mannigfaltigkeit der weltlichen Anforderungen in tugendhaft ordentlichem, einsichtsvollem und besonnenem Tätigsein Gereifte, einer Auseinandersetzung mit Martha nicht mehr bedurfte, weil er bereits selbst „bei der Sorge, nicht aber in der Sorge", oder „bei den Dingen, nicht in den Dingen"[422] stand? Damit ist jedoch den von Eckhart in dem Maria-Martha-Text geschilderten drei Wegen Gottes und den damit verbundenen Lebensformen, soweit sie für Eckharts ZuhörerInnen damals und für Dag Hammarskjöld in heutiger Zeit von Bedeutung sein konnten, weit vorgegriffen, deshalb zunächst einmal zum Bibeltext:

Lukas berichtet, dass Jesus und seine Jünger einmal in ein Dorf kamen und von einer Frau namens Martha freundllich aufgenommen

---

419 ZW, 2005, S. 163 (Büttner, 1934, S. 309).
420 ZW, 2005, S. 163; im Original englisch und hier zitiert auf Deutsch entspr. Fußnote 106, S. 220.
421 ZW, 2005, S. 163 (Büttner, S. 309).
422 N. Largier, 2008, Bd. II, S. 221.

wurden. „Sie hatte eine Schwester, die Maria hieß. Maria setzte sich dem Herrn zu Füßen und hörte seinen Worten zu. Martha aber war ganz davon in Anspruch genommen, für ihn zu sorgen. Sie kam zu ihm und sagte: Herr, kümmert es dich nicht, dass meine Schwester die ganze Arbeit mir allein überlässt? Sag ihr doch, sie soll mir helfen! Der Herr antwortete: Martha, Martha, du machst dir viele Sorgen und Mühen. Aber nur eines ist notwendig. Maria hat das Bessere gewählt, das soll ihr nicht genommen werden."[423]

Schon in der Antike waren vita activa und vita contemplativa bekannt „als die beiden urbildlichen Lebensformen ..., um deren Ausgleich sich jeder Mensch bemühen sollte", und griechisches Erbe verband sich „mit der biblischen Lehre, die im Gleichnis von Maria und Martha ihren Ausdruck findet", worauf Regine Kather hinweist.[424] Zwar ist nicht zu leugnen, dass der Kontemplation als dem Ausdruck höchsten inneren Tätigseins „ein Moment der Empfänglichkeit für etwas den Menschen weit Übersteigendes" eignet, wie Regine Kather weiter befindet, doch durch den Evangelientext war über Jahrhunderte am Beispiel Marias ein Vorrang der vita contemplativa gegenüber der vita activa in den christlichen Klöstern begründet und kultiviert worden, was Meister Eckhart dazu veranlasste, diesen Text als Grundlage zu nehmen, um „die spirituelle (Sehn-)sucht der von ihm betreuten Nonnen in Werke der Nächstenliebe zu kanalisieren", wie Volker Leppin zu der entsprechenden Eckhart-Predigt kommentiert.[425] Dazu kehrte Eckhart das von Lukas beschriebene Verhältnis zwischen Maria und Martha geradezu um und stellte das Tätigsein der Martha und ihre Lebensform einer vita activa in ein neues Licht, ohne dabei das notwendige Eine, dass vita passiva und vita activa, also inneres und äußeres Leben, zusammengehören und nur so „alle Werke zusammengehen zu *einem* Werk im Gottesreich", aus dem Blick zu verlieren.

In der Übersetzung Niklaus Largiers von Eckharts Predigt treten die Wesensunterschiede der beiden Frauen, die Eckhart anhand von jeweils „drei Dingen" herausarbeitet, deutlicher zutage. So wird Marias Seele geschildert als von der Güte Gottes umfangen, mit einem unaussprechlichen Verlangen erfüllt, ohne zu wissen wonach, und dass

---
423 LK 10, 38–42 nach der Einheitsübersetzung, Ausgabe 2001.
424 R. Kather, 1992, S. 1.
425 V. Leppin, 1997, S. 83.

sie süßen Trost und Beglückung aus den Worten Christi schöpft. Bei Martha dagegen wird ihr „gereiftes Alter" hervorgehoben und dass sie „eine weise Besonnenheit" besaß, „die das äußere Werk recht auszurichten wusste auf das Allerhöchste, das die Liebe gebietet", und zudem sei sie sich der hohen Würde des Gastes bewusst gewesen, dem sie dienend Gastfreundschaft erweisen wollte.[426]

Die Vollkommenheit Marthas resultiert nach Eckhart also vor allem aus ihrer Lebenserfahrung, „denn sie hatte schon lange und recht gelebt". Für ein „rechtes Leben" aber sind wiederum drei Dinge bestimmend, die auch Martha ausgezeichnet haben: zum einen, „dass man wirke ordentlich" und immer „dem Höchsten entspricht", sich ihm verpflichtet weiß und so „unter Gott am ‚Umkreis der Ewigkeit' steht", zum Zweiten solle man „einsichtsvoll" wirken, was heißt, dass man vernünftig und nach bestem Wissen und Gewissen von innen heraus handeln möge, und drittens müsse man „besonnen" wirken, entsprechend den Tugenden leben und gute Werke tun und in ihnen „die lebensvolle Wahrheit" verspüren, was meint, dass der Mensch seinen Eigenwillen ganz dem Willen Gottes unterordnen soll, um so das Richtige zu tun und sein Leben in der Nachfolge Christi ganz in den Dienst der anderen zu stellen. Weil also das Leben das „edelste Erkennen" gibt und Martha aus einem „gereiften Seelengrund" wusste, was „zur ewigen Seligkeit gehört", kannte sie Maria besser als diese sich selbst.[427]

Da also Martha „stand in gereifter, wohlgefestigter Tugend und in einem freien Gemüt ... wünschte sie, dass ihre Schwester in den gleichen Stand gesetzt würde, denn sie sah, dass jene noch nicht wesentlich dastand"; zu Füßen Christi sitzend, war Maria noch nicht die „wahre Maria". Zwar hatte sie „einen wohlgeübten Leib, gehorsam weiser Lehre", doch Gehorsam sein nennt Eckhart dies: „was immer die Einsicht gebietet, dass der Wille dies ausführe". Maria muss sich also erst einmal dem Leben aussetzen, auf „dass sie leben lernte" und „es wesenhaft zu eigen hätte", was bedeutet, ein tätiges Leben zu führen und dabei einen „besonnenen gottgeformten Willen" zu entwickeln, um einmal so vollendet zu sein wie Martha.[428]

---

426 N. Largier, 2008, Bd. 2, S. 209.
427 N. Largier, 2008, Bd. II, S. 211, 217, 221, 223.
428 N. Largier, 2008, Bd. II, S. 223, 227, 229.

Auch wenn Meister Eckhart dem Handeln den Vorzug zu geben scheint, indem er Marthas Tätigsein pointiert, wozu Maria erst noch finden muss, geht es ihm doch um mehr als um bloße Geschäftigkeit, in welcher sich der Mensch nur allzu leicht verliert. Vielmehr zeigt Eckhart am Beispiel der beiden Frauen symbolhaft, dass beides nottut, die Aktion und die Kontemplation, und dass also eine „Synthese beider Lebensformen"[429] gefordert ist, damit der Mensch zum Menschsein im eigentlichen Sinne oder, entsprechend Eckhart, zu seinem Wesen findet. Indem Martha „die Alternative vita contemplativa oder vita activa hinter sich gebracht hat", ist sie „die Leitfigur einer neuen, einer dritten Lebensform" geworden, weil sie „die ‚Sachen' und ihre Zwänge mit ihren höchsten Zielen koordiniert hat", wie Kurt Flasch meint[430], und weil sie zu einer Einheit mit sich selbst bzw. zu einem Wirken aus der Einung gefunden hat und dadurch dem „Umkreis der Ewigkeit" so nahe gekommen ist, wie es der Mensch in seiner Unterschiedenheit von Gott nur vermag.

In der Hektik der heutigen Zeit und in einer globalen Welt erscheint Eckharts Lehre von der Integration einer vita contemplativa in die vita activa geradezu modern, aktuell und notwendig, und so hat es offenbar auch Dag Hammarskjöld empfunden und sich deshalb intensiv mit Eckharts Maria-Martha-Predigt auseinandergesetzt und den Text mit vielen Unterstreichungen versehen, wie Manuel Fröhlich berichtet.[431] Die Parallelen zwischen dem von Eckhart gezeichneten Bild der Martha und Dag Hammarskjölds eigener Lebensauffassung und Lebensführung sind jedenfalls nicht zu übersehen.

Schon mehrfach wurde an seine frühen Aufzeichnungen erinnert, in denen er klar seine Lebensziele umrissen hatte, und immer war es ihm dabei gegangen „um die Frage eines Lebenswertes, eines Ziels, in welches alle Kräfte des Individuums, die intellektuellen und mora-

---

429 R. Kather, 1992, S. 1.
430 K. Flasch, 2010, S. 261.
431 M Fröhlich, 2002, S. 150 und 151. Ich selbst konnte zumindest in der Büttner-Ausgabe von 1934, die sich in der Königlichen Bibliothek in Stockholm befindet, keine Unterstreichungen erkennen, allerdings ist auf der Anfangsseite der Maria-Martha-Predigt in dieser Ausgabe das Datum 18.1.1940 vermerkt, das Hammarskjöld selbst eingetragen haben könnte insofern, als er möglicherweise in Zusammenhang mit dem bevorstehenden Tod seiner Mutter am 21 1.1940 über Ähnlichkeiten zwischen der Martha Eckharts und dem Leben seiner Mutter nachgedacht hat.

lischen wie auch die sinnlichen, voll aufgesogen werden konnten".[432] Damit hatte er schon intuitiv dargelegt, dass sowohl die für Martha charakteristischen Kräfte wie Vernunft, Besonnenheit und tugendhaftes Verhalten, als auch die sinnlichen der Maria, mit denen sie sich „in unaussprechlichem Verlangen" sehnend und vorbehaltlos hinzugeben bereit zeigte, auch für Dag Hammarskjölds eigenes Leben die bestimmenden Kräfte sein und ein aktives Leben im Außen in Verbindung mit kontemplativen Zeiten der Rückbesinnung und Stille im Innen ermöglichen könnten, wie es dann auch geschah.

Zudem hatte er damals schon erklärt: „Gottes Wille ist unsere Pflicht ... Er ist unsere Pflicht, weil wir ganz wir selbst nur sind, wenn wir ihn wollen"[433], und damit hatte er bereits die Frage der Selbsterkenntnis angerissen als notwendige Vorbereitung der inneren Reinigung und Reifung für ein Entgegenkommen Gottes und die Gnade der Gottesgeburt in der Seele des Menschen. Selbsterkenntnis wird von Dag Hammarskjöld also schon früh verstanden als im Gottesbezug und unter Gottes Willen stehend, durchlebt und erkannt im Verlauf des Lebens in einer Weise, die Eckhart „Abgeschiedenheit" nennt und die doch nicht ohne den Bezug zum Handeln in der Welt geschehen darf. Später wird er dann schreiben, und es klingt wie eine Abrechnung: „Von Menschen und ihrem Weg zur Einigkeit –? Die Wahrheit ist so einfach, dass sie als anspruchsvolle Banalität erscheint. Und doch wird sie im Handeln ständig verleugnet. Jeder Tag liefert Exempel: Es ist wichtiger, die eigenen Beweggründe zu kennen, als die Motive des anderen zu verstehen; des anderen ‚Gesicht' ist wichtiger als das deine; wenn du etwas im eigenen Interesse betreibst, kannst du nicht auf Erfolg deiner Klage für andere hoffen; dauerhafte Lösungen kannst du nur dann in einer Beziehung erwarten, wenn du den anderen von außen siehst, doch gleichwohl seine Schwierigkeiten von innen erlebst; wer Menschen ‚zugetan' ist, schlägt den aus dem Spiel, der sie verachtet; alle erlebte Kenntnis ist von Wert, und wer zu suchen aufhört, wird bald finden – dass ihm fehlt, was ihm Not tut: Starrheit ist Schwäche, und wer sich den Menschen oder der Kunst oder der Dichtung zuwendet ohne den jungen Ehrgeiz, durch eine neue Sprache Klarheit herbeizuzwingen über die Auffassung eines anderen, der nehme sich in Acht; geglückte

---
432 K. E. Birnbaum, 1998, S. 60.
433 K. E. Birnbaum, 1998, S. 60.

Lüge ist doppelte Lüge; ein Missgriff, der richtig gestellt wird, besser als Wahrheit: nur kompromisslose ‚Ehrlichkeit' dringt durch bis auf den Grund der Anständigkeit, den du erwarten sollst auch unter tiefer Bosheit; Geschmeidigkeit darf nicht Angst vorm Angreifen sein; für den Anschein, Einfluss zu haben, zahlt man mit seiner Wirklichkeit."[434]

Dieses Resümee zog Dag Hammarskjöld im Jahre 1955 im so genannten reifen Alter von 50 Jahren, also in einem Alter etwa ähnlich dem Marthas, und da stand auch er schon „wesentlich" und in „gereifter, wohlgefestigter Tugend und in einem freien Gemüt".[435] Das Überschreiten der Grenze des „Unerhörten", die Vertiefung in Jesu Leiden und Sterben während seiner Krise der Lebensmitte, sein fortdauernder intensiver beruflicher Einsatz und die tiefgreifenden Erfahrungen während seiner Peking-Mission im Rahmen der UNO, die ihn nach eigener Aussage noch einmal „erwachsener" hatten werden lassen, all dies waren Lebensstadien und Ereignisse gewesen, die ihn gelehrt hatten, aktiv und mit vollem Risiko zu leben und trotzdem dem Dasein zu vertrauen, weil er erkannt hatte, dass sein Leben sinnvoll war und „in Unterwerfung, ein Ziel hat".[436] Er wusste um sein Geschick, als er notierte: „Du bist dieser Aufgabe geweiht ... aber alles Deine bist du diesem Traum zu schenken schuldig, der nur dadurch sich in der Wirklichkeit verankert", und er war sich auch gewiss: „Sich binden lassen von einer Pflicht von dem Augenblick an, da man sie ahnt, ist ein Teil jener Integrität, die allein zur Verantwortung berechtigt."[437]

Vielleicht also bedurfte es jenes von Dag Hammarskjöld ausgelassenen Hinweises auf Martha zwischen den beiden Eckhart-Zitaten zum Gottesreich, wie eingangs erwähnt, wirklich nicht mehr, um an das erinnert zu werden, was nottut, aber am Beispiel von Marthas tugendhaftem Leben, das sie „ordentlich, einsichtsvoll und besonnen"[438] gelebt hatte, konnte er immerhin ablesen, dass auch er auf dem richtigen Weg und so wenig wie sie eine „Verlorengegangene"[439] war.

Dag Hammarskjölds „dritter Weg" als neue Lebensform und Teil seines „einzig richtigen Profils" war, wie derjenige am Beispiel Marthas

---
434 ZW, 2005, S. 123.
435 N. Largier, 2008, Bd. II, S. 223.
436 ZW, 2005, S. 196.
437 ZW, 2005, S. 121.
438 N. Largier, 2008, Bd. II, S. 219.
439 N. Largier, 2008, Bd. II, S. 213.

von Meister Eckhart geschilderte, ein Leben der Hingabe an die Welt und an Gott gewesen, und somit eine Überwindung von vita activa und vita contemplativa und ein Hinübergleiten in ein Leben der Einheit mit Gott im Sinne einer inneren Verbundenheit oder, wie er selbst es mit Johannes vom Kreuz ausgedrückt hat, als Glaube, der „Gottes Vereinigung mit der Seele" ist. Es war der Weg zwischen einer von protestantischer Religiosität geprägten Erziehung, ethischer Gesinnung und seiner eigenen mystischen „Reise nach innen", der ihn letztlich zu der Erkenntnis geführt hatte, dass der „Weg zur Heiligung" in unserer Zeit „notwendig über das Handeln" führt[440]. Und wenn er also eines von den mittelalterlichen Mystikern und insbesondere von Meister Eckhart gelernt hatte, dann dies, „dass das Ziel dieser Mystik Lebenstüchtigkeit ist", wie Dietmar Mieth zur Maria-Martha-Predigt Eckharts schlussfolgert[441], und wie Hammarskjöld es selbst schon in seinem Credo von 1953 beschrieben hatte: dass Selbsthingabe der Weg zu Selbstverwirklichung bedeutet, dass in der Einsamkeit des Geistes und in Innerlichkeit die Kraft gefunden werden kann, Ja zu sagen zu allen Forderungen vonseiten der Mitmenschen und zu jeder Art von Schicksal, die das Leben bereithält, und dass der Mensch aus einer überfließenden Kraft schöpfen darf, solange er in Selbstvergessenheit lebt und in der stets bereitwilligen Pflichterfüllung und rückhaltlosen Akzeptanz des Lebens selbst.

5.1.4 Mit Thomas von Kempen in der Nachfolge Christi leben

Das dem Augustinermönch Thomas Hemerken von Kempen zugeschriebene spätmittelalterliche und ursprünglich in lateinischer Sprache abgefasste Buch der „Imitatio Christi" gehört noch heute zu den meistgelesenen Schriften der Weltliteratur und ist für viele „auf buchstäbliche Erfüllung setzende praktizierende Christen zu einem Lebensbuch"[442] und ständigen Ratgeber geworden, und so auch für Dag Hammarskjöld, der „sich von der ‚Imitatio Christi' führen"[443] ließ.

---

440 ZW, 2005, S. 129.
441 D. Mieth, 2004, S. 171.
442 G. Wehr, 2011, S. 9.
443 So Josef Sudbrack in seiner Einführung zu Thomas von Kempen, 2000, S. 12.

Das Buch des Thomas von Kempen über die „Nachfolge Christi" hatte Dag Hammarskjöld schon zur Konfirmation von seiner Mutter bekommen.[444] Henry van Dusen nennt Thomas von Kempen den von Dag Hammarskjöld Bevorzugten unter den Mystikern und identifizierte zwei Zitate aus der „Imitatio Christi" in seinem Tagebuch[445], während Bernhard Erling richtigerweise sieben Zitate ausgemacht hat und zudem auf die teilweise falsche Zuordnung zu Thomas von Aquin in den ersten englischen und schwedischen Ausgaben der „Zeichen" hinweist. Außerdem erwähnt Erling, dass Hammarskjöld als Zeichen seiner Wertschätzung eine Ausgabe der „Imitatio" auf seinen letzten Flug in den Kongo mitgenommen habe, dass aber die ledergebundene französische Ausgabe, aus der er jeweils zitierte, später auf dem Tisch neben seinem Bett im Haus Sture Linnérs in Leopoldville, wo er die Nacht vor seinem Todesflug nach Ndola verbracht hatte, gefunden wurde. Über seine Lektüre auf jenem Flug kursieren jedoch immer noch unterschiedliche Angaben, und wie sich später herausstellte, hatte er tatsächlich nicht die „Imitatio", sondern Bubers „Ich und Du" mit im Gepäck, an dessen Übersetzung ins Schwedische er auf dem Flug gearbeitet hat.[446]

---

444 R. und K.-H. Röhlin, 2005, S. 90 incl. Foto mit einer Widmung seiner Mutter.
445 H. van Dusen, 1967, S. 184.
446 B. Erling, 1999, S. 95. J. P. Lash, 1962, S. 314, benennt als das „einzige Buch", das er dabeigehabt habe, „eine französische Ausgabe der ‚Imitatio Christi', in dem man nach seinem Tod den Amtseid des Generalsekretärs fand". B. Erling, 1999, S. 95, beruft sich neben Urquhart (1987) auf van Dusen, 1967, S. 184 und bestätigt, dass Hammarskjöld eine Kopie seiner französischen Ausgabe der „Imitatio" auf seinem Flug in den Kongo dabeihatte, diese wurde jedoch bei Sture Linnér in Leopoldville gefunden. Van Dusen selbst korrigierte bzw. ergänzte in einer „Note" auf S. 218f seine Angaben von S. 184 und erklärte, dass Hammarskjöld auf seinem allerletzten Flug von Leopoldville nach Ndola nur noch „the copy of *Ich und Du,* newly received from Martin Buber, as his only book on the trip, other than his bedside copy of à Kempis' *Imitatio*" bei sich gehabt habe. Dies wiederum wird in neuerer Zeit beglaubigt durch Lou Marin (2011, S. 124f), der aus Urquhart (1984, S. 588) und Briefen von Knut Hammarskjöld an Martin Buber (5.10.1961) und G. I. Smith, ebenfalls an Buber (10.10.1961) zitiert und die Sachlage wie folgt klarstellt: „Hammarskjöld nahm sowohl ein deutsches und ein englisches Buchexemplar von *Ich und Du* mit sich auf seine Reise in den Kongo als auch eine zwölfseitige, maschinengeschriebene Rohfassung in Schwedisch, die er jedoch in Leopoldville gelassen hatte, als er nach Ndola aufbrach. Auf dem Flug hatte er eine weitere siebenseitige Rohfassung bei sich, ebenfalls auf Schwedisch, sehr wahrscheinlich also die Fortsetzung. Diese sieben Seiten

5. Wegbegleiter

Das erste Zitat aus der „Imitatio Christi" des Thomas von Kempen hat Dag Hammarskjöld am 7. April 1953, dem Tag seiner Amtseinführung als Generalsekretär der UNO, zu dem er völlig überraschend und ohne vorher gefragt worden zu sein Ende März 1953 vom Sicherheitsrat der Vereinten Nationen gewählt worden war, in sein Tagebuch übernommen, und es ist bezeichnend für seine Person und war richtungsweisend für seine Amtsführung: „Weil sie alles Gute, das sie empfangen haben, Gott allein zuschreiben, suchen sie keine Ehre voreinander. Sie wollen nur die Ehre, die von Gott allein kommt, wollen nichts anderes, als dass Gott in ihnen und in allen Heiligen über alles gelobt werde. Dies ist das einzige Ziel, nach dem sie allzeit streben."[447] So hat Dag Hammarskjöld mit diesem Zitat in aller Deutlichkeit noch einmal betont, wie sehr er dieses Amt als ein Geschenk Gottes empfand, dessen er sich würdig erweisen will, indem er in Gottes Willen wirkt und die mit diesem Amt verbundene Ehre allein Gott zuschreibt, sein eigener Einsatz aber nur ein Beitrag dazu sein kann.

Das zweite Zitat steht zu Beginn des Jahres 1955 und nahe bei dem Auszug aus einem Kirchenlied: „– alles hier auf Erden kann gewonnen werden –", das Dag Hammarskjöld in Erwartung der Freilassung der amerikanischen Soldaten aus der chinesischen Gefangenschaft eingefügt hat. Mit Thomas von Kempen aber ermahnt er sich selbst noch einmal, auch in dieser schwierigen Mission frei von aller Selbstsucht zu werden und offen zu sein für Gottes Wirken, denn: „Je klarer dieses Auge ist, ... desto fester und sicherer wandelt man in den vielen Stürmen. ... Nur ganz selten wird einer gefunden, der ganz frei ist vom Makel der Selbstsucht. ... Man muss daher vor allem eine reine Absicht haben; das Auge muss schlicht und geradeaus schauen und über all die verschiedenen Dinge, die dazwischenliegen, auf mich gerichtet bleiben."[448] Ein wenig erinnern diese Zeilen auch an das Eckhart-Zitat, wonach das Auge frei von Farbe sein muss, um die Farbe bzw. das wahrzunehmen, was in der jeweiligen Situation das Richtige ist.[449]

---

wurden verstreut an der Absturzstelle gefunden. Daher ist aus verschiedenen Quellen belegt, dass Hammarskjöld an der Übersetzung unmittelbar während seines letzten Fluges gearbeitet hat."
447 ZW, 2005, S. 106; deutsch aus Fußnote 36, S. 213.
448 ZW, 2005, S. 115; deutsch entspr. Fußnote 43, S. 214.
449 s. dazu auch ZW, 2005, S. 134.

Das dritte Thomas-Zitat am Tag seines 50. Geburtstages am 29. 7. 1955 schrieb er, offenbar in Gedanken noch ganz mit seinen dienstlichen Problemen beschäftigt und weil er möglicherweise noch nicht wusste, dass Tschou En-Lai an diesem Tag noch die Freilassung der restlichen Soldaten als Geburtstagsgeschenk für ihn bereithielt: „Warum willst du Ruhe haben, da du doch zur Arbeit geboren bist?"[450]

Am Weihnachtstag des Jahres 1955 blickt Dag Hammarskjöld mit Thomas von Kempen zurück und kommt dabei nicht umhin, die Unterschiede zwischen Gott und seinen Geschöpfen wahrzunehmen, aber auch in weihnachtlicher Gestimmheit darum zu bitten, an seinem Licht teilhaben zu dürfen: „Aber dieses Wohlgefallen an dem Schöpfer, an der Ewigkeit und an dem unerschaffenen Lichte, wie ist es doch so verschieden, so durchaus verschieden von dem Wohlgefallen an den Geschöpfen, an der Zeit und an dem erschaffenen Licht! O ewig leuchtendes Licht, über alles erschaffene Licht erhaben, sende deinen Strahl aus der Höhe wie einen Blitz in mein Herz und lass ihn das Allerinnerste meines Herzens durchdringen. Reinige, erhelle, belebe und erfreue meinen Geist und alle seine Kräfte, dass sie dir im Jubel der Entzückung ewig anhängen."[451] Und gegen Jahresende 1955 versichert er sich mit Thomas noch einmal seiner Hingabe an den Willen Gottes im Geist einer tätigen Mystik und zitiert: „Gib alles um alles hin ..."[452]

„Schritt um Schritt, Wort für Wort" war Dag Hammarskjöld auf seinem Lebensweg dem „Helden der Evangelien" gefolgt, hatte, wie jener „junge Mann, streng in seiner Lebenshingabe", zwischen seinen Möglichkeiten gewählt und sich entschieden, trotz aller Unsicherheit und allem Risiko „auf die Möglichkeiten seines Wesens und seines Schicksals" zu setzen[453], war auf diesem Weg in eine berufliche Position gelangt, die von seinem Vorgänger als „unmöglichster Posten der Welt" bezeichnet worden war[454], und hatte auf diesem „Posten" in

---

450 ZW, 2005, S. 119; deutsch entspr. Fußnote 44, S. 214.
451 ZW, 2005, S. 126; deutsch entspr. Fußnote 51, S. 215.
452 ZW, 2005, S. 129; der deutsche Text in Fußnote 53, S. 216 ist ausführlicher und gibt deutlicher wieder, um was es Hammarskjöld ging: „Gib alles um alles hin, suche dir nichts heraus, nimm nichts zurück von dem Opfer; halte dich fest an mir, und du wirst mich besitzen. Dann wird dein ganzes Herz frei sein, und keine Finsternis wird dich bedecken."
453 s. ZW, 2005, S. 196 und 89.
454 So Trygve Lie beim Empfang Hammarskjölds in New York, in: S. Söderberg, 1962, S. 5.

unmittelbarer Konfrontation mit den Krisenherden in aller Welt und „in Verbindung mit dieser Menschheit" schließlich erfahren müssen, dass „Jesus in jedem Augenblick stirbt in irgendeinem, der dem Weg der inneren Zeichen folgte bis zum Ende".[455] Auch Dag Hammarskjöld war seinem Weg, auf dem Jesus ihm zur Leitfigur geworden war, in „Liebe und Geduld, Gerechtigkeit und Demut, Glaube und Mut" und in „Stille"[456] gefolgt, oder wie er es in der „Nachfolge Christi" des Thomas von Kempen beschrieben fand: „Wahrhaftig, dein Leben ist unser Weg, und deine anbetungswürdige Geduld ist der Pfad, auf dem wir zu dir gelangen."[457]

Gegen Ende des Jahres 1956 mit allen Beschwernissen, welche der Nahostkonflikt und insbesondere die Suezkrise für Dag Hammarskjöld gebracht hatten, gedachte er wiederum am Weihnachtstag, wie schon im Jahr zuvor, der Ereignisse mit Worten aus den Schriften der mittelalterlichen Mystiker, und neben Zitaten aus Meister Eckhart findet sich hier auch das letzte Zitat aus Thomas von Kempens „Nachfolge Christi": „In diesem deinem Licht zeigst du mich mir, was ich bin und was ich war, woher ich kam, dass ich nichts bin und nichts weiß."[458] In dieser demütigen Selbstverleugnung, die zugleich ein Selbstwerden ist und nur als lebenslanger Lernprozess verstanden werden kann, zeigt Hammarskjöld noch einmal, dass bei allem ihm gebührenden Erfolg er sich doch nur als „Werkzeug" in Diensten Gottes sieht, und dass es ihm bei der „Nachfolge" um etwas geht, was Gerhard Wehr als „das innerliche Gleichförmigwerden mit Christus" beschrieben hat[459].

Was mit Dag Hammarskjölds Ausruf „O Caesarea Philippi" irgendwann in den Jahren 1945 bis 1949 begonnen hatte[460], führte ihn in der Christusnachfolge zu einer authentischen Existenz und, ganz im Sinne des Thomas von Kempen und der mittelalterlichen Mystiker, zu einer Form von Liebe, die „einfach das Überfließen einer Kraft, von der sie sich durchströmt fühlten, wenn sie in wahrer Selbstvergessenheit lebten" bedeutete, wie er es in seinem Credo ausgedrückt hat, und schließ-

---

455 ZW, 2005, S. 133.
456 ZW, 2005, S. 133.
457 ZW, 2005, S. 132 und Fußnote 55, S. 216; mit dem deutschen Text bin ich jedoch teilweise der Übersetzung von H. Sundén, 1976, S. 73 gefolgt.
458 ZW, 2005, S. 147; deutsch entspr. Fußnote 89, S. 219.
459 G. Wehr, 2011, S. 16.
460 ZW, 2005, S. 63.

lich im selbstgewählten Opfer zu einer radikalen Agape im Eintreten für Menschenrechte und Menschenwürde[461], wozu ihm sein „unmöglicher Posten" zwar schwierige, aber auch sehr vielfältige Gelegenheiten bot.

5.1.5 Die Frage nach einer protestantischen Mystik oder: Wie mystisch kann ein evangelischer Glaube sein?

Die Kerngedanken der mittelalterlichen Mystiker waren für Dag Hammarskjöld von wegweisender Bedeutung gewesen, wie er vor allem in seinem Credo von 1953 deutlich gemacht hat. In diesem Credo hatte er aber auch betont, dass ihn „das nie nachlassende Bemühen, ehrlich und unvermittelt einen persönlichen Glauben aus Erfahrung und aufrichtigem Denken aufzubauen, in einem Kreis geführt" habe und er „nun uneingeschränkt jene Glaubenssätze, die mir einst vermittelt wurden", anerkennen und bekräftigen könne. Diese Glaubenssätze, vermittelt durch seine Eltern und insbesondere durch seinen theologischen Mentor Erzbischof Nathan Söderblom, hatten aber eine protestantische Grundlage und von dieser wurde Hammarskjöld entscheidend geprägt, sodass die Frage berechtigt erscheint, wo eine Verbindungslinie zwischen Mystik und Protestantismus zu suchen sei, und inwieweit auch in einem protestantischen Glauben mystische Inhalte gefunden werden können.

Der mystische Glaube ist nach Heiko A. Oberman durch eine „Haltung Gott gegenüber, als die Art und Weise des Umgangs mit Gott" gekennzeichnet und auf ein lebendiges Verhältnis mit Gott bezogen entsprechend der Intensität, mit der sich der Mensch in dieses Verhältnis einbringt. Gleichzeitig aber sieht Oberman diesen lebendigen Umgang mit Gott als „in einem Komplementär- oder Spannungsverhältnis zum Glauben der Offenbarungstatsachen" stehend und entsprechend dem trinitarischen Verständnis des Christentums an die Offenbarung Gottes in Christus gebunden.[462] Diese Betrachtungsweise steht derjenigen eines Nathan Söderblom nun wiederum nicht so fern, da dieser bei seiner Frage nach dem Empfänger der Offenbarung und der Art

---

461 P. R. Nelson, 2007, S. 107.
462 H. A. Oberman, 1981, S. 9f.

ihres Empfangs sich erfahrungstheologisch ebenfalls des Begriffs der Mystik bedient, diese als eine „innerliche Gottesgemeinschaft" und als „die Teilhabe der ganzen Person ‚an einer höheren Wirklichkeit, an göttlichem Leben'" bezeichnet und daraus seine Konzeption der Unendlichkeits- und der Persönlichkeitsmystik entwickelt hat.[463] Und wenn er, den Artunterschied zwischen Unendlichkeits- und Persönlichkeitsmystik relativierend, betont, dass die Typen kaum jemals in Reinkultur vorkommen und dabei u. a. auf die Aufnahme der mittelalterlichen Mystik durch Luther verweist[464], dann ist auch Söderblom der Frage nach einer christlich-protestantischen Mystik schon recht nahe gekommen.

Dass Martin Luther von den traditionellen mystischen Bildern und Begriffen wie etwa der Entrückung des Paulus in den dritten Himmel oder den Schriften des Dionysios beeinflusst und von der spekulativen Mystik eines Johannes Tauler und der Lektüre der Theologia Deutsch begeistert war, ist lange bekannt. Doch wie Heiko A. Oberman bemerkt haben will, hat er „Tauler und die Deutsche Theologie nicht als Zeugen der Mystik gelesen, sondern als schlagendes Beispiel für eine echte, erlebte und lebendige Theologie", und Tauler wurde ihm „zum Wegweiser auf der Suche nach Leben aus Glauben in der Welt"[465], was zwar bedeutet, dass Luther sich vielleicht „nicht durch eine abstrakte Wesensbestimmung" mit der Mystik identifiziert hat, aber immerhin in einem „textlichen Zusammenhang mit jenen unangefochten als mystisch geltenden Schriften" gesehen werden kann. Und so mag es denn nicht erstaunen, wenn in neueren Forschungen die Auffassung vertreten wird, „dass die Gesamtkonzeption der reformatorischen Theologie Luthers mystischen Charakter habe, und dass die Genese dieser Theologie als Ausbildung einer neuen Gestalt von Mystik zu beschreiben sei"[466].

Von seinem Beichtvater Johannes von Staupitz wurde der junge Luther also zwar zu Tauler geführt, er soll ihm später aber auch den Weg zu seiner „Wende" gewiesen und ihn „auf die abschüssige Bahn der Häresie" gebracht haben[467], wobei allerdings nach der Art dieser reformatorischen Wende gefragt werden muss und mit Volker Leppin da-

---

463 D. Lange, 1/2011, S. 145 und 142; s. a. Teil III, Kap. 3.5.2.
464 D. Lange, 1/2011. S. 147.
465 H. A. Oberman, 1986, S. 191.
466 B. Hamm und V. Leppin (Hg.), 2007, im Vorwort, S. VII, bzw. V. Leppin, S. 168.
467 H. A. Oberman, 1986, S. 191.

nach, „was denn eigentlich aus diesen mystischen Anfängen bei Luther geworden ist"[468], oder mit Berndt Hamm grundsätzlicher, wie mystisch der Glaube Luthers tatsächlich war.[469]

So hat etwa Volker Leppin aufgezeigt, wie aus der bei Tauler früh wahrgenommenen Bedeutung der Reinigung und inneren Reue als erster Stufe der Selbsterkenntnis in der Mystik bei Luther aufgrund seiner eigenen Verzweiflung, die er als notwendige innere Umkehr anerkannte, ein direkter Weg zu Gottes „Gnadenhandeln" und seinem „Verheißungswort" führte. Indem Luther nämlich zwischen Gesetz und Evangelium unterschied und sich mehr an Gottes Wort orientierte und, wie Tauler und die mittelalterlichen Mystiker, in „Anerkenntnis der eigenen Nichtigkeit" die „wahre innere Zerknirschung" für bedeutsamer hielt und mehr auf Gottes Heilswirken vertraute als auf den „ritualisierten äußeren Beichtakt", hat er die spätmittelalterliche Mystik transformiert, „ohne dass die Struktur des mystischen Weges gänzlich beseitigt" wurde.[470]

Auch die „dunkle Nacht der Seele" des Johannes vom Kreuz war zwar bei Luther noch unterschwellig präsent in seinem inneren Angefochtensein, seinem Sündenbewusstsein und seinem Empfinden tiefsten Verlassenseins von Gott, doch diesem Abstieg der Seele folgte nunmehr kein Aufstieg mehr in Form einer „unio mystica" im Sinne einer wesenhaften „Vereinigung der Seele mit Gott", sondern diese Vereinigung wurde nun erlebt als „ein völliges Durchdrungen-Werden des Menschen von Gottes Liebe und Geist", also als eine „geistige" oder „entsinnlichte" Liebesvereinigung mit ihm, und immer ging es für Luther um die „persönliche Erfahrung einer unmittelbaren Nähe Gottes".[471]

Nun können Berndt Hamm zufolge zwar affektive Erfahrungsmomente, wie sie etwa in den unterschiedlichen verinnerlichten Frömmigkeitsformen des ausgehenden Mittelalters auftreten, an sich noch nicht mystisch genannt werden, denn dies würde bedeuten, dass man

---

468 V. Leppin, 2007, S. 174.
469 B. Hamm, 2007, S. 23–287.
470 V. Leppin, 2007, S. 174–179.
471 B. Hamm, 2007, S. 132 und 135 mit Fußnote 74. Mit dem Begriff der Nähe lehnt Berndt Hamm sich an Bernhard McGinn an, der als definitorisches Merkmal der Mystik ein „unmittelbares Bewusstsein der Gegenwart Gottes" nennt.

„von vornherein den Mystikbegriff so eng auf bestimmte Spielarten mittelalterlicher Traditionen festlegt" und Luther somit nicht als mystischer Theologe gelten kann.[472] Geht man jedoch einmal mit William James davon aus, dass „die persönliche religiöse Erfahrung ihre Wurzel und ihr Zentrum in mystischen Bewusstseinszuständen hat" und sich das Gefühl als einfachstes Rudiment einer mystischen Erfahrung darin zeigt, dass „man die Bedeutung einer Maxime oder einer Formel plötzlich tief empfindet ... wenn der Geist richtig gestimmt ist"[473], dann versteht man besser, warum sich nach Berndt Hamm „die reformatorische Neuorientierung Luthers nicht nur auf der rationalen Ebene der diskursiven Schultheologie, sondern auch auf der affektiven Ebene der mystischen Erfahrungstheologie vollzieht" und seine reformatorische Glaubensmystik „auch als Qualität einer neuen Mystik" erfasst werden kann[474]. Und ein Beispiel von William James mag verdeutlichen, warum das Empfinden der tieferen Bedeutung einer Wortsentenz bei Luther nicht auf ihre rationale Formulierung beschränkt blieb: „Als ein Mitbruder eines Tages die Worte des Credo wiederholte: ‚ich glaube an die Vergebung der Sünden', sah ich die Schrift in einem völlig neuen Licht; und ich fühlte mich sofort wie neu geboren. Es war, als hätte ich die Tore des Paradieses weit aufgestoßen gefunden."[475]

Mystik in diesem Sinne ist somit gekennzeichnet durch eine lebendige Gottesbeziehung und schließt evangelische Zugänge nicht von vornherein aus, wie schon in den Formulierungen von Heiko A. Oberman, Nathan Söderblom u. a. deutlich wurde, und wie es auch Berndt Hamm mit seinem „geöffneten Mystikbegriff" hervorhebt, indem er definiert: „Wo von einem mystischen Gottesverhältnis des Menschen gesprochen wird, geht es immer um die persönliche, unmittelbare und ganzheitliche Erfahrung einer beseligenden Nähe Gottes, die ihr Ziel in einer innigen Vereinigung mit Gott findet."[476]

Da der Christenmensch nach Luther aber dennoch gebunden bleibt an die Diesseitigkeit der Welt und Leid und Tod erfahren muss, bleibt ihm in der Christusnachfolge allein das Vertrauen in Wort und Glau-

---

472 B. Hamm, 2007, S. 242f.
473 W. James, 1997, S. 383 und 386.
474 B. Hamm, 2007, S. 286.
475 W. James, 1997, S. 386.
476 B. Hamm, 2007, S. 243.

be[477], und dass er darin die befreiende Wirklichkeit des lebendigen Gottes erfahren darf. Und um diese Heilsgewissheit durch das Wort und einen vertrauenden Glauben hat auch Dag Hammarskjöld gewusst, vor allem als er in seinen späteren Jahren und besonders in der Zeit der Anfechtungen während der Kongokrise am Gründonnerstag 1961 aus den Psalmen notierte: „Da sann ich nach, um zu begreifen; es war eine Qual für mich, bis ich dann eintrat ins Heiligtum Gottes und begriff, wie sie enden."[478]

Eine Einordnung Dag Hammarskjölds als Mystiker mag an dieser Stelle noch einmal außen vor bleiben, da hierzu auch seine Beziehung zu Albert Schweitzer und Martin Buber berücksichtigt werden müssen, denen die folgenden Abschnitte gewidmet sind.

5.2 Albert Schweitzer und die „Ehrfurcht vor dem Leben"

Im Jahr 1920 hatte Nathan Söderblom erfahren, „dass Albert Schweitzer nicht bei guter Gesundheit und überdies so hoch verschuldet war, dass die weitere Existenz seiner Urwaldklinik in Lambarene auf dem Spiel stand", und so „lud er ihn nach Schweden ein, wo er sich zunächst in seinem Hause erholte und dann durch Vorträge und Orgelkonzerte so viel einnahm, dass er seine Schulden vollständig abzahlen konnte".[479]

Dies war der Anlass zu Schweitzers Uppsala-Vorlesungen gewesen, deren Ausarbeitung bereits 1920 erfolgte, die aber erst in den Jahren 1922 und 1923 gehalten wurden und mit denen er den Grundstein gelegt hat zu seiner Ethik und zu dem, was später unter dem Begriff der „Ehrfurcht vor dem Leben" bekannt werden sollte. Ausgegangen war er dabei von der Idee, die gesamte Ethik müsse aus einem Grundprinzip ableitbar sein, und meinte damit „die Ehrfurcht vor dem Willen, der uns in allen Erscheinungen als das Wesentliche und Unerforschliche des Seins entgegentritt".[480]

---

477 B. Hamm, 2007, S. 273 und 275f.
478 ZW, 2005, S. 195, im Original engl. und hier in der dt. Übersetzung nach Fußnote 131, S. 222.
479 D. Lange, 1/2011, S. 302.
480 Zitiert nach Th. Weckelmann, 2011, S. 103 (aus: A. Schweitzer, Vorträge, Vorlesungen, Aufsätze, hg. von C. Günzler, U. Luz und J. Zürcher, München, 2003).

Diesen Überlegungen aber war ein Erlebnis Schweitzers im Jahre 1915 vorausgegangen, bei dem er sich auf einer Flussfahrt auf dem Ogowe befunden hatte und von dem Elend der Schwarzen in seiner Klinik in Lambarene ebenso niedergedrückt war wie von den in Europa ausgebrochenen Kriegswirren. Verzweifelt nach einem Ausdruck suchend, mit dem das Leid der Menschen in Worte gefasst und zugleich überwunden werden könne, „blitzte das Wort ‚Ehrfurcht vor dem Leben' als Leitgedanke seines philosophischen Denkens in ihm auf"[481], den er dann in seinen Schriften zur Kulturphilosophie als eine Verbindung von Kultur, Ethik, Welt- und Lebensbejahung präzisieren und später vertiefend auch mit Religion und Mystik gedanklich verknüpfen sollte.[482]

Da man davon ausgehen kann, dass Dag Hammarskjöld Schweitzers Vorlesungen in diesen Uppsala-Jahren bereits gehört und ihn auch persönlich kennengelernt hat, war er von seinen Ansichten sicher fasziniert und dürfte ihn als Idol seiner Jugend bewundert haben.[483] Später hat er ihn dann in seinem Credo „This I Believe" ausdrücklich erwähnt und als den benannt, in dessen Ethik er die beiden Ideale seiner Kindheit, das Ideal des Dienens, das sein Vater vertreten hatte, und die von den Evangelien geprägte Mitmenschlichkeit der Mutter „in vollkommener Harmonie und an die Erfordernisse unserer heutigen Welt angepasst" ebenso gefunden habe wie „den Schlüssel zum Evangelium für den modernen Menschen".

In Hammarskjölds Tagebuch „Zeichen am Weg" allerdings ist Albert Schweitzer nicht erwähnt, wenngleich in manchem der frühen „Zeichen" vor 1953 der Einfluss Schweitzers zu erkennen ist. So notierte Hammarskjöld beispielsweise gegen Ende 1942: „Unser innerster

---

481 R. Grabs, 1953, S. 48.
482 Th. Weckelmann, 2011, S. 109ff nennt hier Schweitzers Gifford- und Hibbert-Lectures 1934/35.
483 Auch M Fröhlich geht davon aus, dass Dag Hammarskjöld die Vorlesungen Schweitzers vermutlich gehört und dass er ihm im Hause Söderblom auch vorgestellt wurde (M. Fröhlich, 2002, S. 171). Ein persönlicher Briefwechsel zwischen Schweitzer und Hammarskjöld ist jedoch erst aus den Jahren 1953–1961 bekannt (abgedruckt in S. Mögle-Stadel, 2005, S. 102–110). Hammarskjöld hat lt. Katalog der Königlichen Bibliothek in Stockholm auch mehrere Werke Schweitzers besessen: Aus meiner Kindheit und Jugend, 1941; Geschichte der Leben-Jesu-Forschung, 1933; Kulturphilosophie I und II, 1951; Selbstdarstellung, 1930; The Problem of Peace, 1954.

schaffender Wille ahnt, wie er mit anderen übereinstimmt, er fühlt seine eigene Universalität – und öffnet so den Weg zur Erkenntnis jener Kraft, von welcher er selbst ein Funke in uns ist."[484] Darin ist ein Bezug erkennbar zu dem, was Schweitzer selbst noch philosophisch als das Grundprinzip der „Ehrfurcht vor dem Leben" bezeichnete, nämlich jenen „Willen, der uns in allen Erscheinungen als das Wesentliche und Unerforschliche des Seins entgegentritt", und dieser Wille ist universal und identisch mit einer Kraft, die Hammarskjöld noch erkennen musste, aber doch schon als Funke in sich spürte. Gustaf Aulén benennt diesen universalen Willen klar als den „ethischen Welt-Willen, und das ist Gott".[485]

Wohl in Erinnerung an Schweitzer und jenen Willen, der uns in allen Erscheinungen des Lebens entgegentritt, nahm Dag Hammarskjöld im Jahr 1956 noch einmal die Frage nach dem Sinn des Lebens auf, obwohl er inzwischen den Sinn seines eigenen Lebens in der Nachfolge Jesu bereits gefunden hatte und notieren konnte: „Du wirst finden, dass, dem ‚Leben' untergeordnet, dein Leben seinen ganzen Sinn bewahrt, ungeachtet des Rahmens, den du zu seiner Verwirklichung erhieltest ... Du wirst finden, dass Unterordnung als ein Akt des Willens ständige Wiederholung fordert und umschlägt zu etwas, das unserem individuellen Leben zurückzukehren erlaubt ins Zentrum."[486]

5.2.1 Die Weltanschauung der „Ehrfurcht vor dem Leben"

Um den kulturellen und ethischen Tiefpunkt im ersten Drittel des 20. Jahrhunderts und nach dem Ersten Weltkrieg zu überwinden, will Schweitzer nach Thomas Weckelmann „Denken, Religion und Ethik wieder stärker zusammen sehen".[487] Schweitzer war davon überzeugt: „Die Schwierigkeit alles Denkens besteht darin, dass unser Wille zum Leben sich in der schöpferischen Kraft, die in der Welt waltet, nicht zurechtfindet", und deshalb möchte er „ethisches Tun gewissermaßen in den Dienst des Weltwillens stellen", womit er an seine Uppsala-Vor-

---

484 ZW, 2005, S. 49.
485 G. Aulén, 1969, S. 34.
486 ZW, 2005, S. 136.
487 Th. Weckelmann, 2011, S. 111.

träge und die dortige Formulierung der „Ehrfurcht vor dem Willen, der uns in allen Erscheinungen des Seins entgegentritt" anknüpft. Doch es war ihm auch bewusst, „dass der Wille, der sich in dem Weltgeschehen kundgibt, uns rätselhaft bleibt" und deshalb „Ethik nicht mit Welterkenntnis in Einklang" gebracht werden kann, aber weil die Ethik „selbst bereits eine elementare Religion" sei, müsse das Denken folglich in Religion münden, wie Weckelmann, wiederum Schweitzer aus Vorträgen zitierend, bemerkt.[488] Damit war zwar das Christentum gemeint, aber, weil alles Leben ebenso wertvoll wie geheimnisvoll ist, so sei die Ehrfurcht vor dem Leben letztlich „ethische Mystik", denn in der Mystik, „wo geistiges Wesen unmittelbar mit geistigem Wesen in Verbindung tritt und das Verstehen sich im Erleben vollendet", „erleben wir das wahre Einswerden mit dem Unendlichen und gelangen zum Frieden".[489]

Diesen Frieden und das Einswerden mit dem Unendlichen hatte Dag Hammerskjöld allerdings mehr bei den Mystikern, in „Gottes Vereinigung mit der Seele" nach Johannes vom Kreuz oder in Meister Eckharts Unterweisungen für ein gelingendes Leben, gefunden. Schweitzers Mystik dagegen war für ihn eine ethische in Form des Dienstes in der Welt und am Menschen, und vor allem eine in der Nachfolge Jesu.

5.2.2 Schweitzers religiöse Ethik und ethische Mystik

Die Vorstellung von dem „Unerforschlichen des Seins" führte Schweitzer neben der Auseinandersetzung mit der Philosophie, der Ethik und den Weltreligionen also auch zur Mystik, und insofern nennt er selbst seine Weltanschauung der Ehrfurcht vor dem Leben nach Roman Globokar auch „die tätige Mystik der Ehrfurcht vor dem Leben", die allerdings sowohl religiöses als auch philosophisches Denken beinhaltet.[490]

Wenn Schweitzers Denken aber um die urewige Frage des geistigen Einswerdens des Menschen mit dem unendlichen Sein kreist, dann

---

488 Zitiert nach Th. Weckelmann, 2011, S. 111f.
489 Zitiert nach Th. Weckelmann, 2011, S, 112f und Fußnote 636.
490 R. Globokar, 2002, S. 157.

versteht er darunter nicht eine unio mystica, eine Vereinigung der Seele mit Gott wie etwa Johannes vom Kreuz, sondern er sieht zwei Wege der Mystik, wie sie in ähnlicher Weise von Rudolf Otto als Mystik der Selbstversenkung und Mystik der Einheitsschau von ihren Ursprüngen im alten Indien bis zu einem Zusammenlaufen beispielsweise bei Meister Eckhart beschrieben wurden.[491] Doch wenn Otto „einerseits die Wundertiefe der eigenen Seele und den Gott im eigenen Herzen zu finden, andererseits die Wundertiefe der Welt in der ‚Einheit' und im ‚Einen' zu finden" erkannt hatte, aber dennoch beide als „Wunder" bezeichnete und ein Gemeinsames „in dem übereinstimmend numinosen Charakter der erfahrenen Objekte" sah[492], dann wies er damit auf das gleiche Phänomen hin, das Schweitzer als die Schwierigkeiten des Denkens beschrieben hat und damit, „dass der Wille, der sich in dem Weltgeschehen kundgibt, uns rätselhaft bleibt".

Indem Schweitzer sich jedoch dazu entschied, die „Wundertiefen der Welt in der ‚Einheit' und im ‚Einen'" auszuloten, gelangte er auch dazu, die Ethik und das tätige Wirken des Menschen in dieser Welt als einen Teil der Mystik zu begreifen, dies mit seinem Grundgedanken der Ehrfurcht vor dem Leben in Einklang zu bringen und so zu formulieren: „Das Einssein mit dem unendlichen Sein im Wirken besteht darin, dass ich, so weit der Kreis meines Wirkens reicht, Leben erhalte und fördere. Indem ich mit allem in meinem Bereich befindlichen Leben Beziehung eingehe, werde ich eins mit dem unendlichen Sein, das in ihm in Erscheinung tritt."[493] Und in Verbindung mit solch welt- und lebensbejahender Mystik und in einem In-Harmonie-Sein mit der Natur, in „wahrer Mystik" also, „soll der Mensch zum Wesen werden, aus dessen Innerlichkeit sich Wirken ergibt und das in dieser Vereinigung beider vollendetes Menschentum besitzt".[494]

Schweitzers Ethik gründet nicht unmittelbar in einer christlich geprägten Religiosität, wenngleich er diesen Bezug nicht leugnet. „Aus sachlichem Denken entstanden, ist die Ethik der Ehrfurcht vor dem Leben sachlich und bringt den Menschen in sachliche und stetige Auseinandersetzung mit der Wirklichkeit", schreibt er gegen Schluss der

---

491 S. hierzu R. Otto, in: West-östliche Mystik, ³1971, S. 43–82.
492 R. Otto, ³1971, S. 253.
493 Zitiert nach R. Globokar, 2002, S. 161.
494 A. Schweitzer, 1999, S. 154ff.

autobiografischen Rückschau auf sein Leben und Denken, um dann doch mit Blick auf Jesus zu resümieren: „Die Ethik der Ehrfurcht vor dem Leben ist die ins Universelle erweiterte Ethik der Liebe. Sie ist die als denknotwendig erkannte Ethik Jesu". In diese universelle Ethik ist aber auch das Mitleid mit den Tieren eingeschlossen, denn „[d]er Mann im Gleichnis Jesu rettet nicht die Seele des verlorenen Schafes, sondern das ganze Schaf", und eine solchermaßen „in dem Denken entstehende Ethik ... steckt keinen klug abgemessenen Kreis von Pflichten ab, sondern legt dem Menschen die Verantwortung für alles Leben, das in seinem Bereich ist, auf und zwingt ihn, sich ihm helfend hinzugeben".[495]

Obwohl es Schweitzer nach Roman Globokar nicht vollständig gelungen ist, „die Anschauung der rätselhaften Welt und die Lebensanschauung des Menschen miteinander zu versöhnen" und die „Begriffe ‚Natur' und ‚Hingabe an das Leben aus Ehrfurcht vor dem Leben'" in eine Synthese zu bringen, so vermochte er mit dem mystischen Denken doch am ehesten „die Kluft zwischen dem ethischen Lebenswillen des Menschen und der Erkenntnis der Wirklichkeit zu schließen".[496] Ein solchermaßen ganzheitliches Denken „führt uns vom Ahnen über das Fühlen und Erkennen hin zu einem denkenden Erleben", wie man mit Thomas Weckelmann ergänzen kann, und weil die Welt sich gleichsam im eigenen Ich erschließt, kulminiert in diesem dann „die im eigenen Willen zum Leben gegebene Lebens- und Weltbejahung zur Ehrfurcht vor dem Leben". Mithin ist „Schweitzers Ethik also der Versuch, das Alltagsbewusstsein zur Nachdenklichkeit anzuregen, dem Menschen seine Verbundenheit mit Mitmensch und nichtmenschlicher Kreatur zu entdecken und ihn dann über die innere Wahrhaftigkeit zur tätigen Verantwortung kommen zu lassen"[497] – eine Schlussfolgerung, der Dag Hammmarskjöld sicher voll und ganz zugestimmt hätte.

---

495 A. Schweitzer, 1931, S. 223 und 225f.
496 R. Globokar, 2002, S. 164f.
497 Th. Weckelmann, 2011, S. 221.

5.2.3 Die Bedeutung Albert Schweitzers für Dag Hammarskjöld

Wie Schweitzer war auch Hammarskjöld von den politischen, kulturellen und geistigen Problemen der Menschen in der ersten Hälfte des 20. Jahrhunderts zutiefst berührt gewesen, doch während Schweitzer diesen Problemen mit seiner These von der Ehrfurcht vor dem Leben als einer neuen Kultur des Ethischen entgegenzutreten suchte, sah Dag Hammarskjöld insbesondere die Notwendigkeit, Frieden und Solidarität für die Menschen und Völker in der Welt voranzubringen und sich dafür voll und ganz einzusetzen gemäß seinem Lebensmotto eines dienenden Einsatzes für andere.

Schon in seinen Jugendjahren hatte Dag Hammarskjöld sich in seinem „Wegweiser für das Leben" vorgenommen, „einmal etwas Großes für das Leben zu ‚tun'".[498] Möglicherweise schrieb er diese Zeilen nach einer persönlichen Begegnung mit Albert Schweitzer während einem von dessen Uppsala-Aufenthalten nieder und wäre dann einer jener Jungen gewesen, die den berühmten Mann nach dem Sinn und Ziel ihres Lebens gefragt, aber nicht immer eine ermutigende Antwort erhalten haben. Oftmals habe er feststellen müssen, so Schweitzer im Rückblick auf sein „Leben und Denken", „dass das Bedürfnis, ‚etwas Besonderes zu tun', einem unsteten Geist entsprang". Bei Dag Hammarskjöld aber mag er schon damals die innere Stärke desjenigen wahrgenommen haben, „der sein Vorhaben als etwas Selbstverständliches, nicht als etwas Außergewöhnliches empfindet und der kein Heldentum, sondern nur in nüchternem Enthusiasmus übernommene Pflicht kennt", denn nur ein solcher besaß nach Schweitzer die Fähigkeit, „ein geistiger Abenteurer zu sein, wie sie die Welt nötig hat". Und wenn Schweitzer weiter darlegt: „Diejenigen, denen es vergönnt ist, freies persönliches Dienen verwirklichen zu dürfen, haben dieses Glück als solche hinzunehmen, die dadurch demütig werden. ... Demütig haben diese Bevorzugten auch darin zu sein, dass sie sich über den Widerstand, den sie erfahren, nicht ereifern, sondern ihn als etwas hinnehmen, das unter das ‚Es muss also geschehen' fällt",[499] dann hat er damit in weiser Einsicht in die Gesetzmäßigkeiten bestimmter Le-

---
498 K. E. Birnbaum, 2000, S. 59.
499 A. Schweitzer, 1931, S. 88f.

bensweisen eine Grundkonzeption beschrieben, wie sie im späteren Leben Dag Hammarskjölds Wirklichkeit werden sollte.

Welch nachhaltigen Eindruck die Formel von der Ehrfurcht vor dem Leben bei dem Politiker Dag Hammarskjöld hinterlassen hat, zeigt die Erwähnung Schweitzers in seinem Aufsatz in der Zeitschrift „Tiden" von 1951, in dem er auf eine moralische Werteskala in der Politik zu sprechen kommt und ausdrücklich auf den Sinngehalt des tief in den europäischen Kulturtraditionen wurzelnden Ausdrucks von der Ehrfurcht vor dem Leben hinweist, der ohne irgendwelche religiösen oder ethischen Voraussetzungen als überparteiliche allgemeine politische Orientierung gelten könne.[500]

Neben der Bedeutung der Leben-Jesu-Forschung Schweitzers und ihrer nachhaltigen Prägung der Sichtweise Hammarskjölds auf Jesus entsprechend den Evangelien und der sich aus der Botschaft Jesu ergebenden Denk- und Handlungsverpflichtung für den Einzelnen war es für Schweitzer ebenso wie für Dag Hammarskjöld entscheidend, „dass wir uns der nicht verdrängbaren geistigen Ausstrahlung der Persönlichkeit Jesu so stellen, dass er in uns ‚zu neuem Leben und Wirken geboren werde und an unserer und der Welt Vollendung arbeite'".[501] Und wenn Nathan Söderblom, der etwa zur selben Zeit darlegt, dass „das Ewige der Worte Jesu insbesondere für den gelten, „der ihnen ins Auge zu sehen wagt", dadurch aus seiner Zeit und seiner Welt herausgehoben und innerlich frei ist, „dass er geschickt wird, in seiner Welt und seiner Zeit schlichte Kraft Jesu zu sein"[502], so hatte Dag Hammarskjöld diese Botschaft also nicht nur von Albert Schweitzer, sondern auch von seinem christlichen Mentor Nathan Söderblom gelernt und als seine ethische Maxime verinnerlicht, aber vor allem hatte er von Meister Eckhart gelernt, wie sie ins eigene Leben eingeholt und in der Welt verwirklicht werden kann.

---

500 D. Hammarskjöld, in: Tiden 7, 1951, S. 396. Als Grundlage mag Hammarskjöld sich an einen Satz Schweitzers erinnert haben, der einmal schrieb: „Nur das Denken, in dem die Gesinnung der Ehrfurcht vor dem Leben zur Macht kommt, ist fähig, die Zeit des Friedens in unserer Welt anbrechen zu lassen. Alle diplomatische äußerliche Bemühung um den Frieden bleibt erfolglos." (Zitat nach G. Altner, 1985, S. 69, ohne Quellenangabe.)
501 G. Altner, 1985, S. 65f.
502 N. Söderblom, ³1935, S. 295.

5.3 Mit Martin Buber vom Ich zum Du

Schon im Jahr 1930 hatte der Jugendfreund Sven Stolpe mit Dag Hammarskjöld über Martin Buber diskutiert[503], doch erst 1958 nahm dieser Kontakt mit dem jüdischen Philosophen auf, nachdem er dessen Essayband „Pointing the way" offenbar mit großem Interesse gelesen und von der Gemeinsamkeit der Gedankengänge, den „parallel ways", wie er in seinem ersten Brief an Buber vom 16. April 1958 schrieb[504], stark beeindruckt gewesen war, und da zu dieser Zeit Buber gerade Vorlesungen in Princeton hielt, kam es schon kurz darauf zu einem ersten Treffen und intensiven Gespräch beider im „Haus der merkwürdigerweise so genannten United Nations".[505]

Bei diesem Gespräch zeigte sich dann, dass beide gleichermaßen betroffen waren von dem „fundamentalen gegenseitigen Misstrauen" und von der „Scheinsprache der Vertreter von Staaten und Staatengruppen, die in unveränderlicher Routine aneinander vorbei zu den Fenstern hinaus reden", und dass beide von der Hoffnung getragen wurden, dass diese Volksvertreter „in ein echtes Gespräch, in eine echte Verhandlung treten würden, in der es sich in aller Klarheit ergeben müsste, dass die gemeinsamen Interessen der Völker noch stärker sind als die einander entgegengesetzten".[506]

Nach Hammarskjölds Befund war in jenem „age of distrust", wie er die Zeit nach den beiden Weltkriegen und dem sog. „Kalten Krieg" um die Mitte des 20. Jahrhunderts in seinem Brief an Buber nannte, das gegenseitige Misstrauen auf der politischen Ebene besonders ausgeprägt, dennoch setzte er alle Hoffnung auf ein „gegenseitiges Vertrauen" und einen „Abbau des Misstrauens zwischen Menschen und Völkern"[507] und kam dazu in seiner Rede vor der Universität Cambridge im Juni 1958 auch auf Martin Buber zu sprechen. Indem er auf die kriegerischen Auseinandersetzungen in vielen Weltregionen und die

---

503 S. Stolpe, 1964, S. 40; darauf weist auch M. Fröhlich, 2002, S. 192 hin.
504 In S. Mögle-Stadel, 2005, findet sich der gesamte Briefwechsel zwischen Buber und Hammarskjöld auf S. 78–85; M. Fröhlich, 2002, S. 192 erwähnt o. gen. Brief, ebenso H. P. van Dusen, 1967, S. 215, der jedoch den 15. April 1958 als Datum nennt.
505 Diesen Eindruck hatte Buber offenbar von dem UNO-Gebäude bei seinem Besuch bei Dag Hammarskjöld am 1. Mai 1958 (M. Buber, 1965, S. 33.).
506 M Buber, 1965, S. 33/34.
507 G. Barudio, 1990, S. 161.

Gefahren des Wettrüstens hinwies, plädierte Hammarskjöld zunächst enthusiastisch für ein neues Bewusstsein und die notwendigen geistigen Qualitäten derjenigen, die jeweils für neue Rechte einzutreten haben. Sicher sei es leichter, die Verantwortung auf andere abzuwälzen, aber weniger leicht, nach den Gründen für die Missstände bei sich selbst zu suchen, doch gerade diese zu erforschen sei notwendig, denn letztlich liege es immer an uns selbst, einen gültigen Beitrag zu einer Trendwende der Ereignisse beizusteuern. Und mit den Worten Bubers aus einem 1952 gehaltenen Vortrag untermauerte er seine These und betonte: „Es ist zuallererst nicht länger die Rechtschaffenheit, die Ehrlichkeit des anderen, die infrage steht, sondern die innere Integrität der eigenen Existenz", die zur Bekämpfung des „existenziellen wechselseitigen Misstrauens" erforderlich ist.[508]

Es war jedoch nicht nur dieses politische Problem des allgemeinen Misstrauens, das den „an dem vorgeschobensten Posten internationaler Verantwortung" stehenden Hammarskjöld und den von „der Einsamkeit eines Geistesturms" aus „alle Fernen und Tiefen der planetarischen Krise" ausspähenden Philosophen einte.[509] Ebenso tief beeindruckt war Dag Hammarskjöld von Bubers „dialogischem Prinzip", das er in der englischen Ausgabe im August 1961, also wenige Wochen vor seinem tragischen Flugzeugabsturz, gelesen hatte und danach den Briefkontakt zu Buber nach längerer Pause erneut aufnahm. In diesem dritten Brief vom 17. August 1961 äußerte er sich begeistert über die Lektüre und deutete bereits an, Teile daraus ins Schwedische übersetzen zu wollen, worauf Buber ihm „den schwierigsten von allen, aber den für den Leser passendsten, um in das Reich des Gesprächs eingeführt zu werden, ich meine ‚Ich und Du'" empfahl.[510]

5.3.1 „Ich und Du" – eine Wesensbeziehung

Ein Ereignis in der Mitte seines Lebens brachte Buber als einem „vom Geistfeuer der Mystik Entflammten" zu Bewusstsein, dass er „die

---

508 D. Hammarskjöld im Vortrag „The Walls of Distrust" am 5. Juni 1958 an der Universität Cambridge (in: W. Foote, 1963, S. 184, 186 und 188.)
509 M. Buber, 1965, S. 33.
510 M. Buber, Brief vom 23. 8. 1961.

Sphäre oberhalb der konkreten Dinge verlassen muss, wenn er das Mysterium der Wirklichkeit als Gegenüber, als ansprechbares Du erleben will", so beschreibt Gerhard Wehr die Lebenswende Bubers und seine Hinwendung zum Du.[511] Dieser hatte seine „Bekehrung" erlebt, als er „nach einem Morgen voller religiöser Begeisterung" Besuch von einem ihm unbekannten jungen Mann erhielt. Mit diesem unterhielt er sich, unterließ es aber, „die Fragen zu erraten, die er nicht stellte", und erfuhr erst später von einem Freund, dass jener junge Mann sich das Leben genommen habe. Dabei erfuhr Buber auch, dass der junge Mann „nicht beiläufig, sondern schicksalhaft zu mir gekommen war, nicht um Plauderei, sondern um Entscheidung, gerade zu mir, gerade in dieser Stunde". Es hatte sich „nichts weiter ereignet" an diesem Vormittag, wie Buber selbst schreibt und das Ereignis schildert, und doch war er zutiefst erschüttert gewesen, weil er den Erwartungen des Verzweifelten von einer „Gegenwärtigkeit, durch die uns gesagt wird, dass es ihn dennoch gibt, den Sinn" nicht gerecht geworden war.[512]

Ähnliches muss auch Dag Hammarskjöld erlebt haben, als er in der Zeit zwischen 1945 und 1949, Folgendes notierte: „So war der Fehler am Ende doch unser. Wir hatten zwar unsere Kritik unterdrückt, aber uns doch von ihr hindern lassen, ihm eine einzige Anerkennung zu geben. Und wir hatten auf diese Weise alle Wege zur Heilung versperrt. Immer ist der Fehler beim Stärkeren. Uns fehlt die Geduld des Lebens. Wir versuchen unwillkürlich, einen Menschen aus dem Wirkungskreis unserer Verantwortung auszuschalten, sobald der Ausgang unseres Lebensexperiments in unseren Augen missglückt erscheint. Aber das Leben vollzieht seine Versuche jenseits der Grenzen unserer Bewertung. Daher auch zeigt sich das Leben manchmal so viel schwerer als der Tod."[513]

Zwar hatte diese Erkenntnis bei Dag Hammarskjöld nicht, wie bei Buber, zu einer Lebenswende geführt, aber als ein „Zeichen" auf dem Weg zu sich selbst darf es gewiss gelten. Doch beide hatten durch diese Begebenheiten etwas erkannt, was Buber später in seinen Essays zum „dialogischen Prinzip" als das Wesenhafte in der Begegnung zwischen

---

511 G. Wehr, ¹2010, S. 117.
512 M. Buber, ⁶2010, in „Zwiesprache", S. 158.
513 ZW, 2005, S. 60.

einem Ich und einem Du herausarbeiten und Hammarskjöld davon tief berührt werden sollte.

„Die Welt ist dem Menschen zwiefältig nach seiner zwiefältigen Haltung", schreibt Buber in „Ich und Du" und fährt fort: „Die Haltung des Menschen ist zwiefältig nach der Zwiefalt der Grundworte, die er sprechen kann." ... „Das eine Grundwort ist das Wortpaar Ich – Du. Das andere Grundwort ist das Wortpaar Ich – Es." ... „Grundworte werden mit dem Wesen gesprochen." ... „Das Grundwort Ich – Du kann nur mit dem ganzen Wesen gesprochen werden. Das Grundwort Ich – Es kann nie mit dem ganzen Wesen gesprochen werden." ... „Die Welt als Erfahrung gehört dem Grundwort Ich – Es zu. Das Grundwort Ich – Du stiftet die Welt der Beziehung."[514]

Buber nennt weiter drei Sphären, auf die das Grundwort Ich – Du bezogen ist und die Beziehung zur Wirklichkeit wird: Erstens in der Sphäre der Natur, in welcher die Beziehung jedoch „im Dunkel schwingend und untersprachlich" ist. Ein geliebtes Haustier kann der Mensch sehr wohl mit „Du" ansprechen und dieses Tier wird auch in irgendeiner Weise eine Regung zeigen, doch seinerseits ein „Du" zu sprechen ist ihm nicht gegeben. Die zweite Sphäre bezeichnet Buber als „das Leben mit den Menschen", in welchem „die Beziehung offenbar und sprachgestaltig ist". Und als dritte Sphäre benennt Buber ein „Leben mit den geistigen Wesenheiten", von denen wir uns angerufen und zur Antwort aufgefordert fühlen, und zu denen wir das „Du" aus unserem innerstem Wesen heraus sprechen können, ohne der „Gefahr einer ‚problematischen' Mystik" ausgesetzt zu sein, denn auch im Bereich des Geistes darf „das Wirken an uns als ein Wirken von Seiendem verstanden werden". „In jeder Sphäre", so fasst Buber zusammen, und „durch jedes uns gegenwärtige Werdende blicken wir an den Saum des ewigen Du hin, aus jedem vernehmen wir ein Wehen von ihm, in jedem Du reden wir das ewige an, in jeder Sphäre nach ihrer Weise."[515]

Jede Beziehung im Sinne des Grundwortes Ich – Du ist nach Buber demnach „Gegenseitigkeit", denn auch in der Betrachtung eines Baumes kann es geschehen, dass ich „in die Beziehung zu ihm eingefasst werde". Doch jedes gesprochene „Du begegnet mir von Gnaden – durch Suchen wird es nicht gefunden. Aber dass ich zu ihm das

---
514 M. Buber, [10]2006, „Ich und Du", S. 7f und 10.
515 M. Buber, [10]2006, „Ich und Du", S. 10, 129.

Grundwort spreche, ist Tat meines Wesens, meine Wesenstat. Das Du begegnet mir. Aber ich trete in die unmittelbare Beziehung zu ihm. So ist die Beziehung Erwähltwerden und Erwählen, Passion und Aktion in einem."[516]

Indem Buber jedoch den Bereich des Geistes und sein „Wirken an uns als ein Wirken von Seiendem verstanden"[517] wissen will, zeigt sich auch jenes „Zwischen", worunter er das Sein als eine Wirklichkeit fasst, die in dem „ist", „was sich zwischen mir und dem anderen mir ereignet und kraft dessen ich und das Andere ‚sind'", wie Bernhard Casper Bubers Denken nach seiner Wende charakterisiert und, Buber zitierend, das Sein benennt als eine Wirklichkeit „zwischen Mensch und Mensch, zwischen Mensch und Welt".[518] Dadurch wird auch noch einmal Bubers Abkehr von der Mystik deutlich, denn mit der mystischen „Einkehr in das Eine Denkende" hebt sich das Subjekt als etwas Wirkliches auf und es kommt zu einem „Absehen von der wirklichen Person".[519] Wenn Buber aber nach Casper das Sein in „Ich und Du" nunmehr, ähnlich wie Meister Eckhart, versteht als „eben dieses Eine Wirkliche Leben als die reine, ungeminderte Gegenwärtigkeit des Seins"[520], dann wird in dieser Art „Wirklichem Leben" sich die Person nach Buber auch wieder „ihrer selbst als eines am Sein Teilnehmenden, als eines Mitseienden, und so als eines Seienden bewusst".[521]

Den Weg vom Ich zu dem von Buber beschriebenen wirklichen Leben im Selbst und einer „Du"-Beziehung mit den drei Sphären, darin ganz besonders mit der Natur und dem „ewigen Du", hatte Dag Hammarskjöld bereits beschritten, als er Bubers „dialogisches Prinzip" kennenlernte und darin etwas wiederfand, das ihm bereits vertraut war. Doch da er nur mit Wenigen in ein Gespräch darüber treten konnte, suchte er den Kontakt zu Buber und betonte in seinem Brief vom 17. August 1961, wie sehr die von Buber in seinen Studien formulierten Erfahrungen den seinen ähnelten und für ihn zu dem geworden waren,

---

516 M. Buber, ¹⁰2006, „Ich und Du", S. 11 und 15.
517 M. Buber, ¹⁰2006, „Ich und Du", S. 91.
518 B. Casper, 2002, S. 262.
519 M. Buber, ¹⁰2006, „Ich und Du", S. 91.
520 B. Casper, 2002, S. 266; dies „zum Vorschein und zur Sprache zu bringen" bezeichnet Casper denn auch als Bubers „schlechthin entscheidende leitende Absicht von ‚Ich und Du'".
521 M Buber, ¹⁰2006, „Ich und Du", S. 66.

was Buber selbst „Zeichen" genannt haben würde, und er fügte hinzu: „Es ist seltsam, über einen Abgrund von Zeit und einen Abgrund von Unterschieden der Verhältnisse und äußerlichen Erfahrung eine Brücke gebaut zu sehen, durch die in einem Moment Entfernungen zum Verschwinden gebracht werden."[522]

5.3.2 Aus der Einsamkeit zum „echten Gespräch" und zur Verantwortung finden

Den extrem unter seiner Einsamkeit leidenden Dag Hammarskjöld müssen Bubers Worte zum dialogischen Leben besonders angesprochen haben. So nennt Buber drei Arten des Dialogs: „den echten – gleichviel, geredeten oder geschwiegenen – wo jeder der Teilnehmer den oder die anderen in ihrem Dasein und Sosein wirklich meint und sich ihnen in der Intention zuwendet, dass lebendige Gegenseitigkeit sich zwischen ihm und ihnen stifte; den technischen, der lediglich ... der sachlichen Verständigung eingegeben ist; und den dialogisch verkleideten Monolog, in dem zwei oder mehrere im Raum zusammengekommene Menschen auf wunderlich verschlungenen Umwegen jeder mit sich selber reden und sich doch der Pein des Aufeinander-angewiesen-Seins entrückt dünken."[523]

Wie sehr Dag Hammarskjöld unter Letzterem gelitten hat, zeigt eine Aufzeichnung in seinem Tagebuch aus dem Jahr 1950, wo es heißt: „Die Obertöne verklingen, und übrig bleiben Gespräche, die in ihrer Armut den Mangel an Gemeinschaft nicht verbergen können. Aber warum, warum –? Wir greifen nach dem anderen. Umsonst – weil wir nie wagen, uns selbst zu geben."[524] Welcher Art aber die von Buber genannte Intention zu sein habe, die lebendige Gegenseitigkeit und echten Dialog stiftet, wusste er schon, als er um 1941–1942 schrieb: „Dem Leben offen sein verleiht blitzschnelle Einsicht in den Lebenszustand von anderen. Ein Erfordernis: das Problem vom Gefühlsding bis

---

522 D. Hammarskjöld an M. Buber, in: S. Mögle-Stadel, 2005, S. 80.
523 M. Buber, [10]2006, „Zwiesprache", S. 166; kursiv nicht im Original.
524 ZW, 2005, S. 67.

zu einer klar gefassten intellektuellen Form zu treiben – und danach zu handeln."[525]

Als Bestätigung eigener Einsicht mag für Dag Hammarskjöld demnach geklungen haben, was Buber zum dialogischen Leben weiter zu sagen hatte: „Dialogisches Leben ist nicht eins, in dem man viel mit Menschen zu tun hat, sondern eins, in dem man mit den Menschen, mit denen man zu tun hat, wirklich zu tun hat. Monologisch lebend ist nicht der Einsame zu nennen, sondern wer nicht fähig ist, die Gesellschaft, in der er sich schicksalsmäßig bewegt, wesensmäßig zu verwirklichen."[526]

Dag Hammarskjöld wusste ebenso wie Martin Buber: „Die dialogische Grundbewegung ist die Hinwendung", doch damit ist nicht, wie Buber erklärt, „eine Vereinigung mit dem Ursein oder der Gottheit" in mystischer Entrückung gemeint, sondern „in der redlichen, heilig nüchternen Rechenschaft der verantwortlichen Erkenntnis nichts anderes als eben die Einheit dieser meiner Seele, auf deren ‚Grund' ich gelangt bin" bedeutet, und in diesem „wohl aller durch das bisherige Leben empfangenen Vielfältigkeit entrückt, aber ganz und gar nicht der Individuation, ganz und gar nicht der Vielfältigkeit all der Seelen in der Welt, deren eine sie ist". Angekommen in diesem Zustand des Ganz-bei-sich-selbst-Seins, in der „wortlosen Tiefe" des „entrückungslosen Verharrens in der Konkretheit", wird dieser „Grund" dann zum Ausgangsort der Hinwendung zum anderen.[527]

Eine solche Hinwendung kann nicht mit Liebe gleichgesetzt werden, so Buber, aber ohne sie wäre ein „Zum-Andern-Gelangen" auch nicht möglich.[528] Dem würde auch Dag Hammarskjöld zustimmen, denn er umschrieb diese Art Liebe einmal wie folgt: „Oftmals äußert sich der höchste Ernst nur in einer freundlichen, amüsierten Distanz – so wie du es erwarten kannst bei einem, der, obwohl tief menschlich engagiert, nichts zu suchen und zu schützen hat."[529]

Auf der Ebene des Zwischenmenschlichen zeigt sich also „das sonst Unerschlossene", um das sowohl Hammarskjöld als auch Buber wuss-

---

525 ZW, 2005, S. 46.
526 M Buber, [10]2006, „Zwiesprache", S. 167.
527 M. Buber, [10]2006, „Zwiesprache", S. 170 bis 176.
528 M. Buber, [10]2006, „Zwiesprache", S. 169.
529 ZW, 2005, S. 128.

ten, denn die „erfahrenden Sinne und die Realphantasie, die das von ihnen Befundene ergänzt, wirken zusammen, um den andern als ganze und einzige, als eben diese Person gegenwärtig zu machen". Folglich geschieht im echten Gespräch „die Hinwendung zum Partner in aller Wahrheit, als Hinwendung des Wesens also", und in dieser Rückhaltlosigkeit kommt es „auf die Legitimität des ‚Was ich zu sagen habe' an, wie Buber unterstreicht[530] und Hammarskjöld in manch heikler Situation zu beweisen hatte, etwa in den Verhandlungen mit Tschou En-lai in China, mit den Vertretern der einzelnen Nationen während der Suez-Krise, oder in den Auseinandersetzungen mit Chruschtschow vor der Vollversammlung der Vereinten Nationen in der Zeit des Kalten Krieges.

Auf eigene Weise hatte Dag Hammarskjöld in diesen Auseinandersetzungen und in seinen Reden und Antworten etwas verwirklicht und in sein Politikerdasein und in das „gelebte Leben" zurückgeholt, was Buber „wirkliches Antworten" in echter Verantwortung nannte.[531] Und ein weiteres Mal dürfte er sofort verstanden haben, was Buber meinte, als er schrieb: „Was wir so mit dem Wesen sagen, ist unser Eingehen auf die Situation, in die Situation, sie, die uns eben jetzt angetreten hat", und die „dem Aufmerkenden zugemutet" wird, „dass er der geschehenden Schöpfung standhalte", denn sie „geschieht als Rede". In solchen Augenblicken aber geschieht nach Buber etwas ganz Besonderes, das er so beschrieb: „Ein neuerschaffenes Weltkonkretum ist uns in die Arme gelegt worden; wir verantworten es".[532] Dag Hammarskjöld mag die Worte als für ihn geschrieben empfunden haben.

Dass Verantwortung aber nicht nur eine Metapher der Moral, sondern faktisch nur ist, „wenn es die Instanz gibt, vor der ich mich verantworte, und ‚Selbstverantwortung' hat nur dann Realität, wenn das ‚Selbst', vor dem ich mich verantworte, in das Unbedingte durchsichtig wird", wie Buber noch klarstellte, war auch Dag Hammarskjöld bekannt, denn er hatte selbst Einblicke in jene Wirklichkeit des Unbedingten gewonnen und erfahren, „dass sie ein Phänomen und kein

---

530 M. Buber, [10]2006, „Elemente des Zwischenmenschlichen", S 293ff.
531 M. Buber, [10]2006, „Zwiesprache", S. 161.
532 M. Buber, [10]2006, „Zwiesprache", S. 162f.

Postulat ist" und die „Wirklichkeit der Moral" darin Platz hat, wie Buber es ausdrückte.[533]

5.3.3 Das dialogische Prinzip im Gottesbezug

„Erst der Mensch, der die ihm möglichen Beziehungen mit seinem ganzen Wesen in seinem ganzen Leben verwirklicht, hilft uns wahrhaft den Menschen erkennen", schreibt Buber in seiner Betrachtung über das „Problem des Menschen". Erläuternd fügt er hinzu: „Und da, wie wir gesehen haben, erst dem einsam gewordenen Menschen sich die Frage nach dem Wesen des Menschen in ihren Tiefen eröffnet, weist der Weg zur Antwort auf den Menschen hin, der die Einsamkeit überwindet, ohne ihre fragende Kraft einzubüßen." Damit aber ist die Frage gestellt nach „dem echten Dritten", das hier den Weg weisen kann, und gemeint ist nach Buber eine Anschauung von jener Sphäre des „Zwischen", die eine „Urkategorie der menschlichen Wirklichkeit" darstellt und „sich nach Maßgabe der menschlichen Begegnungen jeweils neu konstituiert". Das „Reich des Zwischen" beschreibt Buber auch als eines „[j]enseits des Subjektiven, diesseits des Objektiven, auf dem schmalen Grat, worauf Ich und Du sich begegnen", was aber in der Sphäre oder dem Reich des „Zwischen" dann „erscheint, ist psychologischen Begriffen nicht erreichbar, es ist etwas Ontisches".[534]

In dieser Sphäre des „Zwischen" ereignet sich dann das, was als Beziehung zwischen den Menschen, zwischen Mensch und Welt und zwischen Mensch und dem „ewigen Du" wirksam und als Erfahrung dem Menschen bewusst wird, doch letztlich ist es das „ewige Du", das durch seine immerwährende Gegenwart die Beziehung in den drei Sphären des Ich und Du erst ermöglicht. Die Beziehung selbst kommt im Bereich des Zwischenmenschlichen ebenso zur Sprache wie in einem Verhältnis zu Gott, den ich anrufen kann und von dem ich angerufen werde. Aus der Beziehung muss aber auch Begegnung werden, und dies kann nur geschehen durch die „Wirklichkeit des sich ereignenden Zwischen", das „in der Beschreibung Bubers göttliche Züge" trägt, wie Bernhard Casper dieses Beziehungsverhältnis zwischen Gott

---

533 M. Buber, ¹⁰2006, „Zwiesprache", S. 164.
534 M. Buber, ⁹⁻¹¹1961, S. 158, 164f. und 167.

und Mensch im Sinne Bubers bestimmt und erklärend hinzufügt: „Das Ereignis der Begegnung selbst zeigt sich als das die beiden in der Begegnung seienden Partner Transzendierende und sie in ihrem Sein-in-der-Begegnung Gründende", oder kürzer formuliert: „Der Mensch wird Partner der schrankenlosen, sich offenbarenden Gottheit".[535]

Diese Partnerschaft war für Martin Buber eine wirkliche und für Dag Hammarskjöld eine konkrete gewesen, die er im wirklichen Leben und innerhalb der Gemeinschaft der Menschen an vorderster Front zur Sprache zu bringen und zu verantworten hatte, und zwar mit seinem ganzen Sein und Dasein als der Mensch, der er geworden war und sich als solcher in eine Weltverantwortung gestellt sah. Und wenn Bernhard Casper schreibt, dass es nicht darauf ankommt, wie oft einer das Wort Gottes in den Mund nimmt, sondern darauf, „dass einer in seinem geschichtlich-gesellschaftlichen Dasein, das sich immer inmitten der Götter abspielt, d. h. der vielen Mächte, welche den Menschen beherrschen, in der Nachfolge Jesu das Verhältnis zu dem Einen lebt", dann trifft gerade dies auf Dag Hammarskjöld voll und ganz zu, der in dieser Nachfolge lebend erkannt hatte: „Wahrhaftig, selbst in dieser Lage noch sind ‚Liebe und Geduld, Gerechtigkeit und Demut' die Bedingungen deiner eigenen Rettung."[536]

5.4 Anfrage zu Dag Hammarskjölds Einordnung als Mystiker

An diesem Punkt stellt sich nun aber die Frage, welchem Typus von Mystiker, sofern man Dag Hammarskjöld überhaupt als solchen sehen will, zuordnen kann, wenn man die Einflüsse eines Nathan Söderblom, eines Martin Buber und Albert Schweitzer, mit berücksichtigt. Dazu möge aber erst einmal Dag Hammarskjöld selbst zu Wort kommen: „Das ‚mystische Erlebnis'. Jederzeit: *hier* und *jetzt* – in Freiheit, die Distanz ist, in Schweigen, das aus Stille kommt. Jedoch – diese Freiheit ist eine Freiheit unter Tätigen, die Stille eine Stille zwischen Menschen. Das Mysterium ist ständig Wirklichkeit bei dem, der inmitten der Welt frei von sich selber ist: Wirklichkeit in ruhender Reife unter des Beja-

---

535 B. Casper, 2002, S. 287f und 300.
536 ZW, 2005, S. 38 und 143.

hens hinnehmender Aufmerksamkeit. Der Weg zur Heiligung geht in unserer Zeit notwendig über das Handeln."[537]

Bernhard Erling sieht in diesem „Zeichen" Hammarskjölds Verständnis von Mystik konzentriert in aktiver Betätigung inmitten der Menschen und im Hier und Jetzt in der Welt und nicht in einem Rückzug von der Welt in Meditation und Gebet. Und wenn Dag Hammarskjölds Verständnis von Heiligung als ein zu Verwirklichendes auf dem aktiven mystischen Weg meint, das nur durch die völlige Hingabe an das Wirken Gottes in dieser Welt und am Menschen und durch ein Wachsen im Christsein zu erreichen ist, dann ist es nur folgerichtig, dass Heiligung für ihn auch die Nachfolge Christi während seiner Zeit in der UNO bedeutet hat[538].

Paul R. Nelson wiederum ist von einem starken Einfluss Söderbloms auf Dag Hammarskjöld überzeugt und auch davon, dass ihm die berühmte Unterscheidung Söderbloms zwischen Unendlichkeits- und Persönlichkeitsmystik sehr bewusst gewesen sei, während Söderblom ein ausgeprägtes Bewusstsein der mittelalterlichen Mystiker bei Luther, in seiner „Evangelischen Katholizität" und bei seinem Bemühen um die Ökumene vertreten habe[539], was Hammarskjölds ethisches Bewusstsein, seine Weitsicht und überkonfessionelle Einstellung ebenfalls beeinflusst und geformt hat.

Nelson verweist in diesem Zusammenhang auf ein Gutachten, das Hammarskjöld in seiner Funktion als Akademiemitglied zu Ehren von Martin Bubers Kandidatur für den Literatur-Nobelpreis im Jahr 1959 verfasst hat und das er als extrem bedeutsam für ein adäquates Verständnis von Dag Hammarskjölds Lebensweg einschätzt.[540] Darin erwähnt Hammarskjöld die Persönlichkeitsmystik Söderbloms ausdrücklich: „Die Persönlichkeitsmystik – der Begriff möge erlaubt sein, obwohl er kaum dem angemessen ist, was Buber unter dem Einfluss des Chassidismus und der christlichen Mystik des Mittelalters

---

537 ZW, 2005, S. 129.
538 B. Erling, 1999, S. 138.
539 P. R. Nelson, 2007, S. 230.
540 P. R. Nelson, 2007, S. 230. Martin Buber wurde von Hermann Hesse am 2.3.1949 zusammen mit Gertrud von le Fort erstmals für den Literatur-Nobelpreis vorgeschlagen (Internet-Recherche Nobelpreis Buber). Eine Kanditatur erfolgte ein weiteres Mal 1959; dazu verfasste Hammarskjöld dieses Memorandum.

entwickelt hat – unterscheidet sich ebenso sehr von dem rationalen Materialismus ... wie von der formalistischen Orthodoxie und religiösen Intoleranz." Und an anderer Stelle ergänzt er: „Ohne die logische Stichhaltigkeit von Bubers Formel [von Ich und Du] in allen Einzelheiten zu prüfen, kann man sie doch als den Ausdruck einer sehr fruchtbaren Lebensphilosophie akzeptieren und den Einfluss verstehen, der ihr zuteil wurde. Sie enthält Züge eines mystischen Pantheismus und hat trotzdem die Dramatik und Schärfe einer dualistischen Gottesbeziehung beibehalten."[541]

Ohne an diesem Punkt noch einmal auf die Beziehung zwischen Dag Hammarskjöld und Buber eingehen zu wollen, werden hier doch zwei scheinbar gegensätzliche Züge in Hammarskjölds „einzig richtigem Profil" deutlich, in denen zum einen noch einmal der nachhaltige Effekt von Söderbloms Persönlichkeitsmystik als einem ethischen Mysterium im Hier und Jetzt erkennbar ist und noch in der Auseinandersetzung Hammarskjölds mit Buber seine Wirkung entfaltet, und zum anderen der „mystische Pantheismus", den Hammarskjöld ebenfalls in Bubers Werk zu erkennen glaubt und der offensichtlich in Resonanz zu einer auch ihm eigenen Gestimmtheit steht – zwei Wesenszüge, die Gustaf Aulén als die dialektische Mystik Dag Hammarskjölds bezeichnet, die aber auch auf jene „Mischform" zurückweisen, mit der Söderblom seine ursprünglich scharfe Trennung zwischen Unendlichkeitsmystik und Persönlichkeitsmystik relativiert hat.

Was aber Gustaf Aulén mit „dialektisch" hinsichtlich Dag Hammarskjölds Beziehung zur Mystik meint, beschreibt er so: „Hammarskjöld ist vorsichtig mit der Beschreibung dessen, was gewöhnlich als das ‚mystische Erlebnis' bezeichnet wird, und was er an anderer Stelle mit dem einfachen Wort ‚Glauben' umschreibt. Einige seiner Aussagen, die mystisch erscheinen, sind gleichwertig mit Sichtweisen, die nicht nur Grenzen und mögliche extreme Schlussfolgerungen aufzeigen,

---

541 Dag Hammarskjöld om Martin Buber, in: Judisk tidskrift, 2, 1966, 18–21. Auf das Memorandum hat auch M. Fröhlich hingewiesen und ausschnittweise zitiert nach dem englischen Text von Aubrey Hodes, Martin Buber, An Intimate Portrait, New York, 1971 (M. Fröhlich, 2002, S. 213). Die wesentlichsten Passagen des Textes hat P. R. Nelson aus dem Schwedischen ins Englische übersetzt (P. R. Nelson, 2007, S. 98–101).

sondern auch in entgegengesetzte Richtungen weisen und gleichzeitig die ursprünglichen Feststellungen korrigieren und ergänzen."[542]

Für die pantheistisch-mystische Seite und das Einswerden mit der Gottheit verweist Aulén auf Hammarskjölds poetisch-symbolischen Aphorismus von 1955 und bemerkt dazu ausdrücklich, dass dies nicht als Phantasterei zu werten, sondern vielmehr als eine Kompassnadel anzusehen ist, die in die richtige Richtung deutet[543]: „So ging ich im Traum mit Gott durch die Wesenstiefe: Wände wichen zurück, geöffnete Tore, Saal nach Saal voll Schweigen und Dunkel und Kühle – von der Seelen Vertrautheit und Licht und Wärme –, bis um mich Grenzenlosigkeit war, worin wir alle zusammenfluteten und weiterlebten wie Ringe nach fallenden Tropfen auf weite, ruhige, dunkle Wasser."[544]

Während Dag Hammarskjöld in diesem „Zeichen" die menschliche Existenz im Lichte von Gottes letztgültiger Wirklichkeit gesehen hat, verkennt er aber keineswegs die Existenz einer anderen und sehr irdischen Wirklichkeit und ist sich „bewusst der Wirklichkeit des Bösen, der Tragik des individuellen Lebens und der Forderung nach ‚würdiger' Lebensgestaltung".[545]

Jedoch hat schon Platon in seinem Timaios darauf aufmerksam gemacht, dass wir „zwischen den beiden großen Formen des Seins einen Unterschied machen und fragen: Was ist das, was immer ist und kein Werden hat, und was ist das, was stets im Werden ist und nie *ist*?"[546] Und Evelyn Underhill erklärt zu den beiden charakteristischen Erscheinungsformen weiter, dass das reine Sein sich zugleich in der Immanenz wie auch in der Transzendenz zeigt: einmal als absolute Wirklichkeit, beschlossen in dem „unbedingten und unerforschlichen Einen", zum anderen aber „in der dynamischen Welt des Werdens, im Gewoge des Lebens, das aus Gegensätzen von Gut und Böse, Freud und Leid, Leben und Tod besteht", dass es aber die Aufgabe des Mystikers ist, mit der Entwicklung eines „dritten Faktors, des freien schöpferischen Geistes", diese Gegensätze in sich zu vereinen und zu versöh-

---

542 G. Aulén, 1969, S. 118.
543 G. Aulén, 1969, S. 120.
544 ZW, 2005, S. 127.
545 G. Aulén, 1969, S. 120/121; dazu ZW, 2005, S. 169.
546 Platon, Timaios, zitiert nach E. Underhill, 1928, S. 53.

nen, wenn er zur Vereinigung mit dem Einen und zur „Rückkehr zum Vaterherzen" gelangen will.[547]

Wenn aber beide Elemente in einer Art Panentheismus zusammenfließen und zudem die Dramatik und Strenge der dualistischen Gottesbeziehung aufscheint, die Hammarskjöld in seinem Memorandum bei Martin Buber ausgemacht hat und die so sehr der seinen gleicht, dann kann das so klingen: „In dem Glauben, der ‚Gottes Vereinigung mit der Seele' ist, bist du *eins* mit Gott und Gott ganz in dir. ... In diesem Glauben steigst du im Gebet hinab in dich selbst, um den anderen zu treffen ...; ist unser Tun ein fortwährender Schöpfungsakt – bewusst, weil du eine menschliche Verantwortung hast, und gleichwohl gesteuert von der Kraft jenseits des Bewusstseins, die den Menschen schuf, bist du frei von den Dingen, aber begegnest ihnen in einem Erlebnis, das die befreiende Reinheit und die entschleiernde Schärfe der Offenbarung besitzt. In dem Glauben, der ‚Gottes Vereinigung mit der Seele' ist, hat darum *alles* einen Sinn."[548]

Neben Gustaf Aulén, hat auch Rolf Schäfer die beiden Wesenszüge in Dag Hammarskjölds Persönlichkeit gesehen und meint ebenfalls, dass dies nicht bedeute, „dass Hammarskjöld zu dogmatisch korrekten Formulierungen zurückgekehrt wäre und sich verpflichtet gefühlt hätte, die pantheistischen Klänge aus seinem Sprachschatz auszumerzen. Im Gegenteil. ‚Jemand – oder etwas' bleibt die vorsichtige Umschreibung des Numen, auch lange nachdem er das Du gefunden hat. Hammarskjöld wird dadurch zum Zeugen des zu Unrecht von manchen Theologen verketzerten Gottesbildes, das persönliche und unpersönliche Elemente in sich vereinigt. Die Macht, Lebendigkeit, Allgegenwart lässt sich nicht in Begriffe fassen, die von der beschränkten und kleinen menschlichen Einzelpersönlichkeit abgezogen sind. Aber wenn es darum geht, die Vatergesinnung dieser Macht zu beschreiben, dann drängt die Erfahrung selbst dazu, Bilder aus dem menschlichen Personleben zu verwenden."[549]

Karlmann Beyschlag wiederum wurde durch die scheinbar gegensätzlichen Elemente zu der Frage veranlasst, ob Dag Hammarskjöld wirklich nur ein Mystiker sei, und hat gleich selbst die Antwort gegeben: „Denn

---
547 E. Underhill, 1928, S. 54f.
548 ZW, 2005, S. 165.
549 R. Schäfer, 1970, S. 365f.

das ist eben das Erstaunliche an allen Eintragungen des Tagebuches, dass diese ‚Mystik', wo immer die erlebnishafte Erfahrung der ‚unio mystica', der mystischen Vereinigung, über den Horizont zu steigen beginnt, alsbald wie von einer mächtigen Gegenbewegung erfasst wird, die das mystische Erleben-Wollen mit wahrhaft numinoser Gewalt hineinstürzt in das ‚sola fide' (allein durch den Glauben) eines letztlich lutherischen Glaubens. ‚Glaube ist Gottes Vereinigung mit der Seele', sagt Johannes vom Kreuz, aber in Hammarskjölds anschließenden Meditationen dreht sich der Sinn des Wortes gerade um: Gottes Vereinigung mit der Seele vollzieht sich allein im Glauben, und zwar in einem solchen Glauben, der mit der Existenzhaltung Jesu grundsätzlich identisch ist. Denn in diesem Glauben – und nur in ihm – sieht Hammarskjöld jene Brücke geschlagen, die auch das Ja-Wort Jesu in Gethsemane mit dem Willen des Vaters verband. ... Genau an dieser Stelle erfüllt sich das Christusschicksal an denen, die Christus nachfolgen."[550]

Die Beschäftigung mit den mittelalterlichen Mystikern etwa seit den 20er Jahren des 20. Jahrhunderts, insbesondere aber in den Jahren 1953 bis 1958, wie seine Tagebucheintragungen zeigen, und eine dadurch erfolgte zusätzliche Vertiefung und Erweiterung seines Glaubens öffneten Dag Hammarskjöld dann nicht nur den Blick für andersartige Glaubensauffassungen und die transkonfessionelle Ebene der Mystik, sondern führten ihn in seinen späteren Jahren auch wieder zurück zur Bibel, indem er etwa zwischen einem Psalm, einem Satz Pascals, einem Trostwort Eckharts und einer Aussage des chinesischen Mystikers Tsi Si Ähnlichkeiten erkennt und notiert, zuerst aus Psalm 27,13–14: „Ich aber bin gewiss, zu schauen die Güte des Herrn im Land der Lebenden. Hoffe auf den Herrn, und sei stark! Hab festen Mut, und hoffe auf den Herrn!" Bei Eckhart jedoch findet er Zuspruch: „So dich aber nichts mehr zu trösten vermag denn Gott, wahrlich, so tröstet er dich auch." Und wie Pascal weiß er: „Die Tragik des Menschen, dem das Licht leuchtet, dahinter Gott verborgen ist –: nicht länger vermag er auf dem Weg der Mitte zu wandeln, rastlos muss er leben in der Spannung zweier exklusiver Forderungen." Und schließlich kann er mit Tsi Si konstatieren: „Durch solche vollkommene Aufrichtigkeit mag man die Weisheit der Dinge erlangen."[551]

---

550 K. Beyschlag, 1980, S. 50.
551 ZW, 2005, S. 140 und Fußnoten 75, 76, 77 und 78 auf S. 218.

Allerdings erfolgten diese Eintragungen in einer äußerst heiklen beruflichen Situation, in der Dag Hammarskjöld, wie schon des Öfteren im Jahr 1956 und während der Krisensituation im Nahen Osten, sowohl bei Meister Eckhart als auch in der Bibel Zuflucht nimmt und nach Bestätigung für seinen Weg sucht und findet. Bernhard Erling erklärt zu diesen Notierungen, dass es Hammarskjöld vor allem um Beistand und Entlastung seiner extremen psychischen Anspannung im Umgang mit den anstehenden Problemen gegangen sei, in denen er mit diversen politischen Statements versucht hatte, die Situation zum Guten zu wenden. Während er also in den ersten beiden Zitaten seine Hoffnung auf Gott setzt und daraus neuen Mut schöpft, lässt er mit dem dritten Zitat erkennen, dass er sich der Tragik dessen, „dem das Licht leuchtet", sehr wohl bewusst ist und dennoch weiß, dass auch und gerade in der Spannung solcher Extremsituationen und in der Verborgenheit Gottes der Lebenssinn des Berufenen gründet und die Aufgabe angenommen werden muss. Bestätigung findet er dann aber in der Zusage des Tsi Si, dass mit der Ernsthaftigkeit solchen Tuns letztlich Weisheit erlangt werden kann.[552]

Wenn sich Dag Hammarskjöld in Extremsituationen wie denen des Jahres 1956, wobei schon einmal sein politisches Schicksal auf dem Spiel stehen konnte, fragte: „Schaffst du? Vernichtest du? *Dies* sind die Fragen für deine Eisenprobe"[553], so hat er sie doch durchaus verstanden als eine Art Gottesurteil für den Fall, dass er nicht entsprechend dem Willen Gottes, sondern nach eigener Schätzung handelt und dann erkennen müsste: „Chancen gab es für dich, von neuem – als Vergünstigung und als Last. Die Frage lautet nur: *Wie* nutztest du sie? Und darüber urteilt nur *einer*."[554]

Nach Henry P. van Dusen sind jedoch besonders in Dag Hammarskjölds späten Jahren drei Grundauffassungen seines Glaubens unschwer zu bestimmen: zum Einen eine nahe Präsenz des lebendigen Gottes, zum Zweiten das Beispiel Jesu Christi, dessen Bedeutung er vor allem durch seine Beschäftigung mit Albert Schweitzers Leben-Jesu-For-

---

552 B. Erling, 1999, S. 159.
553 ZW, 2005, S. 185 und Fußnote 118, in der die Eisenprobe erklärt wird als Gottesurteil, mit dem die Unschuld durch Tragen glühenden Eisens bewiesen werden sollte.
554 ZW, 2005, S. 160.

schung für sich erkunden konnte, und zum Dritten die Unbedingtheit der Pflichterfüllung. Die genannte Reihenfolge entspricht dabei drei Punkten entlang einer Linie, wobei die Anordnung Gott, Jesus, Pflicht zunächst einmal als eine logische Ordnung zu erkennen ist und als „strategisches Handeln" des erwachsenen und gereiften Hammarskjöld bezeichnet werden kann, während ihn sein Weg umgekehrt von der reinen Pflichterfüllung über die Entdeckung des Menschen Jesus zu einer umfassenden Anerkennung der Wirklichkeit Gottes führte.[555]

Entsprechend diesem Befund zeigt sich die Entwicklungslinie von Dag Hammarskjölds Religiosität als ein Weg, ausgehend von dem tief- und festgegründeten Fundament einer traditionell protestantisch-christlichen Unterweisung, doch diese Theologie scheint nach van Dusen keinen stützenden Anteil an der tragenden Substanz seines reifen Mannesglaubens gehabt zu haben. Viel eher sei die praktizierte Hilfsbereitschaft der Mutter auf der Grundlage des Evangeliums, die sich in der unermüdlichen Sorge und Anteilnahme gegenüber allen Notleidenden zeigte, und ebenso ihre aktive Mitmenschlichkeit im Verein mit und gestützt von einem ernsthaften Pflichtgefühl und notfalls unter Verzicht auf persönliche Interessen, das gewesen, was als tragende und dauerhafte Grundlage aller Bausteine der religiösen Erziehung durch seine Eltern anzusehen ist.[556]

Während seiner Jugend- und mittleren Mannesjahre, die auch eine Zeit der intellektuellen Zweifel und intensiven Suche nach dem Sinn des Lebens gewesen waren, wurde Dag Hammarskjöld durch die Lektüre von Albert Schweitzers Leben-Jesu-Forschung jedoch wieder zu eben diesen Evangelien zurück und zu einer ernsthaften Auseinandersetzung mit dem Leben und Sterben des Menschen Jesus geführt, der für ihn Vorbildcharakter gewann und zum Führer durch seine Krise der Lebensmitte und letztlich zur Leitfigur seines Lebens wurde.

Durch die vertiefte Beschäftigung mit den Schriften einzelner Mystiker des Mittelalters vor allem in den Krisensituationen seiner späteren Berufsjahre lernte er aber dann nicht nur, wie „ein Leben des aktiven sozialen Dienstes" gelingen kann, sondern durfte auch in Hingabe und bereitwilliger Pflichterfüllung die tragende Liebe und Zuwendung Gottes erfahren und daraus Mut und Vertrauen schöpfen. Und in die-

---

555 H. P. van Dusen, 1967, S. 193.
556 H. P. van Dusen, 1967, S. 192.

sem „Ja" zu Gott fand er dann auch wieder zurück zu den biblischen Quellen und insbesondere zu den Psalmen und war sich, wie die Psalmisten, bewusst, „ ... dass Gott ihr Fels ist"[557].

In der Rekapitulation des religiösen Entwicklungsweges von Dag Hammarskjöld in der Interpretation Henry P. van Dusens zeigte sich zudem noch einmal, dass er nicht einseitig als Mystiker betrachtet werden kann. Und wenngleich das Zitat von „Nichtgott, Nichtgeist, Nichtperson"[558] aus Meister Eckharts Schriften pantheistisch-neuplatonische Züge erkennen lässt, so hat Dag Hammarskjöld doch alle Zitate aus den Schriften der Mystiker auf seine jeweilige ganz persönliche Situation bezogen und entsprechend ausgewählt, was wiederum zeigt, dass ihm keinesfalls eine lebensferne und weltabgewandte Mystik zugesprochen werden kann.

Eine schwärmerische Christusmystik allerdings war ebenso wenig die Sache Dag Hammarskjölds, doch mit Bezug auf seine zentrale Aussage von „Gottes Vereinigung mit der Seele" und den „Unio"-Begriff konnte bereits an früherer Stelle die Zuordnung zu einer Gottes-Mystik vorgenommen werden, die jedoch um die Definition einer Wortmystik ergänzt werden muss, wenn die doch stark ausgeprägte christlich-protestantische Seite seiner Religiosität als wesentlicher Anteil seines mystischen Profils besser zur Geltung gebracht werden soll. Dietmar Mieth zufolge geht es bei der Wortmystik als einer besonders um den theologischen Charakter bemühten Form der Mystik „weniger um die Allegorese" als um die Wortauslegung der Zeugnisse der Bibel, und eine solche findet sich, Mieth zufolge, auch und gerade „bei Meister Eckhart, für den jedes Wort schlechthin zum Gleichnis des Ganzen wird ... wenn man es durch alle korrespondierenden Worte der ganzen Schrift auszulegen versucht", aber vor allem habe diese Mystik Spuren in der Reformation und bei Martin Luther hinterlassen.[559]

Auf diese Weise zeichnet sich nun doch eine erweiterte Entwicklungslinie gegenüber derjenigen Henry P. van Dusens bezüglich der Religiosität Dag Hammarskjölds ab, auf der alle Faktoren seiner Ent-

---

557 ZW, 2005, S. 205 mit Fußnote 134, S. 222, woraus der deutsche Text entnommen wurde.
558 ZW, 2005, S. 120.
559 D. Mieth zu „Mystik" in: P. Eichler (Hg.), Handbuch theologischer Grundbegriffe, ²2005, S. 415.

wicklung ihren Platz finden können, beginnend mit der strengen Unterweisung entsprechend dem nordischen Luthertum mit dem Gebot von Pflichterfüllung und dem Dienst für das Vaterland durch den Vater, unterstützt durch die lutherische Auffassung von Beruf und Berufstreue, vertreten von Erzbischof Nathan Söderblom als dem religiösen Mentor der Familie Hammarskjöld, wobei aber auch dessen Friedensarbeit und seine ökumenischen Bemühungen in ihrer Wirkung auf Dag Hammarskjöld nicht vergessen werden dürfen. In der Folge ist dann die von van Dusen besonders hervorgehobene Prägung in Mitmenschlichkeit auf dem Boden der Evangelien durch die Mutter von Bedeutung, und des Weiteren durch alle intellektuellen Zweifel und der Suche nach dem Sinn des Lebens hindurch die Hinwendung zu dem Mysterium Christi und die tiefinnerliche und existenziell bedeutsame Erarbeitung eines vertrauenden Gottesglaubens, um schließlich mit Hilfe der christlichen Mystiker zu einem Glauben zu finden, den Hammarskjöld für sich nach Johannes vom Kreuz als „Gottes Vereinigung mit der Seele" definiert, mit Meister Eckharts Texten aber die Mystik in sein persönliches Leben einholt und als Anleitung zur Lebensführung verstehen lernt, und mit Thomas von Kempen endlich sein Leben aktiv und hingebend in die Nachfolge Christi stellt.

Am Ende aber biegt sich diese Linie zum Kreis, oder vielleicht zur Spirale, indem Dag Hammarskjöld auf höherer Ebene und mit einem um viele Facetten erweiterten religiösen Bewusstsein sich auf jene evangelisch-protestantischen Glaubenssätze zurückbesinnt, die ihm einst in seiner Jugend vermittelt wurden, und die er in seinem reifen Glauben wieder als diejenigen erkennen und anerkennen kann, die ihn zeitlebens getragen haben. Und wenn mystischer Glaube nach Heiko A. Oberman sehr evangelisch als ein lebendiges Verhältnis zu Gott gedeutet werden kann, dann mag sich der Kreis schließen mit der sehr persönlichen Abwandlung des Vaterunsers durch Dag Hammarskjöld, in dem seine am Beispiel der Mutter gelernte und durch die Mystiker vertiefte Hingabebereitschaft an den Willen Gottes zusammengefasst erscheint: „Geheiligt werde Dein Name, *nicht der meine.* Dein Reich komme, *nicht das meine.* Dein Wille geschehe, *nicht der meine.*"[560]

---

560 ZW, 2005, S. 146.

6. Reflexionen zu Dag Hammarskjölds ethischer und religiöser Identität

Zu Beginn der Aufzeichnungen in seinem Tagebuch während der Jahre 1945 bis 1949 sah sich Dag Hammarskjöld mit der Frage nach einem Aufbruch „zu neuen Ufern –?" konfrontiert und damit verbunden mit der Frage nach sich selbst, was er so formulierte: „In jedem Augenblick wählst du dein Selbst Aber wählst du – dich selbst? Körper und Seele haben tausend Möglichkeiten, aus denen du viele Ichs bauen kannst. Doch nur eines von ihnen ergibt die Kongruenz zwischen dem, der wählte, und dem Gewählten. Nur eines – und du findest es erst, wenn du alle anderen Möglichkeiten *ausgeschlossen* hast, alles neugierige Tasten, verlockt von Staunen und Begehren, zu seicht, zu flüchtig, um Halt zu finden im Erlebnis des höchsten Mysteriums des Lebens: dem Wissen um das anvertraute Pfund, das ‚du' bist."[561]

Nach Erik H. Erikson sind „die Autobiografien hervorragender (und hervorragend selbsteinsichtiger) Menschen", und sicher darf man dazu auch das Tagebuch Dag Hammarskjölds zählen[562], „reiche Quellen für die Erschließung der Wege zur Identitätsbildung", und er hebt hervor, dass sich vor allem junge Menschen zum Abschluss ihrer Adoleszenzentwicklung vor die Aufgabe gestellt sehen, „Entscheidungen zu treffen, die mit wachsender Beschleunigung zu immer endgültigeren Selbstdefinitionen, zu irreversiblen Rollen und so zu Festlegungen ‚fürs Leben' führen", mit denen ein „endgültiger Rahmen für die ‚innere Identität' vorgezeichnet wird".[563]

Mit seinem „Wegweiser für das Leben" hat Dag Hammarskjöld in seinen Jugendjahren etwa zwischen 1925 und 1930 einen ebensolchen „endgültigen Rahmen" für sich geschaffen, denn es zeigt sich darin schon eindeutig, „dass dieselbe Grundeinstellung zum Leben nicht

---

561 ZW, 2005, S. 51.
562 Rüdiger Safranski sieht speziell im Tagebuch eine konstituierende Möglichkeit der Identitätsbildung, indem er darauf hinweist: „Gerade im Tagebuch zeigt sich die dem Schreiben innewohnende Kraft, Probleme zu klären oder zu bewältigen, indem man sie in die Sprache hebt." (So Rüdiger Safranski in einem Interview in der Stuttgarter Zeitung vom 2.10. 2012, S. 29, anlässlich der Badenweiler Literaturtage 2012 zum Thema „Wer Literatur liebt, hat ein zweites Leben").
563 E. H. Erikson, ¹1973, S. 136f.

nur seine Diskussionen mit den nächsten Freunden während der Gesamtperiode 1925 bis 1930 prägt, sondern – gewiss mit zeitbedingten Variationen – Hammarskjölds innere Auseinandersetzung während des ganzen Lebens"[564] widerspiegelt, wie sie auch seinem Tagebuch als seinem „Weißbuch meiner Verhandlungen mit mir selbst – und mit Gott" zugrunde liegen.

Eine dieser „zeitbedingten Variationen" hat Dag Hammarskjöld dann 1959 in seinem Tagebuch festgehalten: „Demut ist in gleichem Grade der Gegensatz zur Selbstdemütigung wie zur Selbstüberhebung. Demut heißt *sich nicht vergleichen*. In seiner Wirklichkeit ruhend ist das Ich weder besser noch schlechter, weder größer noch kleiner als anderes oder andere. Es *ist* – nichts, aber gleichzeitig eins mit allem. In diesem Sinne ist Demut völlige Selbstvernichtung. In der Selbstvernichtung der Demut nichts zu sein und doch in der Kraft der Aufgaben ganz ihr Gewicht und ihre Autorität zu verkörpern, ist die Lebenshaltung des Berufenen. Vor Menschen, Werk, Gedicht und Kunst geben, was das Ich dabei vermittelt, und, einfach und frei, entgegennehmen, was ihm zukommt an Kraft der inneren Identität. Lob und Tadel, die Winde von Erfolg und Misserfolg, blasen spurlos über dieses Leben hinweg und ohne sein Gleichgewicht zu erschüttern. Dazu hilf mir, Herr –."[565]

Mit diesem „Zeichen" weist Dag Hammarskjöld aber nicht nur auf die Art von Demut hin, um die er ein Leben lang als Voraussetzung für „das Leben in Gott", wie schon in seinem „Wegweiser für das Leben" angeklungen[566], gerungen und die er im Streben der Mystiker wiedergefunden und auch als Grundlage seines eigenen Selbstverständnisses als eines Berufenen erkannt hat. Vielmehr bestätigt er damit das, was Erik H. Erikson im Sinne einer Entwicklungsperspektive als „innere Identität" bezeichnete, indem er der „Kraft der Aufgaben" nunmehr die in dieser Demutshaltung liegende „Kraft der inneren Identität" entgegensetzen kann, die ihm im Rahmen seiner Ich-Entwicklung im sozialen Bezug zugewachsen ist.

Im Jahr 1959 hatte Hammarskjöld dann aber bereits einen langen Weg der „Introjektion-Projektion, Identifikation und Identitätsbildung"

---

564 K. E. Birnbaum, 2000, S. 51f.
565 ZW, 2005, S. 171.
566 K. E. Birnbaum, 2000, S. 61.

zurückgelegt und dabei jene drei Mechanismen ausgebildet, durch die, nach Erik Erikson, „das Ich einen immer reiferen Umgang mit den Identitäten der Vorbilder" entwickelt[567]. Seine Identitätsbildung durfte zu dieser Zeit auch insoweit als ausgereift gelten, als er jegliche Identifikation mit anderen Menschen überwunden hatte und nur noch Gott als die einzig gültige und maßgebende Instanz für sich anerkannte, ohne jedoch den Bezug zu Mitmenschen und Mitwelt gering zu schätzen, vielmehr im Gegenteil diesen geradezu als das ihm als einem Berufenen zugewiesene Tätigkeitsfeld erkannt und angenommen hatte und ganz im Hier und Jetzt wirkte. So konnte er denn 1959 noch einmal reflektieren: „Dieses zufällige Treffen von Möglichkeiten nennt sich Ich", um jedoch sofort in Frage und Antwort zu ergänzen: „Warum ich hier? – Und das Ich verliert seine Wirklichkeit."[568]

Mit solcherart Lebensklugheit und Lebensweisheit hatte Dag Hammarskjöld sich aber auch jene gesellschaftliche Anerkennung erworben, die einem Menschen dann zuteil wird, wenn er die Stufe der vollen Integrität des reifen Erwachsenenalters erreicht, die Bezugspersonen seines Umfeldes als „Menschen meiner Art" sehen gelernt und jene Weisheit erlangt hat, die Erikson in seinem auf die Wandlungsfähigkeit des Menschen abzielenden Modell als „Element der Sozialordnung" bezeichnet und so definiert: „Sein, was man geworden ist; wissen, dass man einmal nicht mehr sein wird."[569]

6.1 Ethik und Identität im Spannungsfeld von Individuum und Gesellschaft

Individualität und Selbstsein, oder Subjektivität und Personsein als konstitutive Bedingungen der personalen Identität, wie sie sich aufgrund der biografischen Besonderheiten des Einzelnen im Verlauf seiner Lebensgeschichte entwickelt haben, sind ebenso sehr die dominierenden Faktoren der persönlichen Lebenswirklichkeit wie des gesellschaftlichen Miteinanders. Das Sittliche ergibt sich in der Folge daraus als eine gelungene innerpsychische Verbindung zwischen all-

---

567 E. H. Erikson, ¹1973, S. 139.
568 ZW, 2005, S. 188.
569 E. H. Erikson, ¹1973.

gemeingültigen Gegebenheiten und Normen, der individuellen Möglichkeit zum Wollen und Können des Guten und dem Tun dessen, was aufgrund der jeweiligen Situation möglich ist. Mit Gerfried W. Hunold gesprochen ist aber darauf zu achten, dass diese „moralische Individuation als Gewissensreife und Verantwortungsbereitschaft des Einzelnen gegenüber der notwendigen Suche eines gemeinsamen Wollens nicht steckenbleibt", sondern sich als „Identität des Humanen" in der Sorge und Verantwortung für andere zu erkennen gibt.[570]

Im besten Fall kann eine solche Anpassungsleistung der Person zur Übereinstimmung mit sich selbst und zu einer Wahlfreiheit unter den sich jeweils bietenden Möglichkeiten führen, jedoch immer nur unter den Gegebenheiten der objektiven Wirklichkeit und einer jeweils nur bedingten Freiheit im sozialen Miteinander oder, wie bei Dag Hammarskjöld, zur Erkenntnis von einem angemessenen Mittelmaß der eigenen Person im Verhältnis zu den Mitmenschen und in den eigenen Handlungsweisen, was er so ausgedrückt hat: „Meine Mittelmäßigkeit erkennen, nicht in geißelnder Selbstverachtung, nicht im Bekennerhochmut – aber als eine Gefahr für die Integrität des Handelns, wenn ich sie aus dem Auge lasse."[571]

Schon seit je war es aber auch das Bemühen des Menschen, mit sich selbst und den ethischen Gesetzmäßigkeiten seiner Um- und Mitwelt und letztlich mit dem, „was über uns ist", in Übereinstimmung zu kommen. Und besonders Letzteres stand für Dag Hammarskjöld im Fokus seiner Bemühungen, als er schrieb: „[D]ie Grenze zwischen Subjekt und Objekt in meinem Wesen bis zu jenem Punkt verschieben, wo das Subjekt, obgleich in mir, ausser mir und über mir ist – und so mein <u>ganzes</u> Sein zum Werkzeug wird für das in mir, was mehr ist als ich."[572]

Und somit ist auch Regine Kather zuzustimmen, wenn sie feststellt: „Ohne einen letzten Grund der Welt, der allem einen Eigenwert verleiht, verlieren ethische Werte ihre bindende, verpflichtende Kraft. Sie erscheinen nur als relativ, sodass kein Wertesystem beanspruchen kann, prinzipiell besser zu sein als ein anderes. Was als ‚Gut' und ‚Böse' angesehen wird, hängt nur vom jeweiligen Lebenskontext ab, sodass sogar die Kritik an inhumanen Praktiken anderer Kulturen unmöglich

---

570 G. W. Hunold, 1998, S. 22f.
571 ZW, 2005, S. 153.
572 ZW, 2005, S. 80.

wird." Ist der Mensch jedoch in einem Transzendenten gegründet und verfügt „durch Partizipation am Seinsgrund über ein gewisses Maß an innerer Spontaneität und schöpferischer Dynamik, durch die er einen Selbststand gegenüber seiner biografischen und sozialen Bedingtheit gewinnt", dann ist sein Verhalten „keine Reaktion auf Bedingungen, sondern eine Manifestation von Selbsttätigkeit und damit von innerer Lebendigkeit".[573] Und eben dies traf auf Dag Hammarskjöld sowohl in Bezug auf seinen Glauben als auch auf seine ethischen Überzeugungen und auf sein Handeln in ganz besonderem Maß zu.

6.2 Religiöse Identität oder Die Befähigung des Menschen zum aufrechten Stand

Im christlichen Kontext erscheint die „Einmaligkeit der Person und damit die Besonderheit von Gewissen und Verantwortung ... radikal verschärft", denn in diesem Bezug ist „das Sein des Menschen ... ein Sein aus Gnade und seine Sinnmitte ist Christus", wodurch der Mensch in seinem Wesen verändert und seine eigentliche Menschwerdung eingeleitet wird, wie Dietmar Mieth treffend bemerkt.[574]

Demzufolge wird ein Mensch nach Mieth „mindestens in dreifacher Hinsicht" dann sittlich richtig handeln, wenn er erstens in einer – eher seltenen – Extremsituation, „obwohl er Angst hat, ... obwohl er sich selbst dabei riskiert, ... seinem Gewissen als ‚Ruf zur Sorge um das eigene Selbst' (Heidegger)" folgt und, da ihm niemand „diesen Ruf und diese Antwort, also die ‚Verantwortung', abnehmen" kann, „zu moralischer Selbstachtung und Hingabefähigkeit" bereit ist.

Zweitens ist das Gewissen notwendig „als letztes praktisches Urteil", weil „die von uns selbst frei anerkannten Normen ... Orientierung geben". Doch gelten diese Normen „nicht für alle möglichen und denkbaren Fälle", denn manchmal „müssen wir auch ein Gesetz im Sinne der größeren Gerechtigkeit interpretieren, die es nur unzulänglich zum Ausdruck bringt". Dann aber übernimmt das Gewissen aufgrund „des moralischen Formates der Person [und] ihrer sittlichen Vernunft" die „letzte Diagnose", – man könnte auch sagen: die letzte Entschei-

---

573 R. Kather, 2007, S. 183f.
574 D. Mieth, 1992, S. 234 und 237.

dung – darüber, ob das Gesetz zur Anwendung kommt und danach gehandelt wird oder nicht.

Und drittens, so Mieth, „brauchen wir das Gewissen als Bedingung der richtigen sozialen Institution, sei es als Gemeinschaft oder Gesellschaft", und dieser „öffentlich-strukturellen Gewissensfunktion kann sich kein System entziehen", denn die „Würde der Person gilt vor dem Recht der Strukturen".[575]

Überträgt man diese Feststellungen Mieths auf die Person Dag Hammarskjölds, und zwar sowohl auf sein Sein als Mensch als auch auf seine Funktion als Generalsekretär der Vereinten Nationen und auf die Werte und Normen, die er in dieser Weltorganisation zu installieren unternommen hatte, dann könnten sie nicht zutreffender sein.

Am deutlichsten hat sich das wohl in Hammarskjölds Widerstand gegen den Machtanspruch der Sowjetunion in Afrika und Asien und im Widerstand gegen Nikita Chruschtschow gezeigt, der die Strategie der Aufnahme vieler kleiner und schwacher Staaten in die UNO missbilligte und sich in turbulenten Sitzungen der Generalversammlung im September 1960 energisch gegen Hammarskjölds Strategie des Schutzes dieser kleinen Staaten durch die Institution der UNO aussprach.

Am 26. September 1960 antwortete Dag Hammarskjöld auf die Angriffe Chruschtschows und verwies zunächst darauf, dass die Angelegenheit nicht „eine Frage der Person, sondern der Institution" und ihrer Prinzipien entsprechend der UN-Charta sei, und interpretierte diese „im Sinne der größeren Gerechtigkeit", von der ein Gesetz oder eine Organisation wie die UNO entsprechend ihrer „öffentlich-rechtlichen Gewissensfunktion" auszugehen habe: „Ganz gleich, welche Worte man benutzt, Unabhängigkeit, Unparteilichkeit, Objektivität, sie alle beschreiben grundlegende Aspekte dessen, was ohne Ausnahme die Haltung des Generalsekretärs sein muss", und er ergänzte, an die Mitglieder der Generalversammlung gewandt: „Tatsächlich ist Ihr Einsatz gefragt, meine Herren. Es ist an Ihnen zu entscheiden, was zu tun ist. Als Vertreter dieser Organisation bin ich dankbar für jeden positiven Hinweis, aber wenn kein positiver Hinweis erfolgt … dann habe ich

---

575 D. Mieth, 1992, S. 226f.

keine andere Wahl, als meinen eigenen Überzeugungen zu folgen, entsprechend den Prinzipien, die ich soeben dargelegt habe."[576]

Für Chruschtschow brachte der Streit um die Vorherrschaft im Kongo[577] schließlich „das Fass zum Überlaufen", und er drohte Hammarskjöld mit Vertrauensverlust und Rücktrittsforderungen. Jetzt ging es für Dag Hammarskjöld um das Ganze seiner selbst, als er auf diese Bedrohungen antwortete: „Es ist nicht die Sowjetunion oder irgendeine andere Großmacht, die den Schutz der UNO braucht, sondern alle anderen. In diesem Sinn ist die Organisation vor allem Ihre Organisation, und ich habe großes Vertrauen in die Klugheit, mit der Sie diese nutzen und leiten werden. Ich werde in meinem Amt bleiben, so lange meine Amtszeit als ein Diener dieser Organisation dauert, im Interesse all dieser anderen Nationen, und so lange Sie es wünschen. In diesem Zusammenhang hat der Vertreter der Sowjetunion von Mut gesprochen. Es ist sehr leicht, zu resignieren; es ist nicht leicht, weiterzumachen. Es ist sehr leicht, sich dem Wunsch einer Großmacht zu beugen. Es ist eine andere Sache, zu widerstehen. Wie alle Mitglieder dieser Versammlung wissen, habe ich gerade dies bei vielen Anlässen und in vielerlei Richtungen getan. Und wenn es der Wunsch derjenigen Nationen ist, die in dieser Organisation die bestmögliche Unterstützung in der gegenwärtigen Welt sehen, dann werde ich auch diesmal Widerstand leisten."[578]

Sicher ist Dag Hammarskjöld bei dieser Rede nicht ohne Angst gewesen[579], denn er hätte alles, und vor allem den Glauben an sich selbst, verlieren können, aber die Generalversammlung der Vereinten Nationen dankte ihm für seinen Mut mit stehenden Ovationen.

---

576 W. Foote, 1963, S. 316f.
577 Der Kongo hatte am 30. Juni 1960 seine Unabhängigkeit von Belgien erlangt.
578 W. Foote, 1963, S. 319.
579 Bo Beskow charakterisierte seinen Freund Dag Hammarskjöld in dieser Situation wie folgt: „Dag dealt with all big crises and serious attacks on him and his office with polite firmness, invulnerable in his strict adherence to the principles of the Charta. On this level he could meet almost everything with fortitude. But the hits below the belt of a more personal kind, delivered by provincial and small minds (in Sweden and elsewhere) could hurt him deeply. This will surprise those who called him 'hard'. He was an extremely sensitive and vulnerable person, forced by his office and duty to hard decisions and firm action." (Bo Beskow, 1969, S. 161f.)

Dieser Mut aber zeigt mehr von Dag Hammarskjöld als nur die momentane Stärke eines Mannes in einer Extremsituation, denn dahinter steht die lange Entwicklung eines Menschen im Kampf mit sich selbst und in einem Ringen um Wahrheit und Gewissheit, wie sie nur in einer tiefgreifenden religiösen Suche nach Erkenntnis und Erfahrung gewonnen werden und positiv als persönliche Reife, Standfestigkeit und Integrität in Erscheinung treten kann. Die Krisenjahre der Lebensmitte mit der Konzentration auf das eigene Ich waren, ebenso wie die Sucht nach Anerkennung und das Leiden an der Sinnlosigkeit des Lebens, überwunden, und Dag Hammarskjöld hatte, gründend in einer christlich-protestantischen Erziehung und mithilfe von Albert Schweitzer, Martin Buber und den Mystikern zu sich selbst und zu einem Gottesverhältnis gefunden, das ihn innerlich befreit und vom Urteil der anderen unabhängig hatte werden lassen. Und mit der Berufung an die Spitze der UNO hatte er zudem seine Lebensaufgabe gefunden, sodass er am 28. April 1957 mit der Übernahme eines Zitats von Saint-John Perse bekennen durfte: „Allein die Seele hat eine Geschichte, allein die Seele ist leichten Muts"[580], und diesem Zitat hatte er hinzugefügt: „Verkleidet ist das Ich, das nur aus gleichgültigen Urteilen, sinnlosen Auszeichnungen und protokollierten ‚Leistungen' geschaffen ist. Eingeschnürt in die Zwangsjacke des Naheliegenden. Aus dem allem heraustreten, nackt, auf des Morgenlichts Klippe – empfangen, unversehrbar, frei: im Licht, mit Licht, vom Licht. *Einer*, wirklich in dem einen. Heraus aus mir selbst, dem Hindernis, hinaus zu mir selbst, der Erfüllung."[581]

6.3 Christliche und interkonfessionelle Züge in Dag Hammarskjölds Religiosität

Wie Rolf Schäfer einmal mit Bezug auf Dag Hammarskjöld bemerkte, „bemessen sich Christentum und Glaube nach evangelischer Lehre primär an der innerlichen Zuwendung zu Christus, die von außen nicht

---

[580] In ZW, 2005, S. 154, Anm. 96 ist nur der Hinweis auf das Gedicht „Exile" von Saint-John Perse (Alexis Leger) als Quelle zu finden, während der neuesten Ausgabe der „Zeichen am Weg" (Stuttgart, 2011, S. 235, Anmerkung 117) auch eine deutsche Übersetzung angefügt ist, die jedoch hier nicht original übernommen wurde.

[581] ZW, 2005, S. 155.

ohne Weiteres erkennbar ist"[582], und dies weist auf eine Glaubenshaltung hin, die letztlich für Dag Hammarskjölds religiöse Identität und seine politische Ethik entscheidend gewesen ist. Und wenn man mit Dietmar Mieth davon ausgeht, dass „die Elemente der sittlichen Erfahrung verstärkt" werden, indem etwa durch die „dem Glauben eigene ethische Sensibilität" sich das ethische Verständnis von einer der Vernunft gemäßen Sollens- in eine an der Praxis der menschlichen Bedürfnisse und den unguten Zuständen dieser Welt orientierte Könnens-Ethik der Gutheit kehrt und der persönliche Einsatz in entsprechenden Situationen ebenso gefragt ist, wie sich auch „die Grundeinstellungen des Glaubens auf dem Felde ethischer Argumentation zu bewähren haben"[583], dann war Dag Hammarskjöld als Politiker dazu besonders aufgerufen und hatte sich darin glänzend bewährt.

Und wenn Dietmar Mieth weiter ausführt, dass „Ethik nicht das Letzte des Humanum, sondern das Vorletzte" sei und die „Versöhnung des ethisch kontingenten und schuldhaften Menschen" gerade da ansetze, „wo die Ethik 'ex negativo' die Heilsbedürftigkeit des Menschen ausweist"[584], so trifft auch dies bei Dag Hammarskjöld ins Schwarze, denn auch er hatte, unter dem „allsehenden Blick der Liebe" Gottes stehend, durchschaut: „Man kommt dahin, die Erbsünde zu erkennen – und zu kennen, diesen düsteren Kontrapunkt des Bösen, der in unserem Wesen, ja *von* unserem Wesen, doch nicht unser Wesen ist. Dass jemand die Katastrophe bejaht für das, dem wir zu dienen suchen, und Unglück sogar für die, zu denen wir halten. Leben in Gott ist nicht Flucht aus dem Leben, sondern der Weg zur vollen Einsicht: Es ist nicht unsere Verdorbenheit, die uns zu einer fiktiven religiösen Lösung zwingt, sondern das Erleben der religiösen Wirklichkeit, welches die Nachtseite ans Licht bringt. Erst dann, wenn wir vor dem allsehenden Blick der gerechten Liebe bleiben, vermögen wir zu sehen, wagen zu erkennen und *bewusst* darunter zu leiden, dass etwas in uns die Katastrophe begrüßt, das Misslingen herbeiwünscht, von der Niederlage stimuliert wird – sobald es sich um eine Sphäre außerhalb unserer engsten Eigeninteressen handelt. So ist eine lebendige Gottesbeziehung eine Voraussetzung für die Selbsterkenntnis, in welcher wir

---

582 R. Schäfer, 2012, S. 431.
583 D. Mieth, 1992, S. 222f.
584 D. Mieth, 1992, S. 223.

klaren Linien folgen können und, in diesem Sinn, siegen und Verzeihung erhalten – über uns selbst, von uns selbst."[585]

In einem Vortrag auf der zweiten Versammlung des Weltkirchenrates in Evanston, USA, am 20.8.1954 kam Dag Hammarskjöld als Vertreter der UNO sogar einmal ganz öffentlich auf seine Glaubensüberzeugungen zu sprechen und führte aus, dass jenes „Sorgt euch also nicht um morgen; denn der morgige Tag wird für sich selbst sorgen" (Matth 6,34) von den praxisnahen Planungen und langfristigen Erwägungen in einem Politikerleben weit entfernt scheint, aber dass es eben diese Art von Geduld und eine stille Selbstlosigkeit in der Arbeit für Frieden und Gerechtigkeit zu lernen gilt, denn nur sie werden uns die Kraft geben und „den Weg weisen zu einer Welt von mehr Gerechtigkeit und gutem Willen, wenn nichts sonst mehr uns Hoffnung auf Erfolg oder ein Fortschreiten in die richtige Richtung zu geben vermag". Und er ergänzte: „Für den christlichen Glauben ist das Kreuz der Mittelpunkt der Weltgeschichte, wenn alle Menschen und alle Nationen ohne Ausnahme unverhüllt als Feinde, aber auch als Geliebte und für wertvoll Befundene vor Gott stehen. So verstanden, sollte das Kreuz die Christen nicht von Andersgläubigen trennen, vielmehr sollte es das Element in ihrem Leben sein, welches sie befähigt, die Hand zu den Menschen anderer Glaubens auszustrecken im Gefühl einer universalen Bruderschaft, von der wir hoffen, dass sie einstmals alle Nationen dieser Welt umfassen wird."[586]

Dag Hammarskjölds Christuszentrierung und Gottesverwiesenheit infolge seiner tiefinnerlichen Erfahrungen und intensiven Auseinandersetzungen mit einschlägiger Literatur und den Mystikern hatte zudem schon früh durch Nathan Söderbloms religionswissenschaftlichen Blick und dessen ökumenische Bestrebungen, und besonders durch seine eigenen beruflich bedingten internationalen Kontakte, eine Erweiterung seiner religiösen Sichtweise erfahren und ihn zu einem international und universal denkenden Kosmopoliten und trans- und interkonfessionell empfindenden Christenmenschen werden lassen. In dieser Weise mögen auch die Verhandlungen und Gespräche mit dem hochgebildeten Tschou En-Lai zugunsten der in China inhaftierten Amerikaner im Jahr 1956 gewirkt und ihn dazu veranlasst haben,

---

585 ZW, 2005, S. 152.
586 W. Foote, 1963, S. 61.

sich intensiver mit dem Konfuzianismus zu befassen und auch dort eine Dreieinigkeit zu entdecken, wie er es in einem „Zeichen" aus demselben Jahr niedergelegt hat: „ ... blicken forschend in das eigene Herz – (wie wir es können im Spiegel der Vatergestalt) – wachen liebend über der Menschen Gang – (wie in der Nachfolge des Sohnes) – kommen zur Ruhe in der vollkommenen Gerechtigkeit – (wie in der Gemeinschaft des Geistes). Die Ethik bezeugt die Einheit der äußersten Erfahrung. Selbst die konfuzianische Welt hat ihre ‚Dreieinigkeit' des Lebensweges."[587]

Dag Hammarskjölds universale und interreligiöse Gesinnung auf christlichem Fundament zeigte sich also sowohl in seinem postum veröffentlichten Tagebuch wie in Vorträgen ähnlich dem oben genannten.[588] Doch vielleicht mehr noch zeigte sie sich durch die Installation eines Meditationsraumes im UNO-Gebäude und in dem von Hammarskjöld dazu verfassten Papier, und beides lässt nach Rolf Schäfer erkennen, „inwiefern politisches Handeln eines religiösen Fundamentes bedarf".[589]

Dieser „Raum der Stille", der in seiner mit Bedacht gewählten Schlichtheit und entsprechend Hammarskjölds Meditationsanleitung „dem Frieden geweiht ist und denen, die ihr Leben für den Frieden hingeben"[590], soll Menschen aller Glaubensrichtungen eine Möglichkeit bieten für innere Sammlung und stilles Gedenken. Er soll aber auch, wie Günter Barudio es ausdrückt, „Verstand, Besinnung und Ideen im Dienst erhöhter Friedensbereitschaft in sinnstiftende Bewegung" brin-

---

587 ZW, 2005, S. 140; der konfuzianische Text außerhalb der Klammern steht im Original in Englisch, die deutsche Übersetzung entspr. Fußnote 74 wurde hier nicht exakt übernommen, dort heißt es: „ ... looking straight into one's heart" = „blicken geradewegs in dein Herz"; „watching with affection the way people grow" = „wachen liebend über der Menschen Gang"; „coming to rest in perfect equity" = „ruhen fest in Ewigkeit".
588 M. Fröhlich weist auf einen weiteren Vortrag Hammarskjölds in der Universität Lund im Jahre 1959 hin, in dem er versucht hatte, die Probleme seiner Generation von „existenzphilosophischem Pessimismus, mystischer Erfahrung, klassischem Erbe der Aufklärung, naturwissenschaftlicher Erkenntnis der Atomgefahr, politischem Realismus und der schlichten Erfahrung der Schrecken des Krieges" zusammen zu sehen, was sich nach Fröhlich bei ihm zu der „erstaunlichen Harmonie einer ‚neuen Denkungsart'" von Universalität und Einheit der Menschheit gefügt habe. (M. Fröhlich, 2002, S. 215f.)
589 R. Schäfer, 2012, S. 437.
590 Zitiert nach der Übersetzung von R. Schäfer, 2012, S. 438.

gen und ein Ort sein „für Einfälle aller Art, damit Politik schon im Vorfeld so geläutert wird, dass sie sich nicht auf Ausfälle gegen Mitglieder [der Vereinten Nationen] beschränkt".[591]

Mittel- und Konzentrationspunkt in diesem Raum aber bildet der aus Hammarskjölds Heimatland Schweden importierte und von einem Lichtstrahl von der Decke her beleuchtete und so sinnbildlich auf „das Licht des Himmels", das „täglich der Erde, auf der wir stehen, Leben spendet" hinweisende Block aus Eisenerz, der im Sinne Hammarskjölds auch als „Altar" gesehen werden kann, „der leer ist – nicht weil da kein Gott wäre, sondern weil er dem Gott geweiht ist, den der Mensch unter vielen Namen und vielen Formen verehrt". Und so soll dieser Block auch erinnern „an das Feste, Beständige in einer Welt der Bewegung und des Wandels", denn er „hat das Gewicht und die Zuverlässigkeit des Ewigen" und ist somit eine „Erinnerung an jenen Eckstein der Geduld und des Glaubens, auf den alle menschliche Bemühung gegründet sein muss".[592]

Bo Beskow, der den „Raum der Stille" im Haus der UNO ausgestaltet hat, nannte seinen Freund Dag Hammarskjöld aufgrund solch universaler Weltsicht und religiösen Einstellung denn auch sehr treffend einen „Weltbürger – mit einer interreligiösen Philosophie".[593]

---

591 G. Barudio, 1990, S. 149.
592 Zitiert nach der Übersetzung von R. Schäfer, 2012, S. 438.
593 B. Beskow, 1969, S. 76.

Teil IV
Annäherung an Dag Hammarskjölds „Profil" II – Der Politiker in Weltverantwortung

Obwohl der Schwerpunkt dieser Studie auf der Entwicklung des inneren Menschen Dag Hammarskjöld lag, so wäre doch seine Persönlichkeit nur unzureichend nachgezeichnet, wenn nicht auch der Abschnitt seines Lebens beleuchtet werden würde, der seine Außenwirkung als Politiker und insbesondere sein Wirken als zweiter Generalsekretär der UNO in den Jahren 1953 bis 1961 umfasst. Dies soll, soweit nicht schon einzelne Situationen im Vorausgegangenen an passenden Stellen bereits eingearbeitet wurden, im Folgenden wenigstens noch ansatzweise geschehen.

1. Über die Qualitäten eines Berufspolitikers nach Max Weber

Von Max Weber stammt eine der bedeutendsten Aussagen über die Qualitäten eines Polikers. In seinem 1919 gehaltenen Vortrag über „Politik als Beruf"[1] äußerte er: „Man kann sagen, dass drei Qualitäten vornehmlich entscheidend sind für den Politiker: Leidenschaft – Verantwortungsgefühl – Augenmaß. Leidenschaftlichkeit im Sinne von Sachlichkeit: leidenschaftliche Hingabe an eine ‚Sache', an den Gott oder Dämon, der ihr Gebieter ist. ... [M]it der bloßen, als noch so echt empfundenen Leidenschaft ist es freilich nicht getan. Sie macht nicht zum Politiker, wenn sie nicht, als Dienst in einer ‚Sache', auch die Verantwortlichkeit gegenüber ebendieser Sache zum entscheidenden

---

[1] Der Vortrag wurde unter diesem Titel von Max Weber im Rahmen einer Reihe von Vorträgen vor dem Freistudentischen Bund in München im Jahr 1919 gehalten.

Leitstern des Handelns macht. Und dazu bedarf es – und das ist die entscheidende psychologische Qualität des Politikers – des Augenmaßes, der Fähigkeit, die Realitäten mit innerer Sammlung und Ruhe auf sich wirken zu lassen, also: der Distanz zu den Dingen und Menschen. ... Die ‚Stärke' einer politischen ‚Persönlichkeit' bedeutet in allererster Linie den Besitz dieser Qualitäten."[2]

Nun stellt aber Ralf Dahrendorf in seinem Nachwort zu Webers Vortrag fest, dass Weber „gar nichts über die Inhalte all dieser Sachlichkeit" aussage. Im Wesentlichen betone er die Verantwortlichkeit gegenüber der „Sache" und das Augenmaß im Sinne einer „Distanz zu den Dingen und Menschen, und auch die von Weber so betonte Leidenschaft werde von ihm verstanden „im Sinne von Sachlichkeit". Und bezüglich des Dienstes „in einer ‚Sache'" komme er auf die „ganz gemeine Eitelkeit, die Todfeindin aller Hingabe und aller Distanz" und auf das „Machtstreben" als einem „Gegenstand rein persönlicher Selbstberauschung" zu sprechen. Der „Preis der Bändigung dieser Leidenschaften" sei der Inhalt seiner Politik gewesen, „jene Inhalte, für die Menschen bereit sind zu sterben".[3] Dag Hammarskjöld hätte in diesem Sinn für Max Weber wohl als einer jener großen politischen Führergestalten gegolten, welche geeignet und in der Lage sind, „ die Weichen für größere Veränderungen zu stellen", wie er es in der UNO ja auch gezeigt hat.

Was Weber als „Sache" jedoch besonders wichtig ist, das ist das „Ethos der Politik" und der „Ort, an dem sie beheimatet ist", und er fügt dazu unmittelbar an: „Da stoßen nun freilich letzte Weltanschauungen aufeinander, zwischen denen schließlich *gewählt* werden muss."[4]

Erst in Zusammenhang mit seiner Wertetheorie und auf dem Hintergrund von Webers Persönlichkeitsideal wird jedoch verständlich, worum es Weber mit dem, „was schließlich gewählt werden muss", tatsächlich geht. Darauf hat Max-Otto Baumann in seiner Studie zu Webers Gesinnungs- und Verantwortungsethik aufmerksam gemacht[5] und, teilweise Weber zitierend, ausgeführt: „Die Einheit der Welt in der christlichen, monotheistischen Religion ist in der modernen Welt

---

2   M. Weber, 2010, S. 62f.
3   R. Dahrendorf, in: M. Weber, 2010, S. 94.
4   M. Weber, 2010, S. 65.
5   M.-O. Baumann, Dokument Nr. V87248, ohne Jahr, S. 11.

verlorengegangen, an ihre Stelle ist die anarchische Vielfalt der ‚Wertordnungen' getreten", und diese „stehen in einem ‚unlöslichen Kampf untereinander'." Insofern Weber aber von einem „Polytheismus der Werte" spricht, entstehe für den „modernen Menschen, dessen ‚Schicksal' es ist, in einer entzauberten ‚gottfremden, prophetenlosen Zeit' zu leben ... daraus ein schweres Orientierungs- und Sinnproblem."[6] Und wie als eine Antwort darauf zieht am Ende seiner Ausführungen Weber selbst die Lehre, dass dem modernen Menschen letztlich wenig anderes bleibe als „... an unsere Arbeit gehen und der ‚Forderung des Tages' gerecht werden – menschlich sowohl wie beruflich. Die aber ist schlicht und einfach, wenn jeder den Dämon [oder, wie man auch sagen könnte: den Gott] findet und ihm gehorcht, der *seines* Lebens Fäden hält."[7]

Ganz im Sinne Max Webers hatte Dag Hammarskjöld tatsächlich seinen Gott gefunden und daraus die Kraft geschöpft, „menschlich sowohl wie beruflich" den „Forderungen des Tages" gerecht zu werden und jeweils zwar leidenschaftlich, aber dennoch sachlich und verantwortungsbewusst zu agieren. Damit dürfte er auch jenem Typus entsprochen haben, dem nach Weber „die Herrschaft kraft Hingabe des Gehorchenden an das rein persönliche ‚Charisma' des ‚Führers'" zukommt und der den Gedanken „des Berufs in seiner höchsten Ausprägung" verwirklicht und „im *inner*lichen Sinne ‚sein Leben daraus'" macht.[8]

Doch war es auch für Dag Hammarskjöld keineswegs leicht gewesen, immer gemäß dem, was er selbst für richtig hielt entsprechend der ihm aufgegebenen Verantwortung in einer Organisation wie der UNO zu handeln, denn, so Max Weber: „Diese Politiker kraft ‚Berufes' in des Wortes eigentlichster Bedeutung sind nun aber natürlich nirgends die allein maßgebenden Figuren im Getriebe des politischen Machtkampfes."[9] Umso mehr aber kommt es dann darauf an, welche innere Haltung der Politiker zur Ethik entwickelt, und hier stellt sich die entscheidende Frage bezüglich Gesinnungs- und Verantwortungsethik, wie sie Max Weber für den Berufspolitiker formuliert hat.

---

6   M.-O. Baumann, Dokument Nr. V87248, ohne Jahr, S. 11f.
7   M. Weber, 1951, S. 597.
8   M. Weber, 2010, S. 9 und 16.
9   M. Weber, 2010, S. 10.

1.1 Gesinnungs- und Verantwortungsethik als Grundhaltung des Politikers

Max Weber weist zunächst einmal darauf hin, „dass alles ethisch orientierte Handeln unter zwei voneinander grundverschiedenen, unaustragbar gegensätzlichen Maximen stehen kann: es kann ‚gesinnungsethisch' oder ‚verantwortungsethisch' orientiert sein", was bedeutet, dass von dem „unter der gesinnungsethischen Maxime" und damit im religiösen Sinn Handelnden der „Erfolg Gott anheim" gestellt wird, während der verantwortungsethisch Handelnde erkennt, dass er „für die (voraussehbaren) *Folgen* seines Handelns aufzukommen hat".[10]

Damit ist auf den Gegensatz zwischen den beiden Ethiken aufmerksam gemacht, doch stellt Weber auch klar, dass weder „Gesinnungsethik mit Verantwortungslosigkeit" noch „Verantwortungsethik mit Gesinnungslosigkeit" identisch ist. Der Gesinnungsethiker erkennt in den üblen Folgen einer Handlung „die Dummheit der anderen Menschen", und somit liegt die Verantwortung nicht bei dem Handelnden, sondern es ist „die Welt dafür verantwortlich ... oder – der Wille des Gottes, der sie schuf", während der Verantwortungsethiker „mit eben jenen durchschnittlichen Defekten der Menschen" rechnet, und da diese auch ihn selbst betreffen, fühlt er „sich nicht in der Lage, die Folgen eigenen Tuns ... auf andere abzuwälzen".[11]

Nun schreibt Weber aber weiter, dass für die Politik „das entscheidende Mittel ... die Gewaltsamkeit" ist, dass aber für den Gesinnungsethiker, den er einen kosmisch-ethischen „Rationalisten" nennt, nur die Möglichkeit bleibt, „*jedes* Handeln, welches sittlich gefährliche Mittel anwendet, zu *verwerfen*". Infolge dieses Dilemmas kommt er dann zu dem Schluss: „Es ist nicht möglich, Gesinnungsethik und Verantwortungsethik unter einen Hut zu bringen oder ethisch zu dekretieren: welcher Zweck *welches* Mittel heiligen solle, wenn man diesem Prinzip überhaupt irgendwelche Konzessionen macht."[12]

Auch Dag Hammarskjöld musste die bittere Erfahrung der Gewaltsamkeit als Mittel der Politik machen, man mag sich nur erinnern an die Auseinandersetzungen im Nahen Osten mit der Suezkrise, an den

---

10 M. Weber, 2010, S. 70.
11 M. Weber, 2010, S. 71.
12 M. Weber, 2010, S. 72f.

sog. Kalten Krieg zwischen den Großmächten USA und Russland um die Mitte des 20. Jahrhunderts, an den Ungarn-Aufstand und die Besetzung des Landes durch die Sowjetunion im Jahr 1956, oder im August 1961 an den Bau der Berliner Mauer. Doch während die UNO bei Letzteren völlig machtlos und Hammarskjöld selbst mit allen Kräften durch die Kongokrise gebunden war, hatte er sich im Nahost-Konflikt noch mit aller Macht gegen das von Weber beschriebene Dilemma gestemmt und, ebenso kreativ mit sich selbst, seinem Gott und der Welt ringend[13], den Ausweg in der Gründung der Blauhelm-Soldaten und deren friedenstiftenden Einsätzen in den Krisenherden der Welt gefunden. Damit hatte er entgegen Max Weber, der das Dilemma nicht auflösen konnte, gezeigt, dass Gesinnungsethik und Verantwortungsethik zwar nicht identisch sind, aber sich dennoch nicht gegenseitig ausschließen müssen, vor allem dann nicht, wenn man sich leidenschaftlich für den Dienst an einer Sache einsetzt und, wie Weber sagte, „die Verantwortlichkeit gegenüber dieser Sache zum entscheidenden Leitstern des Handelns macht" und sie mit dem rechten „Augenmaß" betreibt.

Es war der Verantwortungsethiker in Dag Hammarskjöld, der in den genannten Situationen nicht die Augen vor den Realitäten des Lebens verschlossen hat, aber oft genug „mit diabolischen Mächten einen Pakt"[14] schließen musste. Aber natürlich war er infolge seiner Orientierung an den Evangelien und an Jesus Christus, dessen Nachfolge er sich verschrieben hatte, auch ein Gesinnungsethiker, der sich allerdings durch das auszeichnete, was Max-Otto Baumann nach Wolfgang Schluchter ein „gesteigertes Verantwortungsgefühl" nennt, und der sich von der „Sorge um die Folgen seines Tuns" leiten ließ.[15] Und wenn Max Weber über den Berufspolitiker schreibt, dass es „unermesslich erschütternd" sei, „wenn ein *reifer* Mensch ... der diese Verantwortung für die Folgen real und mit voller Seele empfindet und verantwortungsethisch handelt, an irgendeinem Punkte sagt: ‚Ich kann nicht anders,

---

13 Eine ausführliche Schilderung der dramatischen Ereignisse um den Aufbau der UN-Friedenstruppe findet sich z. B. bei J. P. Lash, 1962, S. 100–109 bzw. 197–201.
14 M. Weber, 2010, S. 74.
15 M.-O. Baumann, Dokument Nr. V87248, ohne Jahr, S. 5 mit teilweisem Bezug auf Schluchter, Wolfgang, Religion und Lebensführung, Band 1: Studien zu Max Webers Kultur- und Werttheorie, Frankfurt am Main, 1988, S. 269.

hier stehe ich'. Das ist etwas, das menschlich echt ist und ergreift",[16] dann beschreibt er exakt die Situation Dag Hammarskjölds, in der er durch Chruschtschow, dem er zu stark geworden war, im Jahr 1960 zum Rücktritt als Generalsekretär gezwungen und die Institution des Generalsekretärs aufgelöst werden sollte, worauf er aber genau in der von Weber dargestellten Weise reagierte, und die Vollversammlung der UNO mit Standing Ovations geantwortet hatte.

2. Dag Hammarskjöld als „International Civil Servant"[17]

Schon einmal während der staatsdienstlichen Tätigkeit in seinem Heimatland Schweden hatte Dag Hammarskjöld in einem Aufsatz im Jahr 1951[18] dargelegt, welche Art von Dienstauffassung er bei einem Staatsbeamten als gegeben ansehen wollte: „Das grundsätzliche und selbstverständliche Gebot einer politischen Ethik des Staatsbeamten ist, dass er der Gesellschaft dient und nicht irgendeiner Gruppe, einer Partei oder besonderen Interessen." Dazu erläuterte er, dass, wenn ein Staatsbeamter sich aber entschieden habe, der Diener der Gesellschaft und nicht von Gruppen zu sein, dann „liegt dieser Wahl selbstverständlich eine moralische Wertung zugrunde, wodurch er während seiner Amtsausübung in Konflikt mit anderen für ihn wesentlichen Wertvorstellungen kommen kann, aber niemals aufhören darf, seiner Rolle entsprechend den Grundsätzen seiner Entscheidung treu zu bleiben", d. h., bei aller Einflussnahme dennoch unabhängig und überparteilich zu agieren. Gegen Schluss seiner Ausführungen kam er auch noch auf Albert Schweitzer zu sprechen, in dessen Formel von der „Ehrfurcht vor dem Leben" seine ethischen Vorstellungen zusammengefasst sei-

---

16 M. Weber, 2010, S. 81.
17 Die Bezeichnung des „International Civil Servant" hat Dag Hammarskjöld in seiner Oxford-Rede selbst verwendet. Der Begriff wurde auch von M. Fröhlich, 2002, S. 313 übernommen, der dazu erklärt hat, dass „deutsche Übersetzungen wie ‚Beamter' oder ‚Bediensteter' das Konzept Hammarskjölds weniger gut ausdrücken" als die englische Bezeichnung (Fußnote 371 in M. Fröhlich, 2002). In diesem Sinn wird der Begriff auch hier rezipiert.
18 D. Hammarskjöld, Tiden 43 (1951) 39–396.

en, die aber auch als ein natürlicher Ausdruck für eine allgemeine politische Orientierung gewertet werden könne.[19]

Diese Leitsätze finden sich dann zum einen in Dag Hammarskjölds Amtseid wieder, den er im April 1953 „vor den Diplomaten von sechzig Nationen und Tausenden von UNO-Angestellten" ablegte, wie Joseph P. Lash berichtet und den Eid in deutscher Übersetzung wiedergibt: „Ich, Dag Hammarskjöld, schwöre feierlich, mit aller Treue, Verschwiegenheit und Sorgfalt die Funktionen auszuüben, die mir als Generalsekretär der Vereinten Nationen anvertraut werden; in diesen Funktionen und in meinem Verhalten nur die Interessen der UNO zu berücksichtigen; und von keiner Regierung oder Autorität außerhalb der Organisation der Vereinten Nationen Anweisungen in Bezug auf die Ausübung meiner Pflicht einzuholen oder anzunehmen."[20]

Zum anderen aber haben sie auch einen Niederschlag in Hammarskjölds Rede in der Universität Oxford gefunden, die er am 30. Mai 1961 dort anlässlich der Verleihung der Ehrendoktorwürde hielt. Außerdem erhielt dieser Vortrag seine Brisanz dadurch, dass er sich nach den Angriffen der Sowjets in den turbulenten UNO-Sitzungen der Jahre 1960/1961 „mit der Notwendigkeit konfrontiert [sah], seine Position zu klären und zu rechtfertigen", worauf Manuel Fröhlich sicherlich zutreffend hinweist und die Rede dahingehend interpretiert, dass sie darüber hinaus „ein viel umfassenderer Versuch der Orts- und Aufgabenbestimmung internationaler Organisationen" gewesen sei.[21]

Zu Beginn seines Vortrags kam Dag Hammarskjöld auf die Etablierung eines internationalen Dienstes im Völkerbund durch dessen ersten Generalsekretär, den Engländer Sir Eric Drummond zu sprechen, der bereits damals zwei wesentliche Grundsätze eines internationalen Dienstes festgelegt hatte: „1. eine internationale Zusammensetzung und 2. eine internationale Verantwortlichkeit". Letzteres hatte man ergänzt um Ausführungsbestimmungen, durch welche allen Beamten zur Pflicht gemacht wurde, ,bei ihren Dienstleistungen und bei ihrem Verhalten ausschließlich die Interessen des Völkerbundes im Auge zu haben' und ,von keiner Regierung oder von keiner Behörde außerhalb des Sekretariats des Völkerbundes Instruktionen zu erbitten oder zu

---

19 D. Hammarskjöld, in: Tiden 43, 1951, S. 391, 393 und 396.
20 J. P. Lash, 1962, S. 23.
21 M. Fröhlich, 2002, S. 322 und 324.

empfangen'".[22] Dieser Definition des unabhängigen Beamten im internationalen Dienst war jedoch ein weiterer Leitgedanke hinzugefügt worden, wie Hammarskjöld erläuterte, und zwar der, dass das Sekretariat des Völkerbundes „ein bloßes Verwaltungsorgan werden und politische Entscheidungen und Handlungen vermeiden" solle, denn diese „kamen der Regierung oder dem Parlament zu", dessen Beschlüsse der Beamte „ohne eigene Parteinahme" auszuführen hatte.[23]

Dag Hammarskjöld führte jedoch weiter aus, dass diese Bestimmungen keineswegs dazu führten, „dass politische Fragen gänzlich aus dem Tätigkeitsbereich des Sekretariats [des Völkerbundes] ausgeschlossen wurden", sondern dass dieses Sekretariat quasi „eine Kulissenrolle spielte, um so vertraulich die Verbindung zwischen den durch eine Meinungsverschiedenheit oder einen Streitfall getrennten Regierungen zu sichern", wobei aber jegliche eigenständige Handlung vermieden werden sollte, „die Einwendungen einer der streitenden Parteien hätte hervorrufen können".[24]

Aus diesen Sätzen wird die Nähe zu dem Tiden-Aufsatz des Jahres 1951 ebenso deutlich wie zu der von Dag Hammarskjöld übernommenen Haltung aus der Familientradition, zumal der Sachverhalt in Sachen Völkerbund innerhalb der Familie gut bekannt gewesen war, da Bruder Åke als Richter Mitglied in mehreren Schlichtungskommissionen des Völkerbundes in den Jahren zwischen den zwei Weltkriegen und Vater Hammarskjöld von 1904 bis 1946 Delegierter am Internationalen Gerichtshof in Den Haag gewesen ist[25], mit dem der Völkerbund assoziiert war.

Bei Gründung der Vereinten Nationen im Jahr 1945 hatte man die bewährte Unabhängigkeit des internationalen Beamtentums im Völkerbund, der schließlich 1946 aufgelöst wurde, auch in der Charta der UNO festgeschrieben. Dag Hammarskjöld weist explizit auf Artikel

---

22 D. Hammarskjöld, The International Civil Servant in Law and in Fact, in: W. Foote, 1963, S. 329–353 in der englischen Originalfassung. Hier wurde auf die deutsche Übersetzung zurückgegriffen mit dem Titel „Der Internationale Beamte in Gesetz und Praxis", in: Schriftenreihe der Deutschen Gesellschaft für die Vereinten Nationen 13 (1962) S. 17–38, im Folgenden zitiert als Schriftenreihe; das gen. Zitat findet sich dort auf S. 18f.
23 Schriftenreihe, S. 19.
24 Schriftenreihe, S. 20.
25 S. Söderberg, 1962, S. 25f.

100 hin, der dem Sekretariat ausdrücklich „das Ersuchen um oder die Annahme von Instruktionen verbietet, die von Staaten oder Autoritäten außerhalb der Organisation der Vereinten Nationen ausgehen" und zugleich betont, „dass der Generalsekretär ‚für die Arbeit des Sekretariats den anderen Organen gegenüber allein verantwortlich ist', und dass alle Beamte der Organisation der Vereinten Nationen die ausschließliche Autorität des Generalsekretärs anerkennen und sich den von diesem erlassenen Vorschriften in Sachen der Disziplin unterwerfen müssen".[26]

Während also Artikel 100 und 101 der Charta dem Sekretariat die vollständige politische Unabhängigkeit zusichern, legt Artikel 98 fest, dass dem Generalsekretär von den verschiedenen Organen der UNO jedoch Aufgaben zugewiesen werden können, welche „die Ausführung von politischen Entschlüssen mit einbegreifen", auch wenn dadurch in schwelende politische Konflikte eingegriffen würde, welche „die Wahrung des Weltfriedens und der internationalen Sicherheit gefährden könnten". Dass Dag Hammarskjöld diesen Artikel besonders hervorhob, weist auf die Bedeutung hin, die dem Sekretariat und der Stellung des Generalsekretärs nach der UN-Charta zukam und weit über die Kulissenrolle hinausführte, die ihm im Völkerbund zugewiesen worden war. Nicht umsonst wies er zusammenfassend in seinem Oxford-Vortrag noch einmal ausdrücklich auf die wichtigen Artikel 97, 98, 99 und 100 der Charta hin und erklärte: „Endlich ermächtigt Artikel 98 die Generalversammlung und den Sicherheitsrat, dem Generalsekretär Aufgaben zu übertragen, die über den Buchstaben des Artikels 97 – der den Akzent auf die Verwaltungstätigkeit legt – hinausgehen und so einen gewissen Grad von politischer Verantwortung erfordern, die – wenn sie auch von den dem Generalsekretär nach Artikel 99 ausdrücklich gewährten Befugnissen zu unterscheiden ist – dennoch in Einklang mit dem Geiste des Artikels 99 steht."[27]

Insoweit die Handlungsweisen des Generalsekretärs, der Organe des Sicherheitsrates und der Generalversammlung in politisch problematischen Angelegenheiten durch die Charta also als rechtlich weitgehend abgesichert gelten durften und Hammarskjöld sich in den Auseinandersetzungen insbesondere mit den Sowjets auch darauf berufen

---

26 Schriftenreihe, S. 20f.
27 Schriftenreihe, S. 23 und 25f.

hat, sah er sich doch immer wieder Repressalien vonseiten einzelner Mächte und Interessengruppen ausgesetzt, in denen seine persönliche Integrität infrage gestellt und seine Standfestigkeit auf eine harte Probe gestellt wurden. So etwa, wenn „die Mitgliedstaaten dem Generalsekretär Aufgaben auftrugen, die von ihm Maßnahmen verlangten, welche ihn unvermeidlich der Gefahr aussetzten, den Ansichten von mindestens einem von ihnen entgegenzutreten", und die er nicht mit der einfachen Lösung einer Zurückweisung an die zuständigen Organe klären lassen könne, da diese Organe dazu ja selbst nicht in der Lage wären.[28] Hammarskjöld beruft sich aber auch hier auf die Charta und „eine ganze Sammlung von Rechtsgrundsätzen und -vorschriften ... aus denen der Generalsekretär Richtlinien schöpfen kann, wenn er einen allgemeinen Auftrag unter Umständen ausführen muss, welche die gegebene Resolution nicht vorausgesehen hatte".[29]

Summa summarum habe ihn die Erfahrung gelehrt, so Hammarskjöld am Schluss seines Vortrags, „dass ein internationaler Beamter über geeignete Mittel verfügt, den Kreis der politischen Streitfragen zu beschränken, zu denen er möglicherweise Stellung nehmen muss. ... Aber es bleibt ein ernstes geistiges und sittliches Problem, denn wir befinden uns auf einem Gebiet, wo das persönliche Urteil mitspricht. Schließlich haben wir es hier mit einer Frage der Redlichkeit, der Rechtschaffenheit zu tun oder – wenn Sie wollen – mit einer Gewissensfrage. ... [U]nd wenn ihn die Redlichkeit im Sinne von Achtung vor dem Gesetz und Achtung vor der Wahrheit mit diesen oder jenen Interessen in Konflikt bringt, so ist gerade solch ein Konflikt ein Zeichen für seine Neutralität und nicht für einen Mangel an Neutralität, und seine Haltung steht in Einklang mit seinen Pflichten als internationaler Beamter, nicht in Gegensatz dazu".[30]

Durch die Verbindung von Tiden-Artikel und Oxford-Vortrag konnte noch einmal deutlich herausgearbeitet werden, wie tief Dag Hammarskjöld in der Haltung der Familientradition gegenüber einem unpolitischen Beamtentum verwurzelt und wie stark sie zu dem tragenden

---

28 Schriftenreihe, S. 33; Hammarskjöld verweist in diesem Zusammenhang auf die rivalisierenden Gruppen im Kongo in Fragen der Machtübernahme nach der Loslösung von Belgien.
29 Schriftenreihe, S. 35.
30 Schriftenreihe, S. 36f.

Fundament seiner eigenen Vorstellungen von einer auch politisch nach Recht und Gesetz zu verantwortenden Ethik geworden war. Und doch war es wohl vor allem jene Redlichkeit und Rechtschaffenheit und eine innere Freiheit, geboren aus religiöser Rückbindung an eine höhere Macht, die es ihm ermöglichten, aus sich selbst zu handeln und sich dennoch binden zu lassen „von einer Pflicht von dem Augenblick an, da man sie ahnt", denn nur sie „ist Teil jener Integrität, die allein zur Verantwortung berechtigt", wie er in seinem Tagebuch im Jahr 1955 notierte.[31]

2.1 Erfolge und Misserfolge Dag Hammarskjölds – eine Bilanz

Unbestreitbar konnte Dag Hammarskjöld während der Jahre seines Wirkens in der UNO bemerkenswerte Erfolge erzielen und durch seinen Einsatz dazu beitragen, „die friedenschaffenden Möglichkeiten der UNO verstärkt zu haben – auch wenn das Fernziel bis heute unerreicht ist, die UNO-Verfassung wirklich für alle Staaten verbindlich zu machen", wie Günter Barudio feststellte.[32]

Auch Hammarskjöld hatte sein Amt noch „als den Embryo einer Weltregierung gesehen", wie Sture Linnér schreibt und dazu weiter ausführt: „Ob die Zeit und Organisation für eine solche visionäre Konzeption reif war, bleibt eine offene Frage. Jedenfalls hat er die Vereinten Nationen so stark und angesehen gemacht, dass sie trotz der immer schwächeren Leistung, unter der die UNO nach seinem Tod gelitten hat, doch weiterlebt. Selbst hat er die Vereinten Nationen eine schwache Schöpfung genannt – aber zugleich die größte: den ‚Traum der Menschheit ... Dafür: gerne Tod oder Scham, wenn es das ist, was er fordert'".[33]

Seine erste Aufgabe hatte Dag Hammarskjöld darin gesehen, das infolge der Unterwanderung durch das amerikanische FBI „politisch explosiv" geladene Verwaltungsproblem zu lösen[34] und die UNO entsprechend der Charta zu einer politisch unabhängigen Institution und

---

31 ZW, 2005, S. 121.
32 G. Barudio, 1990, S. 96.
33 S. Linnér, 1989, S. 185f; die letzten Zeilen beziehen sich auf einen Aphorismus aus ZW, 2005, S. 124: „Ein eifersüchtiger Traum ...".
34 J. P. Lash, 1962, S. 59.

zu einem kraftvollen Organ insbesondere für die kleinen und schutzlosen Staaten zu entwickeln. In ihnen glaubte er eine Chance zur Konstituierung eines zentralen Blocks des Ausgleichs zu sehen und vielleicht etwas Neues schaffen zu können, womit die Teilung in links und rechts überwunden und eine neue Perspektive auf die Weltgemeinschaft als ein Ganzes eröffnet werden könne.[35] Er sollte sich täuschen, indem er das Einflusspotenzial der kleinen Staaten in der UNO über- und das der großen unterschätzte.

Ein erster Achtungserfolg gelang ihm jedoch mit der erfolgreichen China-Mission und der Heimholung der dort inhaftierten amerikanischen Soldaten im Jahr 1955. Hier bewährte sich jene „leise Diplomatie", die zu Hammarskjölds Markenzeichen wurde und bezeichnend für seine Persönlichkeit war. Da es ihm bei allem Selbstbewusstsein leichtfiel, seine eigene Position zurückzunehmen, und da er auch ein „talentierter Zuhörer" war und schnell den „sozialistischen Aristokraten" in Tschou En-Lai erkannt hatte, war eine vertrauenbildende Atmosphäre als Grundlage einer Verständigung rasch hergestellt[36], sodass Hammarskjöld trotz aller Problematik diese heikle Mission letztlich erfolgreich zu Ende bringen konnte.

Zur Einschätzung seiner Erfolge im Nahost-Konflikt soll hier noch einmal sein ihm zeitweise nahestehender und enger Mitarbeiter Sture Linnér zu Wort kommen: „[I]n der Suez-Krise gebot er England und Frankreich mitten im Angriff gegen Ägypten Einhalt und zwang in monatelanger Arbeit auch Israel, seine Eroberungen, die ganze Sinaihalbinsel und den Gazastreifen, bedingungslos zu räumen. Sogar Ben Gurion, der als Premier alles tat, um Hammarskjöld in seiner Friedensarbeit zu hindern, hat mir, als ich ihn viele Jahre später in Jerusalem besuchte, spontan die Größe seines ehemaligen Gegners gepriesen."[37]

Die Kongokrise sollte dann für Dag Hammarskjöld zur größten Herausforderung seiner Amtszeit werden. Aufgrund von Unruhen im Land war der Kongo vom Mutterland Belgien überstürzt in die Unabhängigkeit entlassen worden, und nachdem sich die Lage nach der Loslösung der rohstoffreichen Provinz Katanga durch Moise Tschom-

---

35 M. Fröhlich, 2002, S. 364 mit Bezug auf ein Interview mit Sture Linnér am 26.6.1998.
36 J. P. Lash, 1962, S. 227 und 75f.
37 S. Linnér, 1989, S. 184f.

2. Dag Hammarskjöld als „International Civil Servant" 343

bé von der kongolesischen Zentralregierung zuspitzte und die UNO von Ministerpräsident Patrice Lumumba um Hilfe gebeten wurde, sah sich Hammarskjöld durch ein Votum des Sicherheitsrates ermächtigt, UN-Blauhelme in den Kongo zu entsenden. Die Ermordung Lumumbas konnte dadurch jedoch nicht verhindert werden, und der Konflikt eskalierte weiter.[38]

Vonseiten der Großmächte USA und UdSSR, die wegen des Rohstoffreichtums im Kongo auch eigene Interessen verfolgten, sah sich Hammarskjöld daraufhin zunehmend schweren Angriffen und Beschuldigungen ausgesetzt, denen er in einer Weise begegnete, die Günter Barudio so kommentierte: „Sein Mut, wie ihn nur Gottvertrauen und Gerechtigkeitssinn hervorbringen können, trug wesentlich dazu bei, dass die Krise in der UNO selber die komplizierte Lage im Kongo nicht bis zu einem heißen Krieg der Super- und Großmächte verschärfte."[39] In sein Tagebuch aber hatte Hammarskjöld notiert: „Kampf. Ruhig in lusterfüllter Kraft fechte ich, bis sie das Netz werfen und ich gefangen bin. ... Die anderen sah ich. Jetzt bin ich der Erwählte, fest gespannt auf den Block, Opfer zu werden. ... Stumm, mein nackter Leib trägt Schläge der Steinigung. Stumm, aufgebrochen, das Herz entblößt –." Und weiter: „Leib, Spielbruder, du darfst nicht zögern, mich nicht verraten, wenn die Zeit kommt für das Unmögliche. ... Öffnen seh ich geblendet das Tor zur Arena und geh hinaus, um nackt den Tod zu treffen. ... Enthoben dem Halbschlaf, frei aller Bande, gereinigt, geübt, geschmückt, nah ich der Schwelle."[40]

Noch einmal wollte Dag Hammarskjöld versuchen, auf diplomatischem Weg eine Lösung des Konflikts in persönlichen Verhandlungsgesprächen mit Moise Tschombé zu erreichen, doch sein Flug zum Verhandlungsort Ndola im heutigen Nord-Rhodesien sollte sein letzter sein; aus immer noch ungeklärter Ursache stürzte die Maschine kurz

---

38 Bezüglich der Kongokrise äußerte Sture Linnér, 1989, S. 185, dass Hammarskjöld gerade von denen geschmäht worden sei, „die ihm sehr vieles zu verdanken hatten. Kein Mensch hat mehr getan als Dag Hammarskjöld, um das Leben Lumumbas zu retten – davon bin ich völlig überzeugt, da ich gerade für dieses Ziel mit ihm aufs engste zusammengearbeitet habe. Zum Dank wurde er im Sicherheitsrat der Vereinten Nationen von Gromyko der ‚Teilnahme an diesem Verbrechen' angeklagt; er verdiene deswegen ‚die Verachtung aller ehrlichen Menschen'".
39 G. Barudio, 1990, S. 166.
40 ZW, 2005, S. 197 und 198.

vor dem Landeanflug ab, und Hammarskjöld fand gemeinsam mit den mitreisenden Mitarbeitern den Tod.

Kurz zuvor, am 8. September 1961, hatte er in einer letzten Ansprache an die Mitarbeiter der UNO auf die damalige dramatische Weltlage Bezug genommen und Worte gefunden, mit denen er seine innerste Überzeugung, die Arbeit der Vereinten Nationen betreffend, zum Ausdruck brachte und die fast wie ein Vermächtnis dessen klingen, wie er diese Institution immer gesehen und sie während seiner Amtszeit gestaltet hat: „In einer Situation, wie sie die Menschheit, die von dieser Organisation repräsentiert wird, derzeit erlebt, ist es verständlich, dass die Mitarbeiter dieser Organisation sich manchmal frustriert und entmutigt fühlen. Insofern unterscheiden sie sich nicht von ihren Kollegen in anderen Positionen, die ebenfalls von den derzeit herrschenden Ereignissen in der Welt betroffen sind. Es gibt nur eine Antwort auf dieses menschliche Problem, in welches wir involviert sind, und die heißt für alle, sich ihre professionelle Würde, ihren Sinn für Tapferkeit und ihre Überzeugung von dem hohen Auftrag dieser Organisation zu erhalten, und sich ein Höchstmaß an persönlicher Integrität zu bewahren in ihrer Haltung als internationale Beamte und in der Art und Weise ihres Einsatzes im Interesse dieser Organisation. Dies ist der Weg, den Glauben an die Organisation zu verteidigen und sie zu stärken als ein Instrument des Friedens, für das sie gerne arbeiten. Mutlosigkeit und Verzweiflung führen zu Hoffnungslosigkeit – und zur Niederlage."[41]

Als einer der wenigen hat Manuel Fröhlich auch solche Aussagen ehemaliger Mitarbeiter und Interpreten von Hammarskjölds Tätigkeit als Generalsekretär der UNO zusammengetragen, die seine Arbeit nicht ausschließlich positiv bewerten. So zitiert er etwa Benjamin Rivlin: „Dag Hammarskjöld hatte Ideen, wie die Vereinten Nationen von einer ‚statischen Konferenz-Maschinerie' zu einem eher ‚dynamischen Instrumentarium' umgeformt und auch die Rolle des Generalsekretärs entscheidend verbessert werden könnte. Doch es bestand kein Interesse für diese Ideen bei den bedeutenden Weltmächten."[42]

---

41 D. Hammarskjöld, Last words to the staff, 8. September 1961. Der vollständige Wortlaut der Ansprache in Englisch ist zu finden in: Foote, 1963, S. 376f.
42 M. Fröhlich, 2002, S. 358.

2. Dag Hammarskjöld als „International Civil Servant" 345

Des Weiteren beruft Fröhlich sich auf Gitta Bauer mit Bezug auf Brian Urquhart, einem der engsten Mitarbeiter Hammarskjölds: „Heute denkt jeder, dass Hammarskjöld ein enormer Erfolg war. In Wirklichkeit wurde er völlig lahmgelegt. Die Russen und die Franzosen sprachen nicht mehr mit ihm, eine Menge anderer Leute wollte nichts mehr mit ihm zu tun haben. Gegen Ende seiner Amtszeit war er erledigt." Und Gitta Bauer selbst habe resümiert: „Das physische Ende des Schweden nahm nach Ansicht vieler seinen politischen Tod vorweg."[43]

Auch der Journalist und Afrika-Kenner Peter Scholl-Latour, der die dramatischen Ereignisse im Kongokonflikt teilweise selbst miterlebt hat, äußerte sich über die Aktionen der UNO im Kongo wenig positiv. „Ein Ruhmesblatt", so Scholl-Latour, „war die Organisation der Weltorganisation ... gewiss nicht." Und er berichtet weiter, indem er sich auch auf die Einschätzung von britischen Kollegen beruft: „Dag Hammarskjöld habe am Kongo eine unglückliche Hand gehabt, stellten die englischen Beobachter fest. Dieser nach außen so kühle Mann ... habe sich durch tief eingefleischte Antipathien leiten lassen. Lumumba sei ihm eine Gräuel gewesen. Ähnlich allergisch habe sein Vertrauensmann Dayal auf Mobutu reagiert, und beim Iren O'Brian steigerte sich die Abneigung gegen Tschombé schließlich zur Hysterie."[44]

Inwieweit Hammarskjöld im Kongokonflikt tatsächlich einem Fehlurteil unterlegen ist, was bei der Gemengelage der widerstreitenden Interessen der Konfliktparteien auch bei einem so sorgfältig planenden und agierenden Menschen schließlich einmal denkbar ist, oder ob er womöglich von Mitarbeitern falsch über die tatsächliche Lage informiert wurde, wie Scholl-Latour berichtete[45], mögen andere beurteilen. Dass er aber nach bestem Wissen und Gewissen gehandelt hat, davon wird man auf jeden Fall ausgehen dürfen.

---

43 M. Fröhlich, 2002, S. 357f.
44 P. Scholl-Latour, 1986, S. 277ff.
45 P. Scholl-Latour, 1986, S. 278 bemerkt bez. UNO Mitarbeitern, General Raja habe nach New York gemeldet, „die ganze Angelegenheit sei in zwei Stunden ausgestanden". Und O'Brian habe voreilig an Hammarskjöld gekabelt: „Die Katanga-Sezession ist beendet. Dieses ist eine Kongo-Provinz und wird nunmehr von der Zentralregierung in Leopoldville verwaltet."

2.1.1 Ist Dag Hammarskjöld mit seiner Friedensmission gescheitert?

Nach all dem stellt sich dann doch die Frage, ob Dag Hammarskjöld, abgesehen von einigen Momenten moralischen Heldentums, wie Manuel Fröhlich es nennt[46], letztendlich mit seiner Mission von mehr Frieden und Gerechtigkeit für diese Welt gescheitert ist? Hat er es möglicherweise selbst so gesehen?

Martin Buber erwähnte in einer Rede für den Schwedischen Rundfunk zur Erinnerung an Dag Hammarskjöld ein Gespräch, in dem „das Scheitern des geistigen Menschen in seinen geschichtlichen Unternehmungen" im Mittelpunkt gestanden habe. Er habe dies „an dem Misslingen von Platons Versuch, in Sizilien seinen Staat der Gerechtigkeit zu begründen", exemplifiziert und war sich dabei gewiss, dass auch Hammarskjöld empfunden habe wie er: „[A]uch wir waren Empfänger jenes Briefs, in dem Platon von seinem Scheitern und von seiner Überwindung dieses Scheiterns erzählt."[47]

Dieses Überwinden hatte für Platon darin bestanden, das Ansinnen des Dion nach Rache für die zu Unrecht erlittene Vertreibung und Verbannung zurückzuweisen. Vielmehr erinnerte er an die „Absicht, die – so kann ich behaupten – ich und jeder andere, der maßvoll ist, haben muss", was bedeutet, ein solcher Mensch dürfe sich „nur an eine Verfassung und die Einrichtung der gerechtesten und besten Gesetze begeben, welche auch nicht im Geringsten durch den kleinsten Mord oder Totschlag entsteht. ... Denn ein frommer Mensch, besonnen und klug, dürfte sich zwar im Hinblick auf Frevler und insgesamt im Hinblick auf derartige Regungen der Seele eigentlich nicht täuschen, ungewöhnlich ist es aber vielleicht nicht, wenn ihm das Geschick eines guten Steuermanns widerfahren sollte, dem ein aufziehender Sturm zwar nicht ganz verborgen bleibt, die gewaltige und unerwartete Heftigkeit von Unwettern aber doch, und den diese, da verborgen geblieben, auf Grund ihrer Gewalt versenkt."[48]

Dag Hammarskjöld war ein solch „guter Steuermann" gewesen, aber hat er vielleicht die Fehlbarkeit von Mitarbeitern zu wenig einkalkuliert und nicht mit so viel Gewalt, Hass und Intrigen gerechnet, so

---

46 M. Fröhlich, 2002, S. 358.
47 M. Buber, 1965, S. 35.
48 R. Knab, 2006, S. 117f.

2. Dag Hammarskjöld als „International Civil Servant" 347

dass er am Ende zum Opfer werden musste? An Pfingsten 1961 hatte er in sein Tagebuch eingetragen: „Ich weiß nicht, wer – oder was – die Frage stellte. Ich weiß nicht, wann sie gestellt wurde. Aber einmal antwortete ich *ja* zu jemandem – oder zu etwas. ... Geleitet durch das Lebenslabyrinth vom Ariadnefaden der Antwort, erreichte ich eine Zeit und einen Ort, wo ich wusste, dass der Weg zu einem Triumph führt, der Untergang, und zu einem Untergang, der Triumph ist: dass der Preis für den Lebenseinsatz Schmähung und dass tiefste Erniedrigung die Erhöhung bedeutet, die dem Menschen möglich ist."[49]

Vielleicht ist ein solcher Untergang aber auch zwangsläufig die Folge einer „Ethik der Unbedingtheit", wie Karl Jaspers sie entworfen hat, denn diese Ethik, so Jaspers, „wird relativ als Ausnahme, deren Anderssein anerkannt bleibt, wenn sie vernichtet wird". Dazu erläutert er: „Weil in der Unbedingtheit Existenz das Maß der Endlichkeit überschreiten will, wird die Endlichkeit des Daseins im Aufschwung der Existenz am Ende ruiniert. Darum ist das Scheitern als Konsequenz eigentlichen Seins im Dasein. Das Dasein besteht im Zusammensein von Vielem, das sich gegenseitig Möglichkeit und Raum lassen muss; die Welteinrichtung in Maß, Einschränkung, Zufriedengeben, Kompromiss schafft die relative Beständigkeit. Aber um eigentlich zu sein, muss ich diese Beständigkeit stören, Unbedingtheit kennt kein Maß. Die Schuld der Unbedingtheit, zugleich Bedingung der Existenz, wird gebüßt mit der Vernichtung durch das Dasein, das bestehen will."[50]

So musste Dag Hammarskjöld das Schicksal des „guten Steuermanns" erleiden, wie Platon es beschrieben hat, das aber, ins Bild gefasst, eben die Gestalt jenes Ethos nachzeichnet, nach dem „das Endliche Gefäß des Eigentlichen sein soll" und deshalb „fragmentarisch" bleiben muss, wie Jaspers es ausdrückte.[51] Diesem Ethos des Unbedingten aber ist Dag Hammarskjöld gefolgt, und gleichgültig, welche Bilder oder Worte dafür gefunden werden, der Weg ist immer der gleiche.

---

49 ZW, 2005, S. 196.
50 K. Jaspers, 1956, Philosophie III – Metaphysik, S. 229.
51 K. Jaspers, 1956, Philosophie III – Metaphysik, S. 229.

SCHLUSSBETRACHTUNG
Dag Hammarskjöld – ein Politiker für das 21. Jahrhundert?

Nachdem also insoweit mit Dag Hammarskjöld und anderen, die ihm nahe waren, der Kreis seines Lebens ausgeschritten ist, soll noch ein Ausblick gewagt werden unter der Fragestellung, ob Hammarskjöld auch als ein Politiker des 21. Jahrhunderts gelten könne, und ob seine Vorstellungen und Ideale auch in diesem Jahrhundert noch tragfähig wären. In diesem Zusammenhang sei auch an eine Aussage Hammarskjölds während einer Pressekonferenz am 16. Januar 1959 erinnert, in der er hoffnungsfroh bemerkte: „Ich habe ein hinreichendes Vertrauen in den gesunden Menschenverstand und den grundsätzlich guten Willen aller Menschen, um damit als einem Faktor in der Politik zu kalkulieren."

Trotz diesem Grundvertrauen in die Menschheit aber bleibt dennoch die Frage nach den relevanten Faktoren, denen heutzutage Rechnung zu tragen wäre in einer globalisierten Welt, die beständigen Veränderungen unterliegt. Die Konfliktherde im Kongo und in Nahost sind keineswegs befriedet, sondern eher komplexer und unsicherer geworden. Hinzu kommen Wirtschafts- und Finanzprobleme in vielen Ländern dieser Erde, welche die Stabilität dieser Länder bedrohen und die Hoffnung Vieler auf einen höheren Lebensstandard schwinden lassen. Natur und Klima sind ebenfalls bedroht und ihre weitere Zerstörung infolge der egoistischen Interessen einzelner Staaten offenbar nicht aufzuhalten. Der Zugang zu öffentlichen Gütern wie Bildung, Ernährung, Bodenschätzen und Wasser ist in vielen Weltgegenden nach wie vor eingeschränkt, ebenso freiheitliche und demokratische Rechte, was Gefahren zunehmender, auch kriegerischer, Auseinandersetzungen in sich birgt. Von Frieden und globaler Gerechtigkeit auf diesem Planeten kann keine Rede sein. Und die UNO erscheint infolge der vielen Konflikte und Unstimmigkeiten innerhalb ihrer Gremien derzeit schwächer denn je.

Wie Kofi Annan in seiner Gedächtnisrede zum 40. Todestag Dag Hammarskjölds[1] betonte, sei es nach wie vor die Aufgabe der Vereinten Nationen, ein Forum für alle Staaten und Völker zu sein, für die Rechte der Menschen einzutreten und sich aktiv für Freiheit, Frieden und Gerechtigkeit einzusetzen, ja sie würde „in ihrer Arbeit für die Menschen dieser Welt, welche die eigentliche Quelle ihrer Autorität bilden, fehl gehen, wenn sie es sich erlauben würde, mit dem Status einer eher ‚statischen Konferenz-Maschinerie' hinsichtlich wirtschaftlicher Probleme und sozialer, ziviler und politischer Rechte zufrieden zu sein".[2] Schon Hammarskjöld habe darauf hingewiesen, „dass Artikel 99 der UN-Charta – welcher es dem Generalsekretär erlaubt, aus eigener Initiative dem Sicherheitsrat Angelegenheiten vorzutragen, wenn diese seiner Ansicht nach den Erhalt von Frieden und Sicherheit gefährden – ihn ganz klar zu einem politischen, im Gegensatz zu einem rein administrativen Beamten macht. Auf lange Sicht wird die Vitalität und auch die Lebensfähigkeit dieser Organisation davon abhängen, diese Aufgabe zu erfüllen, während sie sich neuen Realitäten anpasst."[3]

Indem Kofi Annan in seiner Rede weiter darüber nachdenkt, wie sich Dag Hammarskjöld, der für ihn immer ein Vorbild gewesen sei, sich dieser Aufgaben annehmen würde, ist er sich sicher, „er würde auf der weitergehenden Verantwortung der Staaten bestehen, die internationale Ordnung aufrechtzuerhalten, und bestimmt darauf, dass sie die gemeinsame Verantwortung dafür übernehmen, die Prinzipien der Würde, Gleichheit und Gerechtigkeit auf globaler Ebene aufrechtzuerhalten, so wie deren Führungskräfte es ... in der Jahrtausenderklärung feierlich bekräftigten. Und vielleicht würde er darauf hinweisen, dass, von einigen ehrwürdigen Ausnahmen abgesehen, die wohlhabenderen Länder dieser Welt ihrer Verantwortung nicht gerecht werden, solange sie nicht ihren ausstehenden Verpflichtungen nachkommen: zu viel größeren Anstrengungen in der Entwicklungshilfe, zu großzügigerem

---

1 K. Annan, Dag Hammarskjöld and the 21st Century, Vortrag, gehalten in der Universität Uppsala am 6.9. 2001 anlässlich des 40. Todestages Dag Hammarskjölds, in: Development dialogue 2001:1, S. 3–13.
2 K. Annan, Development dialogue 2001:1, S. 9.
3 K. Annan, Dag Hammarskjöld und das 21. Jahrhundert; hier wiedergegeben nach der deutschen Fassung der Rede, in: S. Mögle-Stadel, 2005, S. 15.

Schuldenerlass und zu zoll- und quotenfreiem Zugang für die Exporte aus den schwächeren Ländern." Und: „Ein großer Teil, so würde er denken, hängt bestimmt vom NGO-Sektor ab – von Privatgesellschaften, Freiwilligenverbänden und Think-Tanks, und natürlich von den schöpferischen Individuen."[4]

Auch Peter Wallensteen weist auf die UNO und auf Ansätze hin, die bereits von Dag Hammarskjöld initiiert wurden und die auch heute noch Gültigkeit haben bzw. fortentwickelt werden könnten. So nennt er einmal die friedensbewahrenden Operationen durch die Blauhelm-Truppen, die Hammarskjöld 1956 ins Leben gerufen hatte, bei deren Einsätzen es sich heute aber „oft um komplexe Missionen mit zivilen, polizeilichen und militärischen Komponenten" handele, sodass der „Terminus ‚friedensbewahrend'" in der heutigen Zeit nicht mehr ausreichend sei, weil es auch darum gehe, „Frieden zu stiften, ihn zu festigen und Konflikten vorzubeugen". Die neue Bezeichnung „Friedensmissionen" dagegen würde dem Ziel, „dass die Kontrahenten selbst den Frieden schaffen und nicht ein außenstehender Partner", eher gerecht[5], wie es in jüngster Zeit etwa im Syrien-Konflikt leider wenig erfolgreich versucht wurde.

Des Weiteren weist Wallensteen auf die präventive Diplomatie Hammarskjölds hin, die zu seiner Zeit das Ziel verfolgt habe, bedrohliche Konflikte in eine friedliche Richtung zu lenken. Präventives Handeln könne allerdings heutzutage nicht mehr nur eine Frage der Diplomatie sein, sondern es müssten bei diesen Bemühungen „auch humanitäre Hilfe, wirtschaftliche Entwicklung und der Aufbau der Gesellschaft" berücksichtigt werden.

Und zum Dritten kommt auch Wallensteen auf den Punkt zu sprechen, der für Hammarskjöld am wichtigsten war, nämlich die internationale Unabhängigkeit der UNO und insbesondere die Neutralität des Sekretariats gegenüber den Mitgliedstaaten. Zweifellos sei es Hammarskjöld gelungen, „einen solchen Geist im Sekretariat durchzusetzen". In gewissem Maß aber habe die Loyalität Hammarskjöld persönlich gegolten „angesichts seiner Fähigkeit, die Arbeit der UNO voranzutreiben. Er hatte erreicht, dass das Sekretariat politische Relevanz erhielt."

---

4 K. Annan, Dag Hammarskjöld und das 21. Jahrhundert; hier wiedergegeben nach der deutschen Fassung der Rede, in S. Mögle-Stadel, 2005, S. 16.
5 P. Wallensteen, 1995, 2005, S. 43.

Und er meint abschließend: „Die UNO hat noch immer einen weiten Weg zu jenem Ideal zurückzulegen, das Hammarskjöld angestrebt hat." Eine „starke Analysensektion", die dem Generalsekretär zur Verfügung stünde, könne jedoch helfen, „in einer Welt der starken Staaten und dominanten ökonomischen Interessen der Verteidigung kleiner und mittelgroßer Staaten zu dienen. Das war Hammarskjölds Traum, dessen Verwirklichung noch immer aussteht."[6]

Nicht zuletzt aber beruhte der „beherrschende Einfluss, den Hammarskjöld auf das ganze Netzwerk der in der UNO zusammenlaufenden diplomatischen Bemühungen ausübte, ... auf seiner Integrität und seinen intellektuellen Gaben", der „Hingabe an seine Arbeit", die „beinahe mönchisch war in ihrer Konzentration", seiner großen geistigen und körperlichen Energie und seinem Mut, „den Tatsachen ins Gesicht zu sehen", wie Joseph P. Lash Hammarskjöld und dessen Arbeitsweise in der UNO charakterisierte. Von allen seinen Gaben aber sei vielleicht seine größte gewesen, so Lash weiter, dass er „ein versöhnlicher Geist, verbunden mit einem einmaligen Talent, Einigkeit zu schaffen", gewesen sei.[7]

Schließlich proklamierte auch der norwegische Theologe Inge Johan Lønning Dag Hammarskjöld als einen Politiker des 21. Jahrhunderts[8] und benannte Argumente, die er aus der neuerlichen Beschäftigung mit dessen Tagebuch „Zeichen am Weg" gewonnen habe, und in denen auch das religiöse Fundament der Persönlichkeit Hammarskjölds Berücksichtigung findet.

So bezeichnet Lønning Hammarskjölds Tagebuch in Anlehnung an Friedrich Nietzsche als Unzeitgemäße Betrachtungen, denn die meisten Menschen seien einfach unfähig zu verstehen, wie ein Topdiplomat und kosmopolitischer Führer, mit der Reputation eines überragenden Intellektuellen und einer Ausbildung, nach der ihm jede akademische Laufbahn offen gestanden hätte, habe leben können in einer Art metaphysisch-geistigem Universum, einer unsichtbaren Welt und offensichtlich ohne Verbindung zur sichtbaren Welt der rauen politischen

---

6 P. Wallensteen, 1995, 2005, S. 44f.
7 J. P. Lash, 1962, S. 226f und 231.
8 I. J. Lønning, 2010, S. 35; die Ausführungen Lønnings sind aus dem englischen Originaltext hier in eigener Übersetzung und zusammengefasst wiedergegeben.

Schlussbetrachtung: Dag Hammarsköld – Politiker für das 21. Jh.? 353

Wirklichkeit, die zu jeder Zeit seine volle Präsenz und die Fähigkeit, harte Entscheidungen zu treffen, verlangt habe.[9]

Lønning erinnert aber auch an Dag Hammarskjölds Verständnis seiner Rolle als „civil servant" einer globalen Menschheit, die er als von Gott gegeben empfunden und sich allein ihm gegenüber verantwortlich gesehen habe, doch diese Anschauung würde er kaum gewonnen haben ohne Kenntnis der lutherischen Lehre vom Beruf[10], wie sie von seinem Vater vertreten worden war und er sie von Nathan Söderblom gelernt habe.

Bezüglich der Frage, wieviel Religion die Politik vertrage, verweist Lønning darauf, dass in den 1980er und 1990er Jahren eine Rückkehr zur Religion und zu Gott wahrnehmbar war, seit den 1990ern aber auch zunehmend eine Welle des religiösen Fundamentalismus innerhalb und außerhalb des Christentums zu beobachten sei. Und so beschließt er seine Ausführungen über Dag Hammarskjöld als Politiker des 21. Jahrhunderts, indem er in einer Art Reader's Digest-Version Argumente aus Hammarskjölds Tagebuch herausliest, denen in diesem noch jungen 21. Jahrhundert Bedeutung zuzumessen wäre.

Dazu führt er u. a. an, dass das Triangle von menschlicher Würde, Menschenrechten und -pflichten Verstärkung erfahren müsse durch ein allgemeines Verständnis von der Menschheit als einer Gemeinschaft der geteilten Verantwortung und infolgedessen auch einer geteilten Haftung[11] für alles begangene Unrecht. Und weiter macht er auch noch einmal bewusst, dass die Moral eine religiöse Dimension habe und niemals die Quelle von Hass, Terrorakten und anderen Verstößen gegen die Menschenrechte sein könne, und dass eine Rückbesinnung auf alte Tugenden sich zudem als Bollwerk gegen den Verfall der Moral erweisen könnte.

Letzteres kommt einer Denkweise nahe, wie sie etwa auch Hans Küng mit seiner Weltethos-Idee vertreten und worauf Kofi Annan in seiner Weltethos-Rede im Jahr 2003 in der Eberhard-Karls-Universität in Tübingen Bezug genommen hat, indem er auf die Bedeutung von

---

9 I. J. Lønning, 2010, S. 25f.
10 I. J. Lønning, 2010, S. 32; s. a. Teil III, Kap. 2. 1. 2 dieser Arbeit.
11 I. J. Lønning, 2010, S. 36; Lønning verwendet anstelle des hier gewählten Begriffs Haftung den Begriff Schuld und bezieht sich dabei auf Paulus und Römer 3, 23: „Alle haben gesündigt und die Herrlichkeit Gottes verloren."

universellen Werten wie Menschenwürde, Solidarität, Freiheit, Gleichheit und religiöse Toleranz gerade in einer globalisierten Welt wie der heutigen hinwies.[12]

Einen Politiker und möglichen Generalsekretär der UNO vom Format eines Dag Hammarskjöld, der die politische Weltlage in diesem 21. Jahrhundert in der genannten Weise positiv zu beeinflussen und die Welt ein wenig mehr zu befrieden vermag, kann man also nur wünschen.

---

12 K. Annan, in: Tübinger Ökumenische Reden, hg. von Urs Baumann und Bernd Jochen Hilberath, Bd. 1, Münster, 2004, S. 55–61.

Nachschlagewerke

RGG   Religion in Geschichte und Gegenwart
TRE   Theologische Realenzyklopädie
ZThK   Zeitschrift für Theologie und Kirche
ZW   Zeichen am Weg. Diese Abkürzung bezieht sich immer auf die Taschenbuchausgabe von Dag Hammarskjölds Tagebuch, München, 2005; soweit Zitate aus anderen Ausgaben eingefügt wurden, sind diese gesondert und mit den üblichen bibliografischen Angaben ausgewiesen.

Literaturverzeichnis

Das Literaturverzeichnis wurde der Übersichtlichkeit halber grundsätzlich alphabetisch nach Autorennamen geordnet. Die Angaben in den Fußnoten beziehen sich immer auf die Autorennamen und das Veröffentlichungsdatum der benutzten Literatur.

Wörtliche Zitate wurden jeweils mit „Anführungszeichen" gekennzeichnet und die entsprechende Quelle in einer Fußnote benannt. Soweit ein wörtliches Zitat durch eigene Texte oder nicht wörtlich zu übernehmende Textstellen des jeweiligen Autors ergänzt und anschließend durch weitere wörtliche und in Anführungszeichen gesetzte Zitatstellen derselben Quelle angefügt wurden, wurde zur Vermeidung unzähliger Fußnoten die Quelle nur jeweils am Abschnittsende angegeben.

Altner, Günter, Albert Schweitzer, in: Greschat, Martin (Hg.), Gestalten der Kirchengeschichte, Bd. 10, Bonn 1985.

Andrae, Tor, Nathan Söderblom, Berlin 1938.

Annan, Kofi, Gibt es noch universelle Werte?, in: Tübinger Ökumenische Reden, hg. von Urs Baumann und Bernd Jochen Hilberath, Bd. 1, S. 55–51, Münster 2004.

Ders., Dag Hammarskjöld and the 21st Century, in: Development dialogue, Uppsala 2001:1, 3–13.

Aulén, Gustaf, Dag Hammarskjöld's White Book. An Analysis of Markings, Philadelphia 1969.

Barudio, Günter, Dag Hammarskjöld – dem Frieden auf der Spur, in: Der Friedensnobelpreis, Bd. 7, Zug/Schweiz 1990, S. 96–177. Edition Pacis von 1953–1962.

Baumann, Max-Otto, Max Weber: Politik als Beruf. Zur Unterscheidung von Gesinnungs- und Verantwortungsethik und zum Begriff des Politischen. Dokument Nr. V87248, ohne Jahr, http://www.grin.com/.

Beierwaltes, Werner, Denken des Einen. Studien zur neuplatonischen Philosophie und ihrer Wirkungsgeschichte, Frankfurt am Main 1985.
Ders., Identität und Differenz, Frankfurt am Main 22011.
Beer, Max, Dag Hammarskjöld. Der Generalsekretär, der Mensch, der Freund ..., in: Schriftenreihe der Deutschen Gesellschaft für die Vereinten Nationen 13 (1962), S. 7–16.
Berendsohn, Walter A., Dag Hammarskjöld und sein Werk, in: Dortmunder Vorträge, Reihe B, 1 (1963), S. 1–19.
Bergson, Henri, Schöpferische Entwicklung, Jena $^{4-6}$1921.
Ders., Denken und schöpferisches Werden, Meisenheim am Glan 1948.
Ders., Die beiden Quellen der Moral und der Religion, Jena $^{1-3}$1933.
Beskow, Bo, Dag Hammarskjöld. Strictly Personal, New York 1969.
Beyschlag, Karlmann, Dag Hammarskjöld – ein protestantischer Mystiker unserer Tage, in: Roller, Horst und Seitz, Manfred (Hg.), Herausforderung: religiöse Erfahrung, Göttingen 1980.
Birnbaum, Karl E., Der innere Weg des jungen Dag Hammarskjöld. Einblicke in den Werdegang eines Menschen, Münster 2000.
Blume, Michael, Evolutionsforschung und christliche Mystik – Ein Dialog, in: Rundbrief 2/2012 der Gesellschaft der Freunde christlicher Mystik e. V., Weilburg, S. 20–31.
Braconnier, Alain, Mutterliebe. Warum Söhne starke Mütter brauchen. München 2006.
Brandt, Ria van den, Schicksalsmäßiges und schöpferisches Wollen. Dag Hammarskjöld und Meister Eckhart, in: Studies in Spirituality 5 (1995) 220–231.
Brisman, Bertil, Mäster Eckehart i Dag Hammarskjölds vägmärken. Predikan om den eviga födelsen, in: Svensk Teologisk Kvartalskrift, Årgång 46 (1970) 219–233.
Büttner, Hermann, Meister Eckharts Schriften und Predigten, Jena 1934.
Buber, Martin, Nachlese, Heidelberg 1965.
Ders., Das dialogische Prinzip, Gütersloh ^{10}2006.
Ders., Das Problem des Menschen, Heidelberg $^{9-11}$1961.
Ders., Die Legende des Baalschem, Zürich 1955.
Capra, Fritjof, Das Tao der Physik. Die Konvergenz von westlicher Wissenschaft und östlicher Philosophie, Bern/München/Wien ^{3}1984.

Casper, Bernhard, Das dialogische Denken. Franz Rosenzweig, Ferdinand Ebner und Martin Buber, Freiburg/München 2002.

Ders., Die Frage nach Gott im dialogischen Denken, in: Erschließung der Frage nach Gott. Impulse aus einem sich wandelnden Gottesverständnis, hg. von Wolfgang G. Esser, Freiburg/Basel/Wien 1970.

Die Bibel. Einheitsübersetzung Altes und Neues Testament, Freiburg/Basel/Wien 2001.

Dusen, Henry P. van, Dag Hammarskjöld. The Statesman and his Faith, New York/Evanston/London 1969.

Erikson, Erik H., Identität und Lebenszyklus, Frankfurt am Main ^{1}1973.

Ders., Der junge Mann Luther. Eine psychoanalytische und historische Studie, Reinbek bei Hamburg 1970.

Erling, Bernhard, A Reader's Guide to Dag Hammarskjöld's Waymarks, Minnesota 1999.

Flasch, Kurt, Meister Eckhart. Philosoph des Christentums, München 2010.

Foote, Wilder (Hg.), Servant of Peace. A Selection of the Speeches and Statesments of Dag Hammarskjöld, New York 1963.

Fröhlich, Manuel, Dag Hammarskjöld und die Vereinten Nationen. Die politische Ethik des UNO-Generalsekretärs, Paderborn/München/Wien/Zürich 2002.

Ders., A Fully Integrated Vision: Politics and the Arts in the Dag Hammarskjöld – Barbara Hepworth Correspondence, in: Development dialogue, Uppsala 2001:1, 17–43.

Fromm, Erich, Psychoanalyse und Religion, Gütersloh ^{6}1981.

Globokar, Roman, Verantwortung für alles, was lebt. Von Albert Schweitzer und Hans Jonas zu einer theologischen Ethik des Lebens, Rom 2002.

Goethe, Johann Wolfgang von, Werke, Hamburger Ausg. Bd. 1–12, Hamburg ^{6}1967.

Göttel, Hans, Dag Hammarskjöld. Verlag Akademie Pannonien, Eisenstadt 2016.

Grabs, Rudolf, Albert Schweitzer. Weg und Werk eines Menschenfreundes, Stuttgart 1953.

Grace, Sherill, About a Tragic Business. The Djuna Barnes/Dag Hammarskjöld Letters, in: Development dialogue, 1987:2, S. 91–117.

Hadot, Pierre, Wege zur Weisheit – oder was lehrt uns die antike Philosophie? Frankfurt am Main 1999.
Haker, Hille, Moralische Identität. Literarische Lebensgeschichten als Medium ethischer Reflexion. Mit einer Interpretation der Jahrestage von Uwe Johnson, Tübingen 1999.
Hamm, Berndt und Leppin, Volker (Hg.), Gottes Nähe unmittelbar erfahren. Mystik im Mittelalter und bei Martin Luther, Tübingen 2007.
Hammarskjöld, Dag, Zeichen am Weg, hrsg. u. eingel. v. Anton Graf Knyphausen, München 1965.
Ders., Zeichen am Weg, deutsch v. Anton Graf Knyphausen, überarb. Neuausg. mit einem Vorwort v. M. Fröhlich, München 2005.
Ders., Zeichen am Weg, deutsch von Anton Graf Knyphausen, überarbeitete neueste Ausgabe, hg. von M Fröhlich, Stuttgart 2011.
Ders., Vägmärken, Stockholm, ³1983.
Ders., Castle Hill, Uppsala 2000.
Ders., Från Sarek till Haväng, Stockholm 1962.
Ders., Statstjänstemannen och samhället, Tiden 43 (1951) 391–396.
Hartley, Anthony, Saint-John Perse, in: Encounter, literature, arts, current affairs, 2 (Februar 1961).
Heiler, Friedrich, Das Gebet, München, ⁵1923.
Herder Lexikon Symbole, Freiburg/Basel/Wien, ⁹1978.
Höffe, Otfried, Kant, München ²1988.
Hoffmann-Herreros, Johann, Dag Hammarskjöld. Politiker-Schriftsteller-Christ, Mainz 1991.
Hunold, Gerfried W., Identitätstheorie: Die sittliche Struktur des Individuellen im Sozialen, in: Hertz, A. (Hg.), Handbuch der christlichen Ethik, Bd. 1, S. 177–195, Freiburg 1978.
Ders., Identität, in: Wils, Jean-Pierre und Mieth, Dietmar, Grundbegriffe der christlichen Ethik, S. 31–44, Paderborn/München/Wien/Zürich 1992.
Ders. und Korff, Wilhelm (Hg.): Die Welt für morgen. Ethische Herausforderungen im Anspruch der Zukunft, München 1986.
Ders., in: Ethik und Identität. Festschrift für Gerfried. W. Hunold zum 60. Geburtstag, herausgegeben von Thomas Laubach, Tübingen/Basel 1998.
Huls, Jos, Dag Hammarskjöld als Interpret des hl. Johannes vom Kreuz, in: Juan de la Cruz, Espiritu de Llama. Estudios son ocassión

delcuarto centenario de su muerte (1591–1991), herausgegeben von Otger Steggink O. Carm., Kampen 1991.

Jacobi, Jolande, Vom Bilderreich der Seele. Wege und Umwege zu sich selbst, Olten/Freiburg 1989.

Jäger, Willigis, Westöstliche Weisheit. Visionen einer integralen Spiritualität, Bielefeld 2007.

James, William, Die Vielfalt religiöser Erfahrung, Frankfurt am Main/Leipzig 1997.

Jaspers, Karl, Psychologie der Weltanschauungen, Berlin/Heidelberg/New York ^{6}1990.

Ders., Die maßgebenden Menschen. Sokrates, Buddha, Konfuzius, Jesus, München ^{10}2000.

Ders., Philosophie I – Philosophische Weltorientierung, Philosophie II-Existenzerhellung und Philosophie III – Metaphysik, Berlin/Göttingen/Heidelberg 1956.

Ders., Vom Ursprung und Ziel der Geschichte, München $^{1-7}$1949.

Ders., Die geistige Situation der Zeit. Leipzig ^{9}1999.

Ders., Der philosophische Glaube, München $^{6-10}$1948.

Joas, Hans, Die Entstehung der Werte, Frankfurt am Main 1999.

Jörissen, Benjamin, Identität und Selbst. Systematische, begriffsgeschichtliche und kritische Aspekte, Berlin 2000.

Johannes vom Kreuz, Die dunkle Nacht, Freiburg ^{8}2007.

Kania, Andrew Thomas, The Art of Love. A study of Dag Hammarskjölds Mystical Theology, Diss., Uppsala University 2000.

Kant, Immanuel, Kritik der reinen Vernunft, Frankfurt am Main ^{13}1995.

Ders., Kritik der praktischen Vernunft, Hamburg ^{10}1990.

Ders., Schriften zur Religion, Berlin 1981.

Kather, Regine, Die Rhythmik von vita activa und vita contemplativa, Skript eines Radioessays im SWR2 vom 13.4.1992.

Dies., Gelebte Zeit und schöpferisches Werden – Henri Bergson (1859–1941), in: Geist und Leben 69 (1996) 20–36.

Dies., Der Psychologe und Philosoph William James, in: Geist und Leben 67 (1994) 329–346.

Dies., Person. Die Begründung der menschlichen Identität, Darmstadt 2007.

Kempen, Thomas von, Die Nachfolge Christi. Herausgegeben und erläutert von Josef Sudbrack SJ, Kevelaer 2000.

Kierkegaard, Sören, Philosophische Brocken. Übersetzt von Emanuel Hirsch, Düsseldorf/Köln [1-3]1952.

Kluge – Etymologisches Wörterbuch der deutschen Sprache, bearb. v. Elmar Seebold, Berlin [25]2011.

Knab, Rainer, Platons Siebter Brief. Einleitung, Text, Übersetzung, Kommentar, Hildesheim/Zürich/New York 2006.

Köbele, Susanne, Bilder der unbegriffenen Wahrheit. Zur Struktur mystischer Rede im Spannungsfeld von Latein und Volkssprache, Tübingen/Basel 1993.

Kohlmeyer, Ernst, Gustaf Adolf und die Staatsanschauung des alten Luthertums. Rede anlässlich der Reformationsfeier am 31. Oktober 1933, gehalten in der Aula der Vereinigten Friedrichs-Universität Halle-Wittenberg, Halle (Saale) 1933.

Küng, Hans, Jesus, München/Zürich 2012.

Ders., Christ sein, München [2]2000.

Lange, Dietz, Nathan Söderblom und seine Zeit, Göttingen 1/2011.

Largier, Niklaus (Hg.), Meister Eckhart Werke I und II, Frankfurt am Main 2008.

Lash, Joseph, P., Dag Hammarskjöld. Ein Leben für den Frieden, Bern/Stuttgart/Wien 1962.

Lauenstein, Diether, Der Lebenslauf und seine Gesetze, Stuttgart, [4]1978

Lauten, Johannes, Wiedergeburt in der Lebensmitte, Stuttgart 1977.

Leppin, Volker, Die Komposition von Meister Eckharts Maria-Martha-Predigt, in: Zeitschrift für Theologie und Kirche 94 (1997) 69–83.

Ders. und Berndt Hamm (Hg.), Gottes Nähe unmittelbar erfahren. Mystik im Mittelalter und bei Martin Luther, Tübingen 2007.

Lindhardt, Poul Georg, Skandinavische Kirchengeschichte seit dem 16. Jahrhundert, in: Moeller, Bernd, Die Kirche in ihrer Geschichte, Bd. III, Göttingen 1982, S. 276–302.

Linnér, Sture, Dag Hammarskjöld, in: J. H. Schultz (Hg.), Liebhaber des Friedens, München 1989.

Lønning, Inge Johann, Das nordische Luthertum, in: Nicolaisen, Carsten (Hg.), Nordische und deutsche Kirchen im 20. Jahrhundert, Göttingen 1982.

Ders., Politics, Morality and Religion – The Legacy of Dag Hammarskjöld, in: The Ethics of Dag Hammarskjöld, hg. von der Dag Hammarskjöld Foundation, Uppsala 2010; auch online unter www.dhf.uu.se.

Marin, Lou, Können wir den ehrlichen Dialog in den Zeiten des Misstrauens retten? Die Begegnung zwischen Dag Hammarskjöld und Martin Buber. Neu-Isenburg 2011.

Martensen, Hans Lasse, Meister Eckart. Eine theologische Studie, Hamburg 1842.

Maurer, Bernhard, „Die Einheit der Kirche ist nicht ohne Zeugnis". Nathan Söderblom als „ökumenischer Kirchenvater" (1975), in: Rundbrief der Gesellschaft der Freunde christlicher Mystik e. V., Weilburg 2/2009.

Ders., Offenbarung und Geschichte bei Einar Billing und in der neueren schwedischen systematischen Theologie, Diss., Tübingen 1962.

Maurina, Zenta, Dag Hammarskjöld. Einer Prüfung entgeht niemand ..., in: Dies., Die Aufgabe des Dichters in unserer Zeit, München 1965.

Mead, George Herbert, Geist, Identität und Gesellschaft, Frankfurt am Main ^{1}1973.

Melber, Henning, Ein kosmopolitischer Pilger. Zur Bedeutung Dag Hammarskjölds in unserer Zeit, in: Sonderdruck aus dem Afrikanischen Heimatkalender (2008), S. 51–58.

Mieth, Dietmar, Meister Eckhart. Mystik und Lebenskunst, Düsseldorf 2004.

Ders., Mystik, in: Hirschberg 12–2006.

Ders., Meister Eckhart: Die Suche nach Gott und die Intensität des Lebens, in: B. Kirchgessner (Hg.), Christliche Spiritualität und Mystik, St. Ottilien 2011.

Ders., Gewissen, in: Wils, Jean-Pierre und Mieth, Dietmar, Grundbegriffe der christlichen Ethik, S. 225–242, Paderborn/München/Wien/Zürich 1992.

Misner, Paul (Hg.), Friedrich von Hügel, Nathan Söderblom, Friedrich Heiler, Briefwechsel 1909–1931, Paderborn 1981.

Mögle-Stadel, Stephan, Dag Hammarskjöld. Vision einer Menschheitsethik, Stuttgart ^{2}2000.

Ders., Dag Hammarskjölds Vermächtnis, Heidenheim 2005.

Montgomery, Ingun, Politische Parteien und Kirche in Schweden, in: Nicolaisen, Carsten (Hg.), Nordische und deutsche Kirchen im 20. Jahrhundert, Göttingen 1982.

Nelson, Paul. R., Courage of Faith. Dag Hammarskjölds Way in Quest of Negotiated Peace, Reconciliation and Meaning, Frankfurt am Main 2007.
Neumann, Erich, Kulturentwicklung und Religion, Frankfurt a. M. 1978.
Ders., Ursprungsgeschichte des Bewusstseins, München ²1974.
Newberg, Andrew, d'Aquili, Eugene, Rause, Vince, Der gedachte Gott. Wie Glaube im Gehirn entsteht, München/Zürich ²2005.
Oberman, Heiko A., Luther. Mensch zwischen Gott und Teufel, München 1986.
Ders., Die Bedeutung der Mystik von Meister Eckhart bis Martin Luther, in: Von Eckhart bis Luther. Über mystischen Glauben, Herrenalber Texte 31, Karlsruhe 1981.
Otto, Rudolf, West-östliche Mystik. Vergeich und Unterscheidung zur Wesensdeutung, München ³1971.
Ders., Das Heilige, München 1947.
Quint, Josef, Meister Eckehart. Deutsche Predigten und Traktate, Zürich 1979.
Rahner, Karl, Schriften zur Theologie, Bd. 7, Zur Theologie des geistlichen Lebens, Einsiedeln/Zürich/Köln 1971.
Ricœur, Paul, Hermeneutik und Strukturalismus. Der Konflikt der Interpretationen I, München 1973.
Ricœur, Paul, Zeit und Erzählung I, II, III. München 1988 und 1989.
Riedel, Ingrid, Farben, in Religion, Gesellschaft, Kunst und Therapie, Stuttgart ³1984.
Röhlin, Ruth u. Karl-Heinz, Dag Hammarskjöld. Mystiker und Politiker, München 2005.
Samuels, Andrew, Shorter, Bani, Plaut, Fred, Wörterbuch Jungscher Psychologie, München 1989.
Schädel, Christian H., Metamorphosen und Erscheinungsformen des Menschseins in Wilhelm Meisters Wanderjahren. Beiträge zur Germanistik, Bd. 205, Marburg 1969.
Schäfer, Rolf, Glaube und Werk – ein Beispiel aus der Gegenwart. Betrachtungen zu Dag Hammarskjölds geistlichem Tagebuch, in: Zeitschrift für Theologie und Kirche 67 (1970) S. 348–393.
Ders., Spiritualität und politisches Handeln. Zum 50. Todestag von Dag Hammarskjöld, in: Schoenauer, Hermann (Hg.), Spiritualität und innovative Unternehmensführung, Stuttgart 2012, S. 430–440.

Schaeffler, Richard, Erfahrung als Dialog mit der Wirklichkeit. Eine Untersuchung zur Logik der Erfahrung, Freiburg/München 1995.
Schischkoff, Georgi (Hg.), Philosophisches Wörterbuch, Stuttgart ²²1991.
Schjelderup, Harald und Kristian, Über drei Haupttypen der religiösen Erlebnisformen und ihre psychologische Grundlage, Berlin und Leipzig 1932.
Scholl-Latour, Peter, Mord am großen Fluss. Ein Vierteljahrhundert afrikanische Unabhängigkeit, Stuttgart 1986.
Schriftenreihe der Deutschen Gesellschaft für die Vereinten Nationen: Dag Hammarskjoeld – ein Leben für die Menschheit und den Frieden, Baden-Baden/Bonn 13 (1962).
Schweitzer, Albert, Von Reimarus zu Wrede. Eine Geschichte der Leben-Jesu-Forschung, Tübingen 1906.
Ders., Geschichte der Leben-Jesu-Forschung, Tübingen ²1913.
Ders., Die Weltanschauung der Ehrfurcht vor dem Leben. Kulturphilosophie III. Erster und zweiter Teil, hg. von Claus Günzler und Johann Zürcher, München 1999.
Ders., Aus meinem Leben und Denken, Stuttgarter Hausbücherei mit Genehmigung des Richard-Meiner-Verlages, Hamburg 1931.
Serwaty, Alois und Nicolay, Joachim (Hg.), Nahtoderfahrung. Neue Wege der Forschung. Ausgewählte Beiträge der Tagungen des Netzwerk Nahtoderfahrung e. V. 2008, Goch 2009.
Söderberg, Sten, Hammarskjöld. Eine Bildbiographie, München 1962.
Ders., Hammarskjöld. En bildbiografi, Stockholm 1962.
Söderblom, Nathan, Zur religiösen Frage der Gegenwart, Leipzig 1921.
Ders., Beruf und Berufstreue, Leipzig 1914
Ders., Humor och Melankoli och andra Lutherstudier, Stockholm 1919.
Ders., Der lebendige Gott im Zeugnis der Religionsgeschichte, München/Basel 1966.
Ders., Religionsproblemet i katolicism och protestantism, 2 Bde., Stockholm 1910.
Ders., Offenbarung. Eine religionsgeschichtliche Studie, in: Internationale Wochenschrift für Wissenschaft, Kunst und Technik, 4 (1910) 1563–1574 und 1619–1622.
Ders., Das Werden des Gottesglaubens. Untersuchungen über die Anfänge der Religion, Leipzig ²1926.

Ders., Ausgewählte Werke. Bd. 1: Offenbarung und Religionen. Hrsg. von Dietz Lange, Göttingen 2/2011.
Ders., Der innere Gast, in: Die Hochkirche 13 (1931), 289–292.
Ders., Jesus eller Kristus? Den snara väntan in evangeliet. In: Söderblom, Nathan, När stunderna växla och skrida, Stockholm ³1935, S. 275–301.
Sölle, Dorothee, Mystik und Widerstand: du stilles Geschrei, Hamburg ²1997.
Spaemann, Robert, Personen. Versuche über den Unterschied zwischen „etwas" und „jemand", Stuttgart ³2006.
Specker, Andreas, Leben als Opfer? Die geistliche Entwicklung Dag Hammarskjölds auf Grundlage seines Tagebuchfragmentes „Zeichen am Weg", Augsburg 1999.
Stein, Edith, Kreuzeswissenschaft. Werke, Bd. 1, Druten/Freiburg/Basel/Wien ³1983.
Stolpe, Sven, Dag Hammarskjölds geistiger Weg, Frankfurt a. M. 1964.
Sundén, Hjalmar, Die Religion und die Rollen. Eine psychologische Untersuchung der Frömmigkeit, Berlin 1966.
Ders., Die Christusmeditationen Dag Hammarskjölds, Frankfurt a. M. 1967.
Taylor, Charles, Die Formen des Religiösen in der Gegenwart, Frankfurt am Main 2002.
Ders., Quellen des Selbst. Die Entstehung der neuzeitlichen Identität, Frankfurt am Main 1994.
Teresa von Avila, Die innere Burg, Zürich 1979.
Thunberg, Lars, Nathan Söderblom, in: Greschat, Martin (Hg.), Gestalten der Kirchengeschichte – Die neueste Zeit III, Stuttgart-Berlin-Köln-Mainz 1985.
Underhill, Evelyn, Mystik. Eine Studie über die Natur und Entwicklung des religiösen Bewusstseins im Menschen, München 1928.
Wagner, Thomas, Mystik der Tat. Buddhisten und Christen als politisch Handelnde in der Zivilgesellschaft, Berlin 2006.
Wallensteen, Peter, Dag Hammarskjöld, Stockholm: Schwedisches Institut 1995, 2005.
Weber, Max, Gesammelte Aufsätze zur Religionssoziologie I, Tübingen $^{1-9}$1988.
Ders., Gesammelte Aufsätze zur Wissenschaftslehre, Tübingen 1951.

Ders., Politik als Beruf. Nachwort von Ralf Dahrendorf, Stuttgart 2010.

Weckelmann, Thomas, Albert Schweitzers „Ehrfurcht vor dem Leben". Eine theologische Analyse, Neukirchen-Vluyn 2011.

Wehr Gerhard, Lebensmitte. Die Chance des zweiten Aufbruchs, München 1991.

Ders., Thomas von Kempen. Nachfolge Christi. Textauswahl und Kommentar von Gerhard Wehr, Wiesbaden 2011.

Ders., Spiritualität und Mystik im Gegenüber und Einklang, in: Schoenauer, Hermann (Hg.), Spiritualität und innovative Unternehmungsführung, Stuttgart 2012, S. 202–216.

Ders., Martin Buber. Leben – Werk – Wirkung, Gütersloh ¹2010.

Weizsäcker, Carl Friedrich von, Der Garten des Menschlichen. Beiträge zur geschichtlichen Anthropologie, München ⁵1978.

Wilber, Ken, Das Spektrum des Bewusstseins, Bern-München-Wien 1987.

Wimmer, Reiner, Gott und der Sinn des Lebens, in: H. Herwig, J.-P. Wils, R. Wimmer, Ankündigung der Sterblichkeit. Wandlungen der Religion. Gestaltungen des Heiligen, Tübingen 1992.

Wittgenstein, Ludwig, Logisch-philosophische Abhandlung. Tractatus logico-philosophicus, Frankfurt am Main 2003.